L-TAB

롯데그룹 온라인 직무적합진단

기출이 답이다

시대에듀

시대에듀 기출이 답이다 롯데그룹 온라인 L-TAB

Always **with you**

사람의 인연은 길에서 우연하게 만나거나 함께 살아가는 것만을 의미하지는 않습니다.
책을 펴내는 출판사와 그 책을 읽는 독자의 만남도 소중한 인연입니다.
시대에듀는 항상 독자의 마음을 헤아리기 위해 노력하고 있습니다. 늘 독자와 함께하겠습니다.

머리말 PREFACE

롯데그룹은 글로벌 기업으로 롯데제과를 설립한 이후 40여 년 동안 식품, 유통, 관광, 화학, 건설, 금융 등으로 꾸준히 사업을 다각화하면서 국가 경제 발전과 고객의 삶의 질 향상에 기여해왔다. 또한 철저한 품질주의와 내실 경영으로 건전한 재무구조를 구축하고, 핵심 사업에 역량을 효율적으로 집중하였다. 이를 통해 글로벌 경쟁력을 지속적으로 강화하여 세계 기업으로의 도약을 위한 기반을 다져왔다.

롯데그룹은 미래 50년 동안에도 지속가능한 성장을 이룰 수 있도록 그룹의 성장 방향을 질적 성장으로 전환하고, 이에 맞춰 새로운 비전인「Lifetime Value Creator」를 선포하여 고객에게 전 생애주기에 걸쳐 최고의 가치를 선사하도록 노력하고 있다.

롯데그룹은 사고와 행동방식의 기준으로 'Beyond Customer Expectation', 'Challenge', 'Respect', 'Originality'라는 핵심가치와 함께 '투명 경영', '핵심 역량 강화', '가치 경영', '현장 경영'이라는 네 가지 경영방침을 제시한다. 이를 바탕으로 적극적으로 세계 시장을 개척하여 아시아를 선도하는 글로벌 기업의 꿈을 반드시 실현해 나갈 수 있도록 우수인재 확보를 위한 롯데그룹만의 인재 선발방식인 L-TAB을 실행하고 있다.

이에 시대에듀에서는 롯데그룹 온라인 L-TAB을 준비하는 수험생들이 시험에 효과적으로 대비할 수 있도록 다음과 같은 특징의 본서를 출간하였다.

도서의 특징

1. 최신 기출유형을 반영한 기출유형 뜯어보기를 수록하여 풀이방법과 이에 따른 팁을 학습할 수 있도록 하였다.
2. 2025년 상반기~2019년까지의 7개년 기출복원문제를 수록하여 롯데그룹만의 출제경향을 한눈에 파악할 수 있도록 하였다.
3. 2025~2023년 3개년 주요기업 기출복원문제를 수록하여 다양한 기업의 출제유형을 학습할 수 있도록 하였다.

끝으로 본서를 통해 롯데그룹 입사를 준비하는 여러분 모두에게 합격의 기쁨이 있기를 진심으로 기원한다.

SDC(Sidae Data Center) 씀

롯데그룹 기업분석 INTRODUCE

◇ 미션

사랑과 신뢰를 받는 제품과 서비스를 제공하여
인류의 풍요로운 삶에 기여한다.

We enrich people's lives by providing superior products and services
that our customers love and trust.

풍요

롯데가 설립 이래 지속적으로 고객에게 제공해 온 '풍요'의 가치를 강조해 타 그룹과 차별성을 나타낸다.

기여

'고객의 사랑과 신뢰를 받고 인류의 삶에 기여'하기 위한 끊임없는 노력의 동기를 제공한다.

확장

'제품과 서비스' 그리고 '인류'라는 포괄적인 표현으로 신규 사업영역 확장의 의지를 피력한다.

◇ 비전

Lifetime Value Creator
'새로운 50년을 향한 다짐'

롯데는 미래 50년 동안에도 지속가능한 성장을 이룰 수 있도록 그룹의 성장 방향을 질적 성장으로 전환하고, 이에 맞춰 새로운 비전을 선포하였다. 「Lifetime Value Creator」에는 롯데의 브랜드를 통해 고객에게 전 생애주기에 걸쳐 최고의 가치를 선사하겠다는 의미가 담겨있다.

◇ 핵심가치

Beyond Customer Expectation

우리는 고객의 요구를 충족하는 데 머무르지 않고,
고객의 기대를 뛰어넘는 가치를 창출해낸다.

Challenge

우리는 업무의 본질에 집중하며 끊임없는 도전을 통해 더 높은 수준의 목표를 달성해 나간다.

Respect

우리는 다양한 의견을 존중하며 소통하고, 원칙을 준수함으로써 신뢰에 기반한 공동체를 지향한다.

Originality

우리는 변화에 민첩하게 대응하고, 경계를 뛰어넘는 협업과 틀을 깨는 혁신을 통해 쉽게 모방할 수 없는 독창성을 만든다.

◇ 인재상

자신의 성장과 함께 우리 사회를 보다 성숙시켜 나갈
열정과 **책임감**을 갖춘 글로벌 인재

1 실패를 두려워하지 않는 인재

2 실력을 키우기 위해 끊임없이 노력하는 인재

3 협력과 상생을 아는 인재

2025년 상반기 기출분석 ANALYSIS

총평

2025년 상반기 롯데그룹 온라인 L-TAB은 이전 출제경향과 유사한 유형으로 출제되었다. 특별히 난도가 높은 것은 아니었지만, 주어진 시간 안에 모든 문제를 해결해야 하기에 적절한 시간 분배가 필수적이었다. 또한 L-TAB만의 독특한 시험 방식을 사전점검을 통해 익히고, 사용법을 숙지하여 실제 시험에서 당황하지 않는 것이 중요했으리라 본다. 이번 시험 역시 실무와 가까운 형식의 문제가 출제되었으므로 유연한 풀이로 대처하는 태도가 필요했을 것이다. 시간에 쫓기지 않도록 전략을 세우는 것이 합격과 가까워지는 방법으로 볼 수 있다.

◇ 핵심전략

롯데그룹 온라인 L-TAB의 가장 큰 특징은 타 기업의 일반적인 인적성검사와 달리 실제 업무 상황처럼 Outlook 메일함 혹은 자료실 등의 환경이 주어진다는 것이다. 이메일 및 메신저를 통해 동시다발적으로 주어지는 과제를 직접 수행해야 하는 만큼 낯선 시험 형태에 당황할 수 있다. 그러나 실제 문제 풀이에 사용되는 개념은 언어적 사고의 사실적 독해, 수리적 사고의 자료해석 등 타 인적성검사와 비슷하다는 것을 인지하고 이를 활용할 수 있어야 한다.

실제 업무 환경과 유사하게 진행되는 온라인 시험이므로 필기도구의 사용은 제한되며, 프로그램 내 계산기와 메모장만 사용할 수 있다. 따라서 직무적합진단 응시 전 사전검사를 필수적으로 시행하여 시험에 대한 이해도를 높여야 한다. 화면만 보며 문제를 푸는 일에 익숙해지고, 계산기와 메모장을 빠르고 정확하게 사용할 수 있도록 충분히 연습해야 한다.

◇ 시험진행

구분	개요	시간
직무적합진단	• 실제 업무 상황처럼 구현된 Outlook 메일함/자료실 환경에서 이메일 및 메신저 등으로 전달된 다수의 과제 수행 • 문항에 따라 객관식, 주관식, 자료 첨부 등 다양한 형태의 답변이 가능 • 문항 수 구분은 없으나 대략적으로 하나의 상황마다 3~4문제가 주어짐	3시간 (사전 준비 1시간 포함)
조직적합진단	• 롯데그룹의 인재상에 부합하는 인재인지 평가 • 지원자 개인 성향 및 인성 위주 질문 구성	1시간

※ 조직적합진단은 직무적합진단 시행 이후에 진행되며, 일반적인 인성검사와 유사함

※ 직무적합진단 시작 전에 1시간의 사전점검 및 준비 시간이 주어짐

◇ 영역별 출제비중

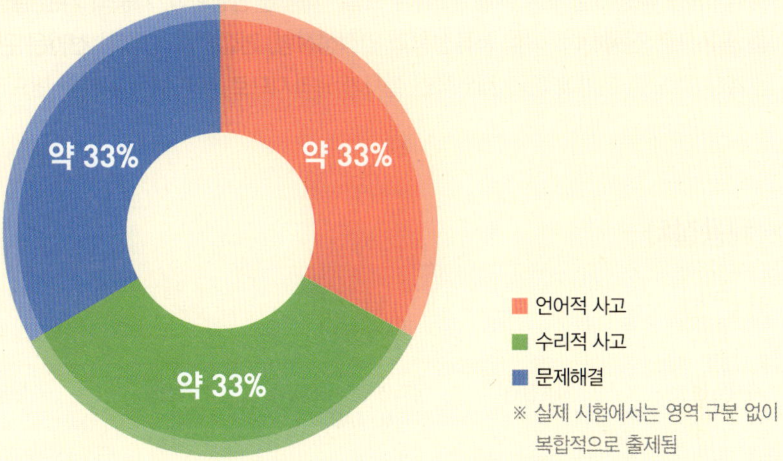

◇ 영역별 출제특징

구분	영역	출제특징
직무 적합 진단	언어적 사고	• 실무 관련 지문을 읽고 내용과 일치하는 것 혹은 일치하지 않는 것을 찾는 문제 • 메일이나 메신저로 수신한 여러 파일 속 지문에서 문제와 관련된 정보를 도출하고 그것을 활용하여 해결하는 형식 • 메일 · 메신저의 형태로 답변을 등록할 때 수신인과 참조인 모두 확인해야 하는 것이 특징
	수리적 사고	• 언어적 사고 영역의 지문에서 도출한 정보를 활용하여 자료분석 유형의 도표를 파악하고 값을 구하는 문제 • 실무 관련 자료를 해석하여 순위, 비율, 증감률 등을 구하는 문제
	문제 해결	• 회의실을 예약하기 위해 스케줄을 확인하고 특정 매뉴얼을 참고하여 해결하는 문제 • 조직생활에서 발생할 수 있는 여러 상황에 대한 대처 능력을 평가하는 문제

신입사원 채용 안내 INFORMATION

롯데그룹은 매년 3월, 6월, 9월, 12월에 모집 · 채용을 진행한다. 채용의 기본 일정 및 모집 공고는 그룹 공동으로 진행하며, 이후 서류전형과 인적성전형, 면접전형, 합격자 선발은 관계사별로 진행한다. 관계사 및 모집 분야에 따라 세부적인 절차가 달라지므로 개별 채용 공고를 반드시 확인해야 한다.

◇ 채용절차

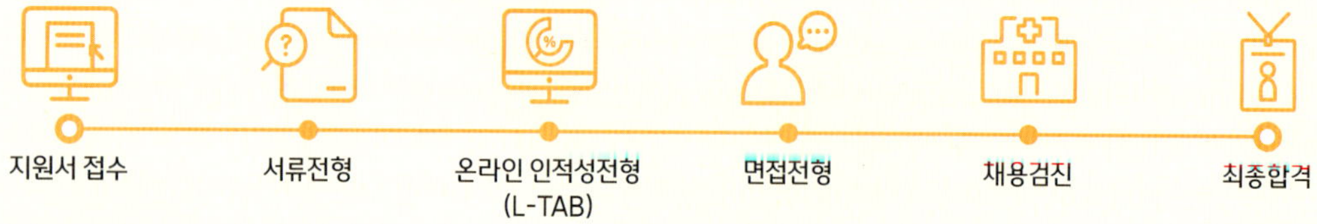

서류전형

- 롯데그룹이 추구하는 인재상에 적합한 지원자를 선발하기 위한 기본적 자질 및 가치관을 다양한 측면에서 심사
- 입사지원서의 기재사항에 대한 사실 여부 확인

온라인 인적성전형(L-TAB)

- 지원자의 기본적인 조직적응 및 직무적합성을 평가하기 위한 기초능력검사
- 조직적합진단 : 지원자의 성격과 가치관이 롯데그룹의 문화와 얼마나 부합하는지 판단
- 직무적합진단 : 지원자가 직무 수행을 위한 기초역량을 갖추었는지 종합적으로 판단

면접전형

- 지원자의 역량, 가치관 및 발전 가능성을 종합적으로 심사
- 다양한 방식의 One-Stop면접 시행(실무면접, 임원면접 1일 통합면접)

※ 지원 직무에 따른 별도 면접 전형 방식이 추가될 수 있음

최종합격

- 롯데그룹 채용 홈페이지를 통한 결과 확인
- 개별 유선 통화 및 E-Mail과 SMS를 통한 결과 안내 발송

❖ 채용절차는 채용유형, 채용직무, 채용시기 등에 따라 변동될 수 있으므로 반드시 발표되는 채용공고를 확인하기 바랍니다.

온라인 시험 Tip

TEST TIP

◇ 직무적합진단(적성검사) 형식 및 답변 방식

영역	• 3개 영역 • 언어적 사고, 수리적 사고, 문제해결
문제 형식	• 실제 업무 상황처럼 구현된 Outlook 메일함/자료실 환경에서 신입사원으로서 겪을 수 있는 다양한 과제를 해결해 가는 형식
답변 방식	• 이메일 혹은 메신저 형태로 제시된 과제에 대하여 응시자가 [이메일–회신] 혹은 [메신저–답장]을 통해 답변 등록 • 객관식, 주관식, 특정 자료 첨부 등의 여러 가지 형태로 답변 가능

◇ 필수 준비물

❶ 타인과 접촉이 없으며 원활한 네트워크 환경이 조성된 응시 장소

❷ 권장 사양에 적합한 PC 및 주변기기(웹캠, 마이크, 스피커, 키보드, 마우스)

❸ 신분증(주민등록증, 주민등록증 발급 확인서, 운전면허증, 여권, 외국인거소증 중 택 1), 휴대전화

◇ 유의사항

❶ 반기 1회 응시 결과를 해당 반기 내 활용한다(상반기 6/30, 하반기 12/31까지 유효).

❷ 사전점검 미실시 시 본 진단에 참여할 수 없으므로 반드시 실시해야 한다.

❸ 부정행위 의심을 받을 수 있으니 문제 풀이 외의 행동을 삼간다.

❹ 준비 물품 이외의 물품은 책상 위에 두지 않는다.

❺ 시험 도중 화장실에 갈 수 없으므로 주의한다.

❻ 시험 전날, 롯데그룹에서 제공하는 직무적합진단 응시자 매뉴얼을 마지막으로 숙지한다.

주요 대기업 적중 문제 TEST CHECK

롯데

언어적 사고 ▶ 사실적 독해

2025년 적중

10 L사 연구소의 A과장은 산림청이 주관하는 학술발표회에 참석하였다. A과장이 잘못 이해하고 있는 내용은?

> 우리나라에만 자생하는 희귀·멸종 위기수종인 미선나무에 발광다이오드(LED)광을 처리해 대량증식을 할 수 있는 기술을 개발했다. 이번에 개발된 기술은 줄기증식이 어려운 미선나무의 조직배양 단계에서 LED를 이용해 줄기의 생장을 유도하는 특정 파장의 빛을 쬐어주어 대량생산이 가능하게 하는 기술이다.
> 미선나무의 눈에서 조직배양한 기내식물체*에 청색과 적색(1 : 1) 혼합광을 쬐어준 결과, 일반광(백색광)에서 자란 것보다 줄기 길이가 1.5배 이상 증가하였고, 한 줄기에서 3개 이상의 새로운 줄기가 유도되었다. LED광은 광파장의 종류에 따라 식물의 광합성효율, 줄기의 생장, 잎의 발달, 뿌리 형성 등 식물이 자라는 것을 조절할 수 있다. 이러한 방법은 미선나무 외에 다른 희귀·멸종위기수종에도 적용하여 고유한 특성을 가진 식물자원의 보존과 증식에 효과적인 기술이다.

수리적 사고 ▶ 자료계산

2025년 적중

04 L사에서는 사원들의 업무효율을 위하여 오래된 책상을 교체하려고 한다. 다음은 각 부서별 책상 현황과 책상 교체 조건에 대한 표이다. 다음 중 〈조건〉에 따라 부서별로 교체할 책상의 개수를 알맞게 짝지은 것은?

〈부서별 책상 현황〉

(단위 : 개)

구입날짜	E부서	F부서	G부서	H부서
2017.02.17.	15	8	5	12
2018.08.01.	10	8	12	0
2021.07.30.	5	2	0	3

※ 부서별 책상의 개수와 인원수는 같음

조건

문제해결 ▶ 문제해결

2025년 적중

02 L사에서는 매월 초 인트라넷을 통해 윤리경영 자기진단을 실시한다. 아침 회의 시 전무이사는 오늘 내에 부서 구성원이 모두 참여할 수 있는 별도의 시간을 정하여 가능한 빨리 완료할 것을 지시하였다. 이에 부서장은 귀하에게 다음의 업무 스케줄을 고려하여 가장 적당한 시간을 확인해 보고할 것을 당부하였다. 자기진단 시간으로 1시간이 소요될 때, 이를 실시하기에 가장 적절한 시간은?

〈업무 스케줄〉

시간	직급별 스케줄				
	부장	차장	과장	대리	사원
09:00 ~ 10:00	부서장 회의				
10:00 ~ 11:00					
11:00 ~ 12:00			타부서 협조 회의		

삼성

수리 ▶ 확률

2025년 적중

01 서로 다른 2개의 주사위 A, B를 동시에 던졌을 때, 나온 눈의 곱이 홀수일 확률은?

① $\frac{1}{4}$
② $\frac{1}{5}$
③ $\frac{1}{6}$
④ $\frac{1}{8}$
⑤ $\frac{1}{10}$

추리 ▶ 명제

2025년 적중

02

전제1. 연예인이 모델이면 매출액이 증가한다.
전제2. ______________________
결론. 연예인이 모델이면 브랜드 인지도가 높아진다.

① 브랜드 인지도가 높아지면 연예인이 모델이다.
② 브랜드 인지도가 높아지면 매출액이 줄어든다.
③ 매출액이 줄어들면 브랜드 인지도가 높아진다.
④ 매출액이 증가하면 브랜드 인지도가 높아진다.
⑤ 매출액이 증가하면 브랜드 인지도가 낮아진다.

추리 ▶ 배열하기 · 묶기 · 연결하기

2025년 적중

01 S사의 기획부 A대리는 회의를 위해 8인용 원탁에 부서원들을 다음 〈조건〉에 따라 배치한다고 할 때, H부장의 오른쪽에 앉는 사람은?

조건

- S사의 기획부는 A대리, B대리, C대리, D과장, E과장, F팀장, G팀장, H부장으로 구성되어 있다.
- 동일 직급끼리는 마주 보거나 이웃하여 앉을 수 없다.
- B대리는 D과장의 오른쪽에 앉는다.
- F팀장은 대리 직급과 마주 보고 앉는다.
- D과장은 F팀장과 이웃하여 앉을 수 없다.
- G팀장은 A대리의 왼쪽에 앉는다.
- E과장은 F팀장과 이웃하여 앉는다.

① A대리
② C대리
③ D과장
④ F팀장
⑤ G팀장

주요 대기업 적중 문제 TEST CHECK

KT

언어 ▶ 주제 · 제목 찾기

2025년 적중

※ 다음 글을 읽고 글의 주제로 가장 적절한 것을 고르시오. [3~4]

03

> 오늘날 사회계층 간 의료수혜의 불평등이 심화되어 의료이용도의 소득계층별, 지역별, 성별, 직업별, 연령별 차이가 사회적 불만의 한 원인으로 대두되고, 보건의료서비스가 의·식·주에 이어 제4의 기본적 수요로 인식됨에 따라 의료보장제도의 필요성이 나날이 높아지고 있다.
> 의료보장제도란 국민의 건강권을 보호하기 위하여 요구되는 필요 보건의료서비스를 국가나 사회가 제도적으로 제공하는 것을 말하며 건강보험, 의료급여, 산재보험을 포괄한다. 이를 통해 상대적으로 과다한 재정의 부담을 경감시킬 수 있으며, 국민의 주인의식과 참여 의식을 고취할 수 있다.
> 의료보장제도는 의료수혜의 불평등을 해소하기 위한 사회적·국가적 노력이며, 예측할 수 없는 질병의 발생 등에 대한 개인의 부담능력의 한계를 극복하기 위한 제도이다. 또한 개인의 위험을 사회적·국가적 위험으로 인식하여 위험의 분산 및 상호부조 인식을 제고하기 위한 제도이기도 하다.
> 의료보장제도의 의료보험(National Health Insurance) 방식은 일명 비스마르크(Bismarck)형 의료제도라고 하는데, 개인의 기여를 기반으로 한 보험료를 주재원으로 하는 제도이다. 사회보험의 낭비를 줄이기 위하여 진찰 시에 본인 일부 부담금을 부과하는 것이 특징이라 할 수 있다. 반면, 국가보건서비스(National Health Service) 방식은 일명 조세 방식, 베버리지(Beveridge)형 의료제도라고 하며, 국민의 의료문제는 국가가 책임져야 한다는 관점에서 조세를 재원으로 모든 국민에

언어 · 수추리 ▶ 명제

2025년 적중

02

> • 영희, 상욱, 수현이는 영어, 수학, 국어 시험을 보았다.
> • 영희는 영어 2등, 수학 2등, 국어 2등을 하였다.
> • 상욱이는 영어 1등, 수학 3등, 국어 1등을 하였다.
> • 수현이는 수학만 1등을 하였다.
> • 시험 점수로 전체 평균 1등을 한 사람은 영희이다.

① 총점이 가장 높은 것은 영희이다.
② 수현이의 수학 점수는 상욱이의 영어 점수보다 높다.
③ 상욱이의 영어 점수는 영희의 수학 점수보다 높다.
④ 영어와 수학 점수만을 봤을 때, 상욱이가 1등일 것이다.
⑤ 상욱이의 국어 점수는 수현이의 수학 점수보다 낮다.

수리 ▶ 거리 · 속력 · 시간

2025년 적중

02 영채는 배를 타고 길이가 30km인 강을 배를 타고 이동하고자 한다. 강을 거슬러 올라가는 데 걸린 시간이 5시간이고 강물의 흐르는 방향과 같은 방향으로 내려가는데 걸린 시간이 3시간일 때, 흐르지 않는 물에서의 배의 속력은?(단, 배와 강물의 속력은 일정하다)

① 5km/h
② 6.5km/h
③ 8km/h
④ 10km/h
⑤ 12km/h

CJ

언어추리 ▸ 진실게임

2025년 적중

06 호텔 라운지에 둔 화분이 투숙자 중의 1명에 의하여 깨진 사건이 발생했다. 이 호텔에는 A ~ D의 4명의 투숙자가 있었으며, 각 투숙자는 아래와 같이 세 가지 사실을 진술하였다. 4명의 투숙자 중 3명은 진실을 말하고, 1명이 거짓말을 하고 있다면 화분을 깬 사람은 누구인가?

- A : 나는 깨지 않았다. B도 깨지 않았다. C가 깨뜨렸다.
- B : 나는 깨지 않았다. C도 깨지 않았다. D도 깨지 않았다.
- C : 나는 깨지 않았다. D도 깨지 않았다. A가 깨뜨렸다.
- D : 나는 깨지 않았다. B도 깨지 않았다. C도 깨지 않았다.

① A
② B
③ C
④ D
⑤ 알 수 없다.

자료해석 ▸ 자료계산

2025년 적중

07 다음은 농구 경기에서 갑 ~ 정 4개 팀의 월별 득점에 관한 자료이다. 빈칸에 들어갈 수치로 가장 적절한 것은?(단, 각 수치는 매월 일정한 규칙으로 변화한다)

〈월별 득점 현황〉

(단위 : 점)

구분	1월	2월	3월	4월	5월	6월	7월	8월	9월	10월
갑	1,024	1,266	1,156	1,245	1,410	1,545	1,205	1,365	1,875	2,012
을	1,352	1,702	2,000	1,655	1,320	1,307	1,232	1,786	1,745	2,100
병	1,078	1,423		1,298	1,188	1,241	1,357	1,693	2,041	1,988
정	1,298	1,545	1,658	1,602	1,542	1,611	1,080	1,458	1,579	2,124

① 1,358
② 1,397
③ 1,450
④ 1,498
⑤ 1,522

창의수리 ▸ 비율

2025년 적중

19 C사에 지원한 남학생과 여학생의 비율은 3 : 2였다. 지원자 중 합격자의 남녀 비율은 5 : 2이고, 불합격자의 남녀 비율은 4 : 3이라고 한다. 전체 합격자 수가 280명일 때, 지원자 중 여학생은 총 몇 명인가?

① 440명
② 480명
③ 540명
④ 560명
⑤ 640명

도서 200% 활용하기 STRUCTURES

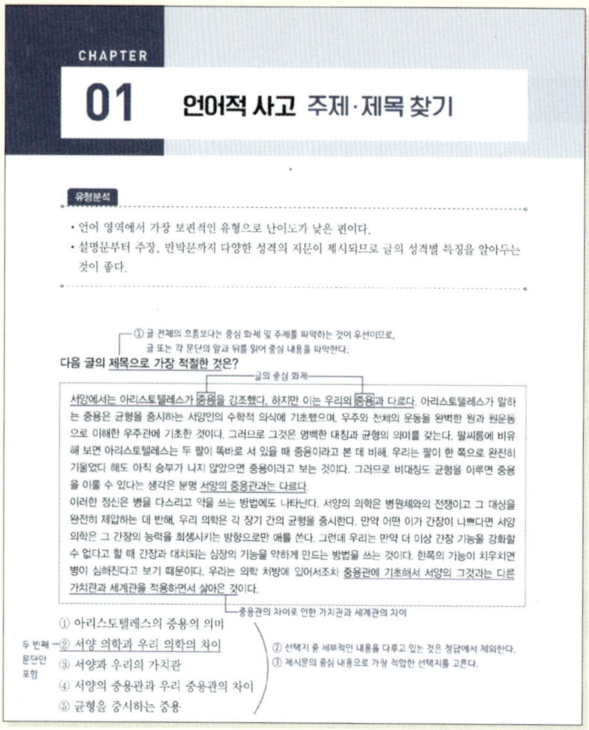

CHAPTER

01 언어적 사고 주제·제목 찾기

유형분석

- 언어 영역에서 가장 보편적인 유형으로 난이도가 낮은 편이다.
- 설명문부터 주장, 반박문까지 다양한 성격의 지문이 제시되므로 글의 성격별 특징을 알아두는 것이 좋다.

① 글 전체의 흐름보다는 중심 화제 및 주제를 파악하는 것이 우선이므로, 글 또는 각 문단의 앞과 뒤를 읽어 중심 내용을 파악한다.

다음 글의 제목으로 가장 적절한 것은?

글의 중심 화제

서양에서는 아리스토텔레스가 중용을 강조했다. 하지만 이는 우리의 중용과 다르다. 아리스토텔레스가 말하는 중용은 균형을 중시하는 서양인의 수학적 의식에 기초했으며, 우주와 천체의 운동을 완벽한 원과 원운동으로 이해한 우주관에 기초한 것이다. 그러므로 그것은 명백한 대칭과 균형의 의미를 갖는다. 팔씨름에 비유해 보면 아리스토텔레스는 두 팔이 똑바로 서 있을 때 중용이라고 본 데 비해, 우리는 팔이 한 쪽으로 완전히 기울었다 해도 아직 승부가 나지 않았으면 중용이라고 보는 것이다. 그러므로 비대칭도 균형을 이루면 중용을 이룰 수 있다는 생각은 분명 서양의 중용관과는 다르다.
이러한 정신은 병을 다스리고 약을 쓰는 방법에도 나타난다. 서양의 의학은 병원체와의 전쟁이고 그 대상을 완전히 제압하는 데 반해, 우리 의학은 각 장기 간의 균형을 중시한다. 만약 어떤 이가 간장이 나쁘다면 서양 의학은 그 간장의 능력을 회생시키는 방향으로만 애를 쓴다. 그런데 우리는 만약 더 이상 간장 기능을 강화할 수 없다고 할 때 간장과 대치되는 심장의 기능을 약하게 만드는 방법을 쓰는 것이다. 한쪽의 기능이 치우치면 병이 심해진다고 보기 때문이다. 우리는 의학 처방에 있어서조차 중용관에 기초해서 서양의 그것과는 다른 가치관과 세계관을 적용하면서 살아온 것이다.

중용관의 차이로 인한 가치관과 세계관의 차이

① 아리스토텔레스의 중용의 의미
② 서양 의학과 우리 의학의 차이 — 두 번째 문단만 포함
③ 서양과 우리의 가치관
④ 서양의 중용관과 우리 중용관의 차이
⑤ 균형을 중시하는 중용

② 선택지 중 세부적인 내용을 다루고 있는 것은 정답에서 제외한다.
③ 제시문의 중심 내용으로 가장 적합한 선택지를 고른다.

기출유형 뜯어보기

롯데그룹의 최신 출제경향을 바탕으로 구성한 영역별 대표유형과 상세한 해설을 수록하여 각 영역의 출제유형 및 학습방법을 확인하고 학습할 수 있도록 하였다.

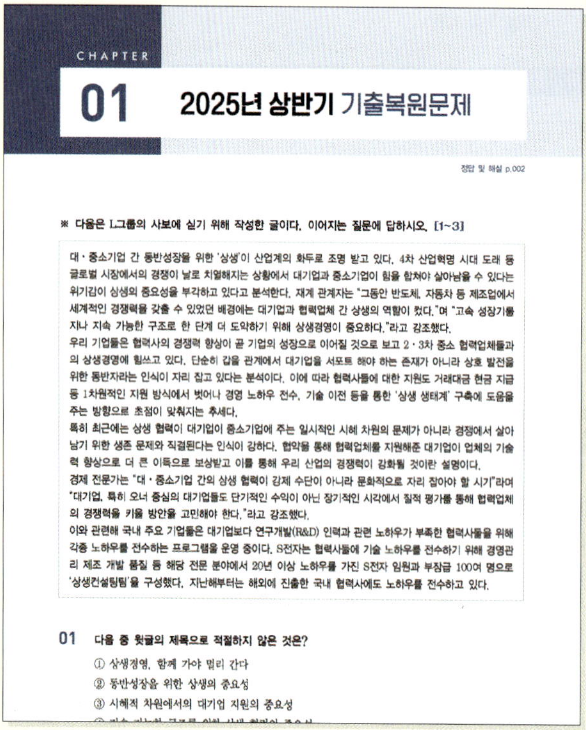

CHAPTER

01 2025년 상반기 기출복원문제

정답 및 해설 p.002

※ 다음은 L그룹의 사보에 싣기 위해 작성한 글이다. 이어지는 질문에 답하시오. [1~3]

대·중소기업 간 동반성장을 위한 '상생'이 산업계의 화두로 조명 받고 있다. 4차 산업혁명 시대 도래 등 글로벌 시장에서의 경쟁이 날로 치열해지는 상황에서 대기업과 중소기업이 힘을 합쳐야 살아남을 수 있다는 위기감이 상생의 중요성을 부각하고 있다고 분석한다. 재계 관계자는 "그동안 반도체, 자동차 등 제조업에서 세계적인 경쟁력을 갖출 수 있었던 배경에는 대기업과 협력업체 간 상생의 역할이 컸다."며 "고속 성장기를 지나 지속 가능한 구조로 한 단계 더 도약하기 위해 상생경영이 중요하다."라고 강조했다.
우리 기업들은 협력사의 경쟁력 향상이 곧 기업의 성장으로 이어질 것으로 보고 2·3차 중소 협력업체들과의 상생경영에 힘쓰고 있다. 단순히 갑을 관계에서 대기업을 서포트 해야 하는 존재가 아니라 상호 발전을 위한 동반자라는 인식이 자리 잡고 있다는 분석이다. 이에 따라 협력사들에 대한 지원도 거래대금 현금 지급 등 1차원적인 지원 방식에서 벗어나 경영 노하우 전수, 기술 이전 등을 통한 '상생 생태계' 구축에 도움을 주는 방향으로 초점이 맞춰지는 추세다.
특히 최근에는 상생 협력이 대기업이 중소기업에 주는 일시적인 시혜 차원의 문제가 아니라 경쟁에서 살아남기 위한 생존 문제와 직결된다는 인식이 강하다. 협약을 통해 협력업체를 지원해준 대기업이 업체의 기술력 향상으로 더 큰 이득으로 보상받고 이를 통해 우리 산업의 경쟁력이 강화될 것이란 설명이다.
경제 전문가는 "대·중소기업 간의 상생 협력이 강제 수단이 아니라 문화적으로 자리 잡아야 할 시기"라며 "대기업, 특히 오너 중심의 대기업들도 단기적인 수익이 아닌 장기적인 시각에서 질적 평가를 통해 협력업체의 경쟁력을 키울 방안을 고민해야 한다."라고 강조했다.
이와 관련해 국내 주요 기업들은 대기업보다 연구개발(R&D) 인력과 관련 노하우가 부족한 협력사들을 위해 각종 노하우를 전수하는 프로그램을 운영 중이다. S전자는 협력사들에 기술 노하우를 전수하기 위해 경영관리 제조 개발 품질 등 해당 전문 분야에서 20년 이상 노하우를 가진 S전자 임원과 부장급 100여 명으로 '상생컨설팅팀'을 구성했다. 지난해부터는 해외에 진출한 국내 협력사에도 노하우를 전수하고 있다.

01 다음 중 윗글의 제목으로 적절하지 않은 것은?

① 상생경영, 함께 가야 멀리 간다
② 동반성장을 위한 상생의 중요성
③ 시혜적 차원에서의 대기업 지원의 중요성

7개년 기출복원문제

2025년 상반기부터 2019년까지의 롯데그룹 L-TAB 기출복원문제를 수록하여 변화하는 출제경향을 파악하고 분석할 수 있도록 하였다.

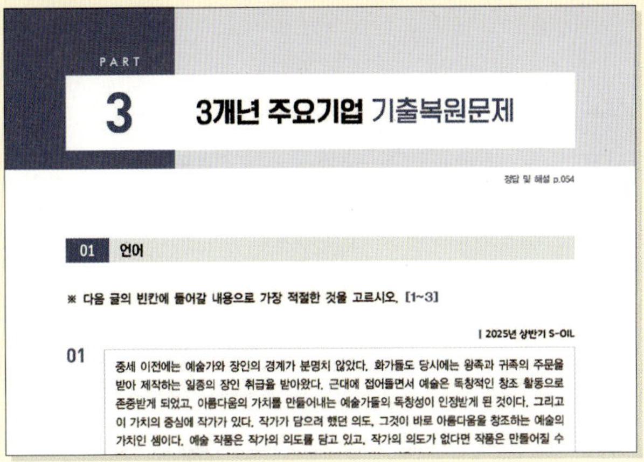

PART 3 3개년 주요기업 기출복원문제

정답 및 해설 p.054

01 언어

※ 다음 글의 빈칸에 들어갈 내용으로 가장 적절한 것을 고르시오. [1~3]

| 2025년 상반기 S-OIL

01 중세 이전에는 예술가와 장인의 경계가 분명치 않았다. 화가들도 당시에는 왕족과 귀족의 주문을 받아 제작하는 일종의 장인 취급을 받아왔다. 근대에 접어들면서 예술은 독창적인 창조 활동으로 존중받게 되었고, 아름다움의 가치를 만들어내는 예술가들의 독창성이 인정받게 된 것이다. 그리고 이 가치의 중심에 작가가 있다. 작가가 담으려 했던 의도, 그것이 바로 아름다움을 창조하는 예술의 가치인 셈이다. 예술 작품은 작가의 의도를 담고 있고, 작가의 의도가 없다면 작품은 만들어질 수

2025~2023년 주요기업 기출복원문제

삼성, CJ, LG, SK, 포스코, KT, S-OIL 등 주요기업의 2025~2023년 3개년 기출복원문제를 영역별로 수록하여 다양한 적성검사 유형에 대비하고 연습할 수 있도록 하였다.

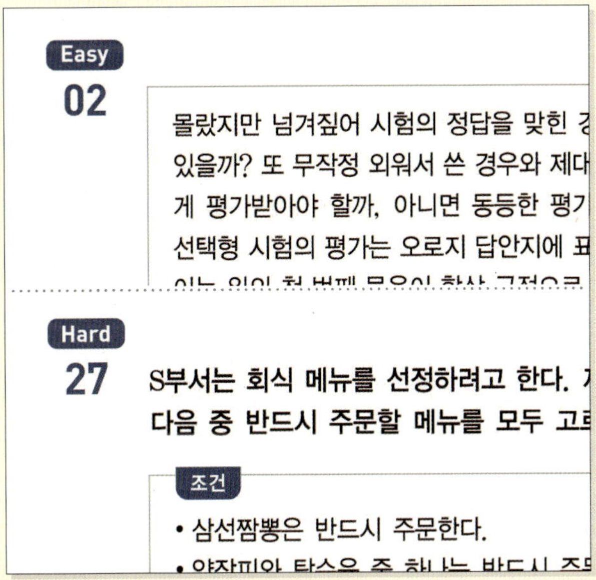

Easy

02 몰랐지만 넘겨짚어 시험의 정답을 맞힌 경
있을까? 또 무작정 외워서 쓴 경우와 제대
게 평가받아야 할까, 아니면 동등한 평가
선택형 시험의 평가는 오로지 답안지에 표

Hard

27 S부서는 회식 메뉴를 선정하려고 한다.
다음 중 반드시 주문할 메뉴를 모두 고르

조건

• 삼선짬뽕은 반드시 주문한다.

Easy & Hard로 난이도별 시간 분배 연습

문제별 난이도를 표시하여 시간을 절약해야 하는 문제와 투자해야 하는 문제를 구분하여 학습할 수 있도록 하였다.

CHAPTER 01 2025년 상반기 기출복원문제

01	02	03	04	05	06	07	08	09	10
③	①	④	④	④	①	②	④	④	④
11	12	13							
②	③	②							

01 정답 ③

기사에서는 대기업과 중소기업 간의 상생경영의 중요성을 강조하고 있다. 기존에는 대기업이 시혜적 차원에서 중소기업에게 베푸는 느낌이 강했지만, 현재는 협력사의 경쟁력 향상이 곧 기업의 성장으로 이어질 것으로 보고, 상생경영의 중요성을 높이고 있다. 대기업이 지원해준 업체의 기술력 향상으로 더 큰 이득을 보상받는 등 상생협력이 대기업과 중소기업 모두에게 효과적임을 알 수 있다. 따라서 '시혜적 차원에서의 대기업 지원의 중요성'은 기사 제목으로 적절하지 않다.

정답 및 오답분석으로 풀이까지 완벽 마무리

정답에 대한 자세한 해설은 물론 문제별로 오답분석을 수록하여 오답이 되는 이유를 정확하게 이해할 수 있도록 하였다.

이 책의 차례 CONTENTS

PART I

기출유형 뜯어보기

CHAPTER

01 언어적 사고 주제·제목 찾기

유형분석

- 언어 영역에서 가장 보편적인 유형으로 난이도가 낮은 편이다.
- 설명문부터 주장, 반박문까지 다양한 성격의 지문이 제시되므로 글의 성격별 특징을 알아두는 것이 좋다.

① 글 전체의 흐름보다는 중심 화제 및 주제를 파악하는 것이 우선이므로, 글 또는 각 문단의 앞과 뒤를 읽어 중심 내용을 파악한다.

다음 글의 제목으로 가장 적절한 것은?

글의 중심 화제

서양에서는 아리스토텔레스가 중용을 강조했다. 하지만 이는 우리의 중용과 다르다. 아리스토텔레스가 말하는 중용은 균형을 중시하는 서양인의 수학적 의식에 기초했으며, 우주와 천체의 운동을 완벽한 원과 원운동으로 이해한 우주관에 기초한 것이다. 그러므로 그것은 명백한 대칭과 균형의 의미를 갖는다. 팔씨름에 비유해 보면 아리스토텔레스는 두 팔이 똑바로 서 있을 때 중용이라고 본 데 비해, 우리는 팔이 한 쪽으로 완전히 기울었다 해도 아직 승부가 나지 않았으면 중용이라고 보는 것이다. 그러므로 비대칭도 균형을 이루면 중용을 이룰 수 있다는 생각은 분명 서양의 중용관과는 다르다.

이러한 정신은 병을 다스리고 약을 쓰는 방법에도 나타난다. 서양의 의학은 병원체와의 전쟁이고 그 대상을 완전히 제압하는 데 반해, 우리 의학은 각 장기 간의 균형을 중시한다. 만약 어떤 이가 간장이 나쁘다면 서양 의학은 그 간장의 능력을 회생시키는 방향으로만 애를 쓴다. 그런데 우리는 만약 더 이상 간장 기능을 강화할 수 없다고 할 때 간장과 대치되는 심장의 기능을 약하게 만드는 방법을 쓰는 것이다. 한쪽의 기능이 치우치면 병이 심해진다고 보기 때문이다. 우리는 의학 처방에 있어서조차 중용관에 기초해서 서양의 그것과는 다른 가치관과 세계관을 적용하면서 살아온 것이다.

중용관의 차이로 인한 가치관과 세계관의 차이

① 아리스토텔레스의 중용의 의미
② 서양 의학과 우리 의학의 차이 — 두 번째 문단만 포함
③ 서양과 우리의 가치관
④ 서양의 중용관과 우리 중용관의 차이
⑤ 균형을 중시하는 중용

② 선택지 중 세부적인 내용을 다루고 있는 것은 정답에서 제외한다.
③ 제시문의 중심 내용으로 가장 적합한 선택지를 고른다.

정답 해설

아리스토텔레스가 강조한 중용과 서양과 동양의 중용을 번갈아 설명하며 그 차이점에 대해 설명하고 있다.

오답분석

① 아리스토텔레스의 중용은 제시문의 주제인 서양과 우리의 중용에 대한 차이점을 말하기 위해 언급한 것일 뿐이다.
② 우리는 의학에 있어서도 중용관에 입각했다는 것을 말하기 위해 부연 설명한 것이다.
③ 중용을 바라보는 서양과 우리의 차이점을 말하고 있다.
⑤ 서양과 비교하여 우리의 중용관이 균형에 신경 쓰고 있다는 내용을 담고는 있지만, 전체적으로 보았을 때 서양과 우리의 중용관 차이에 대해 쓴 글이다.

정답 ④

이거 알면 30초 컷!

- 제시문의 세부적인 내용에 집중하지 말고, 전체적인 맥락을 파악하면서 독해한다. 만약 세부적인 내용을 묻는 선택지가 있다면 빠르게 소거한다.
- 제시문의 진행 중에 반전이 되는 내용이나 접속어가 나온다면 그 다음에 나오는 내용에 집중한다. 제시문의 분위기가 변하는 경우가 있기 때문이다. 그러나 항상 제시문의 내용이 변화한다고 할 수는 없으므로 섣부르게 판단하지는 않는다.

CHAPTER

01 언어적 사고 문장나열

유형분석

- 제시문의 전체적인 맥락과 흐름을 잘 파악하고 있는지를 평가하는 유형이다.
- 문장나열 유형에서 중요하게 생각해야 하는 것은 지시어와 접속어이다. 따라서 접속어의 쓰임에 대해 정확하게 알고 있어야 하며, 지시어가 가리키는 것을 정확하게 파악해야 한다.

① 지시어 및 접속어를 찾아서 확인한다.

다음 문장을 논리적 순서대로 바르게 나열한 것은?

(가) 이들이 주장한 바로는 아이들의 언어 습득은 '자극 – 반응 – 강화'의 과정을 통해 이루어진다. 즉, 행동주의 학자들은 후천적인 경험이나 학습을 언어 습득의 요인으로 본다.
(나) 이러한 촘스키의 주장은 아이들이 선천적으로 지니고 태어나는 언어 능력에 주목함으로써 행동주의 학자들의 주장만으로는 설명할 수 없었던 복잡한 언어 습득 과정을 효과적으로 설명해 주고 있다.
(다) 그러나 이러한 행동주의 학자들의 주장은 아이들의 언어 습득 과정을 후천적인 요인으로만 파악하려 한다는 점에서 비판을 받는다.
③ 연결되는 단어 확인
(가)의 행동주의 학자들의 주장과 연결되므로 (다)는 (가) 뒤에 위치해야 한다.
(라) 아이들은 어떻게 언어를 습득하는 걸까? 이 물음에 대해 행동주의 학자들은 아이들이 다른 행동을 배울 때와 마찬가지로 지속적인 모방과 학습을 통해 언어를 습득한다고 주장한다.
② 질문을 통한 주위 환기 글의 도입부에서 주로 활용된다.
(마) 미국의 언어학자 촘스키는 아이들이 의식적인 노력이나 훈련 없이도 모국어를 완벽하게 구사하는 이유가 태어나면서부터 두뇌 속에 '언어습득장치(LAD)'라는 것을 가지고 있기 때문이라고 주장한다.

① (나) – (가) – (마) – (다) – (라)
② (다) – (라) – (가) – (나) – (마)
③ (다) – (가) – (라) – (나) – (마)

①에 의해 삭제

④ (라) – (가) – (다) – (마) – (나)
⑤ (라) – (다) – (가) – (마) – (나)

③을 통해 확인

정답 해설

〈풀이 1〉

제시문은 행동주의 학자들이 생각하는 언어 습득 이론과 그 원인을 설명하고, 이를 비판하는 입장인 촘스키의 언어 습득 이론을 설명하는 내용의 글이다. 따라서 (라) 행동주의 학자들의 언어 습득 이론 – (가) 행동주의 학자들이 주장한 언어 습득의 원인 – (다) 행동주의 학자들의 입장에 대한 비판적 관점 – (마) 언어학자 촘스키의 언어 습득 이론 – (나) 촘스키 이론의 의의의 순으로 나열하는 것이 적절하다.

〈풀이 2〉

제시문은 언어 습득에 대한 두 견해를 제시하고 있다. (가), (나), (다)에는 각각 '이들', '이러한', '그러나'와 같은 지시어와 접속어가 제시되어 있으므로 첫 문장이 될 수 없다. ① 때문에 제시문의 전체적인 화두를 제시하고 있는 (라)가 처음으로 나오는 것이 적절하다. 다음으로 (가)의 '이들의 주장'은 (라)의 행동주의 학자들의 주장을 가리키므로 (가)가 오는 것이 적절하며, 이어서 역접의 접속어 '그러나'를 통해 이러한 행동주의 학자들의 주장을 비판하는 (다)로 이어지는 것이 적절하다. 마지막으로는 촘스키의 새로운 주장인 (마)와 '이러한 촘스키의 주장'에 대해 부연하는 (나)가 이어지는 것이 적절하다. ②

정답 ④

이거 알면 30초 컷!

- 문장나열은 위의 2가지 풀이처럼 개인마다 풀이하는 방법이 다르다. 따라서 평소에 많이 연습하고 자신에게 좀 더 편한 풀이방법을 택한다.
- 첫 번째 문장(문단)을 찾는 일에 집중한다. 첫 번째 문장은 제시문의 화두로 제시문을 이끌어 나가기 위한 전체적인 주제가 제시된다.
- 각 문장(문단)마다 자리한 지시어나 접속어를 살펴본다. 특히 문두에 접속어가 나오거나 지시어가 나오는 경우, 제시문의 첫 번째 문장이 될 수 없다. 이러한 조건들과 선택지를 비교해서 하나씩 소거해 나가다 보면 첫 번째 문장을 빠르게 찾을 수 있다.

CHAPTER

01 언어적 사고 사실적 독해

유형분석

- 제시문의 세부적인 내용을 이해하고 있는지 평가하는 유형이다.
- 일반적으로 언어 영역에서 높은 비중으로 출제되며 어렵게 출제되는 경우 문장마다 신경을 써야 하는 유형이다.
- 주제 찾기나 문장나열과 같은 유형에서 절약한 시간을 활용한다.

다음 글의 내용으로 가장 적절한 것은?

2. 선택지에 표시한 핵심어와 관련된 내용을 지문에서 파악하여 글의 내용과 비교

①과 불일치

②와 불일치

음악에서 화성이나 멜로디가 하나의 음 또는 하나의 화음을 중심으로 일정한 체계를 유지하는 것을 조성(調性)이라고 한다. 조성을 중심으로 한 음악은 서양음악에 지배적인 영향을 미쳤는데, 여기에서 벗어나 자유롭게 표현하고 싶은 음악가의 열망이 무조(無調) 음악을 탄생시켰다. 무조 음악에서는 한 옥타브 안의 12음 각각에 동등한 가치를 두어 음들을 자유롭게 사용하였다. 이로 인해 무조 음악은 표현의 자유를 누리게 되었지만 조성이 주는 체계성은 잃게 되었다. 악곡의 형식을 유지하는 가장 기초적인 뼈대가 흔들린 것이다. 이와 같은 상황 속에서 무조 음악이 지닌 자유로움에 체계성을 더하고자 고민한 작곡가 쇤베르크는 '12음 기법'이라는 독창적인 작곡 기법을 만들어 냈다. 쇤베르크의 12음 기법은 12음을 한 번씩 사용하여 만든 기본 음렬(音列)에 이를 '전위', '역행', '역행 전위'의 방법으로 파생시킨 세 가지 음렬을 더해 악곡을 창작하는 체계적인 작곡 기법이다.

③과 불일치

⑤와 불일치

1. 지문에서 접할 수 있는 핵심어를 중심으로 선택지에 표시

① 조성은 하나의 음으로 여러 음을 만드는 것을 말한다.

② 무조 음악은 조성이 발전한 형태라고 말할 수 있다.

③ 무조 음악은 한 옥타브 안의 음 각각에 가중치를 두어서 사용했다.

④ 조성은 체계성을 추구하고, / 무조 음악은 자유로움을 추구한다.

⑤ 쇤베르크의 12음 기법은 무조 음악과 조성 모두에서 벗어나고자 한 작곡 기법이다.

정답 해설

제시문은 조성과 무조 음악을 합쳐 쇤베르크가 탄생시킨 12음 기법에 대한 내용이다. 멜로디가 하나의 음 또는 하나의 화음을 중심으로 일정한 체계를 유지하는 것을 '조성'이라고 했고, 여기에서 벗어나 자유롭게 표현하고 싶은 음악가의 열망이 '무조 음악'을 탄생시켰다고 했다.

오답분석

① 조성은 음악에서 화성이나 멜로디가 하나의 음 또는 하나의 화음을 중심으로 일정한 체계를 유지하는 것이다.
② 무조 음악은 조성에서 벗어나 자유롭게 표현하고자 한 것이므로, 발전한 형태라고 말할 수 없다.
③ 무조 음악은 한 옥타브 안의 음 각각에 동등한 가치를 두었다.
⑤ 쇤베르크의 12음 기법은 무조 음악이 지닌 자유로움에 조성의 체계성을 더하고자 탄생한 기법이다.

정답 ④

이거 알면 30초 컷!

제시문의 내용으로 적절한 것 또는 적절하지 않은 것을 고르는 문제의 경우, 제시문을 읽기 전에 문제와 선택지를 먼저 확인하는 것이 좋다. 이를 통해 제시문에서 알아내야 하는 정보가 무엇인지를 인지한 후 제시문을 독해한다.

CHAPTER

01 언어적 사고 추론적 독해

유형분석

- 제시문에서 직접적으로 제시하지 않은 내용을 추론하여 답을 도출해야 하는 유형이다.
- 언어 영역에서 가장 난이도가 높은 유형으로 볼 수 있다.
- 자신의 주관적인 판단보다는 제시문에 대한 논리적인 이해를 바탕으로 문제를 풀이한다.

1. 문제에서 제시하는 추론유형을 확인한다.
→ 세부적인 내용을 추론하는 유형

다음 글을 통해 추론할 수 있는 내용으로 가장 적절한 것은?

도구를 사용하는 인간은 다양한 종류의 음식을 먹는 본능과 소화력을 갖췄지만, 일부 동물은 한 가지 음식만 먹는다. 이렇게 음식 하나에 모든 것을 거는 '단일 식품 식생활'은 도박이다. 그 음식의 공급이 끊기면 그 동물도 끝이기 때문이다. (③의 반박 근거)

한때 우리는 인류의 전 주자였던 오스트랄로피테쿠스가 과일만 먹었을 것이라고 믿은 적이 있었다. 이를 근거로 오스트랄로피테쿠스와 사람을 가르는 선을 고기의 섭취 여부로 정하기도 했었다. 그러나 남아프리카공화국의 한 동굴에서 발견된 200만 년 전 유골 4구의 치아에서는 이와 다른 증거가 발견됐다. 인류학자 맷 스폰하이머와 줄리아 리소프는 이 유골의 치아사기질 탄소 동위 원소 구성 중 13C의 비율이 과일만 먹은 치아보다 열대 목초를 먹은 치아와 훨씬 더 가깝다는 것을 발견했다. 식생활 동위 원소는 체내 조직에 기록되기 때문에 이 발견은 오스트랄로피테쿠스가 상당히 많은 양의 풀을 먹었거나 이 풀을 먹은 동물을 먹었다는 추측을 가능케 한다. 그런데 같은 치아에서 풀을 씹어 먹을 때 생기는 마모는 전혀 보이지 않았기 때문에 오스트랄로피테쿠스 식단에서 풀을 먹는 동물이 큰 부분을 차지했다는 결론을 내릴 수 있다. (⑤의 근거이자 ②를 반박할 수 있는 근거가 된다.)

오래 전에 멸종되어 260만 년이라는 긴 시간을 땅속에 묻혀 있던 동물의 뼈 옆에서는 석기들이 함께 발견되기도 한다. 이 뼈와 석기가 들려주는 이야기는 곧 우리의 이야기다. 어떤 뼈에는 이로 씹은 흔적 위에 도구로 자른 흔적이 겹쳐있다. 그 반대의 흔적이 남은 뼈들도 있다. 도구로 자른 흔적 다음에 날카로운 이빨 자국이 남은 경우다. 이런 것은 무기를 가진 인간이 먼저 먹고 동물이 이빨로 뜯어 먹은 것이다. (④의 반박 근거)

① 오스트랄로피테쿠스는 육식 동물을 전혀 먹지 않았다. — 근거를 찾을 수 없음
② 육식 여부는 오스트랄로피테쿠스의 진화과정을 보여주는 중요한 기준이다.
③ 단일 식품 섭취의 위험성 때문에 단일 식품을 섭취하는 동물은 없다.
④ 인간은 날카로운 이빨을 이용하여 초식동물을 사냥하였다.
⑤ 맷 스폰하이머와 줄리아 리소프의 연구는 육식 여부로 오스트랄로피테쿠스와 사람을 구분하던 방법이 잘못되었음을 보여준다.

(②~⑤: 서로 상반되는 내용의 선택지이므로 이를 중심으로 제시문의 내용을 파악한다.)

2. 선택지를 먼저 확인하고 제시문에서 선택지의 근거가 되는 부분을 확인한다.

정답 해설

맷 스폰하이머와 줄리아 리소프의 연구는 오스트랄로피테쿠스가 육식을 하였음을 증명하였다. 따라서 육식 여부로 오스트랄로피테쿠스와 사람을 구분하던 과거의 방법이 잘못되었음을 증명한 것이라 볼 수 있다.

오답분석

① 두 번째 문단 마지막 문장에서 오스트랄로피테쿠스의 식단에서 풀을 먹는 동물이 큰 부분을 차지했다는 결론을 내렸다고 했을 뿐, 풀(→ 육식 동물)을 전혀 먹지 않았는지는 알 수 없다.

② 맷 스폰하이머와 줄리아 리소프의 연구를 통해 육식 여부로 오스트랄로피테쿠스와 사람을 구분할 수 없다는 것을 확인했으므로 육식 여부는 진화과정에 대한 기준이 될 수 없다.

③ 단일 식품을 섭취하는 것이 위험하다고 했을 뿐, 일부 동물은 단일 식품을 섭취한다.

④ 마지막 문단에서 도구로 자른 흔적 다음에 날카로운 이빨자국이 남은 동물 뼈에서 무기를 가진 인간의 흔적을 찾은 것으로 보아 인간은 이빨이 아닌 무기로 사냥을 했음을 알 수 있다.

정답 ⑤

이거 알면 30초 컷!

문제에서 제시하는 추론 유형이 어떤 형태인지를 판단한다.

글쓴이의 주장/의도를 추론하는 유형

제시문에 나타난 주장, 근거, 논증 방식을 파악하는 유형으로 주장의 타당성을 평가하여 글쓴이의 관점을 이해하며 읽는다.

세부적인 내용을 추론하는 유형

주어진 선택지를 먼저 읽고 제시문을 읽으면서 답이 아닌 선택지를 지워나가는 방법이 효율적이다.

CHAPTER

01 언어적 사고 비판적 독해

유형분석

- 글을 읽고 비판적 의견이나 반박을 생각할 수 있는지를 평가하는 유형이다.
- 제시문의 '주장'에 대한 반박을 찾는 것이므로, '근거'에 대한 반박이나 논점에서 벗어난 것을 찾지 않도록 주의해야 한다.

다음 글의 주장에 대한 반대 의견의 근거로 적절하지 않은 것은?

1. 문제를 풀기 위해 글의 주장, 관점, 의도, 근거 등 제시문의 핵심을 파악

> 소년법은 반사회성이 있는 소년의 환경 조정과 품행 교정을 위한 보호처분 등의 필요한 조치를 하고, 형사처분에 관한 특별조치를 적용하는 법이다. 만 14세 이상부터 만 19세 미만의 사람을 대상으로 하며, 인격 형성 도중에 있어 그 개선가능성이 풍부하고 심신의 발육에 따르는 특수한 정신적 동요상태에 놓여 있으므로 현재의 상태를 중시하여 소년의 건전한 육성을 기하려는 것이 본래의 목적이다.
> 하지만 청소년이 강력범죄를 저지르더라도 소년법의 도움으로 처벌이 경미한 점을 이용해 성인이 저지른 범죄를 뒤집어쓰거나 일정한 대가를 제시하고 대신 자수하도록 하는 등 악용사례가 있으며, 최근에는 미성년자들 스스로가 모의하여 발생한 강력범죄가 날로 수위를 높여가고 있다. 무엇보다 이러한 죄를 저지른 이들이 범죄나 처벌을 대수롭지 않게 여기는 태도를 보이는 경우가 많아 법의 존재 자체를 의심받는 상황에 이르고 있다. 따라서 해당 법을 폐지하고 저지른 죄에 걸맞은 높은 형량을 부여하는 것이 옳다.

소년법의 사전적 정의와 목적

소년법의 악용 사례와 실효성에 대한 의문 제기를 통한 소년법 폐지 및 형량 강화 주장

① 성인이 저지른 범죄를 뒤집어쓰는 경우는 소년법의 문제라기보다는 해당 범죄를 악용한 범죄자를 처벌하는 것이 옳다.
② 소년법 대상의 대부분이 불우한 가정환경을 가지고 있기 때문에 소년법 폐지보다는 범죄예방이 급선무이다.
③ 소년법을 폐지하면 형법의 주요한 목적 중 하나인 응보의 의미가 퇴색된다.
   = 되갚음 → 소년법은 소년의 보호를 목적으로 하므로 어색함
④ 세간에 알려진 것과 달리 강력범죄의 경우에는 미성년자라고 할지라도 실형을 선고받는 사례가 더 많으므로 성급한 처사라고 볼 수 있다.
⑤ 한국의 소년법은 현재 UN 아동권리협약에 묶여있으므로 무조건적인 폐지보다는 개선방법을 고민하는 것이 먼저다.

2. 제시문의 주장 및 근거의 어색한 부분을 찾아 반박 근거와 사례를 생각

정답 해설

형법의 주요한 목적 중 하나인 응보는 '어떤 행위에 대하여 받는 갚음'을 뜻한다. 제시문의 주장에 따르면 소년법을 악용하여 범죄 수준에 비해 처벌을 경미하게 받는 등 악용사례가 있으므로, 소년법을 폐지하면 응보의 의미가 퇴색된다는 것은 필자의 주장을 반박하는 근거로 적절하지 않다.

오답분석

① 소년법의 악용사례가 소년법 자체의 문제에 의한 것이 아니라고 주장하는 반대 의견이다.
②·⑤ 소년법 본래의 취지와 현재의 상황을 상기시키며 필자의 주장이 지나치다고 반박하고 있다.
④ 필자의 주장의 근거 중 하나인 경미한 처벌이 사실과 다르다고 반박하고 있다.

정답 ③

이거 알면 30초 컷!

- 주장, 관점, 의도, 근거 등 문제를 풀기 위한 제시문의 핵심을 파악한다. 이후 제시문의 주장 및 근거의 어색한 부분을 찾아 반박할 주장과 근거를 생각해본다.
- 제시문이 지나치게 길 경우 먼저 선택지부터 파악하여 홀로 상반된 의견을 제시하고 있거나 글의 주장이 어색한 선택지는 없는지 확인하는 것도 답을 찾는 방법이 된다.

CHAPTER

01 언어적 사고 명제

유형분석

- '$p \rightarrow q$, $q \rightarrow r$이면 $p \rightarrow r$이다.' 형식의 삼단논법과 명제의 대우를 활용하여 풀이하는 유형이다.
- 명제에서 일부를 나타내는 표현이 나온다면 삼단논법을 활용하기보다 벤 다이어그램 등을 활용하여 풀이해야 한다.

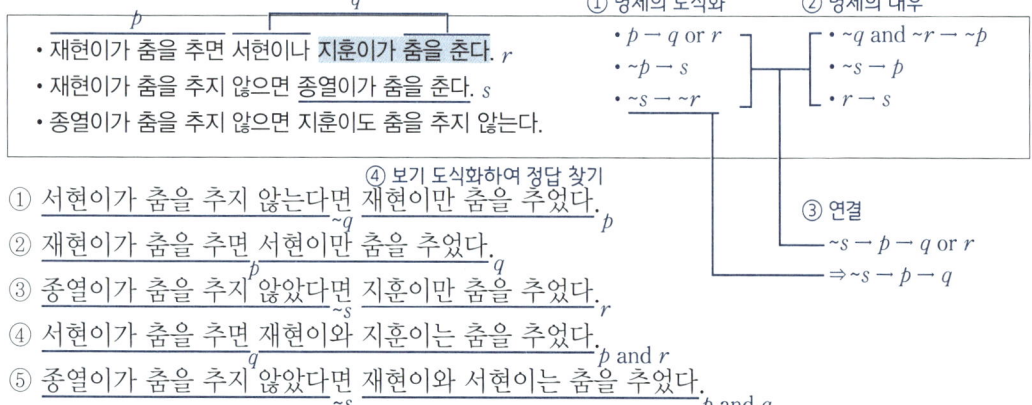

다음 명제가 모두 참일 때, 항상 참인 것은?

- 재현이가 춤을 추면(p) 서현이나(q) 지훈이가 춤을 춘다(r).
- 재현이가 춤을 추지 않으면 종열이가 춤을 춘다(s).
- 종열이가 춤을 추지 않으면 지훈이도 춤을 추지 않는다.

① 명제의 도식화
- $p \rightarrow q$ or r
- $\sim p \rightarrow s$
- $\sim s \rightarrow \sim r$

② 명제의 대우
- $\sim q$ and $\sim r \rightarrow \sim p$
- $\sim s \rightarrow p$
- $r \rightarrow s$

③ 연결
- $\sim s \rightarrow p \rightarrow q$ or r
- $\Rightarrow \sim s \rightarrow p \rightarrow q$

④ 보기 도식화하여 정답 찾기

① 서현이가 춤을 추지 않는다면($\sim q$) 재현이만 춤을 추었다(p).
② 재현이가 춤을 추면(p) 서현이만 춤을 추었다(q).
③ 종열이가 춤을 추지 않았다면($\sim s$) 지훈이만 춤을 추었다(r).
④ 서현이가 춤을 추면(q) 재현이와 지훈이는 춤을 추었다(p and r).
⑤ 종열이가 춤을 추지 않았다면($\sim s$) 재현이와 서현이는 춤을 추었다(p and q).

정답 해설

'재현이가 춤을 추다.'를 p, '서현이가 춤을 추다.'를 q, '지훈이가 춤을 추다.'를 r, '종열이가 춤을 추다.'를 s라고 하면 주어진 명제는 순서대로 $p \rightarrow q$ or r, $\sim p \rightarrow s$, $\sim s \rightarrow \sim r$이다. 두 번째 명제의 대우는 $\sim s \rightarrow p$이고 이를 첫 번째 명제와 연결하면 $\sim s \rightarrow p \rightarrow q$ or r이다. 세 번째 명제에서 $\sim s \rightarrow \sim r$라고 하였으므로 $\sim s \rightarrow p \rightarrow q$임을 알 수 있다. 따라서 ⑤는 항상 참이다.

정답 ⑤

이거 알면 30초 컷!

명제 유형이 항상 결론을 찾는 문제가 출제되는 것은 아니기 때문에 연결 관계를 잘 파악해야 한다. 만약 $p \rightarrow q$, $r \rightarrow s$라는 명제가 있다. 이를 $p \rightarrow s$라는 명제로 만들고 싶을 때 필요한 명제는 $q \rightarrow r$이다. 답이 맞는지 헷갈린다면 전체 문장이 연결되는지를 확인한다.

CHAPTER

01 언어적 사고 논리추리

유형분석

- 제시된 여러 조건/상황/규칙들을 파악하여 경우의 수를 구한 후 문제를 해결하는 유형이다.
- 고정 조건을 중심으로 표나 도식으로 표현한 뒤 확실한 조건과 배제해야 할 조건들을 정리한다.

① 문제에서 요구하는 조건을 표시한다.

등산 동아리에서 봄을 맞아 소풍을 가고자 한다. 동아리 회원인 A~E 5명은 서로 다른 색의 접시에 각기 다른 한 가지의 과일을 준비하였다. 다음 내용이 모두 참일 때 B가 준비한 접시의 색깔과 C가 준비한 과일은?

- 회원들이 준비한 과일들은 A~E 순으로 일렬로 놓여있다.
- 접시의 색은 빨강, 노랑, 초록, 검정, 회색이다.
- 과일은 참외, 수박, 사과, 배, 바나나가 있다.
- 수박과 참외는 이웃하지 않는다.
- 노란색 접시에 배가 담겨있고, 회색 접시에 참외가 담겨있다.
- (B는 바나나를 준비하였다.)
- 양쪽 끝 접시는 빨간색과 초록색이며, 이 두 접시에 담긴 과일의 이름은 두 글자이다.
- 바나나와 사과는 이웃한다.

② 주어진 조건 중 고정 조건을 기준으로 나머지 조건을 파악한다.
- 노란색 : 배
- 회색 : 참외

	B가 준비한 접시의 색깔	C가 준비한 과일
①	검정	사과
②	빨강	사과
③	검정	참외
④	초록	참외
⑤	회색	수박

③ 고정 조건을 중심으로 표나 도식을 활용하여 표현한다.

i) 먼저 과일 접시의 색 확인

구분	참외	수박	사과	배	바나나
빨강	×			×	×
노랑	×	×	×	○	×
초록	×			×	×
검정	×	×	×	×	○
회색	○	×	×	×	×

두 글자인 과일만 가능 → 검정 접시

ii) A~E의 과일과 접시 확인

구분	A	B	C	D	E
과일	수박 / 사과	바나나	참외	배	사과 / 수박
접시	빨강 / 초록	검정	회색	노랑	초록 / 빨강

바나나와 이웃

수박과 이웃하지 않음

④ 정리한 내용을 바탕으로 문제의 답을 찾는다.

정답 해설

B가 바나나를 준비하였으므로 A와 C 중 1명이 사과를 준비하였다. 그런데 양쪽 끝 접시는 빨간색, 초록색이고 참외는 회색 접시에 담겨있으므로 양쪽 끝에 담긴 과일은 두 글자인 과일 중 참외를 제외한 사과, 수박이다. 즉, A는 사과를, E는 수박을 준비하였다.

수박과 참외는 이웃하지 않으므로 D가 준비한 과일은 참외일 수 없다. 따라서 C가 준비한 과일이 참외이다.

C는 참외를 준비했으므로 회색 접시를 준비하고, D는 노란색 접시에 배를 준비했음을 알 수 있다. A와 E가 준비한 접시는 각각 초록색 혹은 빨간색이므로 남은 색은 검정이다.

조건에 따라 각 회원들이 준비한 과일과 접시를 표로 정리하면 다음과 같다.

구분	A	B	C	D	E
과일	사과	바나나	참외	배	수박
접시	초록/빨강	검정	회색	노랑	빨강/초록

따라서 B가 준비한 접시의 색깔은 검정임을 알 수 있다.

정답 ③

이거 알면 30초 컷!

고정 조건을 가장 먼저 파악하는 것이 중요하다. 보통 고정 조건은 마지막 부분에 제시되는 경우가 많은데, 앞에 나온 조건들을 아무리 잘 정리해도 고정 조건 하나면 경우의 수가 많이 줄어든다.

CHAPTER

01 언어적 사고 진실게임

유형분석

- 일반적으로 4~5명의 진술이 제시되며, 각 진술의 진실 및 거짓 여부를 확인하여 범인을 찾는 유형이다.
- 추리 영역 중에서도 체감난도가 상대적으로 높은 유형이다.
- 각 진술 사이의 모순을 찾아 성립하지 않는 경우를 제거하거나, 경우의 수를 나누어 모든 조건이 성립하는지를 확인해야 한다.

① 문제에서 구하는 것 확인
→ 범인을 찾는 문제, 거짓말을 한 사람을 찾는 문제가 아님

어젯밤에 탕비실 냉장고에 보관되어 있던 행사용 케이크가 없어졌다. 어제 야근을 한 갑~무를 조사했더니 다음과 같이 진술했다. 케이크를 먹은 범인은 2명이고, 다음 중 2명만이 진실을 말한다고 할 때, 범인이 될 수 있는 사람으로 바르게 짝지어진 것은?(단, 모든 사람은 진실만 말하거나 거짓만 말한다)

조건 1
조건 2
② 조건 확인

- 갑 : 을이나 병 중에 1명만 케이크를 먹었어요.
- 을 : 무는 확실히 케이크를 먹었어요.
- 병 : 정과 무가 모의해서 함께 케이크를 훔쳐먹는 걸 봤어요.
- 정 : 저는 절대 범인이 아니에요.
- 무 : 사실대로 말하자면 제가 범인이에요.

③ 2명의 진술이 일치 → 동시에 진실을 말하거나 거짓을 진술

① 갑, 을 ② 을, 정
③ 을, 무 ④ 갑, 정
⑤ 정, 무

정답 해설

을의 진술이 진실이면 무의 진술도 진실이고, 을의 진술이 거짓이면 무의 진술도 거짓이다.

ⅰ) 을과 무가 모두 진실을 말하는 경우

무는 범인이고, 나머지 3명은 모두 거짓을 말해야 한다. 정의 진술이 거짓이므로 정은 범인인데, 병이 무와 정이 범인이라고 했으므로 병은 진실을 말하는 것이 되어 2명만 진실을 말한다는 조건에 모순이다. 따라서 을과 무는 거짓을 말한다.

ⅱ) 을과 무가 모두 거짓을 말하는 경우

무는 범인이 아니고, 갑 · 병 · 정 중 1명만 거짓을 말하고 나머지 2명은 진실을 말한다. 만약 갑이 거짓을 말한다면 을과 병이 모두 범인이거나 모두 범인이 아니어야 한다. 그런데 갑의 말이 거짓이고 을과 병이 모두 범인이라면 병의 말 역시 거짓이 되어 조건에 모순이다. 따라서 갑의 말은 진실이고, 병이 지목한 범인 중에 을이나 병이 없으므로 병의 진술은 거짓, 정의 진술은 진실이다.

따라서 범인은 갑과 을 또는 갑과 병이다.

정답 ①

이거 알면 30초 컷!

진실게임 유형 중 90% 이상은 다음 두 가지 방법으로 풀 수 있다. 주어진 진술을 빠르게 훑으며 다음 두 가지 중 어떤 경우에 해당되는지 확인한 후 문제를 풀어나간다.

두 명 이상의 발언 중 한쪽이 진실이면 다른 한쪽이 거짓인 경우

1) A가 진실이고 B가 거짓인 경우, B가 진실이고 A가 거짓인 경우 두 가지로 나눌 수 있다.
2) 두 가지 경우에서 각 발언의 진위 여부를 판단한다.
3) 주어진 조건과 비교한다(범인의 숫자가 맞는지, 진실 또는 거짓을 말한 인원수가 조건과 맞는지 등).

두 명 이상의 발언 중 한쪽이 진실이면 다른 한쪽도 진실인 경우

1) A와 B가 모두 진실인 경우, A와 B가 모두 거짓인 경우 두 가지로 나눌 수 있다.
2) 두 가지 경우에서 각 발언의 진위 여부를 판단한다.
3) 주어진 조건과 비교한다(범인의 숫자가 맞는지, 진실 또는 거짓을 말한 인원수가 조건과 맞는지 등).

CHAPTER

02 수리적 사고 거리·속력·시간

유형분석

- 응용수리의 대표적인 유형으로 빠지지 않고 출제되는 유형 중 하나이다.
- 기차와 터널의 길이, 물과 같이 속력이 있는 공간 등 추가적인 시간 · 속력 · 거리에 관한 정보가 있는 경우 난도가 높은 편에 속하지만, 기본적인 공식에 더하거나 빼는 것이므로 기본에 집중한다.
- (거리)=(시간)×(속력)
- $(\text{속력})=\frac{(\text{거리})}{(\text{시간})}$
- $(\text{시간})=\frac{(\text{거리})}{(\text{속력})}$

미주는 집에서 백화점에 가기 위해 8km/h의 속력으로 집에서 출발했다. 미주가 집에서 출발한 지 12분 후에 지갑을 두고 간 것을 발견한 동생이 20km/h의 속력으로 미주를 만나러 출발했다. 미주와 동생은 미주가 출발하고 몇 분 후에 만나게 되는가?(단, 미주와 동생은 쉬지 않고 일정한 속력으로 움직이며, 일직선상에서 같은 방향으로만 움직인다)

① 11분
② 14분
③ 17분
④ 20분
⑤ 23분

① 문제 확인

③ 문제에서 제시하는 단서 찾기

단서 1
- 미주가 움직인 시간 : x시간
- 동생이 움직인 시간 : $x-\frac{1}{5}$시간

단서 2
동생과 미주는 같은 거리를 움직임
$8x=20\left(x-\frac{1}{5}\right)$
$\rightarrow 12x=4$
$\rightarrow x=\frac{1}{3}$

정답 해설

미주가 집에서 출발해서 동생을 만나기 전까지 이동한 시간을 x시간이라고 하자. 미주가 이동한 거리는 $8x$km이고, 동생은 미주가 출발한 후 12분 뒤에 지갑을 들고 이동했으므로 동생이 이동한 거리는 $20\left(x-\frac{1}{5}\right)$km이다.

$8x=20\left(x-\frac{1}{5}\right)$

$\rightarrow 12x=4$

$\therefore x=\frac{1}{3}$

따라서 미주와 동생은 $\frac{1}{3}$시간=20분 후에 만나게 된다.

정답 ④

CHAPTER

02 수리적 사고 인원수·개수

유형분석

- 구하고자 하는 값을 미지수로 놓고 식을 세운다.
- 증가 · 감소하는 비율이나 평균과 결합된 문제 역시 많이 출제되고 있다.

- 태경 : x건
- 건희 : y건

$x+y=27$ … 식1

L생명 보험설계사 직원인 태경이와 건희의 8월 실적 건수 합계는 27건이었다. 9월에 태경이와 건희의 실적 건수가 8월 대비 각각 20% 증가, 25% 감소하였고, 9월의 실적 건수의 합은 27건일 때, 태경이의 9월 실적 건수는?

- 태경 : $(1+0.2)x$ → 문제에서 구해야 하는 값
- 건희 : $(1-0.25)y$

$1.2x+0.75y=27$ … 식2

① 문제 확인

① 12건
② 14건
③ 16건
④ 18건
⑤ 20건

정답 해설

〈풀이 1〉

8월 태경이의 실적 건수를 x건, 건희의 실적 건수를 y건이라고 하자.

$x+y=27\cdots$㉠

9월에 태경이의 실적 건수가 20% 증가했으므로 $1.2x$건이고, 건희의 실적 건수는 25% 감소했으므로 $0.75y$건이다.

$1.2x+0.75y=27 \rightarrow 8x+5y=180\cdots$㉡

㉠과 ㉡을 연립하면 $x=15$, $y=12$이다.

따라서 태경이의 9월 실적 건수는 $1.2x=1.2\times15=18$건이다.

〈풀이 2〉

8월 태경이의 실적 건수를 x건이라고 하자. 건희의 실적 건수는 $(27-x)$건이다.

9월에 태경이의 실적 건수가 20% 증가했고, 건희의 실적 건수는 25% 감소했으므로

$0.2x-0.25(27-x)=0$

$\rightarrow 20x-25(27-x)=0$

$\therefore x=15$

따라서 태경이의 9월 실적 건수는 $1.2x=1.2\times15=18$건이다.

정답 ④

이거 알면 30초 컷!

미지수를 여러 개 사용하는 것보다는 1개만 사용해서 간소화한다. 연립방정식으로 풀이하는 것보다 하나의 식으로 한 번에 계산하는 것이 풀이 단계를 줄일 수 있는 방법이다.

CHAPTER

02 수리적 사고 금액

유형분석

- 원가 · 정가 · 할인가 · 판매가의 개념을 명확히 한다.
- (정가)=(원가)+(이익)
- (할인가)=(정가)$\times\left[1-\frac{(\text{할인율})}{100}\right]$

윤정이는 어떤 물건을 100개 구입하여, 구입 가격에 25%를 더한 가격으로 50개를 팔았다. 남은 물건 50개를 기존 판매가에서 일정 비율 할인하여 판매했더니 본전이 되었다. 이때 할인율은?

- 구입 가격 → 원가
- 25%를 더한 가격 → (정가)=(원가)$\times\left(1+\frac{25}{100}\right)$
- 기존 판매가 → 정가
- 할인하여 판매 → (할인 판매가) =(정가)$\times$[1−(할인율)] =(정가)$\times\left(1-\frac{y}{100}\right)$
- 본전이 되었다 → ② 조건 확인 (100개의 원가) =(100개의 판매가)
- 할인율 → ① 미지수 설정
  - 구입가격(원가) : x원
  - 할인율 : y%

① 32.5%

② 35%

③ 37.5%

④ 40%

⑤ 42.5%

정답 해설

윤정이가 구입한 물건의 개당 가격을 x원, 할인율을 y%라고 하자.
물건 100개의 원가는 $100\times x$원이고, 판매가는 다음과 같다.

$$50\times1.25\times x+50\times1.25\times\left(1-\frac{y}{100}\right)\times x$$

윤정이가 물건을 다 팔았을 때 본전이었으므로 (판매가)=(원가)이다.

$$100x=50\times1.25\times x+50\times1.25\times\left(1-\frac{y}{100}\right)\times x$$

$$\rightarrow 2=1.25+1.25\times\left(1-\frac{y}{100}\right)$$

$$\rightarrow 3=5-\frac{y}{20}$$

$\therefore\ y=40$

따라서 할인율은 40%이다.

정답 ④

이거 알면 30초 컷!

- 제시된 문제의 원가(x)처럼 기준이 동일하고, 이를 기준으로 모든 값을 계산하는 경우에 처음부터 x를 생략하고 식을 세우는 연습을 한다.
- 정가가 반드시 판매가인 것은 아니다.
- 금액을 계산하는 문제는 보통 비율과 함께 제시되기 때문에 풀이과정에서 실수하기 쉽다. 이런 경우에는 선택지의 값을 대입해서 풀이하는 것이 실수 없이 빠르게 푸는 방법이 될 수도 있다.

CHAPTER

02 수리적 사고 일률

유형분석

- 전체 작업량을 1로 놓고, 분 · 시간 등의 단위 시간 동안 한 일의 양을 기준으로 식을 세운다.
- (일률)$=\frac{\text{(작업량)}}{\text{(작업시간)}}$

① (전체 일의 양)=1

② (하루 동안 할 수 있는 일의 양)=(일률)$=\frac{\text{(작업량)}}{\text{(작업기간)}}$

프로젝트를 완료하는 데 A사원이 혼자 하면 7시간, B사원이 혼자 하면 9시간이 걸린다. 3시간 동안 두 사원이 함께 프로젝트를 진행하다가 B사원이 반차를 내는 바람에 나머지는 A사원이 혼자 처리해야 한다. A사원이 남은 프로젝트를 완료하는 데에는 시간이 얼마나 더 걸리겠는가?

③ 남은 일의 양을 계산

④ 미지수 설정

⑤ (작업기간)$=\frac{\text{(작업량)}}{\text{(일률)}}$

① 1시간 20분
② 1시간 40분
③ 2시간
④ 2시간 10분
⑤ 2시간 20분

정답 해설

전체 일의 양을 1이라고 하면, A사원은 1시간에 $\frac{1}{7}$, B사원은 1시간에 $\frac{1}{9}$만큼의 일을 할 수 있다.
(밑줄: "전체 일의 양을 1이라고" ①, "A사원은 1시간에 $\frac{1}{7}$, B사원은 1시간에 $\frac{1}{9}$만큼" ②)

3시간 동안 같이 한 일의 양은 $\left(\frac{1}{7}+\frac{1}{9}\right)\times 3=\frac{16}{21}$이므로, A사원이 혼자 해야 할 일의 양은 $\frac{5}{21}\left(=1-\frac{16}{21}\right)$가 된다. ③

이때 프로젝트를 완료하는 데 걸리는 시간을 x시간이라고 하자. ④

$\frac{1}{7}\times x=\frac{5}{21}$ ⑤

$\therefore x=\frac{5}{3}$

따라서 A사원 혼자 프로젝트를 완료하는 데에는 총 1시간 40분이 더 걸린다.

정답 ②

이거 알면 30초 컷!

- 전체의 값을 모르는 상태에서 비율을 묻는 문제의 경우 전체를 1이라고 가정하면 쉽게 풀이할 수 있다. 이는 단순히 일률을 계산하는 경우뿐만 아니라 조건부 확률과 같이 비율이 나오는 문제에는 공통적으로 적용 가능하다.
- 문제에서 제시하는 단위와 선택지의 단위가 같은지 확인한다.

CHAPTER

02 수리적 사고 최댓값·최솟값

유형분석

- 부등식의 양변에 같은 수를 더하거나 같은 수를 빼도 부등호의 방향은 바뀌지 않는다.
  → $a<b$이면 $a+c<b+c$, $a-c<b-c$
- 부등식의 양변에 같은 양수를 곱하거나 양변을 같은 양수로 나누어도 부등호의 방향은 바뀌지 않는다.
  → $a<b$, $c>0$이면 $a\times c<b\times c$, $\frac{a}{c}<\frac{b}{c}$
- 부등식의 양변에 같은 음수를 곱하거나 양변을 같은 음수로 나누면 부등호의 방향은 바뀐다.
  → $a<b$, $c<0$이면 $a\times c>b\times c$, $\frac{a}{c}>\frac{b}{c}$

〈1개 기준〉

구분	A제품	B제품
재료비	3,600	1,200
인건비	1,600	2,000

어느 회사에서는 A, B 두 제품을 주력 상품으로 제조하고 있다. A제품을 1개 만드는 데 재료비는 3,600원, 인건비는 1,600원이 들어간다. 또한 B제품을 1개 만드는 데 재료비는 1,200원, 인건비는 2,000원이 들어간다. 이 회사는 한 달 동안 두 제품을 합하여 40개를 생산하려고 한다. 재료비는 12만 원 이하, 인건비는 7만 원 이하가 되도록 하려고 할 때, A제품을 최대로 생산하면 몇 개를 만들 수 있는가?

① 미지수 설정
- A제품 생산 개수 : x개
- B제품 생산 개수 : y개

② 미지수 줄이기
$x+y=40$
$y=40-x$
- A제품 생산 개수 : x개
- B제품 생산 개수 : $(40-x)$개

③ 부등식

① 25개
② 26개
③ 28개
④ 30개
⑤ 31개

정답 해설

A제품의 생산 개수를 x개라 하자. — ①

B제품의 생산 개수는 $(40-x)$개이다. — ②

$3,600\times x+1,200\times(40-x)\le 120,000$
→ $x\le 30$
$1,600\times x+2,000\times(40-x)\le 70,000$
→ $x\ge 25$ — ③

$\therefore\ 25\le x\le 30$

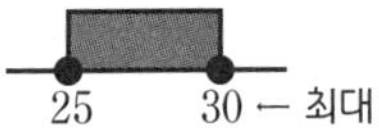

따라서 A제품은 최대 30개까지 생산할 수 있다.

정답 ④

이거 알면 30초 컷!

- 문제에 이상, 이하, 초과, 미만, 최대, 최소 등의 표현이 사용된다.
- 미지수가 2개 이상 나오는 경우나 부등식이 2개 사용되는 경우 그래프를 활용하면 실수의 확률을 줄일 수 있다.
- 최대를 묻는 경우의 부등호의 방향은 미지수가 작은 쪽($x\le n$)으로 나타내고, 최소를 묻는 경우 부등호의 방향은 미지수가 큰 쪽($x\ge n$)으로 나타낸다.

CHAPTER

02 수리적 사고 경우의 수

유형분석

- 두 사건 A, B가 동시에 일어나지 않을 때, A가 일어나는 경우의 수를 a가지, B가 일어나는 경우의 수를 b가지라고 하면 A 또는 B가 일어나는 경우의 수는 $(a+b)$가지이다.
- 두 사건 A, B가 동시에 일어날 때, A가 일어나는 경우의 수를, B가 일어나는 경우의 수를 b가지라고 하면 A와 B가 동시에 일어나는 경우의 수는 $(a\times b)$가지이다.
- n명 중 자격이 다른 m명을 뽑는 경우의 수 : ${}_nP_m$가지
- n명 중 자격이 같은 m명을 뽑는 경우의 수 : ${}_nC_m$ 가지

중복 확인(사람일 때는 같은 사람이 없으므로 중복이 없지만, 사물이나 직급, 성별같은 경우에는 중복이 있을 수 있으므로 주의해야 함)

합의 법칙

A～E 5명을 전방을 향해 일렬로 배치할 때, B와 E 사이에 1명 또는 2명이 있도록 하는 경우의 수는?

순서를 고려하므로 순열 P

—①, ②

—③

① 30가지
② 60가지
③ 90가지
④ 120가지
⑤ 150가지

어떤 둘 사이에 n명$(n\geq 2)$을 배치할 때, $(n+2)$명을 한 묶음으로 생각하고 계산
→ $(n+2)$명을 1명으로 치환

전체 m명을 일렬로 배치하는 데 n명$(2\leq n\leq m)$이 붙어있을 경우의 수는? ① n명을 한 묶음으로 본다. 이때, 이 한 묶음 안에서 n명을 배치하는 경우의 수 : $n!$ ② n명을 1명으로 생각 ③ $(m-n+1)$명을 배치하는 경우의 수 : $(m-n+1)!$ ④ 곱의 법칙으로 전체 경우의 수 : $n!\times(m-n+1)!$

정답 해설

ⅰ) B와 E 사이에 1명이 있는 경우

• A, C, D 중 B와 E 사이에 위치할 1명을 골라 줄을 세우는 방법 : ${}_3P_1$ —①, ②

B와 E, 가운데 위치한 1명을 한 묶음으로 생각하고, B와 E가 서로 자리를 바꾸는 것도 고려하면 전체 경우의 수는 ${}_3P_1 \times 3! \times 2 = 3 \times 6 \times 2 = 36$가지이다. ③

ⅱ) B와 E 사이에 2명이 있는 경우

• A, C, D 중 B와 E 사이에 위치할 2명을 골라 줄을 세우는 방법 : ${}_3P_2$ —①, ②

B와 E 가운데 위치한 2명을 한 묶음으로 생각하고, B와 E가 서로 자리를 바꾸는 것도 고려하면 전체 경우의 수는 ${}_3P_2 \times 2! \times 2 = 6 \times 2 \times 2 = 24$가지이다. ③

따라서 구하는 경우의 수는 $36 + 24 = 60$가지이다.

정답 ②

이거 알면 30초 컷!

• 기본적으로 많이 활용되는 공식은 숙지한다.
  – 동전 n개를 던졌을 때의 경우의 수 : 2^n가지
  – 주사위 n개를 던졌을 때의 경우의 수 : 6^n가지
  – n명을 한 줄로 세우는 경우의 수 : $n!$
  – 원형 모양의 탁자에 n명이 앉는 경우의 수 : $(n-1)!$

• 확률과 경우의 수 문제는 빠르게 계산할 수 있는 방법을 생각해야 한다. 특히 '이상'과 같은 표현이 사용됐다면 1(전체)에서 나머지 확률(경우의 수)를 빼는 방법(여사건 활용)이 편리하다.

CHAPTER

02 수리적 사고 자료계산

유형분석

- 자료해석에서 가장 난이도가 쉬운 유형으로 문제에서 묻는 값을 정확하게 계산하여 풀이하는 유형이다.
- 큰 자릿수의 수치가 출제되기도 하며 어림값을 활용하는 경우에 오답률이 올라가는 유형이다.

① 문제 확인 → $\frac{\text{고위직}}{\text{총 진출 인원}} \times 100$

다음은 내국인 국제기구 진출현황에 대한 자료이다. 국제기구 총진출 인원 중 고위직 진출 인원 수의 비율이 가장 높은 해는?

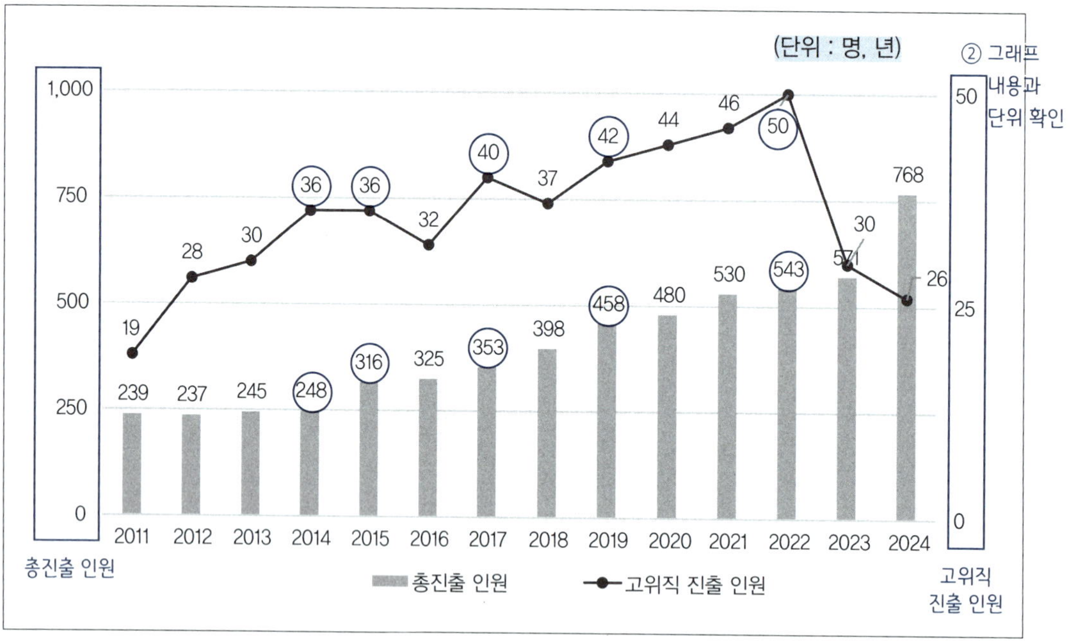

① 2014년
② 2015년
③ 2017년
~~④ 2019년~~
~~⑤ 2022년~~

③ 선택지에 제시된 해만 표시하고 계산
비율이 크다는 것은 분모가 작고 분자는 크다는 의미이다. 즉, ④와 ⑤는 계산해보지 않아도 답이 아닌 것을 알 수 있다.

정답 해설

연도별 국제기구 총진출 인원 중 고위직 진출 인원 수의 비율은 다음과 같다.

① 2014년 : $\frac{36}{248}\times 100 \fallingdotseq 14.5\%$

② 2015년 : $\frac{36}{316}\times 100 \fallingdotseq 11.4\%$

③ 2017년 : $\frac{40}{353}\times 100 \fallingdotseq 11.3\%$

④ 2019년 : $\frac{42}{458}\times 100 \fallingdotseq 9.2\%$

⑤ 2022년 : $\frac{50}{543}\times 100 \fallingdotseq 9.2\%$

따라서 국제기구 총진출 인원 중 고위직 진출 인원수의 비율이 가장 높은 해는 2014년이다.

정답 ①

이거 알면 30초 컷!

자료계산 문제의 경우 2가지 경우로 나눌 수 있다.

정확한 수치를 구해야 하는 경우

선택지가 아닌 제시된 자료나 그래프를 보고 원하는 수치를 찾는다. 이때, 수치가 크다면 전체를 다 계산하는 것이 아니라 일의 자릿수부터 값이 맞는지를 확인한다.

원하는 수치에 해당하는 값을 찾는 경우

제시된 문제처럼 정확한 수치가 아닌 해당하는 경우나 해당하지 않는 경우를 묻는 문제는 선택지를 먼저 보고, 제시되어 있는 경우만 빠르게 계산한다.

CHAPTER

02 수리적 사고 자료의 추론·분석

유형분석

- 자료해석에서 가장 많이 출제되는 유형이다.
- 주어진 자료를 토대로 선택지의 옳고 그름을 판단하는 문제이다.
- 증감추이, 증감폭, 증감률 등의 개념을 정확하게 알고 있어야 한다.

① 문제 확인

다음은 산업별 월간 국내카드 승인액에 대한 자료이다. 이에 대한 〈보기〉의 설명 중 옳은 것을 모두 고르면?

〈산업별 월간 국내카드 승인액〉

(단위 : 억 원)

산업별	2024년 8월	2024년 9월	2024년 10월	2024년 11월	2024년 12월	2025년 1월
도매 및 소매업	3,116	3,245	3,267	3,261	3,389	3,241
운수업	161	145	165	159	141	161
숙박 및 음식점업	1,107	1,019	1,059	1,031	1,161	1,032
사업시설관리 및 사업지원 서비스업	40	42	↗ 43	↘ 42	↗ 47	↗ 48
교육 서비스업	127	104	112	119	145	122
보건 및 사회복지 서비스업	375	337	385	387	403	423
예술, 스포츠 및 여가관련 서비스업	106	113	↗ 119	↘ 105	↘ 89	↘ 80
협회 및 단체, 수리 및 기타 개인 서비스업	163	155	168	166	172	163

② 풀이 순서 정하기

계산이 없는 선택지 → 간단한 계산 선택지 → 복잡한 계산 선택지

= ㄷ → ㄱ → ㄹ → ㄴ

보기

ㄱ. 교육 서비스업의 2025년 1월 국내카드 승인액의 전월 대비 감소율은 25% 이상이다. (×)

$\frac{|122-145|}{145}\times 100=\frac{145-122}{145}\times 100 ≒ 16\%$

ㄴ. 2024년 11월 운수업과 숙박 및 음식점업의 국내카드 승인액의 합은 도매 및 소매업의 국내카드 승인액의 40% 미만이다. (O)

159+1,031=1,190억 원 / 3,261억 원

3,261×0.4=1,304.4억 원>1,190억 원

ㄷ. 2024년 10월부터 2025년 1월까지 사업시설관리 및 사업지원 서비스업과 예술, 스포츠 및 여가관련 서비스업 국내카드 승인액의 전월 대비 증감 추이는 동일하다. (×)

ㄹ. 2024년 9월 협회 및 단체, 수리 및 기타 개인 서비스업의 국내카드 승인액은 보건 및 사회복지 서비스업 국내카드 승인액의 35% 이상이다. (O)

155억 원 / 337억 원

337×0.35=117.95억 원<155억 원

① ㄱ, ㄴ　　② ㄱ, ㄷ
③ ㄴ, ㄷ　　④ ㄴ, ㄹ
⑤ ㄷ, ㄹ

③ 답 소거하기
풀이 순서에 따라 ㄷ과 ㄱ이 옳지 않으므로 모든 선지를 계산해보지 않아도 답은 ④이다.

정답 해설

풀이 순서

4. ㄴ. 2024년 11월 운수업과 숙박 및 음식점업의 국내카드 승인액의 합은 159+1,031=1,190억 원으로, 도매 및 소매업의 국내카드 승인액의 40%인 3,261×0.4=1,304.4억 원보다 작다.

3. ㄹ. 2024년 9월 협회 및 단체, 수리 및 기타 개인 서비스업의 국내카드 승인액은 보건 및 사회복지 서비스업 국내카드 승인액의 $\frac{155}{337}\times100\fallingdotseq46.0\%$이다.

오답분석

2. ㄱ. 교육서비스업의 2025년 1월 국내카드 승인액의 전월 대비 감소율은 $\frac{122-145}{145}\times100\fallingdotseq-15.9\%$이다.

1. ㄷ. 2024년 10월부터 2025년 1월까지 사업시설관리 및 사업지원 서비스업의 국내카드 승인액의 전월 대비 증감 추이는 '증가－감소－증가－증가'이고, 예술, 스포츠 및 여가관련 서비스업은 '증가－감소－감소－감소'이다.

정답 ④

이거 알면 30초 컷!

- 계산이 필요 없는 선택지를 먼저 해결한다.
  예 ㄷ은 빠르게 풀이가 가능하다.
- 정확한 값을 비교하기보다 근사치를 활용한다.

CHAPTER

02 수리적 사고 자료변환

유형분석

- 제시된 표를 그래프로 바르게 변환했는지 판단하는 유형이다.
- 복잡한 표가 제시되지 않으므로 수의 크기만을 판단하여 풀이할 수 있다.

다음은 B대학교의 학과별 입학정원 변화에 대한 자료이다. 이를 변환한 그래프로 옳지 않은 것은?

〈학과별 입학정원 변화〉 — 1. 제목 확인

2. 단위 확인 — (단위 : 명)

3. 표의 항목 확인

이 표의 경우에는 연도가 내림차순으로 정렬되어 있다.

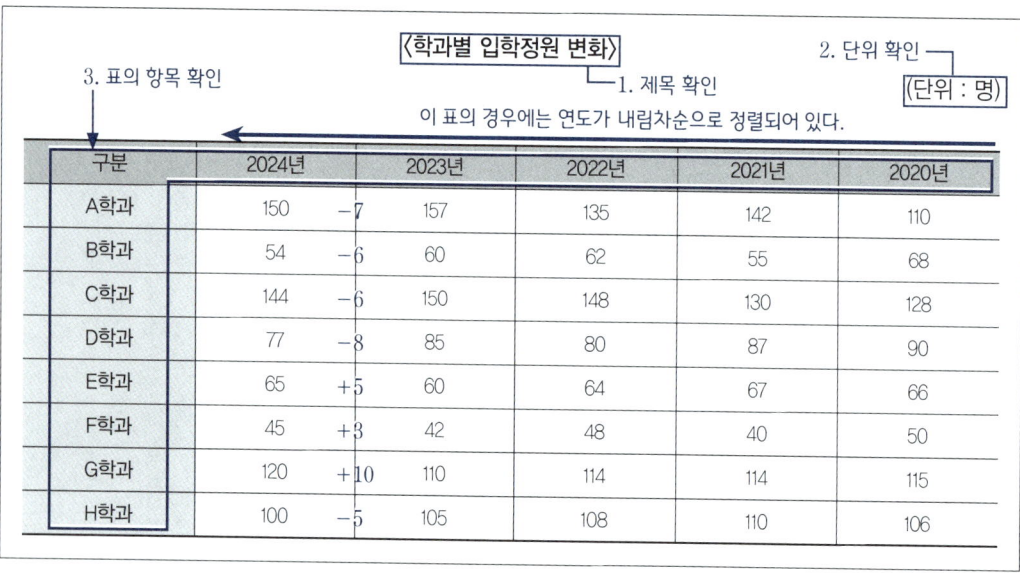

구분	2024년	2023년	2022년	2021년	2020년
A학과	150 −7	157	135	142	110
B학과	54 −6	60	62	55	68
C학과	144 −6	150	148	130	128
D학과	77 −8	85	80	87	90
E학과	65 +5	60	64	67	66
F학과	45 +3	42	48	40	50
G학과	120 +10	110	114	114	115
H학과	100 −5	105	108	110	106

① 2023~2024년 학과별 입학정원 변화

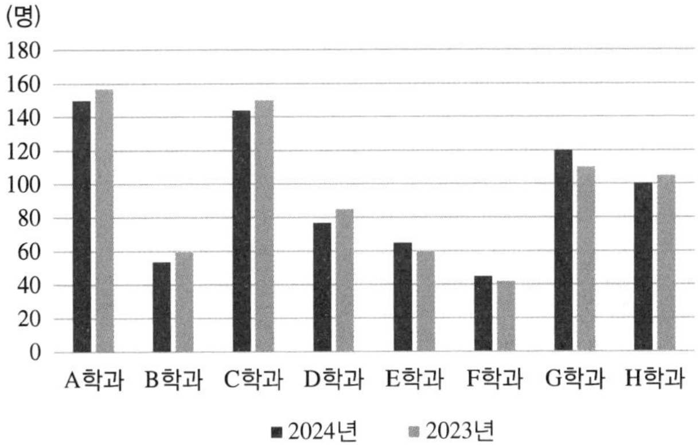

5. 빠르게 확인 가능한 선택지부터 확인
①의 경우 2024, 2023년 수치를 바로 적용시킬 수 있으므로 우선 확인한다.

② 2020~2024년 A, C, D, G, H학과 입학정원 변화

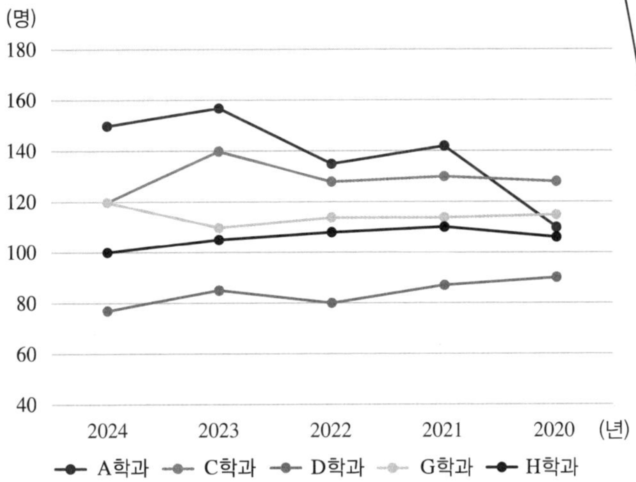

③ 2020~2024년 B, E, F, G학과 입학정원 변화

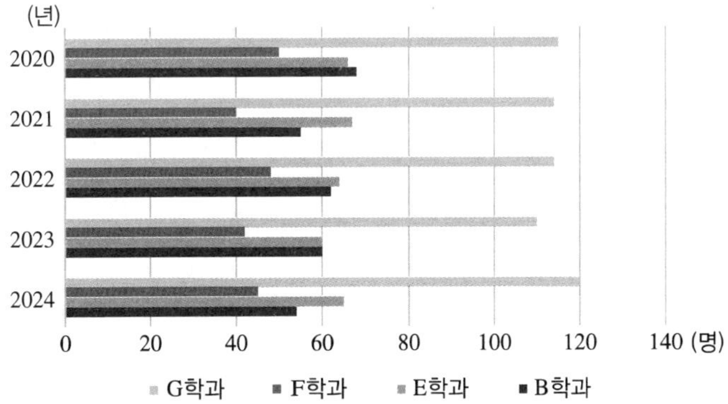

6. 증감 추이 판단 후 수치가 맞는지 확인

PART 1 기출유형 뜯어보기

④ 2020~2022년 학과별 입학정원 변화

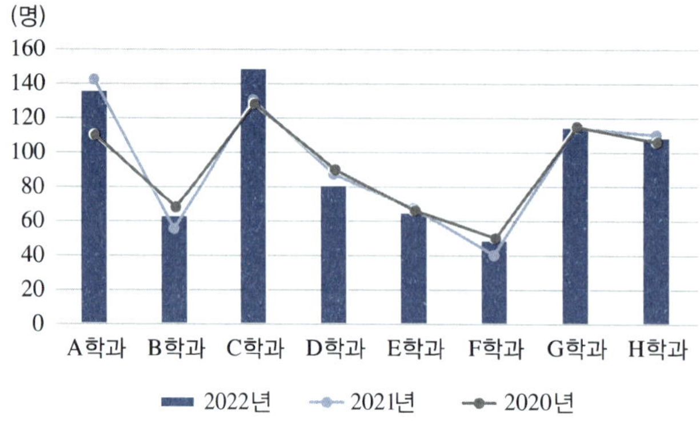

⑤ 전년 대비 2024년의 A~F학과 입학정원 증감 인원

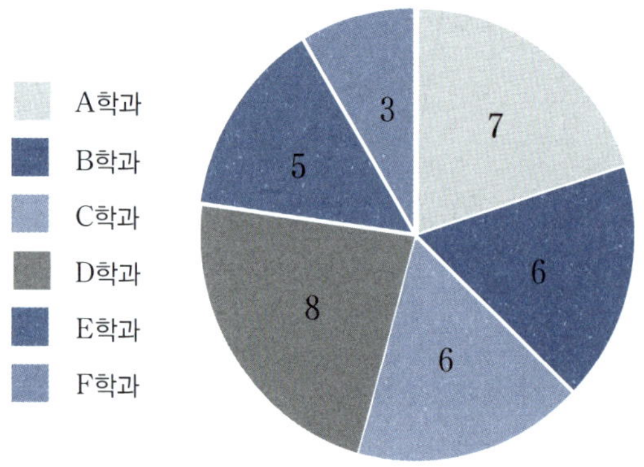

6. 증감 추이 판단 후 수치가 맞는지 확인

4. 선택지의 제목과 자료에서 필요한 정보 확인
⑤의 경우 필요한 자료는 증감량이므로 표에 미리 표시하면 빠른 풀이가 가능하다.

정답 해설

C학과의 2022~2024년의 입학정원이 자료보다 낮게 표시되었다.

정답 ②

이거 알면 30초 컷!

- 수치를 일일이 확인하는 것보다 증감 추이를 먼저 판단해서 선택지를 1차적으로 거르고 나머지 선택지 중 그래프의 모양이 크게 차이나는 곳을 확인한다.
- 선택지에서 특징적인 부분이 있는 선택지를 먼저 판단한다.
- 제시된 자료의 전년 대비 증감 추이를 나타내면 다음과 같다.

구분	2024년	2023년	2022년	2021년	2020년
A학과	감소	증가	감소	증가	—
B학과	감소	감소	증가	감소	—
C학과	감소	증가	증가	증가	—
D학과	감소	증가	감소	감소	—
E학과	증가	감소	감소	증가	—
F학과	증가	감소	증가	감소	—
G학과	증가	감소	불변	감소	—
H학과	감소	감소	감소	증가	—

이에 따라 C학과의 2022~2024년의 증감 추이가 제시된 자료와 다른 것을 알 수 있다.

CHAPTER

02 수리적 사고 수추리

유형분석

- 일반적인 수추리 문제로 제시된 수열을 통해 빈칸에 들어갈 알맞은 값을 찾는 문제이다.
- 등차수열, 등비수열, 군수열, 피보나치수열 등의 개념을 익혀두고 적용하는 연습을 한다.

※ 일정한 규칙으로 수를 나열할 때, 빈칸에 들어갈 수로 옳은 것을 고르시오. [1~2]

01

×(−3)　×(−3)　×(−3)

$-6\quad 50\quad 18\quad 10\quad -54\quad (\quad)\quad 162\quad 0.4$

÷5　÷5　÷5

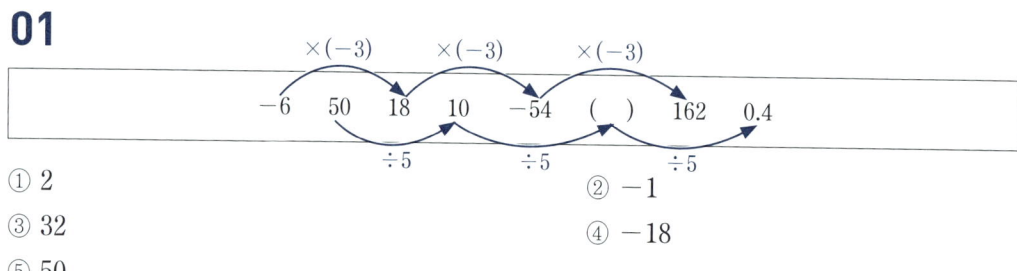

① 2
② −1
③ 32
④ −18
⑤ 50

순차적으로 적용되는 규칙 확인

1. 각 항에 어떤 수를 사칙연산(+, −, ×, ÷)하는 규칙
2. 홀수 항, 짝수 항 규칙
3. 피보나치수열과 같은 계차를 이용한 규칙
4. 군수열을 활용한 규칙
5. 항끼리 사칙연산을 하는 규칙
6. 기타

02

$-13+7+9+-3$ / $1+5+-3+-3$ / $6+-7+5+(\ \ )$ (각 묶음 아래: $=0$, $=0$, $=0$)

① -3
② 5
③ -4
④ 6
⑤ -8

~~1.~~ 각 항에 어떤 수를 사칙연산(+, −, ×, ÷)하는 규칙 ~~2.~~ 홀수 항, 짝수 항 규칙 ~~3.~~ 피보나치수열과 같은 계차를 이용한 규칙 (4.) 군수열을 활용한 규칙 5. 항끼리 사칙연산을 하는 규칙 6. 기타

정답 해설

01

홀수 항은 $\times(-3)$을, 짝수 항은 $\div 5$를 적용하는 수열이다.

따라서 $(\quad)=10\div5=2$이다.

정답 ①

02

수를 앞부터 4개씩 끊어 A, B, C, D라고 하자.

$\underline{A\ B\ C\ D} \rightarrow A+B+C+D=0$

$\underline{6\ \ -7\ \ 5\ \ (\quad)} \rightarrow 6-7+5+(\quad)=0$

따라서 $(\quad)=-4$이다.

정답 ③

이거 알면 30초 컷!

수열을 풀이할 때는 다음과 같은 규칙이 적용되는지를 순서대로 확인한다.

1. 각 항에 어떤 수를 사칙연산(+, −, ×, ÷)하는 규칙
2. 홀수 항, 짝수 항 규칙
3. 피보나치수열과 같은 계차를 이용한 규칙
4. 군수열을 활용한 규칙
5. 항끼리 사칙연산을 하는 규칙
6. 기타

CHAPTER

03 문제해결 문제해결 ①

유형분석

- 주어진 문제 상황을 보고 원인과 결과, 그리고 올바른 해결방법을 찾아낼 수 있는지를 평가하는 유형이다.
- 예산, 인력 운용, 자원관리 등과 같은 내용이 출제된다.

L항공사는 현재 신입사원을 모집하고 있으며, 지원자격은 다음과 같다. 다음 〈보기〉의 지원자 중 A항공사 지원자격에 부합하는 사람은 모두 몇 명인가?

└① 문제 확인

〈L항공사 대졸공채 신입사원 지원자격〉

- 4년제 정규대학 모집대상 전공 중 학사학위 이상 소지한 자(졸업예정자 지원 불가)
- TOEIC 750점 이상인 자(국내 응시 시험에 한함)
- 병역필 또는 면제자로 학업성적이 우수하고, 해외여행에 결격사유가 없는 자

※ 공인회계사, 외국어 능통자, 통계 전문가, 전공 관련 자격 보유자 및 장교 출신 지원자 우대

② 공통조건확인

구분		모집 조건
일반직	일반관리	• 상경, 법정 계열 • 통계/수학, 산업공학, 신문방송, 식품공학(식품 관련 학과) • 중국어, 러시아어, 영어, 일어, 불어, 독어, 서반아어, 포르투갈어, 아랍어
	운항관리	• 항공교통, 천문기상 등 기상 관련 학과 – 운항관리사, 항공교통관제사 등 관련 자격증 소지자 우대
전산직		• 컴퓨터공학, 전산학 등 IT 관련 학과
시설직		• 전기부문 : 전기공학 등 관련 전공 – 전기기사, 전기공사기사, 소방설비기사(전기) 관련 자격증 소지자 우대 • 기계부문 : 기계학과, 건축설비학과 등 관련 전공 – 소방설비기사(기계), 전산응용기계제도기사, 건축설비기사, 공조냉동기사, 건설기계기사, 일반기계기사 등 관련 자격증 소지자 우대 • 건축부문 : 건축공학 관련 전공(현장 경력자 우대)

③ 세부조건확인

보기

구분	지원분야	학력	전공	병역사항	TOEIC 점수	참고사항
A지원자	전산직	대졸	컴퓨터공학	병역필	820점	• 중국어, 일본어 능통자이다. • 해외 비자가 발급되지 않는 상태이다.
B지원자	시설직 (건축부문)	대졸	식품공학	면제	930점	• 건축현장 경력이 있다. • 전기기사 자격증을 소지하고 있다.

C지원자	일반직 (운항관리)	대재	항공교통학	병역필	810점	• 전기공사기사 자격증을 소지하고 있다. • 학업 성적이 우수하다.
D지원자	시설직 (기계부문)	대졸	기계공학	병역필	745점	• 건축설비기사 자격증을 소지하고 있다. • 장교 출신 지원자이다.
E지원자	일반직 (일반관리)	대졸	신문방송학	미필	830점	• 소방설비기사 자격증을 소지하고 있다. • 포르투갈어 능통자이다.

① 1명　　② 2명
③ 3명　　④ 4명
⑤ 없음

정답 해설

정답 ⑤

구분	지원분야	학력	전공	병역사항	TOEIC 점수	참고사항
A지원자	전산직	대졸	컴퓨터공학	병역필	820점	• 중국어, 일본어 능통자이다. • 해외 비자가 ~~발급~~되지 않는 상태이다.
B지원자	시설직 (건축부문)	대졸	(식품공학) ③	면제	930점	• 건축현장 경력이 있다. • 전기기사 자격증을 소지하고 있다.
C지원자	일반직 (운항관리)	~~대재~~	항공교통학	병역필	810점	• 전기공사기사 자격증을 소지하고 있다. • 학업 성적이 우수하다.
D지원자	시설직 (기계부문)	대졸	기계공학	병역필	~~745점~~	• 건축설비기사 자격증을 소지하고 있다. • 장교 출신 지원자이다.
E지원자	일반직 (일반관리)	대졸	신문방송학	~~미필~~	830점	• 소방설비기사 자격증을 소지하고 있다. • 포르투갈어 능통자이다.

②

- A지원자 : 해외여행에 결격사유가 있다.
- B지원자 : 지원분야와 전공이 맞지 않다.
- C지원자 : 대학 재학 중이므로, 지원이 불가능하다.
- D지원자 : TOEIC 점수가 750점 이상이 되지 않는다.
- E지원자 : 병역 미필로 지원이 불가능하다.

따라서 A~E지원자 5명 모두 지원자격에 부합하지 않는다.

이거 알면 30초 컷!

자료에 나와있는 정보를 빠르게 확인하는 연습을 해야 하며, 선택지를 소거하며 풀이한다.

CHAPTER

03 문제해결 문제해결 ②

L사는 SWOT 분석결과 자료를 토대로 경영전략을 세웠다. 이에 대한 설명으로 옳지 않은 것을 〈보기〉에서 모두 고르면?

〈경제자유구역사업에 대한 SWOT 분석결과〉

구분	분석결과
강점(Strength)	– 성공적인 경제자유구역 조성 및 육성 경험 – 다양한 분야의 경제자유구역 입주희망 국내 기업 확보
약점(Weakness)	– 과다하게 높은 외자금액 비율 – 외국계 기업과 국내 기업 간의 구조 및 운영상 이질감
기회(Opportunity)	– 국제경제 호황으로 인하여 타국 사업지구 입주를 희망하는 해외시장 부문의 지속적 증가 – 국내진출 해외 기업 증가로 인한 동형화 및 협업 사례 급증
위협(Threat)	– 국내거주 외국인 근로자에 대한 사회적 포용 부족 – 대대적 교통망 정비로 인한 기성 대도시의 흡수효과 확대

〈SWOT 분석에 의한 경영전략〉

- SO전략 : 강점을 활용해 기회를 선점하는 전략
- ST전략 : 강점을 활용하여 위협을 최소화하거나 극복하는 전략
- WO전략 : 기회를 활용하여 약점을 보완하는 전략
- WT전략 : 약점을 최소화하고 위협을 회피하는 전략

보기

ㄱ. 성공적인 경제자유구역 조성 노하우를 활용하여 타국 사업지구로의 진출을 희망하는 해외 기업을 유인 및 유치하는 전략은 SO전략에 해당한다.
ㄴ. 다수의 풍부한 경제자유구역 성공 사례를 바탕으로 외국인 근로자를 국내주민의 문화에 적극적으로 동화시킴으로써 원활한 지역발전의 토대를 조성하는 전략은 ST전략에 해당한다.
ㄷ. 기존에 국내에 입주한 해외 기업의 동형화 사례를 활용하여 국내 기업과 외국계 기업의 운영상 이질감을 해소하여 생산성을 증대시키는 전략은 WO전략에 해당한다.
ㄹ. 경제자유구역 인근 대도시와의 연계를 확대하여 경제자유구역 내 국내·외 기업 간의 이질감을 해소하는 전략은 WT전략에 해당한다.

① ㄱ, ㄴ
② ㄱ, ㄷ
③ ㄴ, ㄷ
④ ㄴ, ㄹ
⑤ ㄷ, ㄹ

정답 해설

ㄴ. 다수의 풍부한 경제자유구역 성공 사례를 활용하는 것은 강점에 해당되지만, 외국인 근로자를 국내주민과 문화적으로 동화시키려는 시도는 외국인 근로자들을 포용하는 태도가 아니다. 외국인 근로자들의 문화를 존중하는 동시에 외국인 근로자들과 국내주민 간의 문화적 융화를 도모하여야 지역경제발전을 위한 원활한 사회적 토대를 조성할 수 있다. 따라서 해당 전략은 ST전략으로 부적절하다.

ㄹ. 경제자유구역 인근 대도시와의 연계를 활성화하면 오히려 인근 기성 대도시의 산업이 확장된 교통망을 바탕으로 경제자유구역의 사업을 흡수할 위험이 커진다. 또한 인근 대도시와의 연계 확대는 경제자유구역 내 국내·외 기업 간의 구조 및 운영상 이질감을 해소하는 데에 직접적인 도움이 된다고 보기 어렵다.

오답분석

ㄱ. 경제호황으로 인해 자국을 벗어나 타국으로 진출하려는 해외 기업이 증가하는 기회상황에서, 성공적 경험에서 축적된 우리나라의 경제자유구역 조성 노하우로 이들을 유인하여 유치하는 전략은 SO전략으로 적절하다.

ㄷ. 기존에 국내에 입주한 해외 기업의 동형화 사례를 활용하여 국내 기업과 외국계 기업의 운영상 이질감을 해소하여 생산성을 증대시키는 전략은 WO전략에 해당한다.

정답 ④

이거 알면 30초 컷!

SWOT 분석은 기업의 내부환경과 외부환경을 분석하여 강점(Strength), 약점(Weakness), 기회(Opportunity), 위협(Threat) 요인을 규정하고 이를 토대로 경영전략을 수립하는 기법으로, 미국의 경영컨설턴트인 알버트 험프리(Albert Humphrey)에 의해 고안되었다. SWOT 분석의 가장 큰 장점은 기업의 내·외부환경 변화를 동시에 파악할 수 있다는 것이다. 기업의 내부환경을 분석하여 강점과 약점을 찾아내며, 외부환경 분석을 통해서는 기회와 위협을 찾아낸다.

SWOT 분석은 외부로부터의 기회는 최대한 살리고 위협은 회피하는 방향으로 자신의 강점은 최대한 활용하고 약점은 보완한다는 논리에 기초를 두고 있다. SWOT 분석에 의한 경영전략은 다음과 같이 정리할 수 있다.

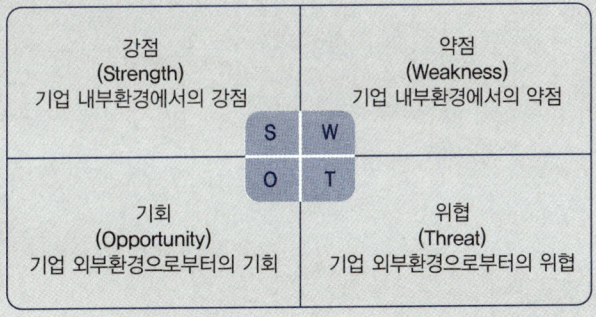

강점 (Strength) 기업 내부환경에서의 강점 S	약점 (Weakness) 기업 내부환경에서의 약점 W
O 기회 (Opportunity) 기업 외부환경으로부터의 기회	T 위협 (Threat) 기업 외부환경으로부터의 위협

MEMO

PART II

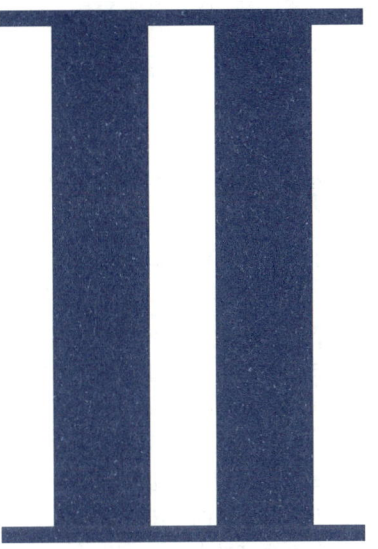

기출복원문제

CHAPTER

01 2025년 상반기 기출복원문제

정답 및 해설 p.002

※ 다음은 L그룹의 사보에 싣기 위해 작성한 글이다. 이어지는 질문에 답하시오. [1~3]

대・중소기업 간 동반성장을 위한 '상생'이 산업계의 화두로 조명 받고 있다. 4차 산업혁명 시대 도래 등 글로벌 시장에서의 경쟁이 날로 치열해지는 상황에서 대기업과 중소기업이 힘을 합쳐야 살아남을 수 있다는 위기감이 상생의 중요성을 부각하고 있다고 분석한다. 재계 관계자는 "그동안 반도체, 자동차 등 제조업에서 세계적인 경쟁력을 갖출 수 있었던 배경에는 대기업과 협력업체 간 상생의 역할이 컸다."라며 "고속 성장기를 지나 지속 가능한 구조로 한 단계 더 도약하기 위해 상생경영이 중요하다."라고 강조했다.
우리 기업들은 협력사의 경쟁력 향상이 곧 기업의 성장으로 이어질 것으로 보고 2・3차 중소 협력업체들과의 상생경영에 힘쓰고 있다. 단순히 갑을 관계에서 대기업을 서포트해야 하는 존재가 아니라 상호 발전을 위한 동반자라는 인식이 자리 잡고 있다는 분석이다. 이에 따라 협력사들에 대한 지원도 거래대금 현금 지급 등 1차원적인 지원 방식에서 벗어나 경영 노하우 전수, 기술 이전 등을 통한 '상생 생태계' 구축에 도움을 주는 방향으로 초점이 맞춰지는 추세이다.
특히 최근에는 상생 협력이 대기업이 중소기업에게 주는 일시적인 시혜적 차원의 문제가 아니라, 경쟁에서 살아남기 위한 생존 문제와 직결된다는 인식이 강하다. 협약을 통해 협력업체를 지원해준 대기업이 업체의 기술력 향상으로 더 큰 이득으로 보상받고 이를 통해 우리 산업의 경쟁력이 강화될 것이라는 설명이다.
경제 전문가는 "대・중소기업 간의 상생 협력이 강제 수단이 아니라 문화적으로 자리 잡아야 할 시기"라며 "대기업, 특히 오너 중심의 대기업들도 단기적인 수익이 아닌 장기적인 시각에서 질적 평가를 통해 협력업체의 경쟁력을 키울 방안을 고민해야 한다."라고 강조했다.
이와 관련해 국내 주요 기업들은 대기업보다 연구개발(R&D) 인력과 관련 노하우가 부족한 협력사들을 위해 각종 노하우를 전수하는 프로그램을 운영 중이다. S전자는 협력사들에 기술 노하우를 전수하기 위해 경영관리 제조 개발 품질 등 해당 전문 분야에서 20년 이상의 노하우를 가진 S전자 임원과 부장급 100여 명으로 '상생컨설팅팀'을 구성했다. 지난해부터는 해외에 진출한 국내 협력사에도 노하우를 전수하고 있다.

01 다음 중 윗글의 제목으로 적절하지 않은 것은?

① 상생경영, 함께 가야 멀리 간다
② 동반성장을 위한 상생의 중요성
③ 시혜적 차원에서의 대기업 지원의 중요성
④ 지속 가능한 구조를 위한 상생 협력의 중요성
⑤ 대기업과 중소기업, 상호 발전을 위한 동반자로

02 사보에 실린 윗글을 읽은 L그룹의 전략기획팀장은 협력사와 함께하는 상생 프로젝트를 진행하고자 A기업과의 미팅을 계획하였다. 미팅을 위해 열차 티켓을 미리 40% 할인된 가격에 구매하였지만 A기업 측의 사정으로 미팅 일정이 바뀌어서 하루 전날 티켓을 취소하였다. 환불 규정에 따라 16,800원을 돌려받았을 때, 할인되지 않은 열차 티켓의 가격은?

〈열차 티켓 환불 규정〉

- 2일 전 : 100% 환불
- 1일 전부터 열차 출발 전 : 70% 환불
- 열차 출발 후 : 50% 환불

① 40,000원
② 48,000원
③ 56,000원
④ 67,200원
⑤ 70,000원

Hard

03 L그룹은 상생경영의 일환으로 3일 동안 진행되는 국제 전자제품 박람회에 참가하여 협력사에 연구개발 노하우를 전하는 프로그램을 운영하고자 한다. 휴대폰, 가전, PC 총 3개 부문의 전담 부스를 마련하였고, L그룹의 임직원은 다음 〈조건〉에 따라 근무한다고 할 때, 옳지 않은 것은?

조건

- 마케팅팀 K과장, T대리, Y사원, P사원과 개발팀 S과장, D대리, O대리, C사원이 부스에 들어갈 수 있다.
- 각 부스에는 마케팅팀 1명과 개발팀 1명이 들어가는데, 부스 근무자는 매일 바뀐다.
- 모든 직원은 3일 중 2일을 근무해야 한다.
- 같은 직급끼리 한 부스에서 근무하지 않으며, 한 번 근무한 부스에서는 다시 근무하지 않는다.
- T대리는 1일 차에 가전 부스에서 근무한다.
- S과장은 2일 차에 휴대폰 부스에서 근무한다.
- PC 부스는 2일 차와 3일 차 연속으로 개발팀 근무자의 직급이 대리이다.
- 3일 차에 과장들은 출장을 가기 때문에 어느 부스에서도 근무하지 않는다.
- 휴대폰 부스는 장비 문제로 1일 차에는 운영하지 않는다.

① 1일 차에 근무하는 마케팅팀 사원은 없다.
② 개발팀 대리들은 휴대폰 부스에서 근무하지 않는다.
③ 3일 차에 P사원이 가전 부스에서 근무하면 Y사원은 PC 부스에서 근무한다.
④ 3일 중 PC 부스에서 과장이 근무하는 날은 없다.
⑤ 가전 부스에는 마케팅팀 과장과 개발팀 과장이 모두 근무한다.

※ **다음은 L그룹의 사업 수주에 대한 기사와 관련 부서에서 근무하는 K사원이 수신한 메일 내용이다. 이어지는 질문에 답하시오. [4~6]**

L그룹의 전기차 충전 전문 자회사는 전기차 공공 급속충전기 제작 및 설치 사업을 수주했다. 이번 사업은 환경부가 관할하고 환경공단이 주관하는 것으로, 전국에 공공 급속충전기를 공급하여 충전 인프라를 확대하는 프로젝트이다. 총 3개의 권역에서 사업이 진행되며, 자회사는 서울·경기·강원 등 1권역에 선정되어 총 430개의 주차면에 100kW와 200kW 급속충전기를 납품하고 설치할 계획이다.
자회사는 이번 사업에서 자체 개발한 전력선통신(PLC) 모뎀과 국산화 파워모듈을 탑재한 충전기를 제공한다. 또한, 직영 유지보수 전문 인력이 충전기를 관리할 예정이라고 밝혔으며, 이는 안정적인 서비스 제공을 위한 중요한 요소로 작용할 것이다. 이러한 기술적 준비와 운영 방침은 자회사의 전문성과 신뢰성을 더욱 높이는 데 기여할 것으로 기대된다.
자회사의 대표이사는 단순한 충전기 공급에 그치지 않고 에너지 전환과 사회적 책임을 함께 실천하는 파트너로서 친환경 인프라 구축에 앞장서겠다고 강조했다. 이는 기업의 사회적 책임(CSR)을 중시하는 접근 방식을 반영한 것으로, 환경 보호와 지속 가능한 발전을 위한 노력이 돋보인다. 이러한 자세는 L그룹의 자회사가 앞으로도 지속 가능한 에너지 솔루션을 제공하도록 중요한 역할을 할 것이다.

〈K사원이 수신한 메일〉

보낸 사람 : O차장(ooo@lmail.com)
받는 사람 : K사원(kkk@lmail.com)
참조 : S대리(sss@lmail.com), P과장(ppp@lmail.com)
제목 : 전기차 공공 급속충전기 설치 사업설명회 일정 확인의 건
첨부파일 : 자동차 에너지 포럼 일정표.xlsx
내용 : 안녕하세요. K씨. O차장입니다. 다음 달에 열릴 자동차 에너지 포럼에 우리 부서에서는 저와 K씨, B부서에서는 S대리와 N사원, C부서에서는 P과장과 I대리 그리고 Z사원이 함께 참석하게 되었어요. 우리는 2일 동안 전기차 공공 급속충전기 설치 사업설명회를 진행할 예정입니다. 그와 관련하여 일정을 조율하고자 메일 보내요. 첨부한 일정표를 참고하여 가능한 일자를 말해주면 다른 직원들의 의견과 취합하여 우리가 참석할 일정을 확정하도록 하겠습니다. 메일에 대한 회신은 내일 오후 4시까지 부탁할게요. 오랜 기간 준비한 사업인 만큼, 일정 진행에 차질 없도록 신경 써주길 바랍니다.

〈자동차 에너지 포럼 일정표〉

일요일	월요일	화요일	수요일	목요일	금요일	토요일
				1 포럼 개회식	2	3
4	5	6	7	8	9	10 체험 행사
11	12 논문 발표	13	14	15	16	17
18	19	20	21	22	23	24
25	26	27	28	29	30	31 포럼 폐회식

04 다음 중 윗글을 읽고 '전기차 공공 급속충전기 제작 및 설치 사업'에 대해 이해한 내용으로 적절하지 않은 것은?

① 전기차 충전 전문인 L그룹의 자회사가 제작 및 설치 사업을 수주했다.
② 총 430개의 주차면에 100kW와 200kW 급속충전기를 납품하고 설치할 계획이다.
③ L그룹의 자회사에서 자체 개발한 전력선통신(PLC) 모뎀과 국산화 파워모듈을 탑재한 충전기를 제공한다.
④ 전국에 공공 급속충전기를 공급하여 충전 인프라를 확대하는 프로젝트로, 총 5개의 권역에서 진행한다.
⑤ L그룹의 자회사는 에너지 전환과 사회적 책임을 함께 실천하는 파트너로서 친환경 인프라 구축에 앞장설 것을 강조했다.

05 K사원은 다음 〈조건〉에 따라 포럼 참석일자를 결정하고자 한다. K사원이 포럼에 참석할 수 있는 기간으로 옳은 것은?

조건

- K사원은 개회식 이후부터 폐회식 이전까지의 기간에 포럼에 참석하며, 사업설명회를 진행하는 동안만 포럼에 참석한다.
- 개회식과 폐회식, 체험 행사, 논문 발표가 있는 날에는 사업설명회를 진행할 수 없다.
- 사업설명회는 2일 동안 연이어 진행한다.
- 사업설명회는 주중에만 진행한다.
- K사원은 1일부터 7일까지 사내 연수에 참석하므로 해당 기간에는 포럼에 참석할 수 없다.
- K사원은 27일부터 29일까지 개인사정으로 연차를 사용할 예정이다.
- K사원은 목요일마다 G지사로 출장을 가며, 출장일에는 포럼에 참석할 수 없다.

① 6 ~ 7일
② 12 ~ 13일
③ 14 ~ 15일
④ 20 ~ 21일
⑤ 27 ~ 28일

06 포럼에 참석하여 원탁 테이블에 같은 부서 사람이 옆자리에 앉도록 자리를 배치하려고 할 때, 7명이 앉을 수 있는 경우의 수는?

① 48가지
② 36가지
③ 27가지
④ 24가지
⑤ 16가지

※ 다음은 지역 도서관 천장 누수 공사 사업계획에 대한 보고서이다. 이어지는 질문에 답하시오. **[7~9]**

〈지역 도서관 천장 누수 공사 사업계획 보고〉

발신일 : 2024년 6월 24일(월)
보낸 사람 : 시설관리팀 K대리
받는 사람 : 건축지원팀(5명), 예산기획팀(3명), 총무팀(6명)
첨부파일 : 협력업체별 공사 견적 비교표.pdf

안녕하세요. 시설관리팀 K대리입니다. 최근 발생한 지역 도서관 천장의 누수로 인하여 공사가 필요함에 따라 관련 보고서를 전달해 드립니다. 각 팀에서는 검토 후 26일까지 저에게 검토 내용을 회신해 주시기 바랍니다.

1. 사업 개요

- 사업명 : 지역 도서관 천장 누수 공사
- 사업 목적 : 장마철 집중호우로 인해 발생한 3층 열람실 천장 누수의 조속한 보수를 통해 이용자 안전 확보 및 불편 해소
- 공사 대상 : 도서관 본관 3층 천장(약 $80m^2$)

2. 사업 추진 배경

- 2024년 6월 20일(목) 집중호우 이후 천장 누수 다수 발생
- 누수 부위 주변 석고보드 탈락 및 전등, 배선 노출로 화재, 자재 낙하 위험 존재
- 시설관리팀의 임시 방수 조치 후에도 누수 지속됨 → 근본적인 공사 필요

3. 사업 고려 사항

- 공사 예산(650만 원)을 초과하지 않아야 함
- 공사 기간은 영업일 기준 5일을 초과하지 않아야 함
- 품질보증기간은 1년 이상이어야 함

4. 팀별 검토 사항

- 예산기획팀 : 예산 사용 승인 여부 검토
- 건축지원팀 : 시공업체 품질 및 신뢰도 검토
- 총무팀 : 계약 진행 및 공사 일정 조율

[첨부파일]

〈협력업체별 공사 견적 비교표〉

구분	자재비	업체별 일당 (인부 1명 당)	시공 인원	공사 기간 (영업일 기준)	부대비용	품질보증기간
A업체	420만 원	11만 원	4명	5일	30만 원	12개월
B업체	380만 원	13만 원	5명	4일	10만 원	10개월
C업체	400만 원	10만 원	4명	6일	50만 원	18개월
D업체	390만 원	9.5만 원	6명	4일	20만 원	15개월
E업체	410만 원	12만 원	3명	6일	15만 원	20개월

※ 시공 인원은 임금 차이 없이 일당에 명시된 금액을 공사 기간 동안 동일하게 받음

Easy

07 다음 중 윗글에 대한 설명으로 적절하지 않은 것은?

① B업체는 사업 고려 사항을 충족하지 못한다.
② 인건비가 가장 저렴한 것은 D업체이다.
③ 자재비가 가장 저렴한 업체는 부대비용도 가장 저렴하다.
④ 업체별 자재의 품질이나 신뢰성 검토는 건축지원팀의 역할이다.
⑤ 메일을 수신한 팀은 수요일까지 K대리에게 검토 사항을 회신해야 한다.

08 다음 중 사업 고려 사항을 만족하여 선정되는 협력업체는?

① A업체
② B업체
③ C업체
④ D업체
⑤ E업체

09 시설관리팀 팀장은 계속되는 시설물 피해로 보수 공사를 빠르게 진행하기 위하여 예산기획팀, 건축지원팀, 총무팀에서 인원을 차출하여 TF팀을 구성하려고 한다. 예산기획팀에서 1명, 건축지원팀에서 2명, 총무팀에서 2명을 선발하여 5인으로 팀을 꾸릴 경우, 가능한 팀 구성의 경우의 수는? (단, 각 팀의 정원은 메일을 수신한 사람의 수와 같다)

① 90가지
② 120가지
③ 320가지
④ 450가지
⑤ 720가지

※ 최근 L그룹의 신입사원으로 입사한 A사원은 사내 메신저를 사용할 때나 상사와 대화할 때 어려움을 느껴 올바른 언행 실천에 대한 글을 읽었다. 이어지는 질문에 답하시오. **[10~13]**

회사 내에서는 알맞은 호칭과 적절한 단어를 사용하는 것만으로도 높은 경쟁력을 확보할 수 있다. 그렇다면 어떤 말을 어떻게 활용해야 품위 있고 왜곡 없는 전달이 가능할까?
먼저 상하 관계가 확실한 직장에서 지켜야 할 호칭의 문제를 살펴보자. 윗사람을 향한 존칭은 누구나 늘 긴장을 하고 있는 부분이다. 그렇다면 아랫사람을 부를 때는 어떻게 해야 현명할까? 일반적으로 '~씨'라는 호칭을 붙여 부를 것이다.
누군가는 '~씨'보다는 '~님'을 써야 한다고 주장하기도 하지만, 보통의 언어생활에서 '~님'은 어울리지 않는 느낌을 준다. 직함이 없는 경우 '~씨'는 사람을 높여 부르는 말이기에 동료나 아랫사람을 부를 때 자연스럽게 쓰인다. 그러나 엄연히 직함이 있을 때는 문제가 달라진다. 부하 직원이 대리나 과장 등 정확한 직함을 달고 있는데도 언제나 '~씨'라고 부른다면 잘못된 언어 습관이다. 아무리 부하 직원이라지만 직위에 알맞은 책임이나 권위를 무시하는 행위이기 때문이다.
상사에 관해서는 '밥'과 관련된 인사를 할 때 주의해야 한다. 바로 '식사'와 '진지'의 차이이다. 보통 상사에게 밥을 먹었는지 물어볼 때 '식사하셨나요?'라고 묻는다. 물론 식사는 끼니로 음식을 먹는 행위를 뜻하는 점잖은 한자 표현이지만 의미상 '밥'과 일맥상통하기 때문에 '밥하셨나요?'라는 뜻이 된다. 밥의 높임말은 '진지'. 물론 나이 차이가 크지 않은 선배에게 '진지 드셨어요?'라고 묻는다면 어색하겠지만 부장이나 본부장, 사장에게 말하는 경우라면 밥을 높여 '진지 드셨어요?'라고 하는 것이 공손한 표현이다.
정확한 언어를 사용하면 현란한 어휘와 화술로 말의 외피를 두르는 것보다 훨씬 더 깊이 있는 품격을 드러낼 수 있다. 우리 주변에는 흔히 쓰이지만 알고 보면 틀린 말들이 많다. 대표적인 단어는 '피로 회복제'. 재밌게도 피로 회복제로는 절대 피로를 풀 수 없다. 무슨 말일까? '회복'이란 단어는 원래 상태를 되찾는다는 걸 의미한다. 건강 회복, 신뢰 회복, 주권 회복 등 회복이 쓰이는 말을 살펴보면 알아챌 수 있다. 그러므로 '피로 회복제'는 몸을 다시 피로한 상태로 되돌린다는 말이 된다. 피로 회복제라는 말은 '피로 해소제'로 바꾸거나 '원기 회복제'로 바꾸는 게 맞다.
피로 회복제와 비슷한 경우로 '뇌졸증'이 있다. 결론부터 말하자면 '뇌졸증'은 아무도 걸리지 않는다. 우리가 말하고자 하는 병명은 아마 '뇌졸중'일 테다. 증상이나 병을 나타내는 단어에 대부분 '증(症)'이 붙어 혼동하는 단어다. 뇌졸중의 졸중(卒中)은 졸중풍(卒中風)의 줄임말이므로 뇌졸중은 뇌에 갑자기 풍을 맞았다는 뜻을 가진다. '뇌졸중'이 현대 의학에서 뇌출혈, 뇌경색 등 뇌혈관 질환을 통틀어 이르는 말이며, '뇌졸증'은 아예 없는 말이다.
실제로 하는 말뿐만 아니라 최근에는 SNS나 메신저 앱으로 많은 대화가 오가기 때문에 맞춤법에도 민감하고 단어를 정확하게 표기하는 것이 중요하다. 특히 일상 대화에서 자주 쓰이는 사자성어 중에 잘못 알고 있는 경우가 많다. 포복졸도는 포복절도(抱腹絶倒), 홀홀단신은 혈혈단신(孑孑單身), 전입가경은 점입가경(漸入佳境), 고분분투는 고군분투(孤軍奮鬪), 절대절명은 절체절명(絕體絕命)이 맞다.

10 윗글을 바탕으로 할 때, 다음 중 올바른 언행을 실천한 사람은?

① A부장 : K씨, 우리 부서에서 개인 인센티브를 대리급 이상 사원 중 가장 성과가 뛰어난 이에게 지급한다고 해서 K씨가 지급받게 되었어요. 수고 많았어요.
② B대리 : 본부장님, 식사 맛있게 하셨습니까? 이번 달 지출품의서 결재 부탁드립니다.
③ C사원 : G주임님, 어제 축구 경기 보셨어요? 절대절명의 순간 골을 넣어서 정말 짜릿했어요.
④ D대리 : 겨울엔 뇌졸중을 조심해야겠어요. 지인이 경미한 뇌졸중으로 병원에 입원했네요.
⑤ E과장 : 어제 회식하느라 다들 고생했어요. 피로 회복제 하나씩 먹고 오늘도 다들 힘내봅시다.

Easy

11 다음은 A사원과 B사원이 나눈 이야기이다. 다음 내용이 모두 참일 때, 항상 참인 것은?

- 올바른 호칭을 사용하는 사람은 올바른 언어를 사용해.
- 부장은 올바른 호칭을 사용해.
- 사원은 올바른 언어를 사용하지 못해.

① 사원이 아닌 사람은 올바른 호칭을 사용한다.
② 부장은 올바른 언어를 사용한다.
③ 사원이 아닌 사람은 올바른 언어를 사용한다.
④ 올바른 호칭을 사용하는 사람은 부장이다.
⑤ 사원이 아닌 사람은 부장이다.

12 L그룹의 직원 가～라 4명은 원탁에 앉아 인턴사원 A～D 중 1명과 짝지어 사내 언행에 대해 교육하고자 한다. 다음 〈조건〉에 따라 직원과 인턴사원을 연결할 때, 바르게 짝지어진 것은?

조건
- B를 맡은 직원은 다의 왼편에 앉아 있다.
- A를 맡은 직원의 맞은편에는 B를 맡은 직원이 앉아 있다.
- 라는 다 옆에 앉아 있지 않으나, A를 맡은 직원 옆에 앉아 있다.
- 나는 가 맞은편에 앉아 있으며, 나의 오른편에는 라가 앉아 있다.
- 시계 6시 방향에는 다가 앉아 있으며, 맞은편에는 D를 맡은 직원이 있다.

① 가－A
② 나－D
③ 다－C
④ 라－A
⑤ 라－B

13 L그룹은 건전한 언행문화의 실천을 위해 비즈니스 대화법에 대한 사내 강연을 진행하였다. 인사지원팀에 소속된 A사원은 강연의 만족도를 조사하기 위해 임직원 160명을 대상으로 설문조사를 실시하였다. 설문조사 결과가 다음과 같을 때, 100점 만점으로 환산한 평균 만족도 점수는?

〈비즈니스 대화법 강연 만족도 조사 결과〉

구분	매우 불만족	불만족	보통	만족	매우 만족
조사 결과	10명	36명	30명	72명	12명

※ 매우 불만족, 불만족, 보통, 만족, 매우 만족을 각각 1점, 2점, 3점, 4점, 5점으로 계산함
※ 평균 만족도 점수는 임직원 160명의 만족도 점수의 평균으로 계산함

① 55점
② 65점
③ 75점
④ 85점
⑤ 95점

CHAPTER

02 2024년 하반기 기출복원문제

정답 및 해설 p.006

※ L사 마케팅 부서 소속인 귀하는 자사 요식업 매장의 매출 증대 방안을 모색하던 중 다음과 같은 글을 읽었다. 이어지는 질문에 답하시오. **[1~3]**

> 언택트란 접촉을 뜻하는 '콘택트(Contact)'에 부정을 뜻하는 '언(Un)'을 붙여 만든 신조어로, 고객과 대면하지 않고 서비스나 상품을 판매하는 기술이 생활 속에서 확산되는 현상을 가리킨다. 쉽게 말해 키오스크(Kiosk), 드론, VR(가상현실) 쇼핑, 챗봇 등으로 대표되는 첨단기술을 통해 사람 간의 대면 없이 상품이나 서비스를 주고받을 수 있게 된 것을 '언택트'라고 하는 것이다. 최근 많은 기업과 기관에서 언택트를 핵심으로 한 이른바 '언택트 마케팅'을 펼치고 있는데, 그 영역이 대면 접촉이 불가피했던 유통업계로까지 확장되면서 사람들의 관심을 모으고 있다.
> 어느새 우리 일상에 자리한 ㉠ <u>언택트 마케팅</u>의 대표적인 예로 들 수 있는 것이 앞서 언급한 키오스크 무인 주문 시스템이다. 특히 패스트푸드 업계에서 키오스크가 대폭 확산 중인데, A업체는 2014년 처음 키오스크를 도입한 후 꾸준히 늘려가고 있고, B업체도 올해까지 전체 매장의 50% 이상인 250개 곳에 키오스크를 확대할 예정이다. 이러한 흐름은 패스푸드점에만 국한되는 것이 아니며, 더 진화한 형태로 다양한 업계에서 나타나고 있다. 최근 커피전문점에서는 스마트폰 앱을 통해 주문과 결제를 완료한 후 매장에서 제품을 수령하기만 하면 되는 시스템을 구축해 나가고 있고, 마트나 백화점은 무인시스템 도입을 가속화하는 것에서 한 발 더 나아가 일찌감치 '쇼핑 도우미 로봇' 경쟁을 펼치고 있다.
> 이처럼 언택트 마케팅의 봇물이 터지는 이유는 무엇일까? 소비자들이 더 간편하고 편리한 것을 추구하는 데 따른 결과이기도 하지만, 판매 직원의 과도한 관심에 불편을 느끼는 소비자들이 늘고 있는 것도 한 요인으로 볼 수 있다. 특히 젊은 층에서 대면 접촉에 부담을 느끼는 경향이 두드러지는데, 이를 반영하듯 '관계'와 '권태기'를 합성한 신조어인 '관태기' 그리고 모바일 기기에 길들여진 젊은 층이 메신저나 문자는 익숙한 반면 전화 통화는 두려워한다는 뜻의 '콜포비아'라는 신조어가 화제가 되기도 했다. 언택트 마케팅의 확산을 주도한 또 다른 요인으로는 인공지능(AI)과 빅데이터, 사물인터넷(IoT) 등 이른바 '4차 산업혁명'을 상징하는 기술의 진화를 꼽을 수 있다. 하지만 우리는 기술의 진화보다 소비자들이 언택트 기술에 익숙해지고, 나아가 편안하게 느끼기 시작했다는 것에 더 주목할 필요가 있다. 언택트 마케팅을 이해하고 전망하는 데 있어 절대 간과해선 안 될 것이 언택트 기술을 더 이상 낯설게 여기지 않는 인식이라는 이야기다.
> 언택트 기술의 보편화는 구매의 편의성을 높이고 소비자가 원하는 '조용한 소비'를 가능하게 한다는 점에서 긍정적으로 볼 수도 있으나, 일자리 감소와 같은 노동시장의 변화와 디지털 환경에 익숙하지 않은 고령층을 소외시키는 '언택트 디바이드(Untact Divide)'를 낳을 수 있다는 점도 무시할 수 없다. 이와 관련해서 한 소비트렌드 분석센터는 '비대면 접촉도 궁극적으로는 인간이 중심이 되어야 한다.'라며 굳이 인력이 필요하지 않은 곳은 기술로 대체하고, 보다 대면 접촉이 필요한 곳에는 인력을 재배치하는 기술과 방법이 병행되어야 함을 시사했다. 또한 그에 따라 그동안 무료로 인식됐던 인적 서비스가 프리미엄화되는 동시에 차별화의 핵심 요소로 등장할 것이라는 전망을 내놓고 있다.

01 다음 중 윗글의 내용으로 적절하지 않은 것은?

① 언택트 기술은 소비자가 원하는 '조용한 소비'를 가능하게 한다.
② 키오스크 무인주문 시스템은 다양한 업계에서 더 진화한 형태로 나타나고 있다.
③ 소비자들은 언택트 기술을 더 이상 낯설게 여기지 않는다.
④ 최대한 인력을 언택트 기술로 대체하여 인력 낭비를 줄여야 한다.
⑤ 언택트 마케팅은 대면 접촉이 불가피했던 유통업계로까지 확장되고 있다.

02 다음 중 밑줄 친 ㉠의 확산 원인으로 적절하지 않은 것은?

① 더욱더 간편하고 편리한 것을 추구하는 소비자
② 판매 직원의 과도한 관심에 불편을 느끼는 소비자의 증가
③ 인공지능, 사물인터넷 등 기술의 진화
④ 대면 접촉에 부담을 느끼는 젊은 층의 경향
⑤ 디지털 환경에 익숙하지 않은 고령층의 증가

Hard

03 언택트 마케팅을 통해 L사 패스트푸드 매장 A지점의 매출액이 작년 대비 25%가 상승하여 a 원만큼 세금이 부과되었다. 작년에 부과된 세금은?(단, 당해 매출액의 2%가 세금으로 부과된다)

① 0.5a원 ② 0.6a원
③ 0.7a원 ④ 0.8a원
⑤ 0.9a원

※ L사 문화재단 소속인 귀하는 상사로부터 업무 이해도를 높이기 위해 L사 사보에 실린 글을 분석하라는 지시를 받았다. 이어지는 질문에 답하시오. **[4~7]**

방송의 발달은 가정에서 뉴스, 교양, 문화, 예술 등을 두루 즐길 수 있게 한다는 점에서 일상생활 양식에 큰 변화를 가져왔다. 영국 런던의 공연장에서 열창하는 파바로티의 모습이나, 미국의 야구장에서 경기하는 선수들의 멋진 모습을 한국의 안방에서 위성 중계 방송을 통해 실시간으로 볼 수 있게 되었다. 대중들은 고급문화와 대중문화를 막론하고 모든 종류의 문화 예술과 오락 프로그램을 저렴한 비용으로 편안하게 즐길 수 있게 되었다. 방송의 발달이 고급문화와 대중문화의 경계를 허물어 버린 셈이다.
20세기 말에 들어와 위성 텔레비전 방송과 인터넷 방송이 발달하면서, 고급문화와 대중문화의 융합 차원을 넘어 전 세계의 문화가 더욱 융합하고 혼재하는 현상을 보이기 시작했다. 위성 방송의 발전 및 방송 프로그램의 국제적 유통은 국가 간, 종족 간의 문화 차이를 좁히는 기능을 했다. 이렇게 방송이 세계의 지구촌화 현상을 더욱 가속화하면서, 각국의 다양한 민족이 즐기는 대중문화는 동질성을 띠게 되었다.
디지털 위성 방송, HDTV, VOD 등 방송 기술의 눈부신 발전은 방송이 다룰 수 있는 내용의 범위와 수준을 이전과 비교할 수 없을 만큼 높이 끌어올렸고, 우리의 일상생활 패턴까지 바꾸어 놓았다. 또한 이러한 기술의 발전으로 인해 방송은 오늘날 매우 중요한 광고 매체의 하나로 자리 잡게 되었다. 방송이 지닌 이와 같은 성격은 문화에 큰 영향을 주는 요인으로 작용했다. 커뮤니케이션 학자 마샬 맥루한은 방송의 이러한 성격과 관련하여 "미디어는 곧 메시지이다."라고 말한 바 있다. 이 말은 방송의 기술적·산업적 기반이 방송의 내용에 매우 큰 영향을 끼친다는 의미로 해석할 수 있다. 요즘의 대중문화는 거의 매스 미디어에 의해 형성된다고 해도 과언이 아닐 정도로 방송의 기술적 측면이 방송의 내용적 측면, 즉 문화에 미치는 영향력이 크다.
이러한 방송의 위상 변화는 방송에 의한 대중문화의 상업주의적, 이데올로기적 성격을 그대로 드러낸다. 이를 단적으로 보여 주는 한 가지 예가 '스타 현상'이다. 오늘날의 사회적 우상으로서 대중의 사랑을 한 몸에 받는 리오넬 메시, BTS 등은 방송이 만들어 낸 대중 스타들이다. 이러한 슈퍼스타들은 대중의 인기로 유지되는 문화 산업 시장을 독점하는 문화 상품이다. 현대 사회에서 방송이 만들어 낸 스타들은 인문학자 레오로웬달이 말하는 '소비적 우상들'인 것이다. 이러한 대중문화 우상들의 상품화를 배경으로 하여 형성된 문화 산업 구조는 대중을 정치적 우중으로 만들기도 한다.
앞으로도 방송의 기술적·산업적 메커니즘은 대중문화에 절대적인 영향을 미칠 것으로 보인다. 방송 메커니즘은 다양하면서도 차별화된 우리의 문화적 갈증을 풀어 주기도 하지만, 대중문화의 상업주의, 소비주의, 향락주의를 더욱 심화시킬 우려 또한 크다. 21세기의 대중문화가 보다 생산적이고 유익한 것이 될 수 있을지는 우리가 방송에 의한 폐해를 경계하는 한편, 방송 내용에 예술적 가치, 진실성, 지적 성찰 등을 얼마나 담아낼 수 있는가에 달려 있다.

04 다음 중 윗글에 대한 설명으로 적절하지 않은 것은?

① 방송이 문화에 미치는 영향력을 고찰하고 있다.
② 전문가의 견해를 인용하여 논지를 강화하고 있다.
③ 구체적 사례를 들어 방송의 특성을 부각하고 있다.
④ 방송의 속성을 친숙한 대상에 빗대어 유추하고 있다.
⑤ 기술 발전에 따른 방송의 위상 변화를 서술하고 있다.

05 다음은 윗글을 읽은 L사 직원들의 반응이다. 글의 중심 내용으로 가장 적절한 것은?

① 고급문화와 대중문화의 정체성을 확보하는 일이 중요하다.
② 대중문화에 미치는 방송의 부정적 영향을 경계해야 한다.
③ 문화 산업 시장을 독점하기 위한 전략을 만드는 일이 중요하다.
④ 스타 시스템을 통해 문화 산업 발전의 수장을 만들어 내야 한다.
⑤ 매스 미디어의 기술적·산업적 메커니즘을 광고 매체에 활용해야 한다.

06 L사 문화재단의 갑부서, 을부서, 병부서에서 대표로 2명씩 미디어 사업 확장을 위한 회의에 참석하였다. 원탁에 같은 부서 사람끼리 옆자리에 앉는 방식으로 자리를 배치한다고 할 때, 6명이 앉을 수 있는 경우의 수는?

① 15가지
② 16가지
③ 17가지
④ 18가지
⑤ 19가지

Hard

07 L사 문화재단에서 근무하는 A ~ E사원 5명 중 1명은 이번 주 금요일에 열리는 미디어 세미나에 참석해야 한다. 다음 대화에서 2명이 거짓말을 한다고 할 때, 이번 주 금요일 세미나에 참석하는 사람은?

- A사원 : 나는 금요일 세미나에 참석하지 않아.
- B사원 : 나는 금요일에 중요한 미팅이 있어. D사원이 세미나에 참석할 예정이야.
- C사원 : 나와 D사원은 금요일에 부서 회의에 참석해야 하므로 세미나는 참석할 수 없어.
- D사원 : C와 E사원 중 1명이 참석할 예정이야.
- E사원 : 나는 목요일부터 금요일까지 휴가라 참석할 수 없어. 그리고 C사원의 말은 모두 사실이야.

① A사원
② B사원
③ C사원
④ D사원
⑤ E사원

※ 다음은 어느 해 2월 L사 인사부 직원 및 임원들의 스케줄을 표시한 일정표이고, 〈보기〉에 따라 신입 사원을 채용하려 한다. 이어지는 질문에 답하시오. **[8~10]**

〈2월 일정표〉

월	화	수	목	금	토	일
						1
2 B(연차)	3	4	5 병	6 갑	7	8
9	10	11 D	12 을, 병	13 B, C	14	15
16	17 A, C	18	19 E	20	21	22
23 갑	24	25 L사 문화 행사	26 L사 문화 행사	27 L사 문화 행사	28 L사 문화 행사	29

※ 출장인 직원 및 임원은 일정표에 직책을 제외하고 표시함

보기

- 채용일정은 '서류 접수 – 서류합격자 발표 – 필기시험 – 필기합격자 발표 – 면접시험 – 최종합격자 발표' 순서로 진행하고, 가능한 한 빠른 기간 내에 마무리한다.
- 최종합격자는 80명이고, 필기시험 응시자는 최종합격자의 2배이다.
- 채용일정 단계가 끝날 때마다 그다음 날부터 2일 이상의 결재 기간이 필요하다.
- 결재 기간은 월요일부터 토요일까지 가능하다.
- 인사부 직원은 A사원, B사원, C대리, D과장, E부장 5명이며, 임원은 갑, 을, 병 3명이다.
- 회사의 다른 행사가 있는 날에는 채용일정의 진행이 불가능하다.

08 다음 〈조건〉에 부합하는 면접시험 날짜는 언제인가?

조건

- 필기시험 날짜는 2일 월요일이다.
- 면접관은 임원 1명과 인사부 대리 이상의 직원 2명이 참석한다.
- 면접시험 날에 인사부 직원 중 진행요원 2명이 필요하다.
- 합격자 발표는 1일, 면접시험은 연속 2일 동안 진행한다.
- 면접시험은 주중에만 시행할 계획이다.

① 7일　　② 10일
③ 17일　　④ 25일
⑤ 28일

09 필기시험 응시자의 60%가 필기시험에 합격하여 면접시험을 준비한다. 면접시험 응시자 4명을 1팀으로 하여 15분씩 면접을 보며, 1팀이 끝날 때마다 다음 팀의 면접 시작 전에 면접관은 5분의 휴식을 갖는다. 하루에 면접시험 진행시간을 4시간 이하로 정했을 경우, 2일 동안 실시되는 면접시험에서 면접관의 휴식시간은 총 얼마인가?(단, 면접시험 진행시간에는 휴식시간도 포함하며, 당일 마지막 면접시험 이후에는 휴식하지 않는다)

① 1시간 40분
② 1시간 45분
③ 1시간 50분
④ 1시간 55분
⑤ 2시간

10 L사의 인사부, 미디어홍보부, 기획재정부, 경영전략부에 지원한 5명은 선발 결과에 대해 다음과 같이 진술하였다. 이 중 1명의 진술만 거짓일 때, 항상 참인 것은?(단, 부서별로 1명이 합격한다)

- 지원자 1 : 지원자 2가 인사부에 선발되었다.
- 지원자 2 : 지원자 3은 인사부 또는 경영전략부에 선발되었다.
- 지원자 3 : 지원자 4는 기획재정부가 아닌 다른 부서에 선발되었다.
- 지원자 4 : 지원자 5는 경영전략부에 선발되었다.
- 지원자 5 : 나는 경영전략부에 선발되었는데, 지원자 1은 선발되지 않았다.

① 지원자 1은 미디어홍보부에 선발되었다.
② 지원자 2는 인사부에 선발되었다.
③ 지원자 3은 경영전략부에 선발되었다.
④ 지원자 4는 미디어홍보부에 선발되었다.
⑤ 지원자 5는 기획재정부에 선발되었다.

※ L사 인사팀 소속인 귀하는 워크숍에 참석하여 다음과 같은 내용의 발표를 진행하였다. 이어지는 질문에 답하시오. **[11~14]**

기업은 근로자에게 제공하는 보상에 비해 근로자가 더 많이 노력하기를 바라는 반면, 근로자는 자신이 노력한 것에 비해 기업으로부터 더 많은 보상을 받기를 바란다. 이처럼 기업과 근로자 간의 이해가 상충하는 문제를 완화하기 위해 근로자가 받는 보상에 근로자의 노력이 반영되도록 하는 약속이 인센티브 계약이다. 인센티브 계약에는 명시적 계약과 암묵적 계약을 이용하는 두 가지 방식이 존재한다.

명시적 계약은 법원과 같은 제삼자에 의해 강제되는 약속이므로 객관적으로 확인할 수 있는 조건에 기초해야 한다. 근로자의 노력은 객관적으로 확인할 수 없으므로, 노력 대신에 노력의 결과인 성과에 기초하여 근로자에게 보상하는 약속이 명시적인 인센티브 계약이다. 이 계약은 근로자로 하여금 자신의 노력을 증가시키도록 하는 매우 강력한 동기를 부여한다. 가령, 근로자에 대한 보상 체계가 '고정급+a×성과($0 \leq a \leq 1$)'라고 할 때, 인센티브 강도를 나타내는 a가 커질수록 근로자는 고정급에 따른 기본 노력 외에도 성과급에 따른 추가적인 노력을 더 하게 될 것이다. 왜냐하면 기본 노력과 달리 추가적인 노력에 따른 성과는 a가 커질수록 더 많은 몫을 자신이 갖게 되기 때문이다. 따라서 a를 늘리면 근로자의 노력 수준이 증가함에 따라 추가적인 성과가 더욱 늘어나, 추가적인 성과 가운데 많은 몫을 근로자에게 주더라도 기업의 이윤은 늘어난다.

그러나 명시적인 인센티브 계약이 가진 두 가지 문제점으로 인해 a가 커짐에 따라 기업의 이윤이 감소하기도 한다. 첫째, 명시적인 인센티브 계약은 근로자의 소득을 불확실하게 만든다. 왜냐하면 근로자의 성과는 근로자의 노력뿐만 아니라 작업 상황, 여건, 운과 같은 우연의 요인에 의해서도 영향을 받기 때문이다. 그런데 소득이 불확실해지는 것을 근로자가 받아들이게 하기 위해 기업은 근로자에게 위험 프리미엄* 성격의 추가적인 보상을 지급해야 한다. 따라서 a가 커지면 기업이 근로자에게 지급해야 하는 보상이 늘어나 기업의 이윤이 줄기도 한다. 둘째, 명시적인 인센티브 계약은 근로자들이 보상을 잘 받기 위한 노력에 치중하도록 하는 인센티브 왜곡 문제를 발생시킨다. 성과 가운데에는 측정하기 쉬운 것도 있지만 그렇지 않은 것도 있기 때문이다. 중요하지만 성과 측정이 어려워 충분히 보상받지 못하는 업무를 근로자들이 등한시하게 되면 기업 전체의 성과에 해로운 결과를 초래하게 된다. 따라서 a가 커지면 인센티브를 왜곡하는 문제가 악화되어 기업의 이윤이 줄기도 하는 것이다.

합당한 성과 측정 지표를 찾기 힘들고 인센티브 왜곡의 문제가 중요한 경우에는 암묵적인 인센티브 계약이 더 효과적일 수 있다. 암묵적인 인센티브 계약은 성과와 상관없이 근로자의 노력에 대한 주관적인 평가에 기초하여 보너스, 복지 혜택, 승진 등의 형태로 근로자에게 보상하는 것이다. ㉠ 암묵적 계약은 법이 보호할 수 있는 계약을 실제로 맺는 것이 아니다. 이에 따르면 상대방과 협력 관계를 계속 유지하는 것이 장기적으로 이익일 경우에 자발적으로 상대방의 기대에 부응하도록 행동하는 것을 계약의 이행으로 본다. 물론 어느 한쪽이 상대방의 기대를 저버림으로써 얻게 되는 단기적 이익이 크다고 생각하여 협력 관계를 끊더라도 법적으로 이를 못하도록 강제할 방법은 없다. 하지만 상대방의 신뢰를 잃게 되면 그때부터 상대방의 자발적인 협력을 기대할 수 없게 된다. 따라서 암묵적인 인센티브 계약에 의존할 때에는 기업의 평가와 보상이 공정하다고 근로자가 신뢰하게 하는 것이 중요하다.

*위험 프리미엄 : 소득의 불확실성이 커질 때 근로자는 사실상 소득이 줄어든 것으로 느끼게 되는데, 이를 보전하기 위해 기업이 지급해야 하는 보상

11 다음 중 윗글을 읽고 이해한 내용으로 적절하지 않은 것은?

① 기업과 근로자 사이의 이해 상충은 근로자의 노력을 반영하는 보상을 통해 완화할 수 있는 문제이다.
② 법이 보호할 수 있는 인센티브 계약으로 근로자의 노력을 늘리려는 것이 오히려 기업에 해가 되는 경우가 있다.
③ 명시적인 인센티브 계약에서 노력의 결과인 성과에 기초하는 것은 노력 자체를 객관적으로 확인할 수 없기 때문이다.
④ 합당한 성과 측정 지표를 찾기 힘들 경우에는 객관적 평가보다 주관적 평가에 기초한 보상이 더 효과적일 수 있다.
⑤ 성과를 측정하기 어려운 업무에 종사하는 근로자에 대한 보상에서는 명시적인 인센티브의 강도가 높은 것이 효과적이다.

12 다음 중 밑줄 친 ㉠에 대한 설명으로 적절하지 않은 것은?

① 법원과 같은 제삼자가 강제할 수 없는 약속이다.
② 객관적으로 확인할 수 있는 조건에 기초한 약속이다.
③ 자신에게 이익이 되기 때문에 자발적으로 이행하는 약속이다.
④ 상대방의 신뢰를 잃음으로써 초래되는 장기적 손실이 클수록 더 잘 지켜지는 약속이다.
⑤ 상대방의 기대를 저버림으로써 얻게 되는 단기적 이익이 작을수록 더 잘 지켜지는 약속이다.

13 L사의 인사 평가 공유 클라우드 안에 저장된 인센티브 관련 파일의 수가 다음과 같은 규칙을 보일 때, 10년 뒤 저장될 파일의 수는?

〈L사의 인사 평가 공유 클라우드 내 파일 수〉

(단위 : 천 개)

구분	1년	2년	3년	4년	5년	…	10년
파일 개수	1	3	7	15	31	…	

① 511천 개
② 765천 개
③ 1,023천 개
④ 1,685천 개
⑤ 2,047천 개

Hard

14 귀하는 워크숍을 다녀온 후 직원들의 근무평정 업무를 수행하려 한다. 다음 가점평정 기준표를 참고할 때, 귀하가 K과장에게 부여해야 할 가점은?

〈가점평정 기준표〉

<table>
<tr><th colspan="2">구분</th><th>내용</th><th>가점</th><th>인정범위</th><th>비고</th></tr>
<tr><td colspan="2" rowspan="5">근무경력</td><td>본부 근무 1개월
(본부, 연구원, 인재개발원 또는 정부부처 파견근무기간 포함)</td><td>0.03점
(최대 1.8점)</td><td>1.8점</td><td>동일 근무기간에 다른 근무경력 가점과 원거리, 장거리 및 특수지</td></tr>
<tr><td>지역본부 근무 1개월
(지역본부 파견근무기간 포함)</td><td>0.015점
(최대 0.9점)</td><td rowspan="4">1.8점</td><td rowspan="4">가점이 중복될 경우 원거리, 장거리 및 특수지 근무가점은 $\frac{1}{2}$만 인정</td></tr>
<tr><td>원거리 근무 1개월</td><td>0.035점
(최대 0.84점)</td></tr>
<tr><td>장거리 근무 1개월</td><td>0.025점
(최대 0.6점)</td></tr>
<tr><td>특수지 근무 1개월</td><td>0.02점
(최대 0.48점)</td></tr>
<tr><td colspan="2" rowspan="2">내부평가</td><td>내부평가결과 최상위 10%</td><td>1회당 0.012점</td><td rowspan="2">0.5점</td><td rowspan="2">현 직급에 누적됨
(승진 후 소멸)</td></tr>
<tr><td>내부평가결과 차상위 10%</td><td>1회당 0.01점</td></tr>
<tr><td rowspan="5">제안</td><td rowspan="3">제안상 결정 시</td><td>금상</td><td>0.25점</td><td rowspan="3">0.5점</td><td rowspan="3">수상 당시 직급에 한정함</td></tr>
<tr><td>은상</td><td>0.15점</td></tr>
<tr><td>동상</td><td>0.1점</td></tr>
<tr><td rowspan="2">시행 결과평가</td><td>탁월</td><td>0.25점</td><td rowspan="2">0.5점</td><td rowspan="2">제안상 수상 당시 직급에 한정함</td></tr>
<tr><td>우수</td><td>0.15점</td></tr>
</table>

〈K과장 가점평정 사항〉

- 입사 후 36개월 동안 본부에서 연구원으로 근무
- 지역본부에서 24개월 근무
  - 지역본부에서 24개월 근무 중 특수지에서 12개월 동안 파견근무
- 본부로 복귀 후 현재까지 총 23개월 근무
- 팀장(직급 : 과장)으로 승진 후 현재까지 성과
  - 내부평가결과 최상위 10% 총 12회
  - 내부평가결과 차상위 10% 총 6회
  - 금상 2회, 은상 1회, 동상 1회 수상
  - 시행결과평가 탁월 2회, 우수 1회

① 3.284점
② 3.454점
③ 3.604점
④ 3.854점
⑤ 3.974점

CHAPTER

03 2024년 상반기 기출복원문제

정답 및 해설 p.010

※ L사 마케팅 부서에 재직 중인 귀하는 자사 상품의 매출 증대를 위한 기획 회의에 참석하게 되었다. 다음은 귀하가 회의에 쓰일 자료를 찾던 중 읽은 글이다. 이어지는 질문에 답하시오. **[1~3]**

과거 수도 시설이 보편화되기 이전에는 가정마다 수동 펌프로 물을 끌어올려 사용했는데, 펌프질만으로는 물을 끌어올리기 어려워 물 한 바가지를 넣어 펌프질을 했다. 이때 펌프에서 물이 나오게끔 도움을 주는 소량의 물이 바로 마중물이다. 이렇게 마중물과 같이 작은 자극이 원인이 되어 더 큰 효과를 일으키는 것을 '마중물 효과'라고 한다.

처음 정부의 마중물 효과는 경제 불황의 극복을 위해 일시적으로 재정 지출을 확대하거나 재정 수입을 감소하는 등의 자극을 주어 경제 활동을 활성화시키고, 이로써 침체된 경기가 회복되도록 하는 것이었다. 이런 마중물 효과는 정부의 경제 활성화 정책을 넘어 장학 사업 같은 사회사업 분야 및 기업의 마케팅 활동 등 우리 생활 전반에까지 그 영역이 확대되었다. 특히 기업은 마중물 효과를 마케팅 전략으로 활발히 사용하게 되었다.

기업이 마중물 효과를 통해 도달해야 하는 목표는 단순한 단기간의 이윤 증대가 아니다. 기업은 다양한 종류의 마중물을 이용해 타사 제품에 비해 자사 제품이 가지고 있는 가치를 홍보하여 자사 제품에 대한 소비자의 긍정적 평가를 높이려 한다. 이를 바탕으로 마중물의 제공이 중단되더라도 소비자의 꾸준한 구매를 통해 기업의 이익이 장기적으로 지속되도록 하는 것이 마중물을 활용한 마케팅의 궁극적인 목표이자 마중물 효과이다. 그래서 기업은 적지 않은 자금을 투입하여 제품 체험 행사, 1개를 사면 1개를 더 주는 덤 마케팅, 대형마트의 시식 행사, 할인 쿠폰 제공 등 다양한 형태의 마중물로 소비자의 구매를 유도한다. 이때 소비자가 마중물을 힘들이지 않고 거저 얻은 것으로 생각하여 지나친 소비 활동을 하는 공돈 효과*를 일으킨다면, 기업은 더 큰 이윤 창출을 기대할 수도 있다.

하지만 기업의 마중물 마케팅이 항상 성공적인 결과를 얻는 것은 아니다. 기업의 의도가 소비자에게 제대로 전달되지 못하여 마중물을 제공하지 않자 제품에 대한 구매가 원상태로 돌아가거나 오히려 하락할 수도 있다. 이럴 때 마중물 효과는 단지 광고나 판매 촉진 활동과 같은 일시적인 매출 증대 행위에 그치는 것이다. 또한 마중물에 투입한 비용이 과도하여 매출은 증가하였지만 이윤이 남지 않는 경우와 마중물을 투입하였는데도 기업의 매출에 변화가 없어서 오히려 기업의 이윤이 감소하는 경우가 있다. 뿐만 아니라 마중물이 일반 소비자들에게 골고루 혜택을 주지 못하고 일부 체리피커**들에게 독점된다면 기업의 이윤 창출은 더욱 어려워질 수도 있다.

그러나 이런 위험을 알면서도 많은 기업에서는 소비자의 지갑이 열리기를 기대하며 다양한 마중물을 동원하여 이익을 극대화하는 데에 총력을 기울인다. 그러므로 소비자는 할인이나 끼워주기와 같은 기업의 조삼모사(朝三暮四)식 가격 정책에 흔들리기보다는 합리적인 소비를 해야 한다. 단순하게 마중물이 주는 혜택에 집중하기보다 자신에게 꼭 필요한 상품을 필요한 만큼만 구매하는 소비자의 현명한 선택이 필요한 것이다.

*공돈 효과 : 기대하지 않았던 이익(공돈)을 얻게 되면 전보다 더 위험을 감수하려는 현상

**체리피커 : 상품의 구매 실적은 낮으면서 제공되는 다양한 부가 혜택이나 서비스를 최대한 활용하는 소비자

01 다음 중 윗글을 쓴 글쓴이의 의도로 가장 적절한 것은?

① 대상에 대한 통념의 반박을 통해 기업의 의식 개선을 유도하기 위해
② 효과적인 마케팅 방법의 안내를 통해 기업의 이익을 극대화하기 위해
③ 마중물 효과 이론의 변천사를 구체적 사례 제시를 통해 설명하기 위해
④ 다양한 경제 현상의 소개를 통해 경제 활동의 부작용에 대한 소비자의 관심을 촉구하기 위해
⑤ 대상이 지닌 특성을 설명함으로써 소비자가 갖추어야 할 바람직한 태도를 당부하기 위해

Easy

02 다음 중 윗글을 이해한 내용으로 가장 적절한 것은?

① 마중물 효과는 기업의 마케팅 전략으로 처음 시작되었다.
② 마중물 효과로 기업이 이익을 높이는 데 체리피커들은 큰 기여를 한다.
③ 마중물로 제공되는 혜택이 크면 클수록 마중물 효과는 더욱 잘 일어난다.
④ 마중물 효과는 상품 구매에 대한 소비자의 심리 변화를 기반으로 발생한다.
⑤ 마중물 마케팅을 실시하는 기업의 최종 목표는 소비자의 현명한 소비를 촉구하는 것이다.

03 회의를 마친 귀하는 마중물 효과를 통해 올해 매출액이 작년 매출액의 2.5% 이상 상승할 것으로 전망하며 마케팅에 노력을 기울였다. 하지만 올해 매출액을 집계해 보니 작년보다 0.39%밖에 오르지 않았다. 올해 매출액이 1,300억 원일 때 작년 매출액은?(단, 천만 자리에서 반올림한다)

① 1,295억 원
② 1,296억 원
③ 1,297억 원
④ 1,298억 원
⑤ 1,299억 원

※ L사는 미래지향적 기술의 도입을 위한 전사 차원의 아이디어 공모전을 실시하기로 하였다. 다음은 기술개발부서에 재직 중인 귀하가 공모전 참여를 목적으로 작성한 글이다. 이어지는 질문에 답하시오. **[4~7]**

SF 영화나 드라마에서만 나오던 3D 푸드 프린터를 통해 음식을 인쇄하여 소비하는 모습은 더 이상 먼 미래의 모습이 아니게 되었다. 2023년 3월 21일 미국의 컬럼비아 대학교는 3D 푸드 프린터와 땅콩버터, 누텔라, 딸기잼 등 7가지의 반죽형 식용 카트리지로 7겹 치즈케이크를 만들었다고 국제학술지 'NPJ 식품과학'에 소개하였다. (가) 특히 이 치즈케이크는 베이킹 기능이 있는 레이저와 식물성 원료를 사용한 비건식 식용 카트리지를 통해 만들어졌다. ㉠ 그래서 이번 발표는 대체육과 같은 다른 관련 산업에서도 많은 주목을 받게 되었다.

3D 푸드 프린터는 산업 현장에서 사용되는 일반적인 3D 프린터가 사용자가 원하는 대로 3차원의 물체를 만드는 것처럼 사람이 섭취할 수 있는 페이스트, 반죽, 분말 등을 카트리지로 사용하여 사용자가 원하는 디자인으로 압출·성형하여 음식을 만들어 내는 것이다. (나) 현재 3D 푸드 프린터는 산업용 3D 프린터처럼 페이스트를 층층이 쌓아서 만드는 FDM(Fused Deposition Modeling) 방식, 분말 형태로 된 재료를 접착제로 굳혀 찍어내는 PBF(Powder Bed Fusion), 레이저로 굳혀 찍어내는 SLS(Selective Laser Sintering) 방식이 주로 사용된다.

(다) 3D 푸드 프린터는 아직 대중화되지 않았지만, 많은 장점을 가지고 있어 미래에 활용 가치가 아주 높을 것으로 예상된다. ㉡ 예를 들어 증가하는 노령인구에 맞춰 씹고 삼키는 것이 어려운 사람을 위해 질감과 맛을 조정하거나, 개인별로 필요한 영양소를 첨가하는 등 사용자의 건강관리를 수월하게 해 준다. ㉢ 또한 우주와 같이 음식을 조리하기 어려운 곳에서 평소 먹던 음식을 섭취할 수 있게 하는 등 활용도가 무궁무진하다. 특히 대체육 부분에서 주목받고 있는데, 3D 푸트 프린터로 육류를 제작하게 된다면 동물을 키우고 도살하여 고기를 얻는 것보다 환경오염을 줄일 수 있다. (라) 대체육은 식물성 원료를 소재로 하는 것이므로 일반적인 고기보다는 맛은 떨어지게 된다. 실제로 대체육 전문 기업인 리디파인 미트(Redefine Meat)에서는 대체육이 축산업에서 발생하는 일반 고기보다 환경오염을 95% 줄일 수 있다고 밝히고 있다.

㉣ 따라서 3D 푸드 프린터는 개발 초기 단계이므로 아직 개선해야 할 점이 많다. 가장 중요한 것은 맛이다. 3D 푸드 프린터에 들어가는 식용 카트리지의 주원료는 식물성 재료이므로 실제 음식의 맛을 내기까지는 아직 많은 노력이 필요하다. (마) 디자인의 영역도 간과할 수 없는데, 길쭉한 필라멘트(3D 프린터에 사용되는 플라스틱 줄) 모양으로 성형된 음식이 '인쇄'라는 인식과 함께 음식을 섭취하는 데 심리적인 거부감을 주는 것도 해결해야 하는 문제이다. ㉤ 게다가 현재 주로 사용하는 방식은 페이스트, 분말을 레이저나 압출로 성형하는 것이므로 만들 수 있는 요리의 종류가 매우 제한적이며, 전력 소모 또한 많다는 것도 해결해야 할 문제이다.

04 다음 중 윗글을 읽고 추론한 내용으로 적절하지 않은 것은?

① 설탕케이크 장식 제작은 SLS 방식의 3D 푸드 프린터가 적절하다.
② 3D 푸드 프린터는 식감 등으로 발생하는 편식을 줄일 수 있다.
③ 3D 푸드 프린터는 사용자 맞춤 식단을 제공할 수 있다.
④ 현재 3D 푸드 프린터로 제작된 음식은 거부감을 일으킬 수 있다.
⑤ 컬럼비아 대학교에서 만들어 낸 치즈케이크는 PBF 방식으로 제작되었다.

05 윗글의 (가) ~ (마) 중 삭제해야 할 문장으로 가장 적절한 것은?

① (가)
② (나)
③ (다)
④ (라)
⑤ (마)

06 윗글의 접속부사 ㉠ ~ ㉤ 중 문맥상 적절하지 않은 것은?

① ㉠
② ㉡
③ ㉢
④ ㉣
⑤ ㉤

Hard

07 L사에서는 귀하의 아이디어를 긍정적으로 검토하여 3D 프린터를 가동해 제품을 생산하기로 하였다. 지난달에 생산한 제품의 불량률은 10%였고, 제품 1개당 원가 17만 원에 판매하였다. 이번 달도 지난달과 같은 양을 생산하였지만 불량률이 15%로 올랐다. 불량률이 10%일 때와 매출액을 같게 하려면 제품의 원가는 얼마로 책정해야 하는가?(단, 불량품을 제외한 생산량 전부를 판매한다)

① 18만 원
② 19만 원
③ 20만 원
④ 21만 원
⑤ 23만 원

※ 쿠웨이트로 현장순방을 다녀온 A대리는 다음과 같이 출장 결과보고서를 작성하였다. 이어지는 질문에 답하시오. **[8~10]**

〈국외출장 결과보고〉

Ⅰ. 출장 개요

□ 출장 목적

• 쿠웨이트 압둘라 신도시 사업 관련 쿠웨이트 장관 등 면담 및 현장 순방

• 중동지역 개발 선진사례 사업지구 탐방

□ 기간 : 2023. 3. 4.(토) ~ 3. 8.(수)

□ 출장 국가 : 쿠웨이트, UAE

□ 출장자 : 전략사업본부장 외 3인

Ⅱ. 출장 결과

□ 일정

일정		업무수행내용
3. 4.(토)	12:45 ~ 18:15	이동(인천 → UAE 두바이)
3. 5.(일)	09:00 ~ 12:30	Crystal Lagoon(인공호수) 등 견학
	13:30 ~ 15:00	Palm Jumeirah 탐방
	15:00 ~ 18:00	두바이 신도시 견학
	18:00 ~ 21:35	이동(UAE 두바이 → 쿠웨이트)
3. 6.(월)	09:00 ~ 12:00	압둘라 신도시 / 주변 신도시 현장 답사
	12:00 ~ 14:00	쿠웨이트 주택부장관, 주거복지청장 면담
	14:00 ~ 18:00	쿠웨이트 지사 방문 및 업무보고
3. 7.(화)	09:00 ~ 11:00	쿠웨이트 공원사례 방문(Al Shaheed Park)
	14:15 ~	이동(쿠웨이트 → 인천)
3. 8.(수)	10:50	인천 도착

□ 쿠웨이트 주택부장관 면담

• 일시 : 2023. 3. 6.(월) 12:30 ~ 13:20

• 장소 : 쿠웨이트 국회의사당

• 참석자 : (L기업) 전략사업본부장 외 3인
(쿠웨이트) 주택부장관, 주거복지청장, 계획실장, 투자실장 등
(대사관) 정○○ 국토관

• 전략사업본부장

– L기업은 SSAC* 개발에 책임과 사명감을 가지고 있으며, 수익추구보다는 SSAC의 성공을 최우선으로 함

– 쿠웨이트 국민의 부담 가능 수준과 세계 최고 수준의 비용차이 해결 필요

– 쿠웨이트 국민의 니즈 충족과 압둘라 신도시 가치 상승에 대한 확신을 주어야 성공할 수 있음

• 주택부장관

– SSAC는 스마트 시티이자 친환경 도시 측면에서 기대되는 신사업이며, 쿠웨이트에서 모범이 되는 사업이 될 수 있을 것으로 생각함

– SSAC에서 제공하는 주택을 쿠웨이트 국민이 구매 가능하도록 하는 것이 중요하며, 이에 따른 경제성 분석이 중요

□ 기타

- (선진사례 견학) Downtown Dubai 및 MBR City 내 인공호수, Palm Jumeirah 등 두바이 내 세계적 수준의 신도시 조성사례 견학
- (쿠웨이트 방문) 압둘라 신도시 사업지구 현황 파악 및 쿠웨이트 주거복지청에서 시공 분양한 Shulaibikhat 조성사례와 인공호수(Al Shaheed Park) 방문

*SSAC : 쿠웨이트 사우스 사드 알 압둘라 신도시

08 **다음 중 윗글을 이해한 내용으로 가장 적절한 것은?**

① 선진사례 견학은 출장 둘째 날에 이루어졌다.
② 국외출장 일정은 총 4박 5일간 진행되었다.
③ 쿠웨이트에서 이루어진 면담에는 총 9명의 인원이 참석하였다.
④ 쿠웨이트에는 L기업이 시공한 인공호수가 있다.
⑤ 쿠웨이트 주택부장관은 SSAC 개발을 위해서 개발 비용차이의 해결이 필요하다고 보았다.

09 **A대리가 보고서를 검토하던 중 시사점을 빠뜨렸다는 사실을 알고 급하게 추가하였다. 다음 중 맞춤법이 옳지 않은 부분은 모두 몇 개인가?(단, 띄어쓰기는 무시한다)**

Ⅲ. 시사점

- 쿠웨이트 주택부장관과에 면담을 통해 압둘라 신도시 성공을 위한 계발방향 공감대 형성과 신뢰관계 구축
- 압둘라 신도시를 쿠웨이트 내 모범이 돼는 선진 스마트 도시 조성 사례로 만드는 목표에 공감

① 1개　② 2개
③ 3개　④ 4개
⑤ 5개

10 **A대리는 출장 경비의 $\frac{1}{3}$은 숙박비, $\frac{1}{3}$은 왕복 항공권 비용으로 사용하였다. 나머지 경비의 $\frac{1}{6}$을 교통비로 사용하고 남은 경비가 40만 원일 때, A대리가 받은 총경비는?**

① 138만 원　② 140만 원
③ 142만 원　④ 144만 원
⑤ 146만 원

CHAPTER

04 2023년 하반기 기출복원문제

정답 및 해설 p.013

※ L사는 문화의 날을 기념하여 '영화가 있는 밤' 행사를 진행하려고 한다. 다음은 마케팅 부서에 신입사원으로 입사한 귀하가 작성한 글이다. 이어지는 질문에 답하시오. **[1~4]**

영화의 역사는 신기한 ㉠ 눈요기거리라는 출발점을 지나 예술적 가능성을 실험하며 고유의 표현 수단을 발굴해 온 과정이었다. 그 과정에서 미학적 차원의 논쟁과 실천이 거듭되었다. 그 중 리얼리즘 미학의 확립에 큰 역할을 한 인물로 프랑스 영화 비평가 바쟁이 있다.

바쟁은 '미라(Mirra) 콤플렉스'와 관련하여 조형 예술의 역사를 설명한다. 고대 이집트인이 만든 미라에는 죽음을 넘어서 생명을 길이 보존하고자 하는 욕망이 ㉡ 깃들어 있거니와, 그러한 '복제의 욕망'은 회화를 비롯한 조형 예술에도 강력한 힘으로 작용해 왔다고 한다. 그 욕망은 르네상스 시대 이전까지 작가의 자기표현 의지와 일정한 균형을 이루어 왔다. 하지만 원근법이 등장하여 대상의 사실적 재현에 성큼 다가서면서 회화의 관심은 복제의 욕망 쪽으로 기울게 되었다. 그 상황은 사진이 발명되면서 다시 한 번 크게 바뀌었다. 인간의 주관성을 배제한 채 대상을 기계적으로 재현하는 사진이 발휘하는 모사의 신뢰도는 회화에 비할 바가 아니었다. 사진으로 인해 조형예술은 비로소 복제의 욕망으로부터 자유롭게 되었다.

영화의 등장은 대상의 재현에 또 다른 획을 그었다. 바쟁은 영화를, 사진의 기술적 객관성을 시간 속에서 완성함으로써 대상의 살아 숨 쉬는 재현을 가능케 한 진일보한 예술로 본다. 시간의 흐름에 따른 재현이 가능해진 결과, 더욱 닮은 지문(指紋) 같은 현실을 제공하게 되었다. 바쟁에 의하면 영화와 현실은 본질적으로 친화력을 지닌다. 영화는 현실을 시간적으로 ㉢ 구연한다는 점에서 현실의 연장이며, 현실의 숨은 의미를 드러내고 현실에 밀도를 제공한다는 점에서 현실의 정수이다. 영화의 이러한 리얼리즘적 본질은 그 자체로 심리적·기술적·미학적으로 완전하다는 것이 그의 시각이다.

바쟁은 형식주의적 기교가 현실의 복잡성과 모호성을 침해하여 현실을 왜곡할 수 있다고 본다. 그는 현실의 참모습을 변조하는 과도한 편집 기법보다는 단일한 숏(Shot)*을 길게 촬영하는 롱 테이크 기법을 지지한다. 그것이 사건의 공간적 단일성을 존중하고 현실적 사건으로서의 가치를 보장하기 때문이다. 그는 또한 ㉣ 후경에서 배경에 이르기까지 공간적 깊이를 제공하는 촬영을 지지한다. 화면 속에 여러 층을 형성하여 모든 요소를 균등하게 드러냄으로써 현실을 진실하게 반영할 수 있으며 관객의 시선에도 자유를 부여할 수 있다는 것이다.

영화는 현실을 겸손한 자세로 따라가면서 해석의 개방성을 ㉤ 감수해야 한다는 믿음, 이것이 바쟁이 내건 영화관의 핵심에 놓여 있다. 그 관점은 수많은 형식적 기교가 발달한 오늘날에도 많은 지지를 얻으며 영화적 실천의 한 축을 이루고 있다.

*숏 : 카메라가 한 번 촬영하기 시작해서 끝날 때까지의 연속된 한 화면 단위

01 다음 중 윗글에 나타난 '바쟁'의 생각을 이해한 내용으로 적절하지 않은 것은?

① 조형 예술의 역사에는 '미라 콤플렉스'가 내재되어 있다.
② 영화는 회화나 사진보다 재현의 완성도가 높은 예술이다.
③ 영화는 현실을 의도적으로 변형하고 재구성하는 예술이다.
④ 영화는 현실의 풍부함과 진실을 드러낼 수 있는 예술이다.
⑤ 사진은 회화가 표현의 자율성을 확보하는 데 영향을 미쳤다.

02 '바쟁의 영화관(映畵觀)'에 동조하는 감독이 영화를 제작했을 때, 다음 중 이 영화에 대한 반응으로 적절하지 않은 것은?

① 불가피한 경우를 제외하고는 편집을 자제하고 있구나.
② 현실을 대하는 것 같은 공간적 깊이감을 보여주는구나.
③ 대상을 왜곡할 수 있는 기교를 배제하려고 노력하는구나.
④ 숏의 길이를 길게 하여 현실의 시간과 유사한 느낌을 주는구나.
⑤ 화면 속의 중심 요소에 주목하게 하여 관객의 시선을 고정하고 있구나.

03 귀하는 윗글을 제출하기 전, 의미를 분명하게 전달하고자 윗글을 수정하고자 한다. 다음 중 밑줄 친 ㉠~㉤의 수정 방안으로 적절하지 않은 것은?

① ㉠ : '눈요깃거리라는'으로 수정한다.
② ㉡ : '깃들어'로 수정한다.
③ ㉢ : '구현한다는'으로 수정한다.
④ ㉣ : '전경에서'로 수정한다.
⑤ ㉤ : '담보해야'로 수정한다.

Hard

04 귀하는 '영화가 있는 밤' 행사에 참석한 직원들에게 선호하는 영화 장르에 대한 설문조사를 진행하였고, 그 결과를 정리하였다. 다음 내용이 모두 참일 때, 항상 참인 것은?

- 멜로 영화를 좋아하는 사람은 독립 영화를 좋아한다.
- 공포 영화를 좋아하는 사람은 SF 영화를 좋아한다.
- 독립 영화를 좋아하지 않는 사람은 SF 영화를 좋아하지 않는다.

① 멜로 영화를 좋아하지 않는 사람은 SF 영화를 좋아한다.
② 독립 영화를 좋아하는 사람은 SF 영화를 좋아하지 않는다.
③ SF 영화를 좋아하는 사람은 멜로 영화를 좋아하지 않는다.
④ 공포 영화를 좋아하는 사람은 독립 영화를 좋아한다.
⑤ 공포 영화를 좋아하는 사람은 멜로 영화를 좋아하지 않는다.

※ 다음은 L사의 사내 게시판에 올라온 현대인의 대인 관계에 대한 글이다. 이어지는 질문에 답하시오. [5~8]

우리 현대인은 대인 관계에 있어서 가면을 쓰고 살아간다. 물론 그것이 현대 사회를 살아가기 위한 인간의 기본적인 조건인지도 모른다. 어빙 고프만 같은 학자는 사람이 다른 사람과 교제를 할 때, 상대방에 대한 자신의 인상을 관리하려는 속성이 있다는 점을 강조한다. 즉, 사람들은 대체로 남 앞에 나설 때에는 가면을 쓰고 연기를 하는 배우와 같이 행동한다는 것이다.

왜 그런 상황이 발생하는 것일까? 그것은 주로 대중문화의 속성에 기인한다. 사실 20세기의 대중문화는 과거와는 다른 새로운 인간형을 탄생시키는 배경이 되었다고 할 수 있다. 특히, 광고는 내가 다른 사람의 눈에 어떻게 보일 것인가 하는 점을 끊임없이 반복하고 강조함으로써 ㉮ 사람들에게 조바심이나 공포감을 불러일으키기까지 한다. 그 중에서도 외모와 관련된 제품의 광고는 개인의 삶의 의미가 '자신이 남에게 어떤 존재로 보이느냐.'라는 것을 무수히 주입시킨다. 역사학자들도 '연기하는 자아'의 개념이 대중문화의 부상과 함께 더욱 의미 있는 것이 되었다고 말한다. 그들은 적어도 20세기 초부터 '성공'은 무엇을 잘하고 열심히 하는 것이 아니라 '인상 관리'를 어떻게 하느냐에 달려 있다고 한다. 이렇게 자신의 일관성을 잃고 상황에 따라 적응하게 되는 현대인들은 대중매체가 퍼뜨리는 유행에 민감하게 반응하는 과정에서 자신의 취향을 형성해 가고 있다.

이렇듯 현대인의 새로운 타자 지향적인 삶의 태도는 개인에게 다른 사람들의 기대와 순간의 욕구에 의해 채워져야 할 빈 공간이 될 것을 요구했다. 현대 사회에서 각 개인은 사회 적응을 위해 역할 수행자가 되어야 하고, 자기 스스로 자신의 연기를 모니터하면서 상황에 따라 편리하게 '사회적 가면'을 쓰고 살아가게 되었다. 이는 세련되었다는 평을 받는 사람들의 경우에 더욱 그러하다. 흔히 거론되는 '신세대 문화'의 특성 중 하나도 '사회적 가면'의 착용이라고 볼 수 있다. 물론 신세대는 구세대에 비해 훨씬 더 솔직하고 가식이 없다는 장점을 지니고 있다. 여기서 '가면'은 특정한 목적을 위해 자기를 감추거나 누구를 속인다는 부정적인 의미만을 갖고 있는 것은 아니다. 다만, 신세대는 남에게 보이는 자신의 모습에서 만족을 느끼는 정도가 크기 때문에 그런 만족을 얻기 위해 기울이는 노력이 크고, 그것은 자신의 자아를 돌아볼 여유도 없이 '가면'에만 충실하게 되는 것이다.

㉠ 과거를 향유했던 사람들은 비교적 사람의 내면세계를 중요시했다. 겉으로 드러나는 모습은 허울에 불과하다고 믿었기 때문이다. 그러나 ㉡ 현시대를 살아가는 사람들의 모습을 보면 인간관계에 있어, 그 누구도 타인의 내면세계를 깊이 알려고 하지 않거니와 사실 그럴만한 시간적 여유도 없는 경우가 많다. 그런 이유로 무언가 '느낌'으로 와 닿는 것만을 중시하며 살아간다. 그 '느낌'이란 것은 꼭 말로 설명할 수는 없다 하더라도 겉으로 드러난 모습에 의해 영향을 받게 마련이다. 옷차림새나 말투 하나만 보고도 금방 그 어떤 '느낌'이 형성될 수도 있는 것이다. 사람을 단지 순간적으로 느껴지는 겉모습만으로 판단한다는 것은 위험하기 짝이 없는 일임에도 불구하고, 현대인들은 겉모습에서 주어지는 인상에 의해 상대방을 파악하고 인식하는 것을 거부하지 못하는 데에 문제가 있다.

05 다음 중 윗글의 글쓴이가 궁극적으로 말하고자 하는 것은?

① 현대인들은 세대 간에 이해의 폭을 넓혀야 한다.
② 현대인들은 자아 중심적 세계에서 벗어나야 한다.
③ 현대인들은 자신의 내면적 가치를 추구해야 한다.
④ 현대인들은 남과 더불어 사는 삶을 추구해야 한다.
⑤ 현대인들은 긍정적 세계관을 지니도록 노력해야 한다.

06 다음 중 밑줄 친 ㉮의 사례로 적절하지 않은 것은?

① 홈쇼핑 광고를 보던 주부가 쇼핑 도우미의 말을 듣고 그 물건을 사지 않으면 자기만 손해를 보는 것 같아 상품을 주문하였다.
② 여학생이 납량 특집 영화에서 화장실에 귀신이 나오는 장면을 본 후로는, 화장실 가기가 무서워 꼭 친구들과 함께 가게 되었다.
③ 한 소녀가 살을 빼는 식품 광고에 나오는 다른 소녀의 마른 모습을 본 후, 자신은 살이 많이 쪘다고 생각하여 살을 빼려고 운동을 시작했다.
④ 텔레비전 오락 프로그램에 나온 연예인들이 입고 있는 멋진 옷을 본 사람이 그 옷을 입지 않으면 유행에 뒤떨어질 것이라고 생각하여 그 옷을 샀다.
⑤ 잡지에서 '건강하게 오래 사는 가구 배치 방법'이라는 기사를 읽은 사람이 그렇게 하지 않으면 금방 병이 날 것처럼 생각되어 가구를 다시 배치하였다.

Easy

07 다음 중 ㉠의 입장에서 ㉡을 비판할 수 있는 속담으로 가장 적절한 것은?

① 뚝배기보다 장맛이다.
② 겉이 고우면 속도 곱다.
③ 같은 값이면 다홍치마다.
④ 장님 코끼리 만지기 격이다.
⑤ 보기 좋은 떡이 먹기도 좋다.

Hard

08 사내 게시판에 올라온 윗글을 읽은 D사원은 건강한 내면을 갖추기 위해 필라테스 수업을 등록했다. 평일에는 바렐, 체어, 리포머의 세 가지 수업이 동시에 진행되며, 토요일에는 리포머 수업만 진행된다. 센터 회원은 전용 어플을 통해 자신이 원하는 수업을 선택하여 1주일간의 운동 스케줄을 등록할 수 있다. 센터 회원인 D사원이 월요일부터 토요일까지 다음과 같이 운동 스케줄을 등록할 때, 옳지 않은 것은?

- 바렐 수업은 일주일에 1회 참여한다.
- 체어 수업은 일주일에 2회 참여하되, 금요일에 1회 참여한다.
- 리포머 수업은 일주일에 3회 참여한다.
- 동일한 수업은 연달아 참여하지 않는다.
- 월요일부터 토요일까지 수업을 듣지 않는 날은 없다.
- 하루에 1개의 수업만 들을 수 있다.

① 월요일에 리포머 수업을 선택한다면, 화요일에는 체어 수업을 선택할 수 있다.
② 월요일에 체어 수업을 선택한다면, 수요일에는 바렐 수업을 선택할 수 있다.
③ 화요일에 체어 수업을 선택한다면, 수요일에는 바렐 수업을 선택할 수 있다.
④ 화요일에 바렐 수업을 선택한다면, 수요일에는 리포머 수업을 선택할 수 있다.
⑤ 수요일에 리포머 수업을 선택한다면, 목요일에는 바렐 수업을 선택할 수 있다.

※ 2026년 완공 예정인 L쇼핑몰 대구 지점과 관련한 워크숍이 대구 지부에서 진행되었다. 다음은 해당 워크숍에 참가한 기획부서 박대리의 출장에 대한 자료이다. 이어지는 질문에 답하시오. **[9~12]**

〈상황〉

- 서울 지부에서 근무하는 박대리는 대구 지부에서 열리는 워크숍에 3박 4일간 참석하고자 한다.
- 워크숍은 10월 20일 오후 1시에 시작하여, 10월 23일 오후 5시까지 진행된다.
- 박대리는 서울 지부에서 대구 지부까지 이동 시 김포공항에서 대구공항으로 향하는 항공편을 이용한다. 박대리는 워크숍 시작 1시간 전에는 대구공항에 도착하고자 하며, 워크숍 종료 후 2시간 이내에는 김포행 항공편에 탑승하고자 한다.
- 식비는 출장 시작일과 마지막일을 포함하여 하루당 3만 원이 지급된다.
- 대구공항부터 워크숍 장소인 대구 지부까지의 이동수단 중 항공료를 제외한 교통비는 하루당 1만 원이 지급된다.
- 숙박비는 1박당 8만 원이 지급된다.

〈항공편 정보〉

- 박대리는 다음 항공편 중에서 선택하여 이용한다.

구분	출발	도착	출발시간	도착시간	편도요금
IA910	김포공항	대구공항	10:00	10:50	34,500원
JI831	김포공항	대구공항	12:10	13:20	41,000원
BQ381	김포공항	대구공항	14:00	14:50	40,500원
GO904	대구공항	김포공항	16:40	17:30	56,000원
TK280	대구공항	김포공항	18:00	18:50	58,000원
BV411	대구공항	김포공항	19:40	20:30	61,000원

09 출장비는 박대리가 10월 20일에 김포공항에서 출발하여 10월 23일에 다시 김포공항으로 돌아오기까지의 활동에 대해 지급된 비용의 총계일 때, 박대리의 대구 출장으로 인한 출장비 총액은 얼마인가?

① 408,000원
② 423,500원
③ 458,000원
④ 472,500원
⑤ 521,000원

Easy

10 박대리가 이용한 항공사의 마일리지 적립 규정이 다음과 같을 때, 박대리가 이번 출장으로 적립하게 되는 마일리지는?

〈마일리지 적립 규정〉

항공편 가격	적립률(편도요금 기준)	비고
3만 원 미만	2%	10월 한 달 동안은 1.0%p 추가 적립 제공
3만 원 이상 5만 원 미만	3%	
5만 원 이상 10만 원 미만	5%	–
10만 원 이상	7%	–

① 3,935점
② 4,280점
③ 4,310점
④ 4,550점
⑤ 4,810점

11 L사의 기획부서에는 4명의 사원 A~D와 3명의 대리 E~G가 소속되어 있으며, 이들 중 4명이 해외 진출 사업을 진행하기 위해 베트남으로 출장을 갈 예정이다. 다음 〈조건〉을 만족하며 항상 참인 것은?

조건

- 사원 중 적어도 1명은 출장을 간다.
- 대리 중 적어도 1명은 출장을 가지 않는다.
- A사원과 B사원 중 적어도 1명이 출장을 가면, D사원은 출장을 간다.
- C사원이 출장을 가면, E대리와 F대리는 출장을 가지 않는다.
- D사원이 출장을 가면, G대리도 출장을 간다.
- G대리가 출장을 가면, E대리도 출장을 간다.

① A사원은 출장을 간다.
② B사원은 출장을 간다.
③ C사원은 출장을 가지 않는다.
④ D사원은 출장을 가지 않는다.
⑤ G사원은 출장을 가지 않는다.

12 다음은 해외 출장이 잦은 해외사업팀 갑 ~ 정사원 4명의 항공 마일리지 현황이다. 항상 참이 아닌 것은?

- 갑사원의 항공 마일리지는 8,500점이다.
- 갑사원의 항공 마일리지는 을사원보다 1,500점 많다.
- 병사원의 항공 마일리지는 을사원보다 많고 갑사원보다 적다.
- 정사원의 항공 마일리지는 7,200점이다.

① 갑사원의 항공 마일리지가 가장 많다.
② 정사원의 항공 마일리지가 4명 중 가장 적지는 않다.
③ 을사원의 항공 마일리지는 4명 중 가장 적다.
④ 병사원의 정확한 항공 마일리지는 알 수 없다.
⑤ 항공 마일리지가 많은 순으로 나열하면 '갑 – 정 – 병 – 을'사원 순이다.

CHAPTER

05 2023년 상반기 기출복원문제

정답 및 해설 p.016

※ 다음은 L그룹의 정기주주총회에 대한 자료이다. 이어지는 질문에 답하시오. **[1~4]**

〈제56기 정기주주총회〉

- 일시 : 2023년 ㉮ 월 ○○일(금) 13:30
- 장소 : 서울특별시 송파구 ○○○로 ○○ L타워 31층 컨퍼런스(Conference)실

총발행주식수 (우선주 포함)	의결권 있는 주식수	참석 주식수		
		전체 주식수	ⓐ 최대주주 및 특수관계인 주식수	ⓑ 최대주주 및 특수관계인 외 주식수
105,896,861주	70,805,300주	52,632,633주	43,591,963주	9,040,670주

안건	찬성율	반대율	가결 여부
1. 제56기(2022년 1월 1일 ~ 12월 31일) 재무제표[이익잉여금 처분 계산서(안) 포함] 승인의 건	91.1%	0.9%	원안대로 가결
2. 〈정관〉 일부 개정의 건	99.7%	0.3%	원안대로 가결
3-1. 사내이사 신○○ 선임의 건	90.1%	9.9%	원안대로 가결
3-2. 사내이사 송○○ 선임의 건	99.2%	0.8%	원안대로 가결
3-3. 사내이사 고○○ 선임의 건	99.6%	0.4%	원안대로 가결
3-4. 사외이사 권○○ 선임의 건	99.6%	0.4%	원안대로 가결
3-5. 사외이사 이○○ 선임의 건	99.6%	0.4%	원안대로 가결
3-6. 사외이사 김○○ 선임의 건	99.6%	0.4%	원안대로 가결
4-1. 감사위원 김○○ 선임의 건	99.1%	0.9%	원안대로 가결
4-2. 감사위원 박○○ 선임의 건	99.1%	0.9%	원안대로 가결
5. 이사 보수한도 승인의 건	92.3%	7.7%	원안대로 가결
6. 자기주식(우선주) 소각을 위한 자본금 감소 승인의 건	99.7%	0.3%	원안대로 가결

〈정관〉

제5조(발행예정주식의 총수)

이 회사가 발행할 주식의 총수는 5억 주로 한다.

제7조(주식의 종류)

이 회사가 발행할 주식은 기명식 보통주식과 기명식 우선주식으로 한다. 이때 우선주식은 의결권이 없는 배당우선주로 한다.

제19조(소집 시기)
① 이 회사의 주주총회는 정기주주총회와 임시주주총회로 한다.
② 정기주주총회는 매 사업년도 종료 후 3월 이내에, 임시주주총회는 필요할 때 소집한다.

제20조(소집권자 및 대표이사 직무대행)
주주총회의 소집은 법령에 다른 규정이 있는 경우를 제외하고는 이사회의 결의에 따라 대표이사가 소집해야 한다. 다만, 대표이사의 유고 시에는 이사회에서 정한 순서에 따라 이사가 대표이사의 직무를 대행한다.

제29조(주주총회 의결의 방법)
주주총회의 결의는 법령에 다른 정함이 있는 경우를 제외하고는 출석한 주주의 의결권의 과반이 넘는 수로 하되, 발행주식총수의 4분의 1 이상의 수로 하여야 한다.

제31조(이사의 수)
① 이 회사의 이사는 3명 이상 9명 이하로 한다.
② 회사의 사외이사는 3명 이상으로 이사총수의 과반이 넘는 수로 한다.

01 다음 중 윗글에 대한 설명으로 가장 적절한 것은?

① 주주총회에 참석한 주식의 비율은 ⓐ가 ⓑ의 약 5배이다.
② 총발행주식수 가운데 의결권 있는 주식수의 비율은 70%를 초과한다.
③ 정관에 따르면 L그룹은 최대 4억 주까지의 신주를 발행할 수 있다.
④ 의결권 있는 주식수 가운데 주주총회에 참석한 주식수의 비율은 73% 미만이다.
⑤ 정기주주총회 공고문에 제시된 사내이사 3명이 실제로 사내이사 전원이라면 유임된 사외이사는 최대 3명이다.

02 다음 〈보기〉에서 윗글을 이해한 내용으로 가장 적절한 것을 모두 고르면?

보기

ㄱ. 어떠한 안건이든지 최소 2,647만 주 이상의 찬성을 얻어야 가결될 수 있다.
ㄴ. 발행주식총수 중에서 의결권이 없는 주식은 그렇지 않은 주식의 0.5배 이상이다.
ㄷ. '사내이사 신○○ 선임의 건'에 찬성한 주식수와 반대한 주식수의 차이는 약 4,221만 주이다.
ㄹ. 제56기 정기주주총회가 소집될 수 있는 시기로 ㉮에 들어갈 수 있는 월은 4월부터 5월까지이다.

① ㄱ, ㄴ ② ㄱ, ㄷ
③ ㄱ, ㄹ ④ ㄴ, ㄷ
⑤ ㄴ, ㄹ

03 윗글의 표현 중 어법상 표기가 옳은 것은?

① 컨퍼런스(Conference)
② 찬성율
③ 사업년도
④ 유고 시에는
⑤ 과반이 넘는 수

Hard

04 다음 〈보기〉에서 L그룹의 정관을 이해한 내용으로 적절하지 않은 것을 모두 고르면?

보기

ㄱ. 주주총회를 소집하려고 할 때 이사회의 결의가 반드시 필요한 것은 아니다.
ㄴ. 대표이사가 임시주주총회를 소집할 수 있는 횟수는 매 분기마다 1회로 제한된다.
ㄷ. 대표이사가 궐위된 때에는 주주총회의 의결로 감사위원 중 1인이 대표이사의 직무를 대행할 수 있다.
ㄹ. 발행주식총수의 25% 미만이 주주총회에 참석하더라도 절반이 넘는 수가 찬성하는 안건은 주주총회에서 가결될 수 있다.

① ㄱ, ㄴ
② ㄴ, ㄷ
③ ㄷ, ㄹ
④ ㄴ, ㄷ, ㄹ
⑤ ㄱ, ㄴ, ㄷ, ㄹ

※ 다음은 세계 에너지 수요 현황 및 전망에 대한 자료이다. 이어지는 질문에 답하시오. **[5~8]**

〈세계 에너지 수요 현황 및 전망〉

(단위 : *QBTU / %)

구분		현황			전망			연평균 증가율
		1990년	2000년	2010년	2015년	2025년	2035년	(2015 ~ 2035년)
OECD	북미	101	120	121	126	138	149	0.9
	유럽	70	81	81	84	89	92	0.5
	아시아 / 오세아니아	27	37	38	39	43	45	0.8
	소계	198	238	240	249	270	286	0.7
비(非) OECD	유럽	67	50	51	55	63	69	1.3
	아시아 / 오세아니아	58	122	133	163	222	277	3.5
	아프리카	10	14	14	17	21	24	2.1
	중남미	15	23	23	28	33	38	1.8
	소계	150	209	221	263	339	408	2.8
합계		348	447	461	512	609	694	1.8

*QBTU(Quadrillion British Thermal Units) : 1BTU는 1파운드의 물을 1˚F 올리는 데 필요한 열량(=1,055J)을 뜻하며, Quadrillion은 '1,000조'를 가리킴(1QBTU=1,055조J)

〈보고서〉

전 세계 에너지 수요는 2010년 461QBTU에서 2035년 694QBTU로 50% 이상 증가할 것으로 전망된다. Ⓐ 이 기간 중에 국제 유가와 천연가스 가격 상승이 예측되어 장기적으로 에너지 수요를 다소 둔화시키는 요인으로 작용하겠으나, 비(非)OECD 국가들의 높은 경제성장률과 인구증가율로 인해 세계 에너지 수요 증가율은 높은 수준을 유지할 것이다.

OECD 국가들의 에너지 수요는 2015 ~ 2035년 기간 중 연평균 0.7%씩 증가할 것으로 전망되어 2035년에는 2010년에 비해 19.2% 늘어날 것으로 예상된다. 반면, 같은 기간 비OECD 국가들의 에너지 수요는 연평균 2.8%씩 증가하여 2035년에는 2010년에 비해 84.6%나 늘어날 것으로 예상된다.

비OECD 국가들 중에서도 중국과 인도의 경제성장률이 가장 높게 전망되고 있으며, 두 국가의 2035년 에너지 수요는 2010년 수준보다 2배 이상으로 증가하여 전 세계 에너지 수요의 25%를 점유할 것으로 예측되고 있다. 한편 전 세계에서 미국의 에너지 수요가 차지하는 비중은 2010년 22%에서 2035년 17%로 줄어들 것으로 보인다.

05 다음 〈보기〉에서 위의 보고서를 작성하기 위해 추가로 이용한 자료로 옳은 것을 모두 고르면?

보기

ㄱ. 1990 ~ 2035년 국제 유가와 천연가스 가격 현황 및 전망
ㄴ. 1990 ~ 2035년 국가별 경제성장률 현황 및 전망
ㄷ. 1990 ~ 2035년 국가별 인구증가율 현황 및 전망
ㄹ. 1990 ~ 2035년 국가별 에너지 생산 현황 및 전망

① ㄱ, ㄴ
② ㄱ, ㄹ
③ ㄷ, ㄹ
④ ㄱ, ㄴ, ㄷ
⑤ ㄴ, ㄷ, ㄹ

06 다음은 위의 자료에서 밑줄 친 Ⓐ와 관련한 기사를 검색한 내용이다. 빈칸 ㉠ ~ ㉤에 들어갈 관용적 표현으로 적절하지 않은 것은?

예측하기 어려운 국제 유가 시나리오, 올해 전망은?
– 지난해의 '유가 하락' 예측과 달리 우상향

세계 경제 조류와 유가 사이의 상관관계는 '___㉠___' 같은 측면이 있다. 호황 시에는 에너지에 대한 수요가 확대되어 유가 상승 가능성 또한 높아진다. 그러나 불황 시에는 소비가 위축되어 에너지 가격 또한 하락할 수 있다. 다만 현실에서 국제 유가는 석유 수출국과 수입국 사이의 복잡다단한 이해관계가 맞물리고 지정학적 요인 등의 여러 변수가 관여한다는 점에서 수요와 공급의 원칙을 토대로 한 예측을 '확신'하는 것은 위험하다. 이처럼 ___㉡___(이)라는 한자성어처럼 미래를 예측하기 어렵다고 하더라도 세계 주요 에너지 기구나 기관들이 정기적으로 발표하는 유가 전망은 ___㉢___(으)로 삼을 만하다. 이러한 조직에서 제시한 유가 전망의 그 배경과 변수들을 짚어보자.
석유수출기구(OPEC), IEA(국제에너지기구), 미국 에너지정보청(EIA) 등은 매월 원유, 천연가스 등을 포함한 전 세계 에너지 시장 동향 분석 보고서를 공개하고 있는데, 바로 1개월 전에 발표한 예측을 크게 바꾸는 등 ___㉣___하는 일이 잦다. 이는 에너지 수급을 둘러싼 국제 정세의 급변으로 미래를 정확히 예측할 수 없기 때문이다. 일례로, 에너지정보청은 2012년 말 공개한 보고서에서 코로나19로 인한 각국 정부의 이동 제한 조치 때문에 석유 수요가 줄어들 것으로 예상해 2022년 평균 브렌트유 가격의 하락을 예상했으나 실제로는 예상과 반대로 우상향했다. 이는 지난해 2월 러시아가 우크라이나를 침략한 사태를 계기로 미국과 유럽 등의 서방 국가들이 러시아에 대한 경제제재에 나서면서 석유, 천연가스 수출을 제한하기 시작했는데, 도리어 러시아가 에너지 자원을 무기로 삼아 반격하면서 전 세계적으로 심각한 에너지 수급난이 발생한 것도 국제유가 급등의 원인이 되었다. 한편 이러한 에너지 패권 싸움의 불똥이 한국으로 크게 튈 수 있다. 이럴수록 각자도생(各自圖生)을 명심해 한국이 '___㉤___'(이)라는 관용구처럼 되지 않도록 철저히 대비해야 한다.

① ㉠ : 동전의 양면
② ㉡ : 전가통신(錢可通神)
③ ㉢ : 시금석(試金石)
④ ㉣ : 조변석개(朝變夕改)
⑤ ㉤ : 고래 싸움에 새우 등 터진다.

07 다음 중 자료의 표에서 제시된 내용을 분석한 것으로 적절하지 않은 것은?

① 2010년 현황과 2035년 전망을 비교하면 2010년 대비 2035년 에너지 수요 증가량은 유럽 지역의 비OECD 국가가 같은 지역의 OECD 국가의 약 1.63배일 것이다.

② 2010년 현황과 2035년 전망을 비교하면 아시아 / 오세아니아 지역의 비OECD 국가가 전체 에너지 수요 합계 중에서 차지하는 비중은 1.38배 정도 증가할 것이다.

③ 2010년 현황과 2035년 전망을 비교하면 아시아 / 오세아니아 지역의 OECD 국가가 전체 에너지 수요 합계 중에서 차지하는 비중은 2.0%p 이상 감소할 것이다.

④ 2015년부터 2035년까지 비OECD 국가의 에너지 수요 연평균 증가율은 같은 기간 동안의 OECD 국가의 연평균 증가율의 4배이다.

⑤ 2036년에도 세계 에너지 수요가 2015 ~ 2035년 연평균 증가율과 동일하게 상승한다면, 2036년에 북미 지역 OECD 국가의 에너지 수요 비중은 전체 합계의 21%가 넘을 것이다.

08 다음 〈보기〉에서 자료에 대한 설명으로 옳은 것을 모두 고르면?

보기

ㄱ. 2035년에는 중국과 인도 중에서 인도의 에너지 수요 비중이 중국보다 더욱 클 것으로 예상된다.

ㄴ. 미국은 2010년에 비해 2035년에는 16% 이상의 양의 에너지가 필요하게 될 것으로 예상된다.

ㄷ. 2035년 전 세계 에너지 수요는 OECD 국가들보다 비(非)OECD 국가들의 영향을 크게 받을 것으로 예상된다.

ㄹ. 2015년 대비 2035년의 비(非)OECD 국가들의 에너지 수요는 OECD 국가들의 경우에 비해 4배 미만으로 증가할 것이다.

① ㄱ, ㄴ
② ㄱ, ㄷ
③ ㄴ, ㄷ
④ ㄴ, ㄹ
⑤ ㄷ, ㄹ

※ 다음은 자동차 수출 현황에 대한 기사이다. 이어지는 질문에 답하시오. [9~12]

〈3월 자동차 수출, 역대 최고 65억 달러〉

산업통상자원부에서 집계한 2023년 3월 자동차산업 동향에 따르면 전년 동월 대비 자동차 생산 대수는 35.6%, 국내 판매 대수는 19.6%, 수출 대수는 48.0% 증가한 것으로 나타났다. 수출액 기준으로 보면 완성차 수출은 전년 동월 대비 64.1% 증가한 반면, 부품 수출의 경우 5.3% 감소했다.

2023년 3월 자동차 생산·수출 현황

구분	2023년 3월	전년 동월 대비 (2022년 3월)	전월 대비 (2023년 2월)	2023년 1~3월	전년 동기 대비 (2022년 1~3월)
생산(대)	409,806	35.6%	17.9%	1,064,249	27.1%
내수(대)	165,851	19.6%	12.8%	429,474	15.2%
국산차(대)	140,748	26.7%	12.4%	366,501	18.9%
수입차(대)	25,103	△9.0%	15.4%	62,973	△2.7%
수출(대)	262,341	48.0%	17.6%	684,009	30.8%
차 수출액 (백만 달러)	6,518	64.1%	16.5%	17,099	44.1%
부품 수출액 (백만 달러)	2,059	△5.3%	2.1%	5,801	△3.5%

특히 3월 생산량은 차량용 부품 공급 정상화 등에 따라 40만 대 이상으로 집계되었는데, 월 생산 40만 대를 넘어선 것은 2017년 3월 40.7만 대를 기록한 이후 처음이다. 내수 판매의 경우 대기 수요를 바탕으로 생산량을 ㉠ <u>늘인</u> 것도 증가세의 원동력으로 ㉡ <u>지적된다</u>.

2022년 8월~2023년 3월 자동차·친환경차 수출 현황

구분	2022년 8월	9월	10월	11월	12월	2023년 1월	2월	3월
자동차 수출량(만 대)	16.7	19.5	20.8	21.8	21.8	19.9	22.3	26.2
자동차 수출액(억 달러)	41.1	47.8	49.1	53.7	54.2	49.8	56.0	65.2
친환경차 수출량(만 대)	4.1	4.9	5.3	4.9	5.5	5.5	6.3	7.2
친환경차 수출액(억 달러)	12.2	14.1	14.5	14.8	17.6	17.9	20.2	22.7

3월 해외로 수출된 자동차는 국산 브랜드의 글로벌 판매 호조 등에 따라 26만 대 이상인 것으로 집계되었는데, 이는 2016년 12월 29.8만 대 이후 최고치이며, 전기차를 비롯한 수출단가가 높은 친환경차 수출 증가로 수출액은 지난 2월에 이어 역대 최고치를 ㉢ <u>경신했다</u>. 아울러 수출 상승세를 이끄는 친환경차(승용 기준) 수출 역시 역대 최초로 7만 대를 넘어서 수출량과 수출액 모두 ㉣ <u>역대급을 기록했다</u>.

미국 내 전기차, 수소차, 플러그인 하이브리드 수출 및 판매 현황

구분	2022년 8월	9월	10월	11월	12월	2023년 1월	2월	3월
수출(천 대)	5.5	5.6	6.5	10.5	10.3	10.8	13.3	14.4
판매(천 대)	5.5	4.0	4.4	3.8	5.0	5.3	6.6	7.5

한편, 미국 IRA 세액공제 적용 대상 차종인 전기차, 수소차, 플러그인 하이브리드의 미국 내 판매량은 2022년 12월부터 회복 추세를 보이고 있으며, 2023년 3월 수출은 1.44만 대로 역대 최고 기록을 깬 것으로 잠정 집계되었다. 이는 북미산이 아니더라도 IRA ㉤ <u>수혜를 받을 수 있는</u> 상업용 판매 비중이 2022년 약 5%에서 2023년 1분기 28%(잠정)까지 증가하였기 때문으로 풀이된다.

09 다음 〈보기〉에서 '2023년 3월 자동차 생산 · 수출 현황' 자료를 분석한 내용으로 옳지 않은 것을 모두 고르면?

보기

ㄱ. 2022년 3월 부품 수출액은 약 21억 7,000만 달러 미만이다.
ㄴ. 2022년 1분기의 자동차 수출 대수는 52만 2,000대 이상이다.
ㄷ. 2023년 1월의 자동차 수출액은 2023년 1분기 중에서 30% 이상을 차지한다.
ㄹ. 전월 대비 상승률이 절반으로 감소한다면 2023년 4월에는 44만 6,500대에 육박하는 자동차가 생산될 것이다.

① ㄱ, ㄴ
② ㄱ, ㄷ
③ ㄱ, ㄹ
④ ㄴ, ㄷ
⑤ ㄴ, ㄹ

10 다음 〈보기〉에서 '2022년 8월 ~ 2023년 3월 자동차 · 친환경차 수출 현황' 자료를 분석한 내용으로 옳지 않은 것을 모두 고르면?(단, 비율은 소수점 셋째 자리에서 버림한다)

보기

ㄱ. 2022년 9월부터 2023년 3월까지 친환경차 수출량 및 수출액의 전월 대비 증감 추이는 동일하다.
ㄴ. 2022년 9월부터 2023년 3월까지 자동차 수출량과 친환경차 수출량의 전월 대비 증감 추이는 동일하다.
ㄷ. 2023년 4월 자동차 수출량의 전월 대비 증가율이 같은 해 1분기 각 월의 증가율 평균과 같다면 2023년 4월에는 약 28만 대의 자동차가 수출될 것이다.
ㄹ. 2023년 4월 친환경차 수출액의 전월 대비 증가율이 같은 해 1분기 각 월의 증가율 평균과 같다면 2023년 4월의 친환경차 수출액은 약 24억 7,000만 달러를 기록할 것이다.

① ㄱ, ㄴ
② ㄱ, ㄷ
③ ㄱ, ㄹ
④ ㄴ, ㄷ
⑤ ㄴ, ㄹ

11 다음 중 위의 자료의 내용으로 옳지 않은 것은?

① 2023년 1분기에는 2022년 같은 분기에 비해 자동차 부품 수출액이 3% 이상 증가하였다.

② 2023년 3월에는 2022년 3월에 비해 완성차의 생산, 국내외 판매 대수, 수출액 등이 모두 호조를 이루었다.

③ 2022년 8월 대비 2023년 3월의 미국의 IRA 세액공제 적용 대상 차종의 수출량 증가율은 같은 시점에서의 자동차 판매 대수 증가율의 4.4배이다.

④ 2022년 8월 대비 2023년 3월의 친환경차 수출액 증가율은 같은 시점에서의 자동차 수출액 증가율의 1.4배이다.

⑤ 2017년 4월부터 2023년 2월까지 월간 자동차 생산 대수가 40만 대를 넘지 못한 원인 중 하나는 자동차 부품 수급이 원활하지 못했기 때문이다.

12 다음 중 위의 자료의 밑줄 친 ㉠~㉤을 우리말 어법에 맞게 수정한 것으로 옳지 않은 것은?

① ㉠ : 늘인 → 늘린

② ㉡ : 지적된다 → 꼽힌다, 평가된다

③ ㉢ : 경신했다 → 갱신했다

④ ㉣ : 역대급을 기록했다 → 역대 최고인 것으로 나타났다

⑤ ㉤ : 수혜를 받을 → 혜택을 받을

CHAPTER

06 2022년 하반기 기출복원문제

정답 및 해설 p.022

※ 다음은 청년실업 문제에 대한 기사와 정부 관계자들의 주장에 대한 글이다. 이어지는 질문에 답하시오. [1~3]

정부가 향후 3 ~ 4년을 청년실업 위기로 판단한 것은 에코세대(1991 ~ 1996년생 · 베이비부머의 자녀세대)의 노동시장 진입 때문이다. 에코세대가 본격적으로 취업전선에 뛰어들면서 일시적으로 청년실업 상황이 더 악화될 것이란 인식이 강화된 것이다.
2021년을 기점으로 청년인구가 감소하기 시작하면 청년실업 문제가 일부 해소될 것이란 정부 전망도 이런 맥락에서 나왔다. 고용노동부 고용정책실장은 15일 "2021년 이후 인구문제와 맞물리면 청년 고용시장 여건은 좀 더 나아질 것이라 생각한다."라고 말했다.
그러나 청년인구 감소가 청년실업 문제 완화로 이어질 것이란 생각은 지나치게 낙관적이라는 지적이다. 한국노동연구원 부연구위원은 "지금의 대기업과 중소기업, 정규직과 비정규직 간 일자리 질의 격차를 해소하지 않는 한 청년실업 문제는 더 심각해질 수 있다."라고 우려했다. 일자리 격차가 메워지지 않는 한, 질 좋은 직장을 구하기 위해 자발적 실업상황조차 감내하는 현 청년들의 상황이 개선되지 않을 것이란 설명이다.
한국보다 먼저 청년실업 사태를 경험한 일본을 비교대상으로 거론하는 것도 적절치 않다는 지적이 나온다. 일본의 경우 청년인구가 줄면서 청년실업 문제는 상당 부분 해결됐다. 하지만 이는 '단카이 세대'(1947 ~ 49년에 태어난 일본의 베이비부머)가 노동시장에서 빠져나오는 시점과 맞물렸기 때문에 가능했다. 베이비부머가 1 ~ 2차에 걸쳐 넓게 포진된 한국과는 상황이 다르다는 얘기다.
부연구위원은 "일본에서도 (일자리) 질적 문제는 나타나고 있다."며 "일자리 격차가 큰 한국에선 문제가 더 심각하게 나타날 수 있어 중장기적 대책이 필요하다."라고 말했다.

- (○○○ 기재부 1차관) '구구팔팔'(국내 사업체 중 중소기업 숫자가 99%, 중기 종사자가 88%란 뜻)이란 말이 있다. 중소기업을 새로운 성장동력으로 만들어야 한다. 취업에서 중소기업 선호도는 높지 않다. 여러 가지 이유 중 임금 격차도 있다. 청년에게 중소기업에 취업하고자 하는 유인을 줄 수 있는 수단이 없다. 그 갭을 메워 의사 결정의 패턴을 바꾸자는 것이다. 계속 지속할 수는 없다. 앞으로 에코세대의 노동시장 진입하는 4년 정도가 중요한 시기다.
- (○○○ 고용노동부 고용정책실장) 올해부터 3 ~ 4년은 인구 문제가 크다. 수요 · 공급 문제가 있다. 개선되는 방향으로 가더라도 '에코세대' 대응까지 맞추기 쉽지 않다. 집중 투자 해야 한다. 3 ~ 4년 후에는 갭을 줄여가기 위한 대책도 병행하겠다. 이후부터는 청년의 공급이 줄어들기 때문에 인구 측면에서 노동시장에 유리한 조건이 된다.

01 **윗글의 내용으로 미루어 볼 때, 정부 관계자들은 청년 고용시장에 대해 어떠한 태도를 취하고 있다고 볼 수 있는가?**

① 올해를 가장 좋지 않은 시기로 평가하고 있다.
② 현재 회복국면에 있다고 판단하고 있다.
③ 실제 전망은 어둡지만, 밝은 면을 강조하여 말하고 있다.
④ 에코세대의 노동시장 진입을 통해 청년실업 위기가 해소될 것으로 기대한다.
⑤ 한국의 상황이 일본보다 낫다고 평가한다.

02 **L사는 청년실업 문제를 해결하고자 다음 〈조건〉에 따라 채용을 진행한다. 전체 지원자가 120명일 때, 이 중 회계 부서 지원자는 몇 명인가?**

조건

- L사는 기획, 영업, 회계 부서에서 채용모집을 공고하였으며, 전체 지원자 중 신입직은 경력직의 2배였다.
- 신입직 중 기획 부서에 지원한 사람은 30%이다.
- 신입직 중 영업 부서와 회계 부서에 지원한 사람의 비율은 3:1이다.
- 기획 부서에 지원한 경력직은 전체의 5%이다.
- 전체 지원자 중 50%는 영업 부서에 지원하였다.

① 14명
② 16명
③ 28명
④ 30명
⑤ 45명

03 A씨는 해외 청년 일자리에 대해 알아보다가 L사의 해외사업연계 청년채용 지원 사업 업무 협약식에 대한 기사를 보았다. 다음 기사를 읽은 A씨의 반응으로 적절하지 않은 것은?

> L사는 11일 본사에서 Z사와 「K-Move 스쿨(연수과정) 개설 및 해외사업연계 청년채용 지원 사업 업무 협약식」을 개최하였다고 밝혔다.
> 본 협약은 국내 유수의 청년 인재를 선발하여 K-Move 스쿨 개설 및 맞춤 연수를 시행한 후 L사가 투자 및 운영자로 참여하고 있는 해외법인(인도네시아, 자메이카 등)에 취업을 지원하는 「청년 일자리 창출을 위한 해외사업연계 취업 지원 사업」의 첫걸음이다. 이를 위해 L사는 K-Move 스쿨 연수생 선발・맞춤연수 시행・해외 법인과의 협의를 통한 취업연계와 같은 지원을, Z사는 연수비용 일부 및 취업 장려금을 지원하게 된다.
> K-Move 스쿨 맞춤형 연수과정의 첫 취업처는 L사가 투자하여 건설 중인 회사(TPI)*이며 최종적으로 10명이 선발되어 한국발전교육원 및 당진 발전기술 EDU센터에서 3개월(2022.9 ~ 2022.12)의 교육을 받고 취업하게 된다.
> 이날 협약식에 참석한 L사 관계자는 "이번 협약을 계기로 실질적인 국내 청년 인재의 해외취업이 이루어져 '국내 청년 해외일자리 창출'의 모범사례가 될 수 있기를 바란다."며 "앞으로도 L사는 국내외 청년 일자리 창출을 위해 최선의 노력을 다하겠다."라고 말했다.
> L사는 청년 인재들이 해외사업장에 취업하는 것뿐만 아니라 해당 국가의 고급 기술 인력으로 거듭날 수 있도록 지속적인 지원을 아끼지 않을 예정이다.
>
> *TPI : 내년 초 인도네시아 칼셀 석탄화력 발전사업 프로젝트 회사(TPI; Tanjung Power Indonesia) 취업을 목표로 연수생 선발 모집공고를 2022년 8월 중 시행할 예정임

① 첫 취업처는 인도네시아 석탄화력 발전사업 회사네, 지금이 9월 초니깐 모집이 끝났는지 확인해 봐야겠어.
② 해외사업연계 취업 지원 사업과 K-Move 스쿨은 시행처가 다르니 잘 보고 지원해야겠어.
③ K-Move 최종합격 후에는 한국발전교육원과 당진 발전기술 EDU센터에서 교육을 받게 되는구나.
④ Z사에서 연수비용 일부와 취업 장려금을 지원해주니 부담이 없겠어.
⑤ L사는 청년 인재들을 위한 지원을 앞으로도 계속하겠구나.

※ 고객관리팀에서 근무하는 귀하는 A주임으로부터 고객 멤버십 제도를 검토해달라는 메일을 수신하였고, 첨부된 멤버십 관련 내용은 다음과 같다. 이어지는 질문에 답하시오. **[4~6]**

〈롯데기업 멤버십 안내〉

운영매장	3년 무상 서비스 (VIP 멤버십)	포인트 적립 (행사 진행시)	포인트 사용
롯데.COM	네	네	네
롯데기업 SHOP	네	네	네
롯데・AK・갤러리아 신세계・현대 백화점 등	네	아니오	아니오
홈플러스	네	아니오	아니오
이마트	네	아니오	아니오
롯데하이마트	네	아니오	아니오
전자랜드	네	아니오	아니오
시그니처 키친 스위트 쇼룸	네	아니오	아니오
롯데기업 서비스센터	해당 없음	아니오	네

※ 포인트는 제품 구매처가 달라도 전국 SHOP 매장에서 적립 / 사용이 가능(백화점, 대형마트 등 입점매장 제외)
※ 1포인트 이상 적립 시 현금처럼 사용 가능(1포인트=현금 1원과 동일)
※ 롯데.COM에서 상품 구매 시 현금처럼 사용 가능(롯데기업 서비스센터 수리 또는 렌탈 구매 시에도 가능)
※ 멤버십 포인트의 유효기간은 롯데.COM에 로그인 후 마이페이지>멤버십 포인트 조회에서 확인 가능

〈롯데기업 VIP 멤버십 안내〉

STEP 1. SHOP, 제휴매장에서 제품 구입 → STEP 2. 1년간 500만 원 이상 구매 → STEP 3. 우수고객 지정 → STEP 4. 무상 A/S혜택 부여

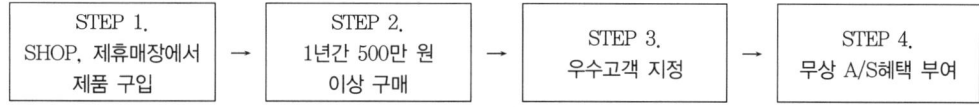

VIP 멤버십 제휴 매장
롯데.COM, 롯데기업 SHOP, 현대 백화점, 롯데백화점, 신세계 백화점, AK 백화점, 갤러리아 백화점, 이마트, 롯데하이마트, 홈플러스, 전자랜드, 시그니처 키친 스위트 쇼룸

• 일반 멤버십 혜택 기본 제공
• 무상 A/S 안내
롯데기업 멤버십 VIP고객 대상으로 TV / 냉장고 / 세탁기 / 에어컨 / 김치냉장고 5대 제품의 무상 서비스를 제공합니다.
- TV : LED, LCD, PDP, 울트라HD, 올레드(벽걸이/스탠드 자재 제외)
- 김치냉장고 : 김치냉장고 전제품
- 세탁기 : 드럼 세탁기, 통돌이 세탁기, 미니세탁기
  * 세탁기 받침대 제외, 스타일러 / 건조기단품 제외
- 냉장고 : 상냉장, 양문형, 정수기냉장고, 일반, 냉동고, 와인셀러
- 에어컨 : 스탠드, 벽걸이, 일반 냉난방기, 시스템 에어컨(배관자재 제외)

※ VIP고객 달성 시점으로부터 1년 전에 구매한 5가지 제품(TV, 냉장고, 세탁기, 에어컨, 김치냉장고)에 한하여 무상 A/S 혜택 부여
※ VIP 기간 종료 후, 추가 구매를 하시어 1년간 구매금액 기준 5백만 원 이상이 되어야 VIP 멤버십 기간이 자동 연장됨
※ 한 번 3년 무상 처리된 제품은 추가 연장되지 않음
※ 유의사항 안내
- 무상 서비스 기간 : 설치 일자 기준 3년 적용
- 멤버십 등급 산정 : 멤버십 가입한 고객의 1년간 구매금액 합산 관리
- 고장성 불량에 한해서 적용(소비자 과실에 의한 서비스는 미적용), 온라인 몰 및 홈쇼핑 구매제품 제외
※ A/S에 소요되는 시간은 수리 담당 센터 사정 및 수리 내용에 따라 상이하므로 별도 안내

Easy

04 **다음 중 현행 멤버십 제도에 대한 설명으로 가장 적절한 것은?**

① 적립된 포인트의 사용 가능 여부는 모든 롯데기업 멤버십 운영매장에서 동일하다.
② VIP 기간 종료 후, 연장 신청을 한다면 추가 구매 없이 1년간 연장이 가능하다.
③ VIP 멤버십에 해당되더라도 정수기냉장고 제품은 무상 서비스를 제공받을 수 없다.
④ 적립된 멤버십 포인트는 롯데기업 서비스센터에서 렌탈 구매를 하는 경우에도 사용 가능하다.
⑤ VIP 멤버십에 따른 무상 서비스는 제품 구매일로부터 3년 이내라면 사유와 관련 없이 제공된다.

05 **B고객으로부터 다음과 같은 내용의 고객지원 요청이 접수되었다. 고객에 대한 정보가 다음과 같을 때, 현행 멤버십 제도하에서 해당 고객에 대한 설명으로 적절하지 않은 것은?**

〈고객지원 요청〉

- 고객명 : B
- 일시 : 2022. 08. 21. 14:21
- 내용 : 지난달에 신세계 백화점에서 롯데기업의 TV 1대를 구매하였습니다. 그런데 어제부터 화면 하단부가 표시되지 않네요. 무상으로 A/S를 받을 수 있을까요? 아직 수리를 받은 적이 없고, 저는 작년 11월에 VIP 멤버가 되었다는 메일을 받았습니다.
A/S가 무상으로 불가능하다면 비용이 얼마인지, A/S에 시간은 얼마나 걸릴지도 궁금합니다. 그리고 함께 구매한 TV스탠드도 도색이 벗겨져서 같이 A/S 받고 싶습니다.

① B가 문의한 TV 1대는 무상 A/S 서비스 대상에 해당하므로 별도 수리비용이 발생하지 않는다.
② B는 A/S를 요청한 제품들 전체에 대해 무상으로 서비스를 제공받을 수 있다.
③ B가 요청한 무상 A/S 서비스가 제공되더라도, 수리에 소요되는 시간에 대하여는 정확한 답변이 불가능하다.
④ B의 VIP 멤버십은 문의일 현재 유효하다.
⑤ B는 2020년 11월 이후 롯데기업 제품을 500만 원 이상 구매하였다.

06 고객관리팀은 고객들의 민원 종합 결과, VIP 멤버십이 일반 멤버십 혜택에 더해 제공받는 추가혜택이 부족하다고 판단하여 개선 방안을 전달하고자 한다. 다음 〈보기〉에서 VIP 멤버십 혜택 확장 방안으로 적절하지 않은 것을 모두 고르면?

보기
ㄱ. 포인트 사용 가능처를 백화점 내 입점매장에서 확대한다. ㄴ. VIP 멤버십 획득을 위한 구매금액 요건을 5백만 원 이상에서 3백만 원 이상으로 완화한다. ㄷ. 제품의 무상 처리 기한을 1회 연장할 수 있는 기회를 부여한다. ㄹ. 무상 A/S 서비스 제공 대상인 제품의 종류를 확대한다.

① ㄱ, ㄴ
② ㄱ, ㄷ
③ ㄴ, ㄷ
④ ㄴ, ㄹ
⑤ ㄷ, ㄹ

※ 다음은 L사의 리튬이온배터리 취급 시 주의사항에 대한 소비자 안내사항의 초안이다. 이어지는 질문에 답하시오. [7~9]

〈사용 및 취급 시 주의사항〉

1. 배터리를 장착한 장비 사용 시, 사용자 매뉴얼을 참조하시오.
2. 배터리 충전 전에 충전기 설명서를 참조하십시오.
3. 충전 시간은 매뉴얼에 기재된 시간을 초과하여선 안 됩니다.
4. 배터리가 장시간 동안 충전기로 충전이 되지 않을 시, 충전을 멈추십시오.
5. 배터리는 반드시 동작 온도 범위(0 ~ 50°C)에서 충전하여야 합니다.
6. 배터리는 반드시 동작 온도 범위(−20 ~ 75°C, 배터리 표면 온도 기준)에서 사용하여야 합니다.
7. 팩 제조 시 양극(+)과 음극(−) 방향을 확인하십시오.
8. 배터리 연결용 금속판 또는 wire가 팩 조립을 위해 연결되었을 때, 단락이 되지 않도록 절연 상태를 확인하십시오.
9. 배터리는 반드시 낱개로 분리하여 따로 보관해야 합니다.
10. 배터리를 장기간 보관을 위해서는 반드시 저온 저습한 곳에 두어야 합니다.
11. 배터리를 직사광선 및 열에 노출시키지 마십시오.
12. 배터리를 보호 장치가 손상될 수 있는 고전압 환경에서 사용하지 마십시오.
13. 처음 사용할 때 배터리에 녹이나 냄새가 감지되면 즉시 제품을 판매자에게 반품하십시오.
14. 배터리를 어린 아이나 반려동물에게 주지 마십시오.
15. 장기간 사용으로 배터리 수명이 짧아졌을 시, 새로운 배터리로 교체하십시오.
16. 배터리 연결용 금속판과 배터리 혹은 다른 부품들이 전기적 단락을 일으키지 않도록 절연처리 하십시오.
17. 배터리는 오직 팩 또는 시스템 제조 회사에서 취급/사용될 수 있습니다.
18. 배터리는 오직 배터리 팩 제조사 또는 시스템 통합 사업자에게만 판매될 수 있습니다. 개인 소비자가 배터리를 취급할 수 없으며, 개별 시장에서 개인소비자에게 판매될 수 없습니다(특히, 모든 종류의 전자담배 장치에 사용하는 것을 엄격하게 금지합니다).
19. 해당 배터리를 사용하여 다른 제품을 만들거나, 해당 배터리를 구매 또는 다른 장비에 사용하기 전에, 세부 사항을 설명하는 최신 제품 사양을 사전에 요청하고 확인하십시오.

07 다음 중 윗글에 대한 설명으로 가장 적절한 것은?

① 배터리는 반려동물에게는 위험 요소로 작용하지 않는다.
② 개인용 전자담배에 사용하는 경우, 예외적으로 개인이 배터리를 취급할 수 있다.
③ 배터리 충전 시 매뉴얼 상 충전 시간을 초과하여 충전하여서는 안 된다.
④ 제품의 수명이 다하기 이전이라면, 배터리 교체는 불필요하다.
⑤ 배터리는 배터리 표면 온도 기준 0 ~ 50°C의 범위에서 사용되어야 한다.

08 **L사는 고객에게 단전지 사용과 관련하여 경각심을 일깨우기 위해 '단전지 소비자 안전 교육' 자료를 제작하고자 한다. 다음 〈보기〉에서 자료 제작에 대한 제안으로 적절하지 않은 것을 모두 고르면?**

> **보기**
>
> ㄱ. 단전지의 구체적 제조 과정에 대한 설명을 추가한다.
> ㄴ. 실제 사고 장면을 재현한 영상을 추가한다.
> ㄷ. 단전지 사용 제품 구매를 자제하여야 한다는 문구를 추가한다.
> ㄹ. 단전지 오용으로 인한 사고 피해자의 인터뷰를 추가한다.

① ㄱ
② ㄴ
③ ㄱ, ㄷ
④ ㄴ, ㄷ
⑤ ㄱ, ㄴ, ㄷ

09 **다음은 배터리 취급에 대해 보증이 적용되지 않는 법적 제외 사항에 대한 안내 자료이다. 이에 대한 설명으로 적절하지 않은 것을 〈보기〉에서 모두 고르면?**

> **〈법적 제외 사항〉**
>
> L사가 아닌 제 3자 혹은 L사의 허가를 받은 L사 대리인에 의한 배터리 또는 팩의 정상적인 마모, 부적절한 유지 보수, 취급, 보관 결함이 있는 수리, 수정으로 인한 결함 및 본문에 제공된 제품 사양을 준수하지 않거나 다음을 포함하되 이에 국한되지 않는 부적절한 사용 또는 설치에 대해서는 보증이 적용되지 않습니다.
> 1. 운송 또는 보관 중 손상
> 2. 팩 또는 시스템 내에 부적절하게 배터리 결합한 경우
> 3. 부적절한 환경에서 배터리 또는 팩을 사용한 경우
> 4. 본문에 명시되지 않은 제품 회로 또는 부적절하거나, 부정확한 충/방전 시
> 5. 부정확하거나 부적절한 사용의 경우
> 6. 불충분한 환기
> 7. 적용 가능한 안전 경고 및 지시사항 무시
> 8. 허가 받지 않은 직원에 의한 수리 또는 변경 시도
> 9. 불가항력의 경우(예 번개, 폭풍우, 홍수, 화재, 지진 등)
>
> 본문에 명시된 것 이외의 묵시적 또는 명시적 보증은 없습니다. L사는 제품 사양, 배터리 또는 팩과 관련하여 발생하는 필연적 또는 간접적인 손해에 대해 책임지지 않습니다.

> **보기**
>
> ㄱ. 장기간 정상적인 사용에 따른 배터리 성능 저하의 경우, 보증을 적용받을 수 있다.
> ㄴ. 사설 수리업체에서 배터리 관련 수리를 받던 중 파손된 경우에도 보증을 적용받을 수 있다.
> ㄷ. 지진 발생에 따른 사물 간 충격으로 배터리에 화재가 발생한 경우는 보증 적용 대상에 해당한다.
> ㄹ. 운송 중 배터리가 물리적으로 파손된 경우에는 보증을 적용받을 수 없다.

① ㄱ, ㄴ
② ㄱ, ㄷ
③ ㄴ, ㄷ
④ ㄴ, ㄹ
⑤ ㄷ, ㄹ

※ 다음은 L공사에서 주관하는 신혼부부 매입임대주택 예비입주자의 모집공고이다. 이어지는 질문에 답하시오. **[10~12]**

〈신혼부부 매입임대주택 예비입주자 모집일정〉

- 예비입주자 모집일정
  입주자 모집공고 → 신청접수 → 서류심사 대상자 발표 → 서류제출 → 예비입주자 순번 발표
- 입주자 모집공고는 7월 31일부터 시작하여 10일(휴일 포함) 동안 진행한다.
- 신청접수는 근무일 5일, 서류제출은 근무일 3일이 소요되고, 나머지 단계는 근무일 1일이 소요된다.
- 예비입주자 모집일정의 각 단계는 휴일 제외 1일 이하의 간격을 두고 진행한다.
- 예비입주자 모집일정은 8월 24일까지 완료하고자 한다.

〈8월〉

일요일	월요일	화요일	수요일	목요일	금요일	토요일
						1
2	3	4	5	6	7	8
9	10	11	12	13	14	15
16	17	18	19	20	21	22
23	24	25	26	27	28	29
30	31					

※ 근무일 1일만 소요되는 단계일 때 휴가는 불가능하며, 근무일이 3일 이상 소요되는 단계에서는 2일 이상 근무함

10 L공사에서 근무하는 M대리는 8월 근무일 중에 연이어 3일간 하계휴가를 신청하려고 한다. 예비입주자 모집일정 업무에 맞추어 연차를 신청한다고 할 때, 모든 경우에서 M대리가 신청 가능한 휴가 기간은?(단, 근무일은 주중이다)

① 8월 2 ~ 4일
② 8월 7 ~ 10일
③ 8월 11 ~ 13일
④ 8월 17 ~ 19일
⑤ 8월 19 ~ 21일

11 **다음은 연도별 신혼부부 매입임대주택 입주자의 근로 형태에 대한 자료이다. 이에 대한 설명으로 옳지 않은 것은?(단, 소수점 첫째 자리에서 반올림한다)**

〈연도별 신혼부부 매입임대주택 입주자의 근로 형태〉

구분	2017년	2018년	2019년	2020년	2021년
전업	68%	62%	58%	52%	46%
겸직	8%	11%	15%	21%	32%
휴직	6%	15%	18%	23%	20%
무직	18%	12%	9%	4%	2%
입주자 수(명)	300,000	350,000	420,000	480,000	550,000

① 전년 대비 전업자의 비율은 감소하는 반면, 겸직자의 비율은 증가하고 있다.
② 2021년 휴직자 수는 2020년 휴직자 수보다 많다.
③ 전업자 수가 가장 적은 연도는 2017년이다.
④ 2020년 겸직자 수는 2017년의 4.2배이다.
⑤ 2017년 휴직자 수는 2021년 휴직자 수의 16%이다.

Easy

12 **신혼부부 매입임대주택의 1월과 6월의 난방요금 비율이 7 : 3이다. 1월의 난방요금에서 2만 원을 차감했을 때 그 비율이 2 : 1이면, 1월의 난방요금은?**

① 10만 원
② 12만 원
③ 14만 원
④ 16만 원
⑤ 18만 원

CHAPTER

07 2022년 상반기 기출복원문제

정답 및 해설 p.026

※ 다음은 L사의 자율 휴가제도에 대한 설명이다. 이어지는 질문에 답하시오. [1~3]

〈자율 휴가제〉

- 연중 본인이 원하는 기간을 지정해 자유롭게 휴가를 사용할 수 있다.
- 3년 이상 근속 시 매해 1일씩 가산 휴가를 준다.
- 휴일에 근무 시 당일 근무일수의 2배에 해당하는 휴가를 지급한다.
- 휴가 사용 시 토요일은 0.5일, 평일은 1.0일로 계산한다.

※ 월 ~ 토요일 주 6일제 근무임

Easy

01 다음 중 신입사원 교육 시 자율 휴가제에 대한 장점을 부각하고자 할 때, 그 내용으로 적절하지 않은 것은?

① 우리 회사는 근속한 사람에게 그만큼의 대우를 해 준다.
② 정규 근무일 이외에 근무 시 그에 정해진 보상을 한다.
③ 본인이 원하는 기간에 탄력적으로 휴가를 사용할 수 있다.
④ 휴일 근무 시 기존 휴가기간에 0.5일을 가산해 휴가를 지급한다.
⑤ 6년 동안 근속 시 4일의 가산 휴가를 지급한다.

02 C팀장은 개인 프로그램 참가로 인해 휴가 제안서를 제출했다. 다음 제안서와 달력을 참고하여 C팀장이 신청할 총휴가일수를 바르게 계산한 것은?

〈휴가 제안서〉

○○프로그램 참가
프로그램 일정 : 10월 1 ~ 13일
휴가 신청일수 : (   )일

◀ 2022년 10월 ▶

일	월	화	수	목	금	토
27	28	29	30	1	2	3
4	5	6	7	8	9	10
11	12	13	14	15	16	17
18	19	20	21	22	23	24
25	26	27	28	29	30	31
1	2	3	4	5	6	7

① 9일
② 10일
③ 11일
④ 12일
⑤ 13일

03 경순, 민경, 정주는 여름 휴가를 맞이하여 대만, 제주도, 일본 중 각각 한 곳으로 여행을 가는데, 게스트하우스 혹은 호텔에서 숙박할 수 있다. 다음 〈조건〉을 바탕으로 민경이의 여름 휴가 장소와 숙박 장소를 바르게 짝지은 것은?(단, 3명 모두 이미 1번 다녀온 곳으로는 휴가를 가지 않는다)

조건

- 제주도의 호텔은 예약이 불가하여, 게스트하우스에서만 숙박할 수 있다.
- 호텔이 아니면 잠을 못 자는 경순이는 호텔을 가장 먼저 예약했다.
- 여행 갈 때마다 호텔에 숙박했던 정주는 이번 여행은 게스트하우스를 예약했다.
- 대만으로 여행 가는 사람은 앱 할인으로 호텔에 숙박한다.
- 작년에 정주는 제주도와 대만을 다녀왔다.

① 제주도 – 게스트하우스
② 대만 – 게스트하우스
③ 제주도 – 호텔
④ 일본 – 호텔
⑤ 대만 – 호텔

※ 해외 워크숍을 위해 네팔에 간 L사의 총무부와 인사부는 각각 5월 3일과 5월 7일에 히말라야 트래킹을 시작했다. 트래킹 코스와 구간별 소요시간과 〈조건〉은 다음과 같다. 이어지는 질문에 답하시오. **[4~6]**

〈히말라야 트래킹 코스〉

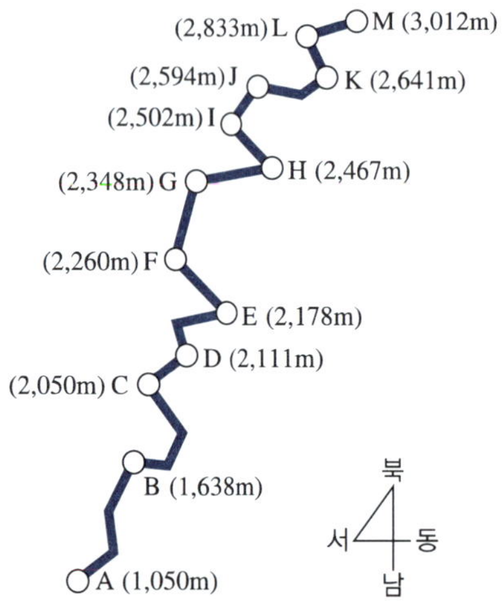

※ 괄호 안의 수치는 해발고도를 나타냄

〈구간별 트래킹 소요시간〉

• 올라가는 경우

(단위 : 시간)

경로	소요시간
A → B	3
B → C	2
C → D	1
D → E	1
E → F	2
F → G	3
G → H	2
H → I	2
I → J	1
J → K	2
K → L	3
L → M	3

• 내려오는 경우, 구간별 소요시간은 50% 단축됨

조건

• 트래킹 코스는 A지점에서 시작하여 M지점에 도달한 다음 A지점으로 돌아오는 것이다.
• 하루에 가능한 트래킹의 최장시간은 6시간이다.
• 하루 트래킹이 끝나면 반드시 비박을 해야 하고, 비박은 각 지점에서만 가능하다.
• M지점에 도달한 날은 그날 바로 내려오지 않고, M지점에서 비박한다.
• 해발 2,500m를 통과하는 날부터 고산병 예방을 위해 당일 수면고도를 전날 수면고도보다 200m 이상 높일 수 없다.
• 하루에 이동할 수 있는 최대거리로 이동하며, 최단시간의 경우로 트래킹한다.

※ 수면고도는 비박하는 지역의 해발고도를 의미함

04 다음 중 총무부의 히말라야 트래킹 일정에 대한 설명으로 적절하지 않은 것은?

① A지점에서 B지점에 도착하는 데 걸리는 시간과 B지점에서 D지점에 도착하는 데 걸리는 시간은 같다.
② F지점에서 G지점으로 가는 것은 E지점에서 F지점으로 가는 것보다 시간이 더 많이 소요된다.
③ M지점에서 L지점에 도착하는 데 걸리는 시간과 K지점에서 I지점에 도착하는 데 걸리는 시간은 같다.
④ F지점에서 E지점으로 가는 데에는 2시간이 소요된다.
⑤ B지점에서 C지점에 도착하는 데 걸리는 시간은 C지점에서 B지점에 도착하는 데 걸리는 시간의 2배이다.

Hard
05 다음 중 총무부의 히말라야 트래킹에 대한 설명으로 적절하지 않은 것은?

① 트래킹 첫째 날 수면고도는 2,111m이다.
② 트래킹 둘째 날 수면고도는 2,400m보다 낮다.
③ 트래킹 둘째 날과 셋째 날의 소요시간은 서로 같다.
④ 트래킹 셋째 날에 해발고도 2,500m 이상의 높이를 올라갔다.
⑤ 트래킹 넷째 날 출발지점과 최종 도착지점의 해발고도 차이는 150m 이하이다.

Hard
06 다음 중 총무부가 모든 트래킹 일정을 완료한 날짜는?

① 5월 10일
② 5월 11일
③ 5월 12일
④ 5월 13일
⑤ 5월 14일

※ 다음은 L사의 연구개발사업 추진절차에 대한 내용이다. 이어지는 질문에 답하시오. **[7~9]**

〈연구개발사업 추진절차〉

…(상략)…

선정평가	• 전문기관 : 사전검토 → 전문기관검토 → 전문가평가 → 심의위원회 심의·조정 – 전문기관검토 : 연구실적 및 목표성과로 연구자의 연구개발 능력 평가 – ______ⓐ______ – 심의위원회 : 평가결과 심의·확정, 우선순위에 따른 순차적 과제 선정
⇓	
과제선정결과 보고 및 통보	• 전문기관 → 교육부 – 과제선정결과 보고 • 전문기관 → 주관연구기관
⇓	
협약 체결	• 전문기관 ↔ 주관연구기관
⇓	
진도관리	• 착수보고(신규과제에 한함) • 중간진도점검 • 연차평가 • 전문기관 : 전문기관검토(목표달성도) → 과제담당관(지정과제) → 전문가 평가 → 심의위원회 심의 → 계속지원여부 결정

…(후략)…

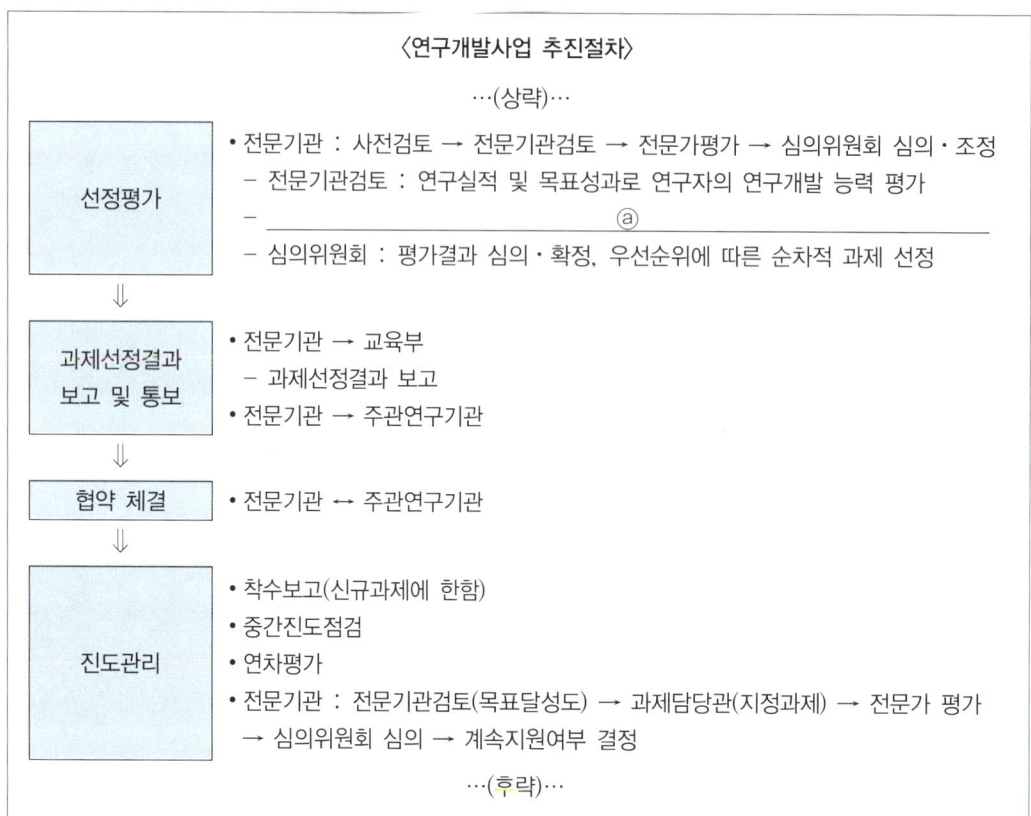

07 다음은 연구개발사업 추진절차에서 언급하지 않은 내용이다. 절차의 흐름을 순서대로 바르게 나열한 것은?

㉠ 최종평가	• 전문기관 : 최종 연구결과 및 성과 평가(협약종료 후 45일 이내) • 연구기관 : 최종보고서 제출(협약종료 후 3개월 이내)
㉡ 수요조사	• 교육부 및 전문기관 : 수요조사
㉢ 공고 및 접수	• 전문기관 : 사업별 세부추진계획 공고 – 사업안내서, 과제제안서(RFP 포함) • 연구기관 : 연구개발계획서 및 신청서 작성·제출
㉣ 시행계획 수립	• 교육부 및 전문기관 : 당해 연도 연구개발사업 기본방향 수립 – 사업별 예산 및 연구개발방향 설정 등
㉤ 연구결과 활용	• 전문기관 및 주관기관 : 성과활용결과 보고 또는 활용계약 체결

① ㉡－㉢－㉣－㉤－㉠
② ㉡－㉣－㉢－㉠－㉤
③ ㉢－㉡－㉣－㉠－㉤
④ ㉣－㉢－㉡－㉤－㉠
⑤ ㉣－㉡－㉢－㉠－㉤

Easy

08 다음 중 ⓐ에 들어갈 내용으로 가장 적절한 것은?

① 전문가평가 : 연구개발과제 평가단 구성, 발표 심사
② 연구비 지급
③ 과제 선정결과 통보 및 협약체결요령, 제출구비 서류 안내
④ 연구기관 : 연차실적 · 계획서 제출(당해 연도 연구종료 1개월 전)
⑤ 사전검토

09 연구개발사업을 진행하기 위해 남자 연구자 145명과 여자 연구자 203명을 조로 나누어 편성하려고 한다. 되도록 많은 조로 구성할 때, 한 조에 남자 연구자 a명과 여자 연구자 b명이 편성된다면 $a+b$의 값은?

① 11
② 12
③ 13
④ 14
⑤ 15

※ 다음은 스케줄 조정을 위한 마케팅부의 대화 내용이며, C차장의 입장에서 본 메신저 화면이다. 이어지는 질문에 답하시오. **[10~12]**

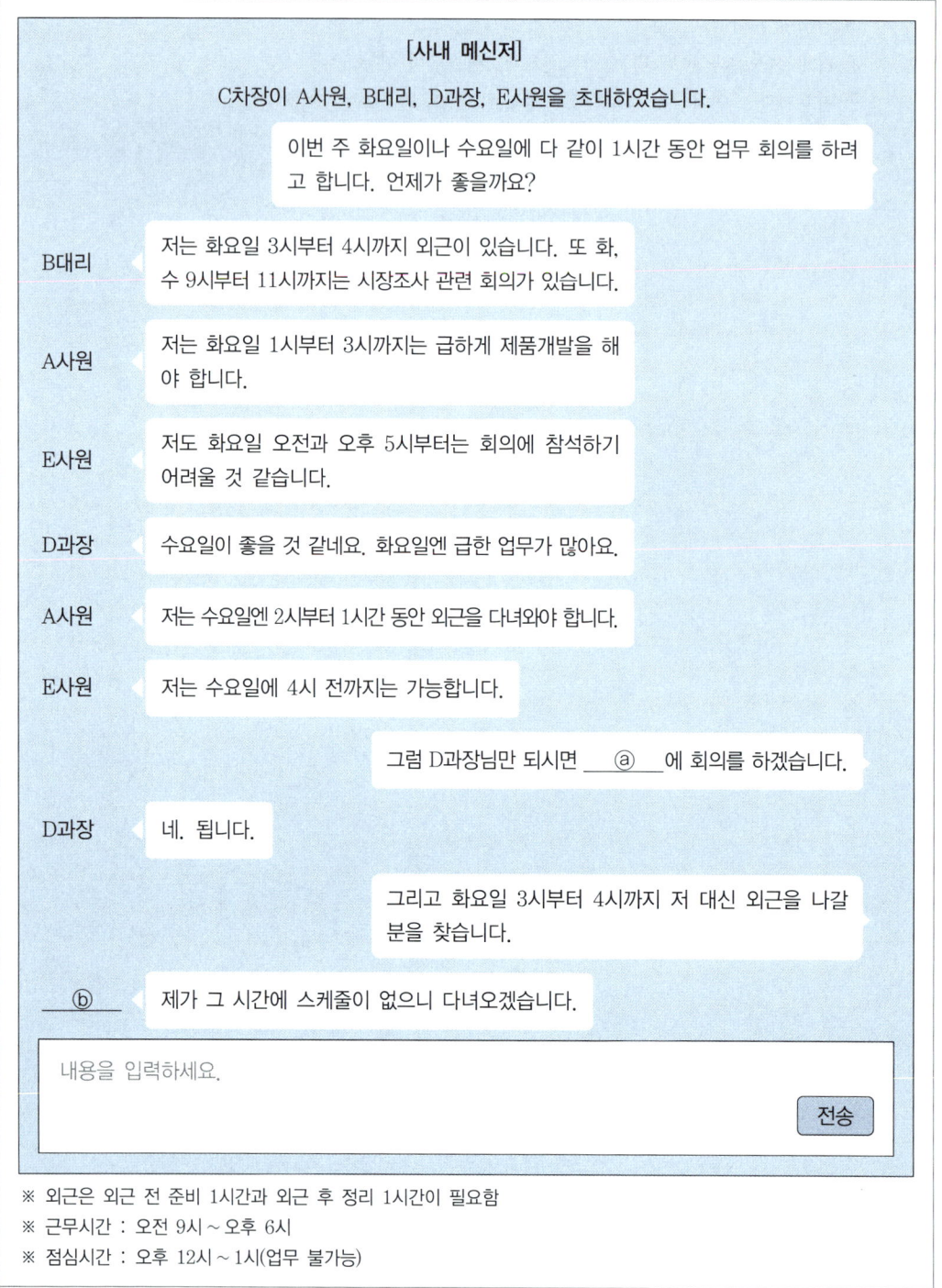

[사내 메신저]

C차장이 A사원, B대리, D과장, E사원을 초대하였습니다.

이번 주 화요일이나 수요일에 다 같이 1시간 동안 업무 회의를 하려고 합니다. 언제가 좋을까요?

B대리: 저는 화요일 3시부터 4시까지 외근이 있습니다. 또 화, 수 9시부터 11시까지는 시장조사 관련 회의가 있습니다.

A사원: 저는 화요일 1시부터 3시까지는 급하게 제품개발을 해야 합니다.

E사원: 저도 화요일 오전과 오후 5시부터는 회의에 참석하기 어려울 것 같습니다.

D과장: 수요일이 좋을 것 같네요. 화요일엔 급한 업무가 많아요.

A사원: 저는 수요일엔 2시부터 1시간 동안 외근을 다녀와야 합니다.

E사원: 저는 수요일에 4시 전까지는 가능합니다.

그럼 D과장님만 되시면 ___ⓐ___에 회의를 하겠습니다.

D과장: 네, 됩니다.

그리고 화요일 3시부터 4시까지 저 대신 외근을 나갈 분을 찾습니다.

___ⓑ___: 제가 그 시간에 스케줄이 없으니 다녀오겠습니다.

내용을 입력하세요.

전송

※ 외근은 외근 전 준비 1시간과 외근 후 정리 1시간이 필요함
※ 근무시간 : 오전 9시 ~ 오후 6시
※ 점심시간 : 오후 12시 ~ 1시(업무 불가능)

10 다음 중 빈칸 ⓐ에 들어갈 회의시간은?

① 수요일 오전 10시
② 수요일 오전 11시
③ 수요일 오후 1시
④ 수요일 오후 3시
⑤ 수요일 오후 4시

11 다음 중 빈칸 ⓑ에 들어갈 직원은?

① A사원
② B대리
③ D과장
④ E사원
⑤ 없음

12 A사원과 E사원은 회의를 마치고 보고서를 제출하려 한다. 이 보고서를 혼자 작성할 경우 A사원은 24일이 걸리고, E사원은 16일이 걸린다. 처음 이틀은 A사원과 E사원이 같이 하고, 이후엔 E사원 혼자서 작성을 하다가, 보고서 제출 하루 전부터 A사원도 같이 하였다. 보고서를 제출할 때까지 며칠이 걸렸는가?

① 11일
② 12일
③ 13일
④ 14일
⑤ 15일

CHAPTER

08 2021년 하반기 기출복원문제

정답 및 해설 p.029

※ L그룹 인사팀에 입사한 귀하는 업무를 진행 중이다. 이어지는 질문에 답하시오. **[1~3]**

〈11월 월간 일정표〉

월	화	수	목	금	토	일
	1	2 오전 10시 연간 채용계획 발표(A팀장)	3	4 오전 10시 주간 업무보고 오후 7시 B대리 송별회	5	6
7	8 오후 5시 총무팀과 팀 연합회의	9	10	11 오전 10시 주간 업무보고	12	13
14 오전 11시 승진대상자 목록 취합 및 보고(C차장)	15	16	17 A팀장 출장	18 오전 10시 주간 업무보고	19	20
21 오후 1시 팀미팅(30분 소요 예정)	22	23 D사원 출장	24 외부인사 방문 일정	25 오전 10시 주간 업무보고	26	27
28 E대리 휴가	29	30				

※ 인사팀은 귀하, C차장, A팀장, B대리, E대리, D사원으로 구성되어 있다.

01 다음 〈조건〉을 고려하여 인사팀의 1박 2일 워크숍 일정을 결정하려고 할 때, 워크숍을 가는 날짜로 옳은 것은?

> **조건**
> - 워크숍은 평일로 한다.
> - 워크숍에는 모든 팀원들이 빠짐없이 참석해야 한다.
> - 워크숍 일정은 첫날 오후 3시에 출발하여 다음날 오후 2시까지이다.
> - 다른 팀과 함께하는 업무가 있는 주에는 워크숍 일정을 잡지 않는다.
> - 매월 말일에는 월간 업무 마무리를 위해 워크숍 일정을 잡지 않는다.

① 11월 9 ~ 10일
② 11월 18 ~ 19일
③ 11월 21 ~ 22일
④ 11월 28 ~ 29일
⑤ 11월 29 ~ 30일

02 인사팀 업무를 수행하던 귀하는 실수로 L그룹 1차 시험 합격 응시생의 데이터를 잃어버렸다. L그룹 1차 시험 응시생이 2,500명이었고 전체 시험 평균점수는 54.5점, 합격자 평균점수는 80점이었으며, 불합격자 평균점수가 50점일 때, 상사에게 보고해야 하는 1차 시험 합격 응시생 수는?

① 375명
② 380명
③ 385명
④ 390명
⑤ 395명

Hard

03 가까스로 1차 시험 합격 응시생 데이터를 복구한 귀하는 2차 면접시험 및 워크숍에 대비하기 위해 감염병관리위원회를 구성해야 한다. 다음 〈조건〉에 따라 위원회를 구성할 때, 항상 참인 것은?

> 코로나19 감염 확산에 따라 감염병의 예방 및 관리에 관한 법률 시행령을 일부 개정하여 감염병관리위원회를 신설하고자 한다. 감염병관리위원회는 관련 위원장 총 4명으로 구성할 예정이며, 위원회 후보는 감염대책위원장 1명, 재택관리위원장 1명, 생활방역위원장 4명, 위생관리위원장 2명이다.

> **조건**
> - 감염대책위원장이 뽑히면 재택관리위원장은 뽑히지 않는다.
> - 감염대책위원장이 뽑히면 위생관리위원장은 2명이 모두 뽑힌다.
> - 재택관리위원장과 생활방역위원장은 합쳐서 4명 이상이 뽑히지 않는다.

① 재택관리위원장이 뽑히면 위생관리위원장은 1명이 뽑힌다.
② 재택관리위원장이 뽑히면 생활방역위원장은 1명이 뽑힌다.
③ 감염대책위원장이 뽑히면 재택관리위원장도 뽑힌다.
④ 감염대책위원장이 뽑히면 생활방역위원장은 2명이 뽑힌다.
⑤ 생활방역위원장이 뽑히면 위생관리위원장도 뽑힌다.

※ 다음은 홍보혁신실에 근무하는 귀하가 오전 회의를 위해 받은 자료 중 일부이다. 이어지는 질문에 답하시오. [4~6]

〈L기업, 로봇 '혁신' 위해 고객 아이디어 모은다〉

L기업은 26일 '제1회 로봇 인큐베이션 공모전'을 개최한다. 공모전 참가를 원하는 팀 또는 개인은 내달 29일까지 지원서를 홈페이지로 제출하면 된다. L기업은 이번 공모전에 직장인, 학생, 스타트업 등 다양한 분야에서 활동하면서 로봇에 관심 있는 팀이 참가, 일상생활에 도움을 주는 다양한 로봇 아이디어가 많이 나올 것으로 기대하고 있다.

L기업은 내부 심사를 거쳐 오는 9월 본선 진출팀을 발표한다. 본선 진출팀은 이번 공모전의 협력기관인 서울산업진흥원(SBA; Seoul Business Agency)이 운영하는 '메이커스페이스 전문랩 G캠프(서울 위치)'에서 L기업이 제시하는 프로젝트를 수행하며 팀별 경합을 거치게 된다. 서울산업진흥원은 서울시 산하 중소기업 지원기관이다. 연말에 가려지는 최종 우승팀에게는 1,500만 원의 상금이 주어진다.

이번 공모전은 로봇이 이미 일상으로 들어온 상황에서 다양한 아이디어를 통해 신규 비즈니스를 발굴하기 위한 목적으로 기획됐다. 위험하고 반복적인 일 대신 인간이 더 가치 있는 것들에 집중할 수 있도록 돕는 다양한 서비스 로봇을 선보이겠다는 의미이다.

L기업은 로봇을 미래사업의 한 축으로 삼고, 일상생활에서 쉽게 접할 수 있는 서비스에 초점을 맞춰 호텔 솔루션, 병원 솔루션, F&B 솔루션 등 각종 맞춤형 솔루션을 선보이고 있다. L기업 로봇사업 담당자는 "로봇을 사용하게 될 고객들이 직접 참여해 선보일 다양한 서비스 로봇들을 통해 고객에게 새로운 경험과 가치를 제공하는 것은 물론, 일상에 도움이 되는 로봇 솔루션을 지속 개발할 것"이라고 말했다.

Easy

04 다음 중 윗글에 대한 설명으로 가장 적절한 것은?

① 해당 공모전의 본선은 서울산업진흥원 본부에서 진행된다.
② 로봇 인큐베이션 공모전은 인간이 보다 가치집약적인 일들에 집중하도록 하는 것을 목표로 한다.
③ 최종 우승팀은 내년 초에 결정된다.
④ 공모전에 참가를 원하는 팀은 기한 내에 홈페이지 혹은 우편으로 지원서를 제출하면 된다.
⑤ 개인 자격으로는 로봇 인큐베이션 공모전에 참가할 수 없다.

05 다음 〈보기〉에서 공모전의 흥행을 위해 고려해야 할 사항으로 가장 적절한 것을 모두 고르면?

보기

ㄱ. 본선 진출팀의 수를 늘리고, 최종 우승팀에 대한 상금을 인상한다.
ㄴ. 심사 시, 일반 고객들에 의한 투표를 추가하고 이를 홍보한다.
ㄷ. 전문성 확보를 위해 로봇 관련 공학 전공자만 참여가 가능하도록 지원요건을 추가한다.

① ㄱ
② ㄷ
③ ㄱ, ㄴ
④ ㄴ, ㄷ
⑤ ㄱ, ㄴ, ㄷ

06 다음은 로봇 인큐베이션 공모전 결과 최종 후보로 선정된 다섯 팀에 대한 평가 결과이다. 선정방식에 따라 평가를 진행할 때, 최종 우승팀으로 결정될 팀은?

〈최종 우승팀 선정방식〉

- 안전개선, 고객지향, 기술혁신, 가치창조의 4가지 항목을 3 : 1 : 2 : 1의 가중치로 합산하여 최종 점수를 산출한다.
- 최종 점수가 동일한 경우, 고객지향 – 기술혁신 – 안전개선 – 가치창조 항목 순서대로 점수가 더 높은 팀을 선정한다.

〈최종 후보팀〉

다음은 최종 후보 다섯 팀을 안전개선, 고객지향, 기술혁신, 가치창조의 4가지 항목으로 평가하여 항목별 10점 만점으로 점수를 부여한 것이다.

(단위 : 점)

구분	안전개선	고객지향	기술혁신	가치창조
A팀	8	5	8	4
B팀	6	8	5	5
C팀	7	6	6	7
D팀	7	7	7	7
E팀	5	6	10	4

① A팀
② B팀
③ C팀
④ D팀
⑤ E팀

※ L그룹 본부지원실에 근무하는 귀하는 L푸드의 ESG 경영전략 회의에 참여할 예정이다. 이어지는 질문에 답하시오. **[7~9]**

〈L푸드, ESG 경영으로 "옳은 약속, 더 나은 미래" 만든다〉

L푸드가 ESG 경영을 강화하며 '글로벌 No.1 소재 · 부품 기업' 도약에 속도를 내고 있다. L푸드는 ESG 경영의 목표를 지속가능경영 비전인 "Right Promise, Better Tomorrow(옳은 약속, 더 나은 미래)" 달성으로 삼고, 전사 차원의 ESG 내재화와 리스크 관리에 주력하고 있다. 특히 올해인 2021년을 ESG 경영의 원년으로 삼고 모든 역량을 집중해 ESG 경영 기반을 확고히 해 나간다는 방침이다.

올 초 신년사에서 CEO는 지속가능한 기업을 위해 기업가치를 높이는 질(質)적 성장에 집중할 것을 임직원들에게 당부한 바 있다. 매출, 영업이익과 같은 재무적 성과는 물론 ESG와 같은 비재무성과도 함께 높여 나가자는 의미다. L푸드는 체계적인 ESG 경영을 위한 관련 조직을 강화해 나가고 있다. 올 초 'ESG Committee'를 신설하여 전사 차원의 핵심과제 발굴해 적극 추진하고 있다. 'ESG Committee'는 CFO를 의장으로 안전환경, 사회공헌 등 영역별 전문부서가 참여해 전략 수립과 이행 점검, 글로벌 ESG 이슈 및 대응 방안 등을 논의한다.

최근에는 이사회 내 ESG 위원회를 설치했다. ESG 위원회는 ESG 경영 관련 최고 심의기구로 지속가능한 성장 실현을 위한 환경, 사회적 책임, 지배구조 등 ESG 정책, 중장기 전략, 목표 등을 심의한다. 이와 함께 L푸드는 전사 차원의 ESG 내재화와 체계적인 리스크 관리에 집중하고 있다.

무엇보다 L푸드는 ESG를 특정 조직의 업무가 아닌 전 임직원들이 스스로 중요성을 인식하고 일상 업무를 ESG 관점에서 실천할 수 있도록 하는 데 중점을 두고 있다. 이를 위해 R&D, 구매, 생산, 품질, 마케팅 등 전사의 모든 업무 프로세스 전반에 ESG 요소를 반영하여 이를 강도 높게 관리 및 실천해 나가고 있다. 또한 환경(Environment), 사회(Social), 지배구조(Governance) 분야별 다각적인 활동을 추진하고 있다.

환경분야에서는 기후변화에 적극 대응하며 글로벌 기후변화 노력에 적극 동참하고 있다. 신재생 에너지 활용, 고효율 설비 적용 등 에너지 절감 및 온실가스 감축 활동을 지속하고 있다. 사회는 임직원 자부심 제고를 위한 조직문화 활동인 'PRIDE 활동'과 임직원 안전을 위한 무사고 · 무재해 안전 사업장을 실현에 힘을 쏟고 있다. 협력회사 대상의 금융, 기술, 경영, 교육 분야 상생활동, 지역사회와의 공존을 위한 사회공헌활동 등도 활발히 펼치고 있다.

지배구조는 주주친화 정책과 경영 투명성 강화에 주력하고 있다. 올해 L푸드는 주주 가치 제고를 위해 전년 대비 배당금을 2배 이상 확대했으며, 주주총회 전자투표제를 전격 도입했다. 또한 경영 투명성 확보를 위해 2022년 여성 이사회 참여를 추진하는 등 이사회의 독립성과 다양성을 강화하고 있다. ESG Committee 의장인 CFO는 "ESG는 일시적 유행이 아닌 산업 전반과 사회에 큰 영향을 미치는 글로벌 메가 트렌드"라며, "L푸드가 소재 · 부품기업 중 ESG를 가장 잘하는, 신뢰할 수 있는 회사로 자리매김할 수 있도록 지속적인 노력을 기울일 것"이라고 말했다.

07 윗글은 귀하가 회의 참석 전 전달받은 자료이다. 이에 대한 설명으로 적절하지 않은 것은?

① L푸드는 ESG 위원회 및 지원 조직이 ESG 경영을 담당하여 추진하고 있다.
② ESG 경영의 일환으로 주주총회 전자투표제가 도입되었다.
③ L푸드의 ESG 위원회는 CFO를 의장으로 하고 있다.
④ ESG에서 E는 환경적 부문을 의미한다.
⑤ ESG 경영 기조에 따라 주주친화적 지배구조를 지향하고 있다.

08 다음 〈보기〉에서 L푸드 ESG 경영의 일환으로 추진할 조치로 적절하지 않은 것을 모두 고르면?

보기

ㄱ. 현재 진행 중인 탄소연료 설비를 이용한 단기 추진사업을 집중 보완하여 가까운 시점의 리스크부터 줄여나간다.
ㄴ. 지역사회로부터의 독립성을 확보하고, 조직 내적 의견 조율 및 반영에 집중한다.
ㄷ. 운송 수단들에 대한 배출가스 점검을 실시하고, 연비효율을 극대화할 수 있는 운행 방안에 대해 노조와 협의한다.

① ㄱ
② ㄴ
③ ㄱ, ㄴ
④ ㄱ, ㄷ
⑤ ㄱ, ㄴ, ㄷ

Hard

09 L그룹 본부는 다음 규칙에 따라 ESG 상임위원을 선정하고자 한다. 후보자들에 대한 정보가 다음과 같을 때, 상임위원으로 선정될 사람을 모두 고르면?

〈선정방식〉

- 각 후보자의 경력점수, 학위점수, 성과점수, 대외점수를 단순합산하여 최종 점수를 산출하며, 최종 점수가 가장 높은 두 명을 상임위원으로 선정한다.
- 관련 경력은 다음과 같이 점수를 부여한다.

구분	3년 미만	3년 이상 5년 미만	5년 이상 7년 미만	7년 이상
경력점수	16	19	22	25

- 최종 학위는 다음과 같이 점수를 부여한다.

구분	학사 졸업	석사 수료	석사 졸업	박사 수료	박사 졸업
학위점수	10	12	15	18	20

- 최종 점수가 동일한 경우, 성과점수가 더 높은 후보자에게 더 높은 우선순위를 부여한다.

〈후보자 평가결과〉

구분	관련 경력	최종 학위	성과점수	대외점수
A후보자	7년	석사 수료	24	18
B후보자	2년	박사 수료	28	14
C후보자	5년	박사 졸업	21	19
D후보자	3년	석사 졸업	32	17
E후보자	11년	학사 졸업	27	20

① A, C후보자
② B, E후보자
③ C, D후보자
④ C, E후보자
⑤ D, E후보자

※ 다음은 고객대응실에 근무 중인 귀하가 상품기획실로부터 현재 제공 중인 스마트홈 펫케어 서비스에 대해 전달받은 자료이다. 이어지는 질문에 답하시오. **[10~12]**

〈스마트홈 펫케어 이벤트〉

1. 펫케어
   - 서비스 구성
     이동식 원격카메라+원격급식기+간식로봇
   - 가격
     월 9,900원(3년 약정, 스마트 인터넷 결합 기준)

2. 펫케어 라이트
   - 서비스 구성
     이동식 원격카메라+원격급식기
   - 가격
     월 7,700원(3년 약정, 스마트 인터넷 결합 기준)

3. 펫케어 공통혜택
   - 배상보험 3년 무료 가입 : 배상금 500만 원, 사망위로금 10만 원
   - 반려동물 동반 무료 촬영권 증정 : 총 18만 원 상당
   - 무료 및 할인쿠폰 증정 : P펫호텔 연 2회 무료 숙박권
   - O펫샵 : VIP회원 등급 및 할인가 제공(총 18만 원 상당)
   - 모바일 상품권 추가 증정 : S백화점, L마트에서 사용 가능한 상품권 제공(10만 원)

4. 주의사항
   - 위 모든 혜택은 스마트홈 펫케어 3년 약정 가입 시 제공됩니다.
   - 가입 후 1년 이내 해지 시, 사은품으로 증정한 모바일 상품권에 대한 할인반환금이 발생합니다.
   - 보험가입은 앱 내에서 본인이 직접 가입 신청해야 합니다.
   - 배상책임 담보의 적용 범위는 대인·대동물 배상책임에 한함(*대물 제외)
   - 만 10세 이상의 반려동물의 경우, "반려동물 사망 시 위로금" 담보 가입 불가
   - 맹견의 경우 반려동물보험 가입 불가(시베리안 허스키, 울프 하운드, 불독, 마스티프 등)
   - 최초 보험목적물로 등록된 반려동물이 사망한 경우, 해당 고객(회선) 재가입 불가
   - 반려동물 동반 무료 사진 촬영권은 액자비 2만 원이 현장 청구됩니다.
   - 스튜디오 촬영 시 가족 3인 방문 필수입니다.

10 다음 중 스마트홈 펫케어 서비스에 대한 설명으로 적절하지 않은 것은?

① 펫케어 라이트와 펫케어 서비스의 차이점은 월 이용요금과 간식로봇 제공 여부뿐이다.
② 3년 약정 가입한 경우에만 반려동물 동반 무료 촬영권이 증정된다.
③ 펫케어 서비스에 가입한 경우, 배상보험에 무료 가입된다.
④ 가입 후 1년 이내에 해지하는 경우, 사은품에 대한 할인반환금이 발생하지 않는다.
⑤ 서비스 가입 시, 펫샵에서 할인혜택을 받을 수 있다.

11 다음과 같은 고객의 문의가 접수되었다. 이에 대한 설명으로 적절하지 않은 것을 〈보기〉에서 모두 고르면?

〈고객 문의 사항〉

- 고객명 : A
- 문의일시 : 2021.07.22.
- 내용 : 펫케어 라이트 서비스를 작년 3월 1일부터 이용하고 있습니다. 3년 약정에 스마트 인터넷을 결합하여 가입하였습니다. 만 11세인 시츄 1마리와 거주하고 있습니다. 현재 저희 시츄의 경우도 반려동물보험에 가입되어 있는 상태인지 궁금합니다. 그리고 지인에게 들으니, 간식로봇도 제공된다고 하는데, 저는 지금껏 제공받지 못하였습니다. 그동안 누락되었지만 8월부터라도 제공 부탁드립니다.

보기

ㄱ. A가 문의일 현재 펫케어 서비스를 해지하는 경우, 10만 원 상당의 모바일 상품권에 대한 할인 반환금이 발생한다.
ㄴ. A의 시츄는 반려동물보험 가입대상에 해당하지 않는다.
ㄷ. A가 배상보험에 직접 가입하지 않았다면, A의 반려견은 보험에 가입되어 있지 않을 것이다.
ㄹ. A의 반려견이 사망한 경우, A는 사망 위로금 10만 원을 지급받을 수 있다.

① ㄴ, ㄹ
② ㄷ, ㄹ
③ ㄱ, ㄴ, ㄷ
④ ㄱ, ㄴ, ㄹ
⑤ ㄴ, ㄷ, ㄹ

12 스마트 홈 펫케어 서비스 이용고객인 B의 상황은 다음과 같다. B가 자신이 부담하는 요금을 최소화하고자 할 때, 월이용요금을 제외하고 B가 부담해야 할 비용은?

〈상황〉

- B는 펫케어 라이트 서비스에 가입한 상태이다.
- B는 자신의 유일한 반려견인 시베리안 허스키와 거주 중이다.
- B는 자신의 반려견과 P펫호텔에서 올해 처음으로 1박 숙박을 하였다.
- B는 반려견을 동반하여 무료 촬영권을 사용하였다.
- B는 H백화점에서 10만 원 상당의 물품을 구매하였다.

① 2만 원
② 4만 원
③ 10만 원
④ 12만 원
⑤ 14만 원

CHAPTER

09 2021년 상반기 기출복원문제

정답 및 해설 p.033

※ L사의 사내 메신저를 통해 다음과 같은 문서가 전달되었다. 이어지는 질문에 답하시오. **[1~5]**

〈A학교 교실 천장 교체공사 수의계약 안내 공고〉

다음과 같이 시설공사 수의 견적서 제출 안내를 공고합니다.

1. 견적에 부치는 사항
   가. 공사명 : A학교 교실 천장 교체공사
   나. 공사기간 : 착공일로부터 28일간
   다. 공사내용 : 본관 교실 7실 및 복도(1, 2층)
2. 견적 제출 및 계약방식
   가. 국가종합전자조달시스템을 이용하여 2인 이상으로부터 견적서를 제출받는 소액수의계약 및 전자입찰 방식으로 제출하여야 합니다.
   나. 안전 입찰서비스를 이용하여 입찰서를 제출하여야 합니다.
3. 견적서 제출기간
   가. 견적서 제출기간 : 2021. 06. 01.(화) 09:00 ~ 2021. 06. 14.(월) 10:00
   나. 견적서 제출확인은 국가종합전자조달 전자입찰시스템의 웹 송신함에서 확인하기 바라며, 마감 시간이 임박하여 제출할 경우 입력 도중 중단되는 경우가 있으니 10분 전까지 입력을 완료하기 바랍니다.
   다. 전자입찰은 반드시 안전 입찰서비스를 이용하여 입찰서를 제출하여야 합니다(자세한 사항은 안전 입찰서비스 유의사항 안내 참고).
4. 개찰일시 및 장소
   가. 개찰일시 : 2021. 06. 14.(월) 11:00
   나. 개찰장소 : K시 교육청 입찰집행관 PC(전산 장애 발생 시 개찰 시간이 다소 늦어지거나 연기될 수 있습니다)
5. 견적 제출 참가 자격
   가. ㉠ <u>수의 견적 재출 안내 공고일 전일부터 걔약체결일까지 해당 지역에 법인등기부상 본점 소제지를 둔 업체이어야 하며, 그러하지 않을 경우 낙찰차 결정을 취소합니다(이외 지역 업체는 견적 제출에 참가할 수 없으며, 제출 시 무효 처리됩니다)</u>.
   나. 본 입찰은 지문인식 신원확인 입찰이 적용되므로 개인인증서를 보유한 대표자 또는 입찰대리인은 미리 지문정보를 등록하여야 전자입찰서 제출이 가능합니다. 다만, 지문인식 신원확인 입찰이 곤란한 자는 예외적으로 개인인증서에 의한 전자입찰서 제출이 가능합니다.
   다. 기타 자세한 사항은 K시 교육청 재정지원팀으로 문의하기 바랍니다.

2021. 05. 28.

01 다음 중 윗글을 이해한 내용으로 가장 적절한 것은?

① 제출한 견적서에 대한 내용은 개인의 메일 수신함에서 확인할 수 있다.
② 개찰은 견적서 제출 마감일의 바로 다음 날 K시 교육청의 입찰집행관 PC에서 진행된다.
③ 견적서 입력 도중 마감 시간에 따라 시스템이 중단되었다면 10분 이내로 다시 제출할 수 있다.
④ 입찰대리인은 신원확인의 방법으로 지문이나 개인인증서 둘 중 하나를 선택할 수 있다.
⑤ 견적서 제출은 국가종합전자조달시스템의 안전 입찰서비스를 통해서만 가능하다.

02 다음 중 밑줄 친 ㉠에서 찾을 수 있는 맞춤법 오류의 개수로 옳은 것은?

① 1개　② 2개
③ 3개　④ 4개
⑤ 5개

Easy

03 L그룹 영업 1팀에서 A학교 교실 천장 교체공사 수의계약과 관련하여 K시 교육청 재정지원팀에게 문의를 하기로 했다. 총 10명의 팀원 중 문의 관련 업무를 진행할 2명의 사원을 선정하고 남은 팀원들 중 2명이 계약 관련 업무를 진행하도록 한다고 할 때, 나올 수 있는 경우의 수는?

① 1,024가지　② 1,180가지
③ 1,260가지　④ 1,320가지
⑤ 1,380가지

04 영업 1팀은 A학교 교실 천장 교체공사 수의계약에 대한 견적서를 제출하기 전에 내부회의를 진행하기로 했다. 회의 결과에 따라 견적서를 수정하는 기간 사흘과 제출 전 검토 기간 이틀 그리고 주말을 제외할 때, 다음 중 견적서 제출일과 가장 가까운 회의 날짜는?

① 6월 1일　② 6월 2일
③ 6월 3일　④ 6월 4일
⑤ 6월 7일

Hard

05 영업 1팀의 김대리는 계약 관련 업무 진행을 위한 협조 요청 메일을 보내고자 한다. 다음 중 담당자와 이메일을 주고받을 때 유의해야 할 사항으로 적절하지 않은 것은?

① 내용을 보낼 때는 용건을 간단히 하여 보낸다.
② 용량이 큰 파일은 반드시 압축하여 첨부한다.
③ 업무 보안상 제목에 메일의 내용이 드러나지 않도록 유의한다.
④ 메일 내용은 첫인사 → 내용 → 끝인사 순으로 작성해야 하며 소속과 직책을 밝혀야 한다.
⑤ 문장 구성 요소를 생략하거나 줄임말을 사용하지 말고 내용을 간결하게 정리한다.

※ L그룹은 신생아를 출산한 산모를 위한 하반기 신제품을 기획하고자 ○○병원 산모 150명을 대상으로 조사를 진행하였다. 이어지는 질문에 답하시오. **[6~9]**

〈산모의 태아 유형〉

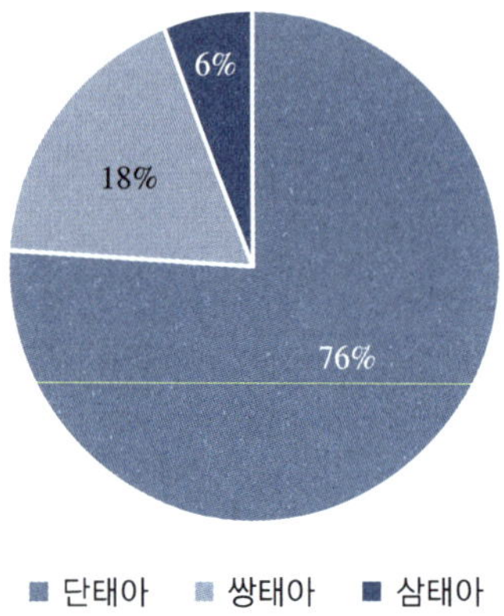

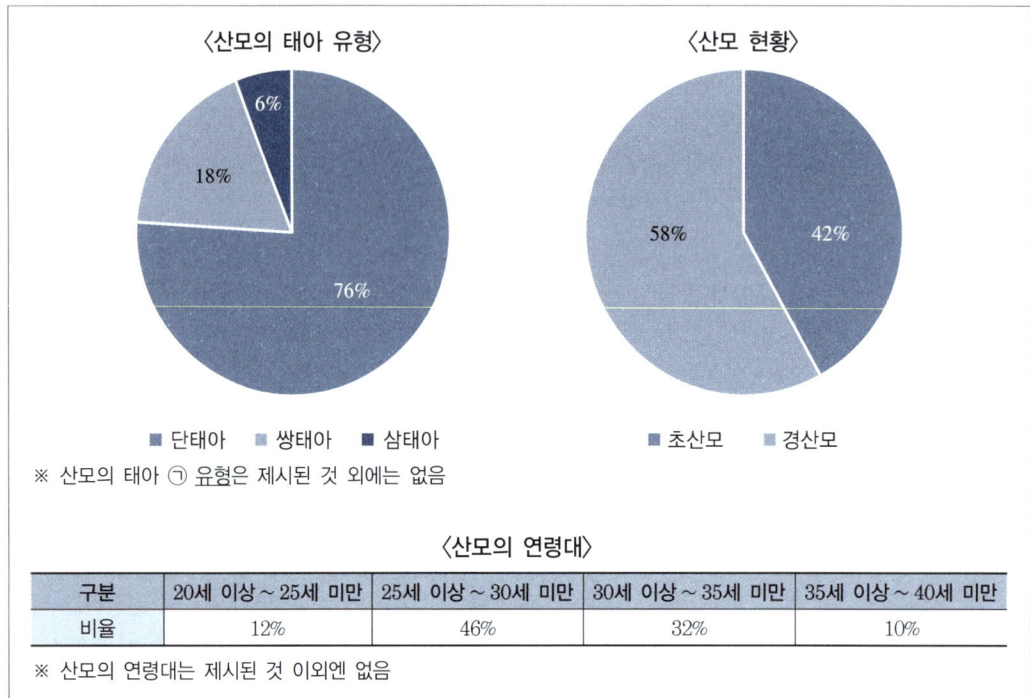

※ 산모의 태아 ㉠ 유형은 제시된 것 외에는 없음

〈산모 현황〉

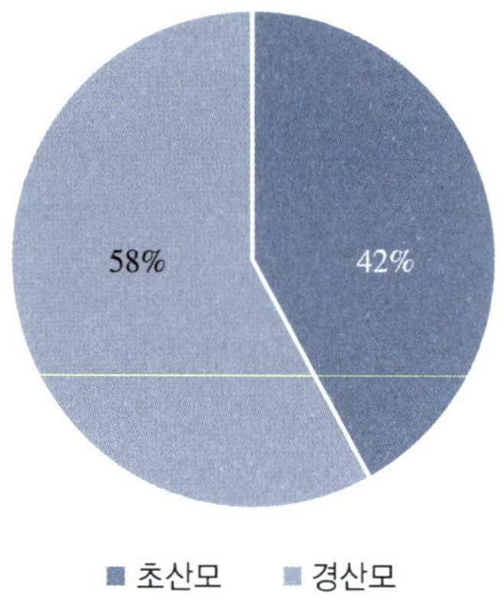

〈산모의 연령대〉

구분	20세 이상 ~ 25세 미만	25세 이상 ~ 30세 미만	30세 이상 ~ 35세 미만	35세 이상 ~ 40세 미만
비율	12%	46%	32%	10%

※ 산모의 연령대는 제시된 것 이외엔 없음

Hard

06 다음 중 위의 자료에 대한 설명으로 적절하지 않은 것은?(단, 소수점 첫째 자리에서 버림한다)

① 초산모가 20대라고 할 때, 20대에서 초산모가 차지하는 비율은 70% 이상이다.

② 초산모가 모두 단태아를 출산했다고 할 때, 단태아 항목에서 경산모가 차지하는 비율은 48% 미만이다.

③ 경산모의 $\frac{1}{3}$이 30대라고 할 때, 30대에서 경산모가 차지하는 비율은 50% 이상이다.

④ 20대 산모는 30대 산모보다 20명 이상 많다.

⑤ 산모가 200명일 때의 단태아를 출산한 산모의 수는 산모가 400명일 때의 초산모의 수보다 적다.

07 25세 이상 35세 미만의 산모의 $\frac{1}{3}$이 경산모라고 할 때, 이 인원이 경산모에서 차지하는 비율은? (단, 소수점 첫째 자리에서 버림한다)

① 29%
② 37%
③ 44%
④ 58%
⑤ 67%

Easy

08 다음 중 밑줄 친 ㉠의 유의어가 아닌 것은?

① 종류
② 가닥
③ 갈래
④ 특징
⑤ 전형

09 팀장인 당신은 자료를 기반으로 팀원들이 제출한 하반기 신제품 기획서의 내용을 검토하고자 한다. 위의 자료를 바탕으로 다음 기획서의 내용을 읽었을 때 적절하지 않은 것은?

① 대다수의 산모들이 단태아를 출산하기 때문에 삼태아를 출산한 산모를 위한 아이템 시장은 상대적으로 진입장벽이 낮을 것이다.
② 초산모보다 경산모의 비중이 더 많기 때문에 경산모를 위한 아이템 기획에 초점을 맞추었다.
③ 산모의 연령대가 25세 이상 ~ 35세 미만에 7할 이상이 몰려있으므로 해당 연령대의 고객들이 좋아하는 콘셉트를 지향했다.
④ 쌍태아의 수가 삼태아의 3배에 이르므로 쌍둥이를 위한 상품을 기획한다면 쌍태아들을 중심으로 기획하는 것이 수요가 더 높을 것이다.
⑤ 연령대가 높을수록 해당 산모의 경제력 또한 높아질 것이므로 40대 이상의 산모를 위한 프리미엄 상품을 기획했다.

※ 당신은 메신저로 다음 주 부서 내 분기종합성적발표회를 진행하기 위해 회의실을 예약해달라는 업무 지시를 받았고, 인트라넷에서 다음 주 예약현황을 확인했다. 이어지는 질문에 답하시오. **[10~13]**

〈발표회 조건〉

- 발표회는 오후 1시부터 오후 4시 사이에 진행되어야 한다.
- 발표회는 1시간 30분 동안 연이어 진행되어야 한다.
- 발표회 참석자는 24명이다.
- 발표회에는 빔프로젝터가 필요하다.

〈세미나실별 다음 주 예약현황〉

구분	월	화	수	목	금
본관 1세미나실	인사관리부(예약) (10:00 ~ 15:00)			조직개발부(예약) (13:30 ~ 15:00)	기술영업부(예약) (14:00 ~ 15:00)
본관 2세미나실	기획전략부(예약) (10:00 ~ 11:30)	위기관리부(예약) (14:00 ~ 15:00)	남미사업단(예약) (13:00 ~ 16:00)	마케팅부(예약) (16:00 ~ 17:00)	-
국제관 세미나실A	-	품질관리부(예약) (10:00 ~ 11:30)	생산관리부(예약) (09:00 ~ 10:00)	-	경영지원부(예약) (09:30 ~ 10:30)
국제관 세미나실B	회계세무부(예약) (14:00 ~ 16:00)	글로벌전략부(예약) (13:00 ~ 13:30)	사업부(예약) (14:00 ~ 15:30)	글로벌전략부(예약) (10:00 ~ 16:00)	
복지동 세미나실	경영관리부(예약) (09:30 ~ 11:00)	-	법무부(예약) (14:00 ~ 16:30)	-	법무부(예약) (10:00 ~ 11:00)

〈세미나실별 시설현황〉

구분	빔프로젝터 유무	최대 수용가능인원
본관 1세미나실	○	28명
본관 2세미나실	○	16명
국제관 세미나실A	○	40명
국제관 세미나실B	○	32명
복지동 세미나실	×	38명

10 발표회 조건과 세미나실별 다음 주 예약현황, 세미나실별 시설현황을 바탕으로 할 때, 다음 중 당신이 다음 주 분기종합회의를 위해 예약할 수 있는 세미나실과 요일이 바르게 짝지어진 것은?

① 본관 1세미나실, 수요일
② 본관 2세미나실, 금요일
③ 국제관 세미나실B, 화요일
④ 국제관 세미나실B, 수요일
⑤ 복지동 세미나실, 목요일

Easy

11 예정되어 있던 발표자에게 문제가 발생해 발표자 및 보조자 2명을 대리급 발표회 참석자 중에서 차출하기로 했다. 24명의 발표회 참석자 중 남자 대리급 참석자가 5명, 여자 대리급 참석자가 3명일 때, 발표자 1명과 남녀 보조자 각각 1명씩을 차출하는 경우의 수는?

① 90가지
② 124가지
③ 220가지
④ 336가지
⑤ 352가지

12 발표회가 끝난 뒤, 당신은 복지동 세미나실에도 빔프로젝터를 설치하자는 상부의 의견에 따라 빔프로젝터 카탈로그에서 적절한 기기를 선택해 구매하는 업무를 맡게 되었다. 이메일로 수신한 첨부자료의 기업 중에서 다음 〈조건〉에 부합하는 곳은?

〈주요 빔프로젝터 정보 첨부자료〉

구분	제품명	가격	최대 스크린	무료 A/S 기간	해상도	스피커 출력
A기업	HF60LA	1,210,000원	300	2년	1680*1050	10W
B기업	PH550	899,000원	200	1년	1024*768	5W
	PL680	1,020,000원	180	2년	800*600	7W
C기업	Leisure 470	979,000원	250	6개월	1280*1024	3W
	Leisure 520	1,230,000원	300	1년	1680*1050	5W
D기업	T－1000	1,280,000원	300	3년	1024*768	8W
	T－2500	1,420,000원	250	1년	1280*1024	7W
E기업	SY3211	655,000원	180	없음	800*600	5W
	SY8200	1,690,000원	300	6개월	1680*1050	10W

조건
- 최대 스크린은 200 이상이어야 한다.
- 무료 A/S 기간은 1년 이상이어야 한다.
- 800*600 이하 해상도를 지닌 제품은 구매대상에서 제외한다.
- 스피커 출력은 7W 이상이어야 한다.
- 위 조건이 전부 부합하는 기업의 제품 중 가장 가격이 저렴한 것을 고른다.

① A기업
② B기업
③ C기업
④ D기업
⑤ E기업

13 **당신은 빔프로젝터 구매 요청을 끝낸 뒤, 상사로부터 발표회를 정리한 보고서를 작성하여 해당 자료를 참여자 전원에게 메일로 발송하라는 지시를 받았다. 이때 사원급의 경우 받는 사람으로, 사원급을 제외한 대리급 이하 참여자들은 참조 기능을 활용하여 자료를 보내되, 팀장, 매니저, 책임급 참여자들에게는 숨은 참조 기능을 사용했다면, 메일을 보낸 뒤의 결과로 가장 적절한 것은?**

① 사원급을 포함한 대리급 이하 참여자들에게 메일이 발송되고 숨은 참조인을 포함한 모든 수신자들을 확인할 수 있다.

② 팀장, 매니저, 책임급 참여자들에게 메일이 발송되고, 숨은 참조인을 제외한 수신자들을 확인할 수 있다.

③ 사원급을 제외한 모든 참조인에게 메일이 발송되고, 숨은 참조인을 포함한 모든 수신자들을 확인할 수 있다.

④ 사원급, 대리급 이하 참여자들과 숨은 참조인들 모두에게 메일이 발송되고, 사원급과 대리급 이하 참여자들은 숨은 참조인을 제외한 수신자들을 확인할 수 있다.

⑤ 사원급, 대리급 이하 참여자들과 숨은 참조인들 모두에게 메일이 발송되고, 숨은 참조인만이 수신자들을 확인할 수 있다.

※ 당신은 사내 이메일로 L기업의 당직 근무 규칙과 이번 주 당직 근무자들의 일정표를 받았다. 이어지는 질문에 답하시오. **[14~15]**

〈당직 근무 규칙〉

- 1일 당직 근무 최소 인원은 오전 1명, 오후 2명으로 총 3명이다.
- 1일 최대 6명을 넘길 수 없다.
- 같은 날 오전·오후 당직 근무는 서로 다른 사람이 해야 한다.
- 오전 또는 오후 당직을 모두 포함하여 당직 근무는 주당 3회 이상 5회 미만으로 해야 한다.

〈당직 근무 일정〉

구분	일정	구분	일정
A	월 오전/수 오후/목 오전	F	월 오후/화 오후/토 오전/일 오전
B	월 오후/화 오전/금 오전/일 오후	G	수 오전/화 오후/금 오후/토 오후
C	수 오전/목 오전/토 오후	H	월 오전/수 오후/금 오전
D	화 오전/목 오후/토 오후	I	수 오후/화 오후/금 오후/토 오전
E	목 오전/일 오전	J	월 오전/수 오후/토 오전/일 오후

14 다음 중 당직 근무 규칙에 따라 이번 주에 당직 근무 일정을 추가해야 하는 사람은?

① A
② B
③ D
④ H
⑤ J

15 팀장인 당신은 이번 주 급한 업무로 인해 출장을 가게 되었는데 당직 근무자 중 동행할 인원이 1명 필요하다. 다음 중 별도의 조정 없이 이번 주 당직에서 제외되더라도 문제가 없는 근무자는?

① D
② F
③ A
④ B
⑤ J

CHAPTER

10 2020년 하반기 기출복원문제

정답 및 해설 p.037

01 언어적 사고

Easy

01 L사는 공개 채용을 통해 4명의 남자 사원과 2명의 여자 사원을 최종 선발하였고, 선발된 6명의 신입사원을 기획부, 인사부, 구매부 세 부서에 배치하려고 한다. 다음 〈조건〉에 따라 신입사원을 배치할 때, 옳지 않은 것은?

조건

- 기획부, 인사부, 구매부 각 부서에 적어도 1명의 신입사원을 배치한다.
- 기획부, 인사부, 구매부에 배치되는 신입사원의 수는 서로 다르다.
- 부서별로 배치되는 신입사원의 수는 구매부가 가장 적고, 기획부가 가장 많다.
- 여자 신입사원만 배치되는 부서는 없다.

① 인사부에는 2명의 신입사원이 배치된다.
② 구매부에는 1명의 남자 신입사원이 배치된다.
③ 기획부에는 반드시 여자 신입사원이 배치된다.
④ 인사부에는 반드시 여자 신입사원이 배치된다.

02 다음 글의 주장에 대한 반박으로 가장 적절한 것은?

> 대리모는 허용되어서는 안 된다. 최근의 자료에 의하면 대리모는 대부분 금전적인 대가가 지불되는 상업적인 대리모의 형태로 이루어지고 있다고 한다. 아이를 출산해 주는 대가로 대리모에게 금전을 지불하는 것은 아이를 상품화하는 것이다. 칸트가 말했듯이, 인간은 수단이 아니라 목적으로 대하여야 한다. 대리모는 결국 아이를 목적이 아닌 수단으로 취급하고 있다는 점에서 인간의 존엄과 가치를 침해한다.

① 최근 조사에 따르면 우리나라의 불임부부는 약 100만 쌍으로 불임 여성은 지속적으로 증가하고 있다.
② 경제적 취약 계층이 된 여성들은 대리모를 통해 빈곤을 해결할 수 있다.
③ 대리모의 건강에 문제가 생길 경우 대리모를 보호할 제도적 장치가 부족하다.
④ 대리모는 아이가 아닌 임신·출산 서비스를 매매의 대상으로 삼고 있으므로 아이의 존엄과 가치를 떨어뜨리지 않는다.

03 L사에서 근무하고 있는 직원 갑 ~ 정 4명은 서로의 세미나 참석 여부에 대하여 다음과 같이 진술하였고, 이들 중 단 1명만이 진실을 말하였다. 이때 반드시 세미나에 참석하는 사람은?(단, 진술한 사람은 거짓만 말하거나 진실만 말한다)

> • 갑 : 나는 세미나에 참석하고, 을은 세미나에 참석하지 않는다.
> • 을 : 갑과 병 중 적어도 1명은 세미나에 참석한다.
> • 병 : 나와 을 중 적어도 1명은 세미나에 참석하지 않는다.
> • 정 : 을과 병 중 1명이라도 세미나에 참석한다면, 나도 세미나에 참석한다.

① 갑 ② 을
③ 병 ④ 정

04 다음 글을 읽고 이해한 내용으로 적절하지 않은 것은?

> 우리는 어떻게 장소에 익숙해지는 것일까? 뇌과학운영단 세바스쳔 로열 박사팀은 뇌의 해마 속 과립세포(Granule Cell)가 이끼세포(Mossy Cell) 등 다양한 신경 네트워크를 통해 장소를 학습하며 장소세포(Space Cell)로 변하는 과정을 규명했다.
> 과거 오키프 박사와 모세르 부부는 뇌에서 위치와 방향, 장소와 공간 등을 파악할 수 있게 해주는 장소세포와 뇌 해마 옆 내후각피질에서 위치정보처리시스템을 구성하는 격자세포(Grid Cell)을 발견했다. 하지만 그들은 장소세포가 어떻게 생성되고 변화하는지는 밝혀내지 못했는데, 세바스쳔 로열 박사팀은 공간훈련 장치인 트레드밀에서 실험용 생쥐를 훈련시키면서 뇌 해마에서 장소 정보 입력이 시작되는 부위로 알려진 치아이랑(Dentate Gyrus)의 뇌세포를 관찰해 새 환경을 학습할 때 뇌에 장소세포가 생성되는 과정을 규명했다.
> 생쥐는 새로운 장소에 놓였을 때 격자세포가 활성화되었고, 과립세포에서는 사물의 위치 정보나 거리 정보를 나타내는 세포가 작동했다. 하지만 공간에 익숙해져 학습이 된 이후에는 위치와 거리 정보를 나타내는 세포들이 소멸하고 특정 장소를 나타내는 장소세포가 점차 늘어났다.

① 해마 속 과립세포는 신경 네트워크를 통한 학습을 거쳐 장소세포로 변화한다.

② 오키프 박사와 모세르 부부는 뇌의 해마 속 과립세포와 이끼세포가 장소를 학습하며 장소세포로 변하는 과정을 규명했다.

③ 세바스쳔 로열 박사팀은 실험용 생쥐의 치아이랑 뇌세포 변화를 관찰하여 장소세포가 생성되는 과정을 규명했다.

④ 생쥐가 새로운 공간에 익숙해진다면 격자세포와 과립세포는 소멸할 것이다.

02 수리적 사고

Easy

01 다음은 A씨가 1월부터 4월까지 지출한 외식비이다. 1월부터 5월까지의 평균 외식비가 120,000원 이상 130,000원 이하가 되게 하려고 할 때, A씨가 5월에 최대로 사용할 수 있는 외식비는?

〈월별 외식비〉

(단위 : 원)

1월	2월	3월	4월	5월
110,000	180,000	50,000	120,000	

① 14만 원
② 15만 원
③ 18만 원
④ 19만 원

02 L사는 프린터를 새로 구입하거나 대여하려 한다. 프린터를 구입하는 경우에는 프린터 가격 200,000원과 매달 15,000원의 유지비를 내고, 대여하는 경우에는 매달 22,000원의 대여료만 낸다. 이때 프린터를 구입하여 최소 몇 개월 이상 사용하면 대여하는 경우보다 이득인가?

① 29개월
② 27개월
③ 25개월
④ 23개월

03 철도 길이가 720m인 터널이 있다. A기차는 터널을 완전히 빠져나갈 때까지 56초가 걸리고, 기차 길이가 A기차보다 40m 짧은 B기차는 160초가 걸렸다. 두 기차가 터널 양 끝에서 동시에 출발하면 $\frac{1}{4}$ 지점에서 만난다고 할 때, B기차의 길이는?(단, 기차 속력은 일정하다)

① 50m
② 60m
③ 70m
④ 80m

Easy

04 다음은 자동차 판매현황에 대한 자료이다. 이에 대한 설명으로 옳지 않은 것을 〈보기〉에서 모두 고르면?

〈자동차 판매현황〉

(단위 : 천 대)

구분	2018년	2019년	2020년
소형	27.8	32.4	30.2
준중형	181.3	179.2	180.4
중형	209.3	202.5	205.7
대형	186.1	185.0	177.6
SUV	452.2	455.7	450.8

보기

ㄱ. 2018년 대비 2019년 판매량 감소율이 가장 낮은 차종은 대형이다.
ㄴ. 2020년 준중형 자동차 판매량은 전년 대비 1% 이상 증가했다.
ㄷ. 2018 ~ 2020년 동안 매년 자동차 판매 순위는 동일하다.
ㄹ. 2018년 모든 종류의 자동차 각각의 판매량은 2019년보다 모두 높다.

① ㄱ, ㄴ
② ㄱ, ㄹ
③ ㄷ, ㄹ
④ ㄴ, ㄷ, ㄹ

05 다음은 산업통상자원부의 지난 3년간 기업규모별 지원액에 대한 자료이다. 이에 대한 설명으로 옳지 않은 것은?

〈연간 기업규모별 산업통상자원부 지원액〉

(단위 : 개)

구분 \ 지원액		5억 미만	5억 이상 10억 미만	10억 이상 20억 미만	20억 이상 50억 미만	50억 이상 100억 미만
2020년	대기업	4	11	58	38	22
	중견기업	11	88	124	32	2
	중소기업	244	1,138	787	252	4
2019년	대기업	8	12	62	42	25
	중견기업	22	99	184	28	1
	중소기업	223	982	669	227	3
2018년	대기업	9	25	66	54	28
	중견기업	18	111	155	29	2
	중소기업	188	774	552	201	1

① 매년 산업통상자원부 지원금을 지급받는 대기업 수는 감소하는 반면, 중소기업의 수는 증가하고 있다.

② 2020년 중소기업 총지원액은 대기업 총지원액보다 많다.

③ 대기업과 중견기업은 지원액 규모가 10억 이상 20억 미만에서, 중소기업은 5억 이상 10억 미만에서 가장 많은 기업이 산업통상자원부 지원금을 지급받는다.

④ 2020년 산업통상자원부 지원금을 지급받는 총기업 수가 2,815개라면 그중 중소기업이 차지하는 비율은 85% 미만이다.

※ 다음은 L씨가 딸의 대학 졸업전시회 참석을 위해 알아볼 이동경로에 대한 자료이다. 이어지는 질문에 답하시오. **[1~3]**

〈지하철 노선도〉

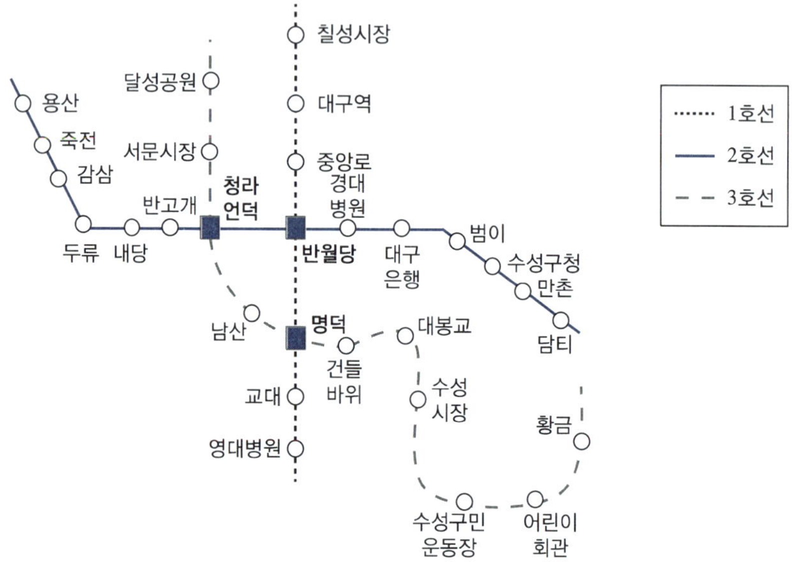

※ 노선도에 표시되지 않은 경로는 고려하지 않음

〈1호선 명덕역 시간표〉

교대 방향	시간	반월당 방향
07 15 23 31 39 47 55	15	02 10 18 26 34 42 50 58
03 11 19 27 35 43 51 59	16	06 14 22 30 38 46 54
07 15 23 31 39 47 55	17	02 10 18 26 34 42 50 58

〈2호선 청라언덕역 시간표〉

반고개 방향	시간	반월당 방향
05 13 21 29 37 45 53	15	04 12 20 28 36 44 52
01 09 17 25 33 41 49 57	16	00 08 16 24 32 40 48 56
05 13 21 29 36 43 50 57	17	04 12 20 27 34 41 47 53 58

〈3호선 수성시장역 시간표〉

대봉교 방향	시간	수성구민운동장 방향
01 08 15 22 29 36 43 50 57	15	06 13 20 27 34 41 48 55
04 11 18 25 32 39 46 53	16	02 09 16 23 30 37 44 51 58
00 07 14 21 28 35 42 49 56	17	05 12 19 26 3 40 47 53 59

〈상황〉

- L씨는 자택에서 출발하여 오후 4시 30분에 전시회에 도착할 예정이다.
- L씨의 자택은 수성시장역에서 도보로 10분 거리에 위치한다.
- 전시회장은 용산역에서 도보로 12분 거리에 있다.
- 모든 환승에 소요되는 시간은 4분이다.
- 역과 역 사이의 이동시간은 2호선은 3분, 1호선과 3호선은 4분이다.
- L씨가 출발 후 도착할 때까지 이동시간 외에 소요하는 시간은 없으며, 최소한의 이동시간으로 움직인다.

01 **L씨는 지하철로 이동하는 시간을 비교하여 딸의 전시회 장소로 이동할 경로를 선택하려고 한다. 3호선 수성시장역에서 2호선 용산역까지의 환승시간 및 지하철 탑승시간만을 고려할 때, 상황을 참고하여 다음 중 L씨가 선택할 가장 빠른 경로와 소요시간이 바르게 연결된 것은?(단, 지하철 시간표에 관계없이 소요시간만 계산한다)**

경로	소요시간
① 3호선 수성시장역 → 2호선 청라언덕역 → 2호선 용산역	44분
② 3호선 수성시장역 → 1호선 명덕역 → 2호선 반월당역 → 2호선 용산역	43분
③ 3호선 수성시장역 → 2호선 청라언덕역 → 2호선 용산역	42분
④ 3호선 수성시장역 → 1호선 명덕역 → 2호선 반월당역 → 2호선 용산역	41분

02 **L씨의 가족들은 예정시간까지 도착하기 위해 늦어도 몇 시에 자택에서 출발해야 하는가?(단, 1호선은 타지 않는다)**

① 오후 3시 15분
② 오후 3시 19분
③ 오후 3시 21분
④ 오후 3시 25분

Hard

03 **L씨가 오후 3시 50분에 자택에서 출발하여 02번 문제와 같은 경로를 이용할 때, 전시회에 도착하는 가장 빠른 시각은?**

① 오후 4시 51분
② 오후 4시 58분
③ 오후 5시
④ 오후 5시 3분

CHAPTER

11 2020년 상반기 기출복원문제

정답 및 해설 p.041

01 언어적 사고

Easy

01 다음 글을 읽고 이해한 내용으로 가장 적절한 것은?

> 세계 식품 시장의 20%를 차지하는 할랄식품(Halal Food)은 '신이 허용한 음식'이라는 뜻으로 이슬람 율법에 따라 생산, 처리, 가공되어 무슬림들이 먹거나 사용할 수 있는 식품을 말한다. 이런 기준이 적용된 할랄식품은 엄격하게 생산되고 유통과정이 투명하기 때문에 일반 소비자들에게도 좋은 평을 얻고 있다.
> 할랄식품 시장은 최근 들어 급격히 성장하고 있는데 이의 가장 큰 원인은 무슬림 인구의 증가이다. 무슬림은 최근 20년 동안 5억 명 이상의 인구증가를 보이고 있어서 많은 유통업계들이 할랄식품을 위한 생산라인을 설치하는 등의 노력을 하고 있다.
> 그러나 할랄식품을 수출하는 것은 쉬운 일이 아니다. 신이 '부정한 것'이라고 하는 모든 것으로부터 분리돼야 하기 때문이다. 또한, 국제적으로 표준화된 기준이 없다는 것도 할랄식품 시장의 성장을 방해하는 요인이다. 세계 할랄 인증 기준만 200종에 달하고 수출업체는 각 무슬림 국가마다 별도의 인증을 받아야 한다. 전문가들은 이대로라면 할랄 인증이 무슬림 국가들의 수입장벽이 될 수 있다고 지적한다.

① 할랄식품은 무슬림만 먹어야 하는 식품이다.
② 할랄식품의 이미지 덕분에 무슬림한테만 인기가 좋다.
③ 할랄식품 시장의 급격한 성장으로 유통업계에서 할랄식품을 위한 생산라인을 설치 중이다.
④ 표준화된 할랄 인증 기준을 통과하면 모든 무슬림 국가에 수출이 가능하다.

02 다음 글을 읽고 추론한 내용으로 가장 적절한 것은?

> 미국 사회에서 동양계 미국인 학생들은 '모범적 소수 인종(Model Minority)'으로, 즉 미국의 교육 체계 속에서 뚜렷하게 성공한 소수 인종의 전형으로 간주되어 왔다. 그리고 그들은 성공적인 학교생활을 통해 주류 사회에 동화되고 이것에 의해 사회적 삶에서 인종주의의 영향을 약화시킨다는 주장으로 이어졌다. 하지만 동양계 미국인 학생들이 이렇게 정형화된 이미지처럼 인종주의의 장벽을 넘어 미국 사회의 구성원으로 참여하고 있는가는 의문이다. 미국 사회에서 동양계 미국인 학생들의 인종적 정체성은 다수자인 '백인'의 특성이 장점이라고 생각하는 것과 소수자인 동양인의 특성이 단점이라고 생각하는 것의 사이에서 구성된다. 그리고 이것은 그들에게 두 가지 보이지 않는 결과를 제공한다. 하나는 대부분의 동양계 미국인 학생들이 인종적인 차이에 대한 그들의 불만을 해소하고 인종 차이에서 발생하는 차별을 피하고자 백인이 되기를 원하는 것이다. 다른 하나는 다른 사람들이 자신을 동양인으로 연상하지 않도록 자신 스스로 동양인들의 전형적인 모습에서 벗어나려고 하는 것이다. 그러므로 모범적 소수 인종으로서의 동양계 미국인 학생은 백인에 가까운 또는 동양인에서 먼 '미국인'으로 성장할 위험 속에 있다.

① '모범적 소수 인종'은 특유의 인종적 정체성을 내면화하고 있다.
② '동양계 미국인 학생들'의 성공은 일시적이고 허구적인 것이다.
③ 모든 소수 인종 집단은 인종 차이가 초래할 부정적인 효과에 대해 의식하고 있다.
④ 여러 집단의 인종은 사회에서 한정된 자원의 배분을 놓고 갈등하고 있다.

03 원형 탁자에 번호 순서대로 앉아 있는 다섯 명의 여자 1 ~ 5가 있다. 이 사이에 5명의 남자 A ~ E가 1명씩 앉아야 한다. 다음 〈조건〉에 따라 자리를 배치할 때 옳지 않은 것은?

조건

- A는 짝수번호의 여자 옆에 앉아야 하고, 5 옆에는 앉을 수 없다.
- B는 짝수번호의 여자 옆에 앉을 수 없다.
- C가 3 옆에 앉으면 D는 1 옆에 앉는다.
- E는 3 옆에 앉을 수 없다.

① A는 1과 2 사이에 앉을 수 없다.
② D는 4와 5 사이에 앉을 수 없다.
③ C가 2와 3 사이에 앉으면 A는 반드시 3과 4 사이에 앉는다.
④ E가 4와 5 사이에 앉으면 A는 반드시 2와 3 사이에 앉는다.

02 수리적 사고

01 열차가 50m의 터널을 통과하는 데 10초, 200m의 터널을 통과하는 데 25초가 걸린다. 이때 열차의 길이는?

① 35m
② 40m
③ 45m
④ 50m

02 다음 빈칸에 해당하는 숫자의 합은?(단, °F=°C×9÷5+32이다)

• 2km=(　　)m
• $3m^2$=(　　)cm^2
• 1시간=(　　)초
• 68°F=(　　)℃

① 5,935
② 6,250
③ 35,620
④ 35,950

03 다음은 우편매출액에 대한 자료이다. 이에 대한 설명으로 옳지 않은 것은?

〈우편매출액〉

(단위 : 만 원)

구분	2015년	2016년	2017년	2018년	2019년				
					소계	1분기	2분기	3분기	4분기
일반통상	11,373	11,152	10,793	11,107	10,899	2,665	2,581	2,641	3,012
특수통상	5,418	5,766	6,081	6,023	5,946	1,406	1,556	1,461	1,523
소포우편	3,390	3,869	4,254	4,592	5,017	1,283	1,070	1,292	1,372
합계	20,181	20,787	21,128	21,722	21,862	5,354	5,207	5,394	5,907

① 매년 매출액이 가장 높은 분야는 일반통상 분야이다.
② 1년 집계를 기준으로 매년 매출액이 꾸준히 증가하고 있는 분야는 소포우편 분야뿐이다.
③ 2019년 1분기 우편매출액에서 특수통상 분야의 매출액이 차지하고 있는 비율은 20% 이상이다.
④ 2019년 소포우편 분야의 2015년 대비 매출액 증가율은 70% 이상이다.

Easy

04 다음은 1인당 하루에 수신하는 스팸의 양에 대한 자료이다. 이에 대한 설명으로 옳지 않은 것은?

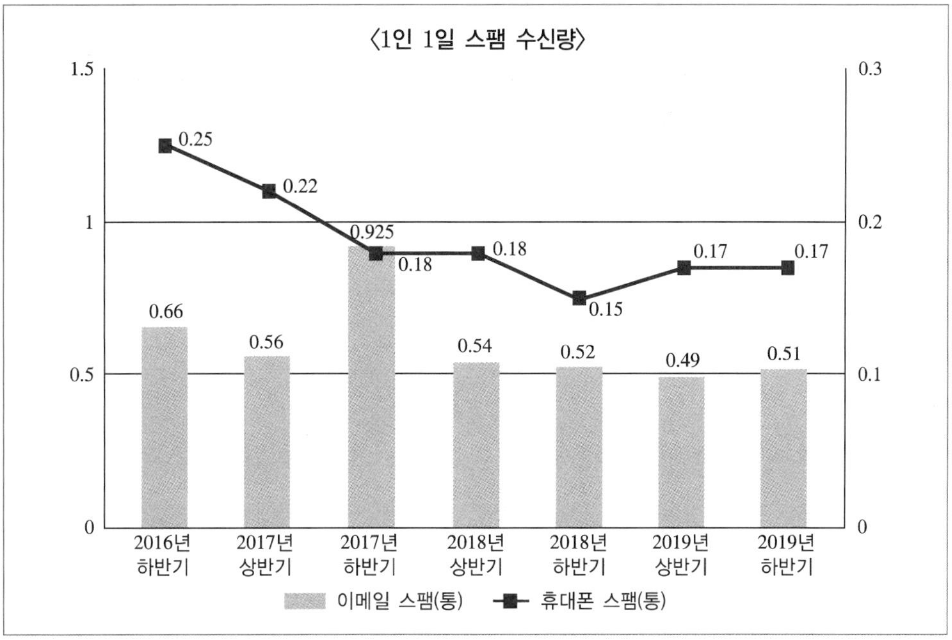

① 이메일과 휴대폰 모두 스팸 수신량이 가장 높은 시기는 2017년 하반기이다.

② 이메일 스팸 수신량이 휴대폰 스팸 수신량보다 항상 많다.

③ 이메일과 휴대폰 스팸 수신량 사이에 밀접한 관련이 있다고 보기 어렵다.

④ 이메일 스팸 총수신량의 평균은 휴대폰 스팸 총수신량 평균의 3배 이상이다.

※ 다음은 2019년 국가별 교통서비스 수입 현황에 대한 자료이다. 이어지는 질문에 답하시오. **[5~6]**

〈국가별 교통서비스 수입 현황〉

(단위 : 백만 달러)

구분	합계	해상	항공	기타
한국	31,571	25,160	5,635	776
인도	77,256	63,835	13,163	258
튀르키예	10,157	5,632	4,003	522
멕시코	14,686	8,550	6,136	–
미국	94,344	36,246	53,830	4,268
브라질	14,904	9,633	4,966	305
이탈리아	26,574	7,598	10,295	8,681

Easy

05 다음 중 해상 교통서비스 수입액이 많은 국가부터 순서대로 나열한 것은?

① 인도 – 미국 – 한국 – 브라질 – 멕시코 – 이탈리아 – 튀르키예
② 인도 – 미국 – 한국 – 멕시코 –브라질 – 튀르키예 – 이탈리아
③ 인도 – 한국 – 미국 – 브라질 – 멕시코 – 이탈리아 – 튀르키예
④ 인도 – 미국 – 한국 – 브라질 – 이탈리아 – 튀르키예 – 멕시코

06 다음 중 위의 자료에 대한 설명으로 옳지 않은 것은?

① 튀르키예의 교통서비스 수입에서 항공 수입이 차지하는 비중은 45% 미만이다.
② 전체 교통서비스 수입 금액이 첫 번째와 두 번째로 높은 국가의 차이는 17,088백만 달러이다.
③ 해상 교통서비스 수입보다 항공 교통서비스 수입이 더 높은 국가는 미국과 튀르키예이다.
④ 멕시코는 해상과 항공 교통서비스만 수입하였다.

03 문제해결

※ 1～2번 문제는 정답과 해설을 따로 제공하지 않는 유형이니 참고하시기 바랍니다.

01 C사원은 최근 인사이동에 따라 A부서로 옮겨오게 되었다. 그런데 인수인계를 하는 과정에서 몇 가지 업무를 제대로 전달받지 못했다. 하지만 상사는 C사원이 당연히 모든 업무를 다 알고 있으리라 생각하고 기한을 정해준 후 업무를 지시하고 있다. C사원은 상사가 지시한 업무를 하겠다고 대답은 했지만, 막상 업무를 하려니 어떻게 해야 할지 몰라 당황스러운 상황이다. 이 상황에서 당신이 C사원이라면 어떻게 하겠는가?

① 팀 공유 폴더의 지난 업무 파일들을 참고하여 업무를 수행한다.
② 상사에게 현재 상황을 솔직하게 이야기하고 모르는 부분에 대해 다시 설명을 듣는다.
③ 옆에 앉은 다른 팀원에게 이야기해 자신의 업무를 대신 해달라고 부탁한다.
④ 자신이 할 수 있는 데까지 방법을 찾다가 그래도 안 되겠으면 다시 설명을 듣는다.

02 평소에 B사원은 남들보다 업무를 빨리 끝내는 편이다. 하지만 은근슬쩍 야근을 압박하는 팀 분위기 때문에 B사원은 매번 정시에 퇴근하는 것이 눈치가 보인다. 하지만 B사원으로선 주어진 업무가 다 끝났는데 눈치를 보며 회사에 남아 있는 것이 시간을 허비하는 느낌이다. 이 상황에서 당신이 B사원이라면 어떻게 하겠는가?

① 상사에게 현재 상황의 비효율성을 이야기하며 불만을 호소한다.
② 회사 익명 게시판에 야근을 강요하는 분위기에 대한 불만의 글을 올린다.
③ 어차피 야근해야 하니 업무를 느긋하게 수행한다.
④ 사원인 자신이 할 수 있는 일이 없으니 비효율적이지만 참고 야근을 한다.

※ 다음은 L공장에서 전기 사용량을 줄이기 위해 정기적으로 실시하는 검침에 대한 안내사항이다. 이어지는 질문에 답하시오. **[3~4]**

〈계기판 검침 안내사항〉

정기적으로 매일 오전 8시에 다음의 안내사항에 따라 검침을 하고 그에 따른 조치를 취한다.

〈계기판 A · B · C의 표준수치〉

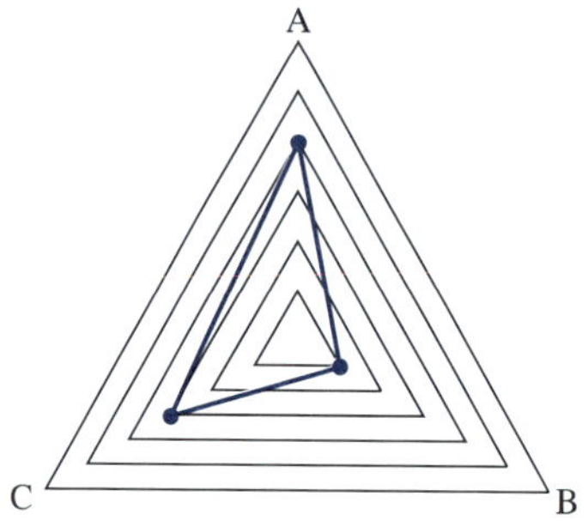

※ 가장 안쪽 삼각형의 수치는 2이며, 수치는 2씩 커짐

계기판 A (8)	계기판 B (2)	계기판 C (6)

[기계조작실]

1. 계기판을 확인하여 PSD 수치를 구한다.
   ※ 검침하는 시각에 실내 온도가 16°C 이상이면 B계기판은 고려하지 않음
   ※ 검침하는 시각에 실내 온도가 10°C 미만이면 Parallel Mode를, 10°C 이상이면 Serial Mode를 적용함
   - Parallel Mode
     PSD=전날 오후 1시부터 5시까지 매 정각의 각 계기판 수치 중 가장 높은 수치의 평균
   - Serial Mode
     PSD=전날 오후 6시 정각 각 계기판 수치의 합
2. PSD 수치에 따라서 알맞은 버튼을 누른다.

수치	버튼
PSD≤기준치−3	정상
기준치−3<PSD<기준치+5	주의
기준치+5≤PSD	비정상

   ※ 화요일과 금요일은 세 계기판의 표준수치 합의 $\frac{1}{2}$을 기준치로 삼고, 나머지 요일은 세 계기판의 표준수치의 합을 기준치로 삼음(단, 온도에 영향을 받지 않는다)
3. 기계조작실에서 버튼을 누르면 버튼에 따라 상황통제실의 경고등에 불이 들어온다.

버튼	경고등
정상	파란색
주의	노란색
비정상	빨간색

[상황통제실]
들어온 경고등의 색을 보고 필요한 조치를 취한다.

경고등	조치
파란색	정상가동
노란색	공장 가동속도 조절
빨간색	부품 교체 후 오후에 정상가동

03 L공장의 기계조작실에서 근무하는 K사원은 수요일 오전 8시에 계기판 점검을 시작하였다. 검침일지에 실내 온도는 9°C이고, 전날 오후 업무시간 동안 계기판 수치 그래프는 다음과 같았다. K사원이 눌러야 하는 버튼은 무엇이며, 이를 본 상황통제실에서는 어떤 조치를 취해야 하는가?

〈계기판 A·B·C의 시간별 수치 그래프〉

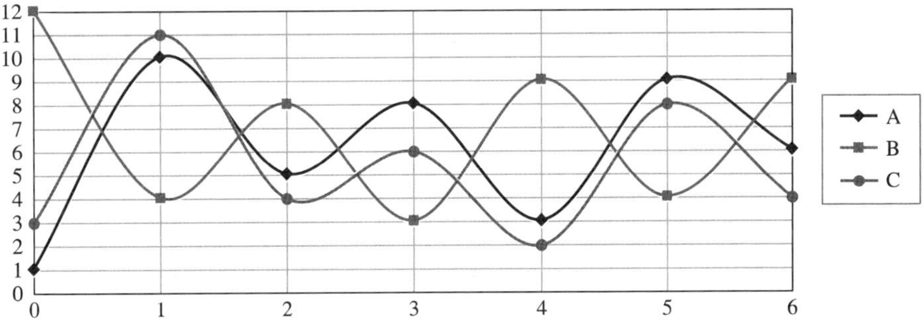

※ 세로축은 수치이고, 가로축은 오후 1시부터 6시를 나타냄

	버튼	조치
①	정상	정상가동
②	정상	공장 가동속도 조절
③	주의	공장 가동속도 조절
④	비정상	부품 교체 후 오후에 정상가동

04 L공장의 기계조작실에서 근무하는 K사원은 수요일에 작성한 검침일지에서 실내 온도가 잘못된 사실을 발견하였다. 적정 실내 온도가 16°C일 때, **03**번 문제를 참고하여 K사원이 눌러야 하는 버튼의 경고등과 이를 본 상황통제실에서 취할 조치를 바르게 짝지은 것은?

	경고등	조치
①	파란색	공장 가동속도 조절
②	노란색	공장 가동속도 조절
③	파란색	정상가동
④	빨간색	부품 교체 후 오후에 정상가동

Hard

05

J대리는 세미나에 참석하기 위해 11월 17일부터 19일까지 경주로 출장을 갈 예정이다. 다음 〈조건〉에 따라 출장 기간에 이용할 숙소를 예약하고자 할 때, J대리가 예약 가능한 숙소로 바르게 짝지어진 것은?

〈호텔 예약정보〉

구분	가격(원/1박)	숙박 기준인원	세미나실 대여비용(원/1일)	비고
글래드 경주	78,000	1명	4인실(25,000) 8인실(48,000)	숙박 기준인원 초과 시 초과인원 1인당 10,000원 추가지급
호텔 아뜰리에	81,000	2명	4인실(40,000) 10인실(70,000)	보수공사로 인해 10인 세미나실 이용불가 (9월 30일부터 10월 23일까지)
스카이뷰 호텔	80,000	2명	6인실(50,000)	연박 시 1박당 10% 할인
경주 베일리쉬	92,000	1명	4인실(32,000)	10주년 기념 1박당 8% 할인 (10월 22일부터 11월 2일까지)
이데아 호텔	85,000	1명	6인실(30,000) 8인실(45,000)	출장목적 투숙객 1박당 5% 할인
경주 하운드	80,000	2명	10인실(80,000)	세미나실 대여 시 대여료 40% 할인 (2박 이상 투숙객 대상)

조건

- J대리가 숙소 예약 및 세미나실 대여에 사용 가능한 총경비는 200,000원이다.
- 11월 18일에는 A팀장과 B주임, C주임, D책임연구원이 방문하여 J대리로부터 중간보고를 받을 예정이므로 세미나실이 필요하다.
- J대리의 숙소는 J대리 혼자 이용한다.
- 숙소 예약과 세미나실 대여는 동일한 호텔에서 한다.

① 글래드 경주, 호텔 아뜰리에

② 글래드 경주, 스카이뷰 호텔

③ 스카이뷰 호텔, 이데아 호텔

④ 경주 베일리쉬, 경주 하운드

CHAPTER

12 2019년 하반기 기출복원문제

정답 및 해설 p.045

01 언어적 사고

Easy

01 다음 글의 주제로 가장 적절한 것은?

> 임신 중 고지방식 섭취가 태어날 자식의 생식기에서 종양의 발생 가능성을 높일 수 있다는 것이 밝혀졌다. 이 결과는 임신한 암쥐 261마리 중 130마리의 암쥐에게는 고지방식을, 131마리의 암쥐에게는 저지방식을 제공한 연구를 통해 얻었다. 실험 결과, 고지방식을 섭취한 암쥐에게서 태어난 새끼 가운데 54%가 생식기에 종양이 생겼지만 저지방식을 섭취한 암쥐가 낳은 새끼 중에서 그러한 종양이 생긴 것은 21%였다.
> 한편, 사지 중 하나 이상의 절단 수술이 심장병으로 사망할 가능성을 증가시킬 수 있다는 것이 밝혀졌다. 이것은 제2차 세계대전 중에 부상을 당한 9,000명의 군인에 대한 진료 기록을 조사한 결과이다. 이들 중 4,000명은 사지 중 하나 이상의 절단 수술을 받은 사람이었고, 5,000명은 사지 절단 수술을 받지 않았지만 중상을 입은 사람이었다. 이들에 대한 기록을 추적 조사한 결과, 사지 중 하나 이상의 절단 수술을 받은 사람이 심장병으로 사망한 비율은 그렇지 않은 사람의 1.5배였다. 즉, 사지 중 하나 이상의 절단 수술을 받은 사람 중 600명은 심장병으로 사망하였고, 그렇지 않은 사람 중 500명이 심장병으로 사망하였다.

① 발생 부위에 따른 뇌종양 증상
② 염색체 이상 유전병의 위험을 높이는 요인
③ 절단 수술과 종양의 상관관계
④ 의외의 질병 원인과 질병 사이의 상관관계

02 L사는 6층 건물의 모든 층을 사용하고 있으며, 건물에는 기획부, 인사 교육부, 서비스개선부, 연구·개발부, 해외사업부, 디자인부가 층별로 위치하고 있다. 다음 〈조건〉을 바탕으로 할 때 항상 옳은 것은?(단, 6개의 부서는 서로 다른 층에 위치하며, 3층 이하에 위치한 부서의 직원은 출근 시 반드시 계단을 이용해야 한다)

조건

- 기획부의 문대리는 해외사업부의 이주임보다 높은 층에 근무한다.
- 인사 교육부는 서비스개선부와 해외사업부 사이에 위치한다.
- 디자인부의 김대리는 오늘 아침 엘리베이터에서 서비스개선부의 조대리를 만났다.
- 6개의 부서 중 건물의 옥상과 가장 가까이에 위치한 부서는 연구·개발부이다.
- 연구·개발부의 오사원이 인사 교육부 박차장에게 휴가 신청서를 제출하기 위해서는 4개의 층을 내려와야 한다.
- 건물 1층에는 회사에서 운영하는 커피숍이 함께 있다.

① 출근 시 엘리베이터를 탄 디자인부의 김대리는 5층에서 내린다.
② 디자인부의 김대리가 서비스개선부의 조대리보다 먼저 엘리베이터에서 내린다.
③ 인사 교육부와 커피숍은 같은 층에 위치한다.
④ 기획부의 문대리는 출근 시 반드시 계단을 이용해야 한다.

03 다음과 동일한 오류를 보이는 사례는?

노사 간의 갈등이 있는 사업장에 노조파괴 컨설팅을 제공한 혐의를 받고 있는 C대표는 아들의 건강 문제로 자신의 공판기일을 연기해 줄 것을 재판부에 요청했다. 최근 급격히 나빠진 아들의 건강 상태로 인해 예정 공판기일에 자신이 참석할 수 없다는 것이었다.

① 이번엔 반드시 복권에 당첨될 것 같아. 어젯밤 꿈속에서 할머니가 번호를 불러줬거든.
② 너 지난번에 쌀국수는 좋아하지 않는다고 했잖아. 그런데 오늘 점심에 왜 싫어하는 쌀국수를 먹었어?
③ 진희의 말은 믿을 수 없다. 그녀는 단 한 번도 약속을 지킨 적이 없기 때문이다.
④ 죄 없는 많은 생명이 죽어가고 있습니다. 우리 모두 기부 행사에 참여합시다.

04 다음 글의 논리적 오류로 가장 적절한 것은?

촉망받던 농구 선수 K는 많은 연봉을 제시한 구단으로 이적했지만, 별다른 활약을 펼치지 못했다. 반면, 전보다 낮은 연봉을 받고 이적한 농구 선수 L은 경기에 몰두하기 시작하면서 높은 성적을 거두었다. 결국 고액의 연봉이 오히려 선수의 동기를 낮아지게 하므로 선수들의 연봉을 낮춰야 한다.

① 성급한 일반화의 오류
② 무지에 호소하는 오류
③ 인신공격의 오류
④ 대중에 호소하는 오류

01 작년 A제품과 B제품의 총 판매량은 800개였다. 올해 A제품의 판매량은 50% 증가하였고, B제품의 판매량은 작년 A제품 판매량의 3배에 70개를 뺀 것과 같았다. 올해 총 판매량이 1,280개였다면, 올해 B제품의 판매량은 작년 대비 몇 % 증가하였는가?

① 33% ② 44%
③ 55% ④ 66%

Easy
02 어떤 일을 준희가 하면 14시간, 민기가 하면 35시간이 걸린다고 할 때, 준희와 민기가 동시에 일한다면 몇 시간이 걸리겠는가?

① 10시간 ② 10시간 30분
③ 11시간 ④ 11시간 30분

03 황대리는 자동차업계 매출현황에 대한 보고서를 작성 중이었다. 그런데 실수로 커피를 쏟아 매출평균 부분이 얼룩지게 되었다. 황대리가 기억하는 총매출은 246억 원이고, 3분기까지의 평균은 22억 원이었다. 남아있는 매출현황을 보고 4분기의 평균을 바르게 구한 것은?

〈월별 매출현황〉

(단위 : 억 원)

1월	2월	3월	4월	5월	6월	7월	8월	9월	10월	11월	12월
			16			12		18		20	

① 14억 원 ② 16억 원
③ 18억 원 ④ 20억 원

04 다음은 농구 경기에서 갑 ~ 정 4개 팀의 월별 득점에 대한 자료이다. 빈칸에 들어갈 수치로 옳은 것은?(단, 각 수치는 매월 일정한 규칙으로 변화한다)

〈월별 득점 현황〉

(단위 : 경기)

구분	1월	2월	3월	4월	5월	6월	7월	8월	9월	10월
갑	1,024	1,266	1,156	1,245	1,410	1,545	1,205	1,365	1,875	2,012
을	1,352	1,702	2,000	1,655	1,320	1,307	1,232	1,786	1,745	2,100
병	1,078	1,423		1,298	1,188	1,241	1,357	1,693	2,041	1,988
정	1,298	1,545	1,658	1,602	1,542	1,611	1,080	1,458	1,579	2,124

① 1,358 ② 1,397
③ 1,450 ④ 1,498

※ 다음은 대북지원금에 대한 자료이다. 이어지는 질문에 답하시오. **[5~6]**

〈분야별 대북 지원금〉

(단위 : 억 원)

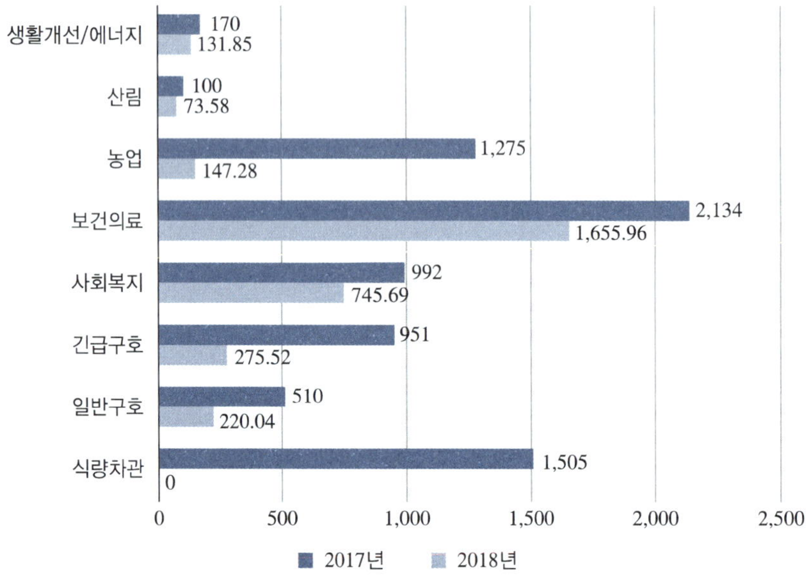

05 다음 중 위의 자료에 대한 설명으로 옳지 않은 것은?

① 2018년의 대북 지원금은 전년 대비 모든 분야에서 감소하였다.

② 2017~2018년 동안 지원한 금액은 농업 분야보다 긴급구호 분야가 많다.

③ 2017~2018년 동안 가장 많은 금액을 지원한 분야는 동일하다.

④ 산림 분야의 지원금은 2017년 대비 2018년에 25억 원 이상 감소하였다.

06 다음 중 2017년과 2018년에 각각 가장 많은 금액을 지원한 세 가지 분야 지원금의 차로 옳은 것은?

① 약 2,237억 원

② 약 2,344억 원

③ 약 2,401억 원

④ 약 2,432억 원

03 문제해결

※ L기업에서 송년회를 개최하려고 한다. 이어지는 질문에 답하시오. **[1~2]**

〈송년회 후보지별 평가점수〉

구분	가격	거리	맛	음식 구성	평판
A호텔	★★★☆	★★☆	★★★	★★★☆	★★★
B호텔	★★	★★★☆	★★☆	★★★	★★☆
C호텔	★☆	★★	★★	★★★☆	★★★☆
D호텔	★★★	★★☆	★★★☆	★★☆	★★★☆

※ ★은 하나당 5점이며, ☆은 하나당 3점임

Hard

01 L기업 임직원들은 맛과 음식 구성을 기준으로 송년회 장소를 결정하기로 하였다. 다음 중 송년회를 진행할 장소로 옳은 것은?(단, 맛과 음식 구성의 합산 점수가 1위인 곳과 2위인 곳의 점수 차가 3점 이하일 경우 가격 점수로 결정한다)

① A호텔 ② B호텔
③ C호텔 ④ D호텔

02 A～D호텔의 1인당 식대가 다음과 같고, L기업의 예산이 200만 원이라면 어느 호텔로 결정하겠는가?(단, L기업의 임직원은 총 25명이다)

〈호텔별 1인당 식대〉

A호텔	B호텔	C호텔	D호텔
73,000원	82,000원	85,000원	75,000원

※ 총식사비용이 가장 저렴한 곳의 차이가 10만 원 이하일 경우, 맛 점수가 높은 곳으로 선정함

① A호텔 ② B호텔
③ C호텔 ④ D호텔

※ 다음은 골프 점수를 계산하는 방법에 대한 자료이다. 이어지는 질문에 답하시오. **[3~4]**

〈골프 타수별 점수〉

구분	파3		파4		파5	
	용어	점수	용어	점수	용어	점수
1타	홀인원 / 이글	−2	홀인원 / 알바트로스	−3	홀인원	−4
2타	버디	−1	이글	−2	알바트로스	−3
3타	파	0	버디	−1	이글	−2
4타	보기	+1	파	0	버디	−1
5타	더블보기	+2	보기	+1	파	0
6타	트리플보기 / 더블 파	+3	더블보기	+2	보기	+1
7타	Give up		트리플보기	+3	더블보기	+2
8타			쿼드루플보기 / 더블 파	+4	트리플보기	+3
9타			Give up		쿼드루플보기	+4
10타					더블 파	+5
11타					Give up	

※ 파 : 각 홀에 정해진 기준 타수(18홀 파의 합은 72타)

예 파4 : 홀에 4타 이내로 공을 넣어야 함

※ (최종 점수)=(72타)+(18홀의 타수 합)

예 모든 코스를 보기로 끝낸 경우의 최종 점수는 72+1×18=90타

※ 오버 파 : (72타)<(점수), 이븐 파 : (72타)=(점수), 언더 파 : (72타)>(점수)

예 최종 점수가 100점인 경우 18오버 파

※ 싱글 : 9오버 파 이하

03 다음 중 위의 자료에 대한 설명으로 옳은 것은?

① 파4인 홀에서는 8타 이상 칠 수 없다.
② 모든 홀을 버디로 끝냈다면 54타가 되고 이를 이븐 파라고 한다.
③ 80타는 싱글에 해당한다.
④ 홀인원은 2타를 쳐서 홀에 공을 넣은 경우를 의미한다.

Hard

04 다음은 A과장이 18홀을 모두 돌았을 때의 골프 점수에 대한 자료이다. A과장의 골프 점수로 옳은 것은?

〈A과장의 골프 점수 자료〉

HOLE	1	2	3	4	5	6	7	8	9
PAR	4	4	3	4	5	3	5	4	4
타수	5	3	1	4	5	6	3	2	3
HOLE	10	11	12	13	14	15	16	17	18
PAR	5	4	4	3	4	4	4	3	5
타수	5	2	2	3	4	4	2	6	8

① 4오버 파
② 1오버 파
③ 3언더 파
④ 4언더 파

CHAPTER

13 2019년 상반기 기출복원문제

정답 및 해설 p.049

01 언어적 사고

Easy

01 다음 글을 읽고 추론한 내용으로 가장 적절한 것은?

> 1895년 을미개혁 당시 일제의 억압 아래 강제로 시행된 단발령으로부터 우리 조상들이 목숨을 걸고 지키려고 했던 상투는 과연 그들에게 어떤 의미였을까? 상투는 관례나 결혼 후 자신의 머리카락을 끌어올려, 정수리 위에서 틀어 감아 높이 세우는 성인 남자의 대표적인 머리모양이었다. 상투의 존재는 고구려 고분벽화에서도 확인할 수 있는데, 그 크기와 형태 또한 다양함은 물론 신라에서 도기로 만들어진 기마인물에서도 나타나는 것으로 보아 삼국 공통의 풍습이었을 것으로 추정되고 있다. 전통사회에서는 혼인 여부를 통해 기혼자와 미혼자 사이에 엄한 차별을 두었기 때문에 어린아이라도 장가를 들면 상투를 틀고 존대를 했으며, 나이가 아무리 많아도 장가를 들지 않은 이들에게는 하댓말을 썼다고 한다. 이러한 대접을 면하고자 미혼자가 장가를 들지 않고 상투를 틀기도 했는데 이를 건상투라 불렀으며, 사정을 아는 동네 사람들은 건상투를 틀었다고 하더라도 여전히 하댓말로 대하였다고 전해진다.

① 일제의 단발령이 없었다고 하더라도 언젠가 상투는 사라질 문화였겠구나.

② 신라 기마인물의 형상을 보아하니 신라의 상투는 모양이 비슷했겠구나.

③ 장가를 들지 않은 이가 상투를 틀었다가는 자칫 큰 벌을 받았겠구나.

④ '상투를 틀었다.'는 말은 장가를 들었거나 제대로 성인취급을 받을 만하다는 뜻이겠구나.

02 다음 글의 내용으로 적절하지 않은 것은?

> 흔히들 『삼국지』에서 가장 인기 있는 장수를 고르라 할 때 먼저 손꼽히는 인물인 관우는, 사실 중국에서 신으로 추앙받고 있기도 하다. 본래 관우는 삼국시대 촉나라 유비의 심복이자 의형제로서 유능한 장수로 활약한 인물이다. 그런 관우에 대한 신격화가 시작된 것은 수, 당대부터라는 견해가 일반적이나 몇몇 학자들은 수, 당대 이전의 위진남북조 시대에서 그 기원을 찾기도 한다. 위진남북조 시대 때 촌락의 공동체 정신이 약해지며 기존 촌락에서 믿던 수호신을 대신해 개인의 신적인 경향이 강한 성황신이나 토지신이 중심이 되면서 자연스레 관우가 신으로 모셔지게 되었다는 것이다.
> 한편 관우는 불교와 도교와 만나 새로운 신앙을 만들기도 하였는데, 당대 불교가 민간 포교활동의 일환으로 관우의 전설을 이용했기 때문이다. 도교의 경우 전란을 피해 전국 각지로 흩어지던 중 관우의 민간신앙과 결합하면서 보다 대중적으로 변했고, 이 과정에서 도교의 한 신으로 수용되었다.
> 관우는 또한 높은 의리와 충의의 이미지 때문에 재물의 신으로써 알려지기도 하는데, 송, 원대 이후 교역에 있어 상인들이 법의 보호 없이 서로의 도덕성에 의존해야 되는 상황에 직면하게 되면서 상호 간의 신뢰를 만드는 데 관우의 이미지가 중요한 역할을 했기 때문이다.

① 관우가 신으로 추앙받기 시작한 시대에 대해서는 몇몇 학자들의 의견이 엇갈리고 있다.
② 관우는 민간신앙 외의 종교와도 연관이 있는 신이다.
③ 관우는 지배층에서 특히 인기를 얻은 신이었다.
④ 관우가 재물의 신으로 알려진 것은 그가 생전에 의리와 충의를 지킨 인물이었기 때문이다.

03 갑 ~ 정 4명이 함께 중식당에서 음식을 주문했는데 각자 주문한 음식이 다르다. 그런데 짜장면을 주문한 사람은 언제나 진실을 말하고 볶음밥을 주문한 사람은 언제나 거짓을 말하며, 짬뽕과 우동을 주문한 사람은 진실과 거짓을 1개씩 말한다. 이들이 다음과 같이 진술했을 때 주문한 사람과 음식이 바르게 짝지어진 것은?

> • 갑 : 병은 짜장면, 을은 짬뽕을 시켰다.
> • 을 : 병은 짬뽕, 정은 우동을 시켰다.
> • 병 : 갑은 짜장면, 정은 우동을 시켰다.
> • 정 : 을은 짬뽕, 갑은 볶음밥을 주문했다.

① 갑 – 짬뽕
② 을 – 볶음밥
③ 병 – 짜장면
④ 정 – 우동

04 마지막 명제가 참일 때, 다음 빈칸에 들어갈 명제로 가장 적절한 것은?

- 승용차를 탄다면 서울에 거주한다는 것이다.
- ______________________
- 연봉이 높아졌다는 것은 야근을 많이 했다는 것이다.
- 그러므로 연봉이 높다는 것은 서울에 거주한다는 것이다.

① 서울에 거주한다면 연봉이 높다는 것이다.
② 야근을 많이 해도 서울에 거주하는 것은 아니다.
③ 승용차를 타지 않는다면 야근을 많이 하지 않는 것이다.
④ 승용차를 탄다고 해도 야근을 많이 하지는 않는다.

05 다음 내용이 모두 참일 때, 항상 참이 아닌 것은?

- 예술가는 조각상을 좋아한다.
- 철학자는 조각상을 좋아하지 않는다.
- 조각상을 좋아하는 사람은 귀족이다.
- 예술가가 아닌 사람은 부유하다.

① 예술가는 철학자가 아니다.
② 예술가는 귀족이다.
③ 철학자는 부유하다.
④ 부유하면 귀족이다.

02 수리적 사고

Easy

01 십의 자리 숫자와 일의 자리 숫자의 합은 10이고, 십의 자리 숫자와 일의 자리 숫자의 자리를 바꾼 수를 2로 나눈 값은 원래 숫자보다 14만큼 작다. 처음 숫자는 얼마인가?

① 43
② 44
③ 45
④ 46

02 L사는 신입사원 연수를 위해 숙소를 배정하려고 한다. 한 숙소에 4명씩 자면 8명이 남고, 5명씩 자면 방이 5개가 남으며 마지막 숙소에는 4명이 자게 된다. 이때 숙소의 수를 a개, 전체 신입사원 수를 b명이라고 할 때, $b-a$는?

① 105
② 110
③ 115
④ 120

Hard

03 다음은 연도별 기준 관광통역 안내사 자격증 취득현황에 대한 자료이다. 이에 대한 설명으로 옳지 않은 것을 〈보기〉에서 모두 고르면?

〈연도별 관광통역 안내사 자격증 취득현황〉

(단위 : 명)

구분	영어	일어	중국어	불어	독어	스페인어	러시아어	베트남어	태국어
2016년	464	153	1,418	6	3	3	6	5	15
2015년	344	137	1,963	7	3	4	5	5	17
2014년	379	266	2,468	3	1	4	6	15	35
2013년	238	244	1,160	3	4	3	4	4	8
2012년	166	278	698	2	3	2	3	–	12
2011년	156	357	370	2	2	1	5	1	4
합계	1,747	1,435	8,077	23	16	17	29	30	91

보기

ㄱ. 영어와 스페인어 관광통역 안내사 자격증 취득자는 2012년부터 2016년까지 매년 전년 대비 증가하였다.
ㄴ. 중국어 관광통역 안내사 자격증 취득자는 2014년부터 2016년까지 매년 일어 관광통역 안내사 자격증 취득자의 8배 이상이다.
ㄷ. 태국어 관광통역 안내사 자격증 취득자 수 대비 베트남어 취득자 수 비율은 2013년부터 2015년까지 매년 증가하였다.
ㄹ. 불어 관광통역 안내사 자격증 취득자 수와 스페인어 관광통역 안내사 자격증 취득자 수는 2012년부터 2016년까지 전년 대비 증감추이가 동일하다.

① ㄱ
② ㄱ, ㄷ
③ ㄴ, ㄹ
④ ㄱ, ㄷ, ㄹ

※ 다음은 국가별 활동 의사 수에 대한 자료이다. 이어지는 질문에 답하시오. **[4~5]**

〈국가별 활동 의사 수〉

(단위 : 천 명/십만 명당)

구분	2000년	2006년	2010년	2011년	2012년	2013년	2014년	2015년	2016년
캐나다	2.1	2.1	2.1	2.1	2.1	2.1	2.1	2.1	2.2
덴마크	-	2.5	2.7	2.7	2.8	2.9	3.0	3.1	3.2
프랑스	3.1	3.3	3.3	3.3	3.4	3.4	3.4	3.4	3.4
독일	-	3.1	3.3	3.3	3.3	3.4	3.4	3.4	3.5
그리스	3.4	3.9	4.3	4.4	4.6	4.8	4.9	5.0	5.4
헝가리	2.8	3.0	3.1	3.2	3.2	3.3	3.3	2.8	3.0
이탈리아	-	3.9	4.1	4.3	4.4	4.1	4.2	3.8	3.7
일본	1.7	-	1.9	-	2.0	-	2.0	-	2.1
한국	0.8	1.1	1.3	1.4	1.5	1.6	1.6	1.6	1.7
멕시코	1.0	1.7	1.6	1.5	1.5	1.6	1.7	1.8	1.9
네덜란드	2.5	-	3.2	3.3	3.4	3.5	3.6	3.7	3.8
뉴질랜드	1.9	2.1	2.2	2.2	2.1	2.2	2.2	2.1	2.3
노르웨이	-	2.8	2.9	3.0	3.4	3.4	3.5	3.7	3.8
미국	-	2.2	2.3	2.4	2.3	2.4	2.4	2.4	2.4

04 다음 〈보기〉에서 위의 자료에 대한 설명으로 옳지 않은 것을 모두 고르면?

보기

ㄱ. 2011년의 활동 의사 수는 그리스가 한국의 4배 이상이다.
ㄴ. 이 추이대로라면 활동 의사 수는 앞으로 10년 이내에 한국이 캐나다를 넘어설 것이다.
ㄷ. 2016년 활동 의사 수가 가장 많은 나라의 활동 의사 수는 가장 적은 나라의 3배 이상이다.

① ㄱ
② ㄴ
③ ㄱ, ㄴ
④ ㄴ, ㄷ

05 다음 중 위의 자료에 대한 설명으로 옳은 것은?

① 네덜란드의 2015년 활동 의사 수는 같은 해 활동 의사 수가 가장 많은 나라에 비해 1.7천 명 적다.
② 활동 의사 수가 의료환경과 비례한다면, 의료환경이 가장 열악한 나라는 멕시코이다.
③ 그리스의 활동 의사 수는 미국보다 매년 두 배 이상 높은 수치를 보인다.
④ 2014년 활동 의사 수가 가장 적은 나라는 한국이며, 가장 많은 나라는 그리스이다.

※ L기업은 새로 출시할 화장품과 관련하여 회의를 진행하였다. 이어지는 질문에 답하시오. **[1~2]**

〈신제품 홍보 콘셉트 기획 1차 미팅〉

참여자	• 제품 개발팀 : A과장, B대리 • 기획팀 : C과장, D대리, E사원 • 온라인 홍보팀 : F대리, G사원		
회의 목적	• 신제품 홍보 방안 수립 • 제품명 개발	회의 날짜	2019.5.1.(수)

〈제품 특성〉

1. 여드름 치료에 적합한 화장품
2. 성분이 순하고, 향이 없음
3. 이용하기 좋은 튜브형 용기로 제작
4. 타사 여드름 관련 화장품보다 가격이 저렴함

〈회의 결과〉

• 제품 개발팀 : 제품의 특성을 분석
• 기획팀 : 특성에 맞고 소비자의 흥미를 유발하는 제품명 개발
• 온라인 홍보팀 : 현재 출시된 타사 제품에 대한 소비자 반응 확인, 온라인 설문조사 실시

01 다음 회의까지 해야 할 일로 적절하지 않은 것은?

① B대리 : 우리 제품이 피부자극이 적은 성분을 사용했다는 것을 성분표로 작성해 확인해봐야겠어.
② C과장 : 여드름 치료 화장품이니 주로 청소년층이 우리 제품을 구매할 가능성이 커. 그러니 청소년층에게 흥미를 일으킬 수 있는 이름을 고려해야겠어.
③ D대리 : 현재 판매되고 있는 타사 여드름 관련 제품의 이름을 조사해야지.
④ F대리 : 화장품과 관련된 커뮤니티에서 타사의 여드름 관련 제품에 대한 반응을 확인해야겠어.

02 온라인 홍보팀에 소속된 G사원은 온라인에서 타사의 여드름 관련 화장품에 대한 소비자의 반응을 조사해 추후 회의에 참고할 생각이다. 다음 중 회의에서 참고할 소비자의 반응으로 적절하지 않은 것은?

① A응답자 : 여드름용 화장품에 들어간 알코올 성분 때문에 얼굴이 화끈거리고 따가워요.
② B응답자 : 화장품이 유리용기에 담겨있어 쓰기에 불편해요.
③ C응답자 : 향이 강한 제품이 많아 거부감이 들어요.
④ D응답자 : 여드름용 화장품을 판매하는 매장이 적어 구입하기가 불편해요.

Hard

03 다음은 L사에서 근무하는 K사원의 업무일지이다. K사원이 출근 후 해야 할 일 중 두 번째로 해야 할 일은?

날짜	2019년 4월 17일 수요일
내용	[오늘 할 일] • 팀 회의 준비 – 회의실 예약 후 마이크 및 프로젝터 체크 • 외주업체로부터 판촉 행사 브로슈어 샘플 디자인 받기 • 지난 주 외근 지출결의서 총무부 제출(늦어도 퇴근 전까지) • 회사 홈페이지, 관리자 페이지 및 업무용 메일 확인(출근하자마자 확인) • 14시 브로슈어 샘플 디자인 피드백 팀 회의 [주요 행사 확인] • 5월 2일 화요일 – 5월 데이행사(오이데이) • 5월 12일 금요일 – 또 하나의 마을(충북 제천 흑선동 본동마을) • 5월 15일 월요일 – 성년의 날(장미꽃 소비촉진 행사)

① 회의실 예약 후 마이크 및 프로젝터 체크

② 외주업체로부터 브로슈어 샘플 디자인 받기

③ 외근 관련 지출결의서 총무부 제출

④ 회사 홈페이지, 관리자 페이지 및 업무용 메일 확인

Hard

04 L사에서는 자사의 제품을 효과적으로 홍보하기 위하여 미디어 이용률을 조사하였으며, 다음과 같은 결과를 얻었다. 이에 대해 직원들이 대화를 나눌 때, 그 내용으로 옳지 않은 것은?

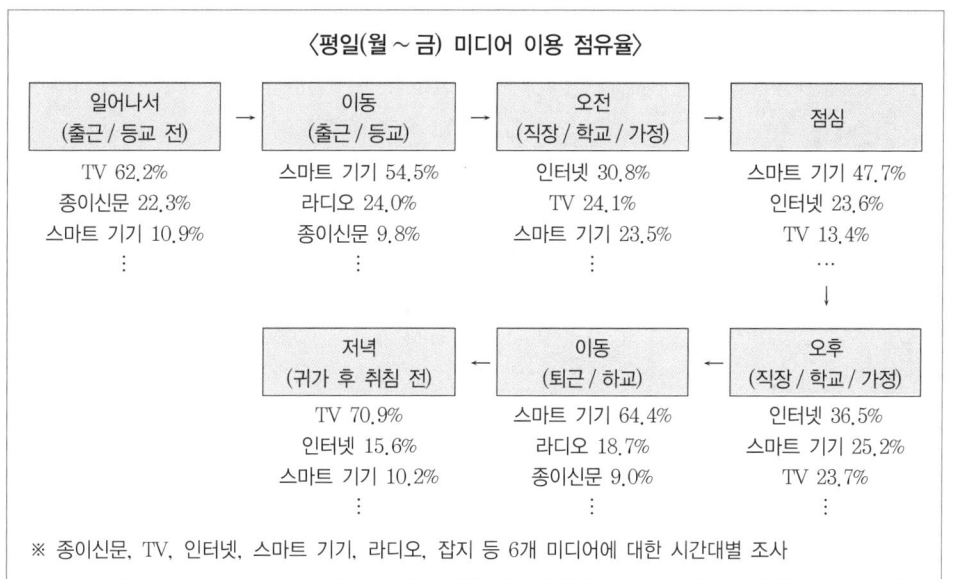

〈평일(월 ~ 금) 미디어 이용 점유율〉

일어나서 (출근 / 등교 전)
TV 62.2%
종이신문 22.3%
스마트 기기 10.9%
⋮

→ 이동 (출근 / 등교)
스마트 기기 54.5%
라디오 24.0%
종이신문 9.8%
⋮

→ 오전 (직장 / 학교 / 가정)
인터넷 30.8%
TV 24.1%
스마트 기기 23.5%
⋮

→ 점심
스마트 기기 47.7%
인터넷 23.6%
TV 13.4%
…

↓ 오후 (직장 / 학교 / 가정)
인터넷 36.5%
스마트 기기 25.2%
TV 23.7%
⋮

← 이동 (퇴근 / 하교)
스마트 기기 64.4%
라디오 18.7%
종이신문 9.0%
⋮

← 저녁 (귀가 후 취침 전)
TV 70.9%
인터넷 15.6%
스마트 기기 10.2%
⋮

※ 종이신문, TV, 인터넷, 스마트 기기, 라디오, 잡지 등 6개 미디어에 대한 시간대별 조사

① A : 평일에는 일어나서 잠들기까지 'TV(출근 / 등교 전) → 스마트 기기(출근 / 등교 중) → 인터넷(직장 / 학교 / 가정) → 스마트 기기(퇴근 / 하교 중) → TV(귀가 후 취침 전)'를 주로 이용합니다.

② B : 저번 달에 자사 제품을 잡지에 실어 홍보했었는데, 각 시간대별 이용률이 10% 미만인 것을 보니 다른 홍보채널을 재검토하는 것이 좋을 것 같습니다.

③ C : 만약 자사 제품을 TV 광고로 노출시킨다면 저녁 시간대를 가장 먼저 고려하여야 할 것 같습니다.

④ D : 출퇴근 및 등하교 시에는 절반 이상이 스마트 기기를 이용하고 있습니다. 스마트 기기에 노출할 수 있는 홍보 전략을 수립해야겠습니다.

M E M O

PART III

3개년 주요기업 기출복원문제

PART

3 3개년 주요기업 기출복원문제

정답 및 해설 p.054

01 언어

※ 다음 글의 빈칸에 들어갈 내용으로 가장 적절한 것을 고르시오. **[1~3]**

| 2025년 상반기 S-OIL

01

중세 이전에는 예술가와 장인의 경계가 분명치 않았다. 화가들도 당시에는 왕족과 귀족의 주문을 받아 제작하는 일종의 장인 취급을 받아왔다. 근대에 접어들면서 예술은 독창적인 창조 활동으로 존중받게 되었고, 아름다움의 가치를 만들어내는 예술가들의 독창성이 인정받게 된 것이다. 그리고 이 가치의 중심에 작가가 있다. 작가가 담으려 했던 의도, 그것이 바로 아름다움을 창조하는 예술의 가치인 셈이다. 예술 작품은 작가의 의도를 담고 있고, 작가의 의도가 없다면 작품은 만들어질 수 없다. 이것이 작품에 포함된 작가의 권위를 인정해야 하는 이유이다.
또한 예술은 예술가가 표현하고자 하는 것을 창작해 내는 그 과정 자체로 완성되는 것이지 독자의 해석으로 완성되는 게 아니다. 설사 작품을 감상하고 해석해 줄 독자가 없어도 예술은 그 자체로 가치 있는 법이다. 예술가는 독자를 위해 작품을 창작하는 것이 아니라 자신의 열정과 열망으로 표현하고자 하는 바를 표현하는 것이다. 물론 예술 작품을 해석하고 이해하는 데에 독자의 역할도 분명 존재하고 필요한 것이 사실이다. 하지만 그렇다고 해도 이는 예술적 가치가 있는 작품에서 파생된 이차적인 활동이지 작품을 새롭게 완성하는 창조적 활동이라고 보기 어렵다. 따라서 독자의 수용과 이해는 ______________________________

① 독자가 가지고 있는 작품에 대한 사전 정보에 따라 다르게 나타날 것이다.
② 작품에 담긴 아름다움의 가치를 독자가 나름대로 해석하는 활동으로 볼 수 있다.
③ 권위가 높은 작가의 작품에서 더욱 다양하게 나타난다.
④ 작가의 의도와 작품을 왜곡하지 않는 범위에서 이루어져야 한다.
⑤ 작품이 만들어진 시대적 배경과 문화적 배경을 고려하여야 한다.

02

몰랐지만 넘겨짚어 시험의 정답을 맞힌 경우와 제대로 알고 시험의 정답을 맞힌 경우를 구별할 수 있을까? 또 무작정 외워서 쓴 경우와 제대로 이해하고 쓴 경우는 어떤가? 전자와 후자는 서로 다르게 평가받아야 할까, 아니면 동등한 평가를 받아야 할까?

선택형 시험의 평가는 오로지 답안지에 표기된 선택지가 정답과 일치하는가의 여부에만 달려 있다. 이는 위의 첫 번째 물음이 항상 긍정으로 대답되지는 않으리라는 사실을 말해준다. 그러나 만일 시험관에게 답안지를 놓고 응시자와 면담할 기회가 주어진다면, 시험관은 응시자에게 정답지를 선택한 근거를 물음으로써 그가 문제에 관해 올바른 정보와 추론 능력을 가지고 있는지 검사할 수 있을 것이다. 예를 들어 한 응시자가 '대한민국의 수도가 어디냐'는 물음에 대해 '서울'이라고 답했다고 하자. 그렇게 답한 이유가 단지 '부모님이 사시는 도시라 이름이 익숙해서'였을 뿐, 정작 대한민국의 지리나 행정에 관해서는 아는 바 없다는 사실이 면접을 통해 드러났다고 하자. 이 경우에 시험관은 이 응시자가 대한민국의 수도에 관한 올바른 정보를 갖고 있다고 인정하기 어려울 것이다. 이 예는 응시자가 올바른 답을 제시하는 데 필요한 정보가 부족한 경우이다.

그렇다면 어떤 사람이 문제의 올바른 답을 추론해내는 데 필요한 모든 정보를 갖고 있었고 실제로도 정답을 제시했다고 해서, 그가 문제에 대한 올바른 추론 능력을 가지고 있다고 할 수 있는가? 어느 도난사건을 함께 조사한 홈즈와 왓슨이 사건의 모든 구체적인 세부사항, 예컨대 범행 현장에서 발견된 흙발자국의 토양 성분뿐 아니라 올바른 결론을 내리는 데 필요한 모든 일반적 정보, 이를테면 영국의 지역별 토양의 성분에 관한 정보 등을 똑같이 갖고 있었고, 실제로 동일한 용의자를 범인으로 지목했다고 하자. 이 경우 두 사람의 추론을 동등하게 평가해야 하는가? 그렇지 않다.

가령 왓슨은 모든 정보를 완비하고 있었음에도 불구하고, 이름에 모음의 수가 가장 적다는 엉터리 이유로 범인을 지목했다고 하자. 이런 경우에도 우리는 왓슨의 추론에 박수를 보낼 수 있을까? 아니다. 왜냐하면 ______________________________

① 왓슨은 일반적으로 타당한 개인적 경험을 토대로 추론했기 때문이다.
② 왓슨은 올바른 추론의 방법을 알고 있음에도 불구하고 요행을 우선시했기 때문이다.
③ 왓슨은 추론에 필요한 전문적인 훈련을 받지 못해서 범인을 잘못 골랐기 때문이다.
④ 왓슨은 올바른 추론에 필요한 정보를 가지고 있긴 했지만 그 정보와 무관하게 범인을 지목했기 때문이다.
⑤ 왓슨은 올바른 추론에 필요한 논리적 능력은 갖추고 있음에도 불구하고 범인을 추론하는 데 필요한 관련 정보가 부족했기 때문이다.

03

> 경기적 실업이란 경기 침체의 영향으로 기업 활동이 위축되고 이로 인해 노동에 대한 수요가 감소하여 고용량이 줄어들어 발생하는 실업이다. 다시 말해 경기적 실업은 노동 시장에서 노동의 수요와 공급이 균형을 이루고 있는 상태라고 가정할 때, 경기가 침체되어 물가가 하락하게 되면 ____ 경기적 실업은 다른 종류의 실업에 비해 생산량 측면에서 경제적으로 큰 손실을 발생시킬 수 있기에 경제학자들은 이를 해결하기 위한 정부의 역할에 대해 다양한 의견을 제시한다.

① 기업은 생산량을 줄이게 되고 이로 인해 노동에 대한 공급이 감소하여 발생한다.
② 기업은 생산량을 늘리게 되고 이로 인해 노동에 대한 수요가 증가하여 발생한다.
③ 기업은 생산량을 늘리게 되고 이로 인해 노동에 대한 공급이 감소하여 발생한다.
④ 기업은 생산량을 줄이게 되고 이로 인해 노동에 대한 수요가 감소하여 발생한다.
⑤ 기업은 생산량을 줄이게 되고 이로 인해 노동에 대한 수요가 증가하여 발생한다.

04 다음 글의 중심 내용으로 가장 적절한 것은?

> 동양 사상이라고 해서 언어와 개념을 무조건 무시하는 것은 결코 아니다. 만약 그렇다면 동양 사상은 경전이나 저술을 통해 언어화되지 않고 순전히 침묵 속에서 전수되어 왔을 것이다. 물론 이것은 사실이 아니다. 동양 사상도 끊임없이 언어적으로 다듬어져 왔으며 논리적으로 전개되어 왔다. 흔히 동양 사상은 신비주의적이라고 말하지만, 이것은 동양 사상의 한 면만을 특정 지우는 것이지, 결코 동양의 철인(哲人)들이 사상을 전개함에 있어 논리를 무시했다거나 항시 어떤 신비적인 체험에 호소해서 자신의 주장들을 폈다는 것을 뜻하지는 않는다. 그러나 역시 동양 사상은 신비주의적임에 틀림없다. 거기서는 지고(至高)의 진리란 언제나 언어화될 수 없는 어떤 신비한 체험의 경지임이 늘 강조되어 왔기 때문이다. 최고의 진리는 언어 이전, 혹은 언어 이후의 무언(無言)의 진리이다. 엉뚱하게 들리겠지만, 동양 사상의 정수(精髓)는 말로써 말이 필요 없는 경지를 가리키려는 데에 있다고 해도 과언이 아니다. 말이 스스로를 부정하고 초월하는 경지를 나타내도록 사용된 것이다. 언어로써 언어를 초월하는 경지를 나타내고자 하는 것이야말로 동양 철학이 지닌 가장 특징적인 정신이다. 동양에서는 인식의 주체를 심(心)이라는 매우 애매하면서도 포괄적인 말로 이해해 왔다. 심(心)은 물(物)과 항시 자연스러운 교류를 하고 있으며, 이성은 단지 심(心)의 일면일 뿐인 것이다. 동양은 이성의 오만이라는 것을 모른다. 지고의 진리, 인간을 살리고 자유롭게 하는 생동적 진리는 언어적 지성을 넘어선다는 의식이 있었기 때문일 것이다. 언어는 언제나 마음을 못 따르며 둘 사이에는 항시 괴리가 있다는 생각이 동양인들의 의식 저변에 깔려 있는 것이다.

① 동양 사상은 신비주의적인 요소가 많다.
② 언어와 개념을 무시하면 동양 사상을 이해할 수 없다.
③ 동양 사상은 언어적 지식을 초월하는 진리를 추구한다.
④ 인식의 주체를 심(心)으로 표현하는 동양 사상은 이성적이라 할 수 없다.
⑤ 동양 사상에서는 언어는 마음을 따르므로 진리는 마음속에 있다고 주장한다.

※ 다음 주제로 가장 적절한 것을 고르시오. [5~6]

| 2023년 하반기 CJ그룹

05

그리스 철학의 집대성자라고도 불리는 철학자 아리스토텔레스는 자연의 모든 물체는 '자연의 사다리'에 의해 계급화되어 있다고 생각했다. 자연의 사다리는 아래서부터 무생물, 식물, 동물, 인간, 그리고 신인데, 이러한 계급에 맞춰 각각에 일정한 기준을 부여했다. 18세기 유럽 철학계와 과학계에서는 이러한 자연의 사다리 사상이 크게 유행을 했으며 사다리의 상층인 신과 인간에게는 높은 이성과 가치가 있고, 그 아래인 동물과 식물에게는 인간보다 낮은 가치가 있다고 보기 시작했다.
이처럼 서양의 자연관은 인간과 자연을 동일시하던 고대에서 벗어나 인간만이 영혼이 있으며, 이에 따라 인간만이 자연을 지배할 수 있다고 믿는 기독교 중심의 중세시대를 지나, 여러 철학자들을 거쳐 점차 인간이 자연보다 우월한 자연지배관으로 모습이 바뀌기 시작했다. 이러한 자연관을 토대로 서양에서는 자연스럽게 산업혁명 등을 통한 대량소비와 대량생산의 경제성장구조와 가치체계가 발전되어 왔다.
동양의 자연관 역시 동양철학과 불교 등의 이념과 함께 고대에서 중세세대를 지나게 되었다. 하지만 서양의 인간중심 철학과 달리 동양철학과 불교에서는 자연과 인간을 동일선상에 놓거나 둘의 조화를 중요시하여 합일론을 주장했다. 이들의 사상은 노자와 장자의 무위자연의 도, 불교의 윤회사상 등에서 살펴볼 수 있다. 대량소비와 대량생산으로 대표되는 자본주의의 한계와 함께 지구온난화, 자원고갈, 생태계 파괴가 대두되는 요즘, 동양의 자연관이 주목받고 있다.

① 서양철학에서 나타나는 부작용
② 자연의 사다리와 산업혁명
③ 철학과 지구온난화의 상관관계
④ 서양의 자연관과 동양의 자연관의 차이
⑤ 서양철학의 문제점과 동양철학을 통한 해결법

06

> 쇼펜하우어에 따르면 우리가 살고 있는 세계의 진정한 본질은 의지이며 그 속에 있는 모든 존재는 맹목적인 삶에의 의지에 의해서 지배당하고 있다. 쇼펜하우어는 우리가 일상적으로 또는 학문적으로 접근하는 세계는 단지 표상의 세계일뿐이라고 주장하는데, 인간의 이성은 단지 이러한 표상의 세계만을 파악할 수 있을 뿐이다. 그에 따르면 존재하는 세계의 모든 사물들은 우선적으로 표상으로서 드러나게 된다. 시간과 공간 그리고 인과율에 의해서 파악되는 세계가 나의 표상인데, 이러한 표상의 세계는 오직 나에 의해서, 즉 인식하는 주관에 의해서만 파악되는 세계이다. 쇼펜하우어에 따르면 이러한 주관은 모든 현상의 세계, 즉 표상의 세계에서 주인의 역할을 하는 '나'이다.
> 이러한 주관을 이성이라고 부를 수도 있는데, 이성은 표상의 세계를 이끌어가는 주인공의 역할을 하는 것이다. 그러나 쇼펜하우어는 여기서 한발 더 나아가 표상의 세계에서 주인의 역할을 하는 주관 또는 이성은 의지의 지배를 받는다고 주장한다. 즉, 쇼펜하우어는 이성에 의해서 파악되는 세계의 뒤편에는 참된 본질적 세계인 의지의 세계가 있으므로 표상의 세계는 제한적이며 표면적인 세계일 뿐, 결코 이성에 의해서 또는 주관에 의해서 결코 파악될 수 없다고 주장한다. 오히려 그는 그동안 인간이 진리를 파악하는 데 최고의 도구로 칭송받던 이성이나 주관을 의지에 끌려 다니는 피지배자일 뿐이라고 비판한다.

① 세계의 본질로서 의지의 세계

② 표상 세계의 극복과 그 해결 방안

③ 의지의 세계와 표상의 세계 간의 차이

④ 표상 세계 안에서의 이성의 역할과 한계

07 다음 글의 제목으로 가장 적절한 것은?

중세 유럽에서는 토지나 자원을 왕실이 소유하고 있었다. 사람들은 이러한 토지나 자원을 이용하려면 일정한 비용을 지불해야 했다. 예를 들어 광산을 개발하거나 수산물을 얻는 사람들은 해당 자원의 이용에 대한 비용을 왕실에 지불하였고 이는 왕실의 권력과 부의 유지를 돕는 동시에 국가의 재정을 보충하는 역할을 하였는데 이때 지불한 비용이 바로 로열티이다.
로열티의 개념은 산업 혁명과 함께 발전하였다. 산업 혁명을 통해 특허, 상표 등의 지적 재산권이 보호되기 시작하면서 기업들은 이러한 권리를 보유한 개인이나 조직에게 사용에 대한 보상을 지불하게 되었다. 지적 재산권은 기업이 특정한 기술, 디자인, 상표 등을 보유하고 있을 때 그들에게 독점적인 권리를 제공하고 이러한 권리의 보호와 보상을 위해 로열티 제도가 도입되었다.
로열티는 기업과 지적 재산권 소유자 간의 계약에 의해 설정되는 형태로 발전하였다. 기업이 특정 제품을 판매하거나 특정 기술을 이용하는 경우 지적 재산권 소유자에게 계약에 따라 정해진 로열티를 지불하게 된다. 이로써 지적 재산권을 보유한 개인이나 조직은 자신들의 창작물이나 기술의 사용에 대한 보상을 받을 수 있으며, 기업들은 이러한 지적 재산권의 이용을 허가받아 경쟁 우위를 확보할 수 있게 되었다.
현재 로열티는 제품 판매나 라이선스, 저작물의 이용 등 다양한 형태로 나타나며 지적 재산권의 보호와 경제적 가치를 확보하는 중요한 수단으로 작용하고 있다. 로열티는 지식과 창조성의 보상으로서의 역할을 수행하며 기업들의 연구 개발을 촉진하고 혁신을 격려한다. 이처럼 로열티 제도는 기업과 지적 재산권 소유자 간의 상호 협력과 혁신적인 경제 발전에 기여하는 중요한 구조적 요소이다.

① 지적 재산권을 보호하는 방법
② 로열티 지급 시 유의사항
③ 지적 재산권의 정의
④ 로열티 제도의 유래와 발전
⑤ 로열티 제도의 모순

※ 다음 문장 또는 문단을 논리적 순서대로 바르게 나열한 것을 고르시오. **[8~14]**

| 2025년 상반기 KT그룹

08

(가) 이 방식을 활용하면 공정의 흐름에 따라 제품이 생산되므로 자재의 운반 거리를 최소화할 수 있어 전체 공정 관리가 쉽다.

(나) 그러나 기계 고장과 같은 문제가 발생하면 전체 공정이 지연될 수 있고, 규격화된 제품 생산에 최적화된 설비 및 배치 방식을 사용하기 때문에 제품의 규격이나 디자인이 변경되면 설비 배치 방식을 재조정해야 한다는 문제가 있다.

(다) 제품을 효율적으로 생산하기 위해서는 생산 설비의 배치가 중요하다. 설비의 효율적인 배치란 자재의 불필요한 운반을 최소화하고, 공간을 최대한 활용하면서 적은 노력으로 빠른 시간에 제품을 생산할 수 있도록 설비를 배치하는 것이다.

(라) 그중에서도 제품별 배치(Product Layout) 방식은 생산하려는 제품의 종류는 적지만 생산량이 많은 경우에 주로 사용된다. 제품별로 완성품이 될 때까지의 공정 순서에 따라 설비를 배열해 부품 및 자재의 흐름을 단순화하는 것이 핵심이다.

① (가) – (다) – (나) – (라)
② (다) – (가) – (라) – (나)
③ (다) – (라) – (가) – (나)
④ (라) – (나) – (다) – (가)
⑤ (라) – (다) – (나) – (가)

09

(가) 동아시아의 문명 형성에 가장 큰 영향력을 끼친 책을 꼽을 때, 그중에 『논어』가 빠질 수 없다. 『논어』는 공자(B.C 551 ~ 479)가 제자와 정치인 등을 만나서 나눈 이야기를 담고 있다. 공자의 활동기간으로 따져보면 『논어』는 지금으로부터 대략 2500년 전에 쓰인 것이다. 지금의 우리는 한나절에 지구 반대편으로 날아다니고, 여름에 겨울 과일을 먹는 그야말로 공자는 상상할 수도 없는 세상에 살고 있다.

(나) 2500년 전의 공자와 그가 대화한 사람 역시 우리와 마찬가지로 '호모 사피엔스'이기 때문이다. 2500년 전의 사람도 배고프면 먹고, 졸리면 자고, 좋은 일이 있으면 기뻐하고, 나쁜 일이 있으면 화를 내는 오늘날의 사람과 다름없었다. 불의를 보면 공분하고, 전쟁보다 평화가 지속되기를 바라고, 예술을 보고 들으며 즐거워했는데, 오늘날의 사람도 마찬가지이다.

(다) 물론 2500년의 시간으로 인해 달라진 점도 많고 시대와 문화에 따라 '사람다움이 무엇인가?'에 대한 답은 다를 수 있지만, 사람은 돌도 아니고 개도 아니고 사자도 아니라 여전히 사람일 뿐인 것이다. 즉 현재의 인간이 과거보다 자연의 힘에 두려워하지 않고 자연을 합리적으로 설명할 수는 있지만, 인간적 약점을 극복하고 신적인 존재가 될 수는 없는 그저 인간일 뿐인 것이다.

(라) 『논어』의 일부는 여성과 아동, 이민족에 대한 당시의 편견을 드러내고 있어 이처럼 달라진 시대의 흐름에 따라 폐기될 수밖에 없지만, 이를 제외한 부분은 '오래된 미래'로서 읽을 가치가 있는 것이다.

(마) 이론의 생명 주기가 짧은 학문의 경우, 2500년 전의 책은 역사적 가치가 있을지언정 이론으로서는 폐기 처분이 당연시된다. 그런데 왜 21세기의 우리가 2500년 전의 『논어』를 지금까지도 읽고, 또 읽어야 할 책으로 간주하고 있는 것일까?

① (가) – (다) – (나) – (라) – (마)
② (가) – (라) – (다) – (나) – (마)
③ (가) – (마) – (나) – (다) – (라)
④ (라) – (다) – (가) – (마) – (나)
⑤ (마) – (가) – (나) – (다) – (라)

10

(가) '인력이 필요해서 노동력을 불렀더니 사람이 왔더라.'라는 말이 있다. 인간을 경제적 요소로만 단순하게 생각했으나, 이에 따른 인권문제, 복지문제, 내국인과 이민자와의 갈등 등이 수반된다는 말이다. 프랑스처럼 우선 급하다고 이민자를 선별하지 않고 받으면 인종 갈등과 이민자의 빈곤화 등 많은 사회비용이 발생한다.

(나) 이제 다문화정책의 패러다임을 전환해야 한다. 한국에 들어온 다문화가족을 적극적으로 지원해야 한다. 다문화가족과 더불어 살면서 다양성과 개방성을 바탕으로 상생의 발전을 도모해야 한다. 그리고 결혼이민자만 다문화가족으로 볼 것이 아니라 외국인 근로자와 유학생, 북한이탈주민까지 큰 틀에서 함께 보는 것도 필요하다.

(다) 다문화정책의 핵심은 두 가지이다. 첫째, 새로운 사회에 적응하려는 의지가 강해서 언어 배우기, 일자리, 문화 이해에 매우 적극적인 태도를 지닌 좋은 인력을 선별해서 입국하도록 하는 것이다. 둘째, 이민자가 새로운 사회에 잘 정착할 수 있도록 사회통합에 주력해야 하는 것이다. 해외 인구 유입 초기부터 사회 비용을 절약할 수 있는 사람들을 들어오게 하는 것이 중요하기 때문이다.

(라) 또한 이미 들어온 이민자에게는 적극적인 지원을 해야 한다. 언어와 문화, 환경이 모두 낯선 이민자에게는 이민 초기에 세심한 배려가 필요하다. 특히 중요한 것은 다문화가족이 그들이 가지고 있는 강점을 활용하여 취약 계층이 아닌 주류층으로 설 수 있도록 지원해야 한다. 뿐만 아니라 이민자에 대한 지원 시기를 놓치거나 차별과 편견으로 내국인에게 증오감을 갖게 해서는 안 된다.

① (가) – (다) – (라) – (나)
② (다) – (가) – (라) – (나)
③ (다) – (나) – (라) – (가)
④ (라) – (나) – (다) – (가)
⑤ (라) – (다) – (나) – (가)

Easy

11

(가) 어려서부터 모국어를 익히는 과정에서 이미 문법을 내재화했기 때문이다.
(나) 자신의 언어활동을 반성해 보고, 틀린 부분을 고쳐 보는 습관을 기르면서 문법적 직관이 발달하게 된다.
(다) 그런데 이 문법적 직관은 저절로 얻어지는 것은 아니다.
(라) 원어민은 문법을 따로 배우지 않더라도 자유자재로 모국어를 구사할 수 있다.
(마) 모든 원어민은 문법을 바탕으로 언어를 구사하는 데 나름대로의 판단 기준인 문법적 직관이 있다.

① (나) – (가) – (다) – (마) – (라)
② (나) – (다) – (가) – (마) – (라)
③ (라) – (가) – (마) – (다) – (나)
④ (라) – (마) – (다) – (가) – (나)
⑤ (마) – (나) – (가) – (라) – (다)

12

먹을거리가 풍부한 현대인의 가장 큰 관심사 중 하나는 웰빙과 다이어트일 것이다. 현대인은 날씬한 몸매에 대한 열망이 지나쳐서 비만한 사람들이 나태하다고 생각하기도 하고, 심지어는 거식증으로 인해 사망한 패션모델까지 있었다. 이러한 사회적 경향 때문에 우리가 먹는 음식물에 포함된 지방이나 기름 성분은 몸에 좋지 않은 '나쁜 성분'으로 매도당하기도 한다. 물론 과도한 지방 섭취, 특히 몸에 좋지 않은 지방은 비만의 원인이 되고 당뇨병, 심장병, 고혈압과 같은 각종 성인병을 유발하지만, 사실 지방은 우리 몸이 정상적으로 활동하는 데 필수적인 성분이다.

(가) 먹을 것이 풍족하지 않은 상황에서 생존에 필수적인 능력은 다름 아닌 에너지를 몸에 축적하는 능력이었다.

(나) 사실 비만과 다이어트의 문제는 찰스 다윈(Charles R. Darwin)의 진화론과 밀접한 관련이 있다. 찰스 다윈은 19세기 영국의 생물학자로 『종의 기원』이라는 책을 써서 자연선택을 통한 생물의 진화 과정을 설명하였다.

(다) 약 100년 전만 해도 우리나라를 비롯한 전 세계 대부분의 국가는 식량이 그리 풍족하지 않았다. 실제로 수십만 년 지속된 인류의 역사에서 인간이 매일 끼니 걱정을 하지 않고 살게 된 것은 최근 수십 년의 일이다.

(라) 생물체가 살아남고 번식을 해서 자손을 남길 수 있느냐 하는 것은 주위 환경과의 관계가 중요한 역할을 하는데, 자연선택이란 주위 환경에 따라 생존하기에 적합한 성질 또는 기능을 가진 종들이 그렇지 못한 종들보다 더 잘 살아남게 되어 자손을 남기게 된다는 개념이다.

그러므로 인류는 이러한 축적 능력이 유전적으로 뛰어난 사람들이 그렇지 않은 사람들보다 상대적으로 더 잘 살아남았을 것이다. 그렇게 살아남은 자들의 후손인 현대인들이 달거나 기름진 음식을 본능적으로 좋아하게 된 것은 진화의 당연한 결과였다. 그리하여 음식이 풍부한 현대 사회에서는 이러한 유전적 특성이 단점으로 작용하게 되었다. 지방이 풍부한 음식을 찾는 경향은 지나치게 많은 지방을 축적하게 했고, 결국 부작용으로 이어졌다.

① (나) – (다) – (가) – (라)
② (나) – (라) – (다) – (가)
③ (나) – (가) – (라) – (다)
④ (다) – (가) – (나) – (라)
⑤ (다) – (라) – (가) – (나)

13

(가) 칸트의 '무관심성'에 대한 논의에서 이에 대한 단서를 얻을 수 있다. 칸트는 미적 경험의 주체가 '객체가 존재한다.'는 사실성 자체로부터 거리를 둔다고 주장한다. 이에 따르면, 영화관에서 관객은 영상의 존재 자체에 대해 '무관심한' 상태에 있다. 영상의 흐름을 냉정하고 분석적인 태도로 받아들이는 것이 아니라, 영상의 흐름이 자신에게 말을 걸어오는 듯이, 자신이 미적 경험의 유희에 초대된 듯이 공감하며 체험하고 있다. 미적 거리 두기와 공감적 참여의 상태를 경험하는 것이다. 주체와 객체가 엄격하게 분리되거나 완전히 겹쳐지는 것으로 이해하는 통상적인 동일시 이론과 달리, 칸트는 미적 지각을 지각 주체와 지각 대상 사이의 분리와 융합의 긴장감 넘치는 '중간 상태'로 본 것이다.

(나) 관객은 영화를 보면서 영상의 흐름을 어떻게 지각하는 것일까? 그토록 빠르게 변화하는 앵글, 인물, 공간, 시간 등을 어떻게 별 어려움 없이 흥미진진하게 따라가는 것일까? 흔히 영화의 수용에 대해 설명할 때 관객의 눈과 카메라의 시선 사이에 일어나는 동일시 과정을 내세운다. 그러나 동일시 이론은 어떠한 조건을 기반으로, 어떠한 과정을 거쳐서 동일시가 일어나는지, 영상의 흐름을 지각할 때 일어나는 동일시의 고유한 방식이 어떤 것인지에 대해 의미 있는 설명을 제시하지 못하고 있다.

(다) 이렇게 볼 때 영화 관객은 자신의 눈을 단순히 카메라의 시선과 직접적으로 동일시하는 것이 아니다. 관객은 영화를 보면서 영화 속 공간, 운동의 양상 등을 유희적으로 동일시하며, 장소 공간이나 방향 공간 등 다양한 공간의 층들을 동시에 인지할 뿐만 아니라 감정 공간에서 나오는 독특한 분위기의 힘을 감지하고, 이를 통해 영화 속의 공간과 공감하며 소통하고 있는 것이다.

(라) 관객이 영상의 흐름을 생동감 있게 체험할 수 있는 이유는, 영화 속의 공간이 단순한 장소로서의 공간이라기보다는 '방향 공간'이기 때문이다. 카메라의 다양한 앵글 선택과 움직임, 자유로운 시점 선택이 방향 공간적 표현을 용이하게 해 준다. 예를 들어 두 사람의 대화 장면을 보여주는 장면을 생각해 보자. 관객은 단지 대화에 참여한 두 사람의 존재와 위치만 확인하는 것이 아니라, 두 사람의 시선 자체가 지닌 방향성의 암시, 즉 두 사람의 얼굴과 상반신이 서로를 향하고 있는 방향 공간적 상황을 함께 지각하고 있는 것이다.

(마) 영화의 매체적 강점은 방향 공간적 표현이라는 데에만 그치지 않는다. 영상의 흐름에 대한 지각은 언제나 생생한 느낌을 동반한다. 관객은 영화 속 공간과 인물의 독특한 감정에서 비롯된 분위기의 힘을 늘 느끼고 있다. 따라서 영화 속 공간은 근본적으로 이러한 분위기의 힘을 느끼도록 해 주는 '감정 공간'이라 할 수 있다.

① (가) – (라) – (나) – (마) – (다)
② (나) – (라) – (마) – (다) – (가)
③ (나) – (다) – (가) – (라) – (마)
④ (나) – (가) – (라) – (마) – (다)
⑤ (라) – (가) – (다) – (나) – (마)

14

(가) 나무를 가꾸기 위해서는 처음부터 여러 가지를 고려해 보아야 한다. 심을 나무의 생육조건, 나무의 형태, 성목이 되었을 때의 크기, 꽃과 단풍의 색, 식재지역의 기후와 토양 등을 종합적으로 생각하고 심어야 한다. 나무의 생육조건은 저마다 다르기 때문에 지역의 환경조건에 적합한 나무를 선별하여 환경에 적응하도록 해야 한다. 동백나무와 석류, 홍가시나무는 남부지방에 키우기 적합한 나무로 알려져 있지만 지구온난화로 남부수종의 생육한계선이 많이 북상하여 중부지방에서도 재배가 가능한 나무도 있다. 부산의 도로 중앙분리대에서 보았던 잎이 붉은 홍가시나무는 여주의 시골집 마당 양지바른 곳에서 3년째 잘 적응하고 있다.

(나) 더불어 나무의 특성을 외면하고 주관적인 해석에 따라 심었다가는 훗날 낭패를 보기 쉽다. 물을 좋아하는 수국 곁에 물을 싫어하는 소나무를 심었다면 둘 중 하나는 살기 어려운 환경이 조성된다. 나무를 심고 가꾸기 위해서는 전체적인 밑그림을 그려보고 생태적 특징을 살펴본 후에 심는 것이 바람직하다.

(다) 나무들이 밀집해있으면 나무들끼리의 경쟁은 물론 바람길과 햇빛의 방해로 성장은 고사하고 병충해에 시달리기 쉽다. 또한 나무들은 성장속도가 다르기 때문에 항상 다 자란 나무의 모습을 상상하며 나무들 사이의 공간 확보를 염두에 두어야 한다. 그러나 묘목을 심고 보니 듬성듬성한 공간을 메꾸기 위하여 자꾸 나무를 심게 되는 실수를 저지른다.

(라) 식재계획의 시작은 장기적인 안목으로 적재적소의 원칙을 염두에 두고 나무를 선정해야 한다. 식물은 햇빛, 물, 바람의 조화를 이루면 잘 산다고 하지 않는가. 그래서 나무의 특성 중에서 햇볕을 좋아하는지 그늘을 좋아하는지, 물을 좋아하는지 여부를 살펴보는 것이 중요하다. 어린 묘목을 심을 때 많이들 실수하는 것은 나무가 자랐을 때의 생육공간을 생각하지 않고 촘촘하게 심는 것이다.

① (가) – (나) – (다) – (라)
② (가) – (나) – (라) – (다)
③ (가) – (다) – (나) – (라)
④ (가) – (라) – (나) – (다)
⑤ (가) – (라) – (다) – (나)

※ 다음 글의 내용으로 가장 적절한 것을 고르시오. [15~18]

| 2025년 상반기 SK그룹

15

우리가 세계지도를 펼쳐보며 익숙하게 느끼는 경도와 위도 그리고 대륙의 윤곽은 수많은 시행착오와 발견의 역사를 거쳐 완성된 것으로, 그 시작점 중 하나가 바로 2세기 그리스 – 로마 시대에 등장한 프톨레마이오스의 세계지도다. 프톨레마이오스의 세계지도는 단순한 상상이 아니라, 프톨레마이오스가 집필한 『지리학』을 바탕으로 천체 관측과 좌표 계산을 통해 체계적으로 만들어진 고대 과학의 산물이었다. 곡선의 경도와 위도선을 처음으로 도입했다는 점에서 당시 지구가 구형임을 인식했다는 점도 눈여겨볼 수 있다.

프톨레마이오스의 세계지도에서는 카나리아 제도가 경도 0도로 설정되어 있고, 동쪽으로 180도, 남북으로는 적도를 기준으로 80도까지의 세계가 펼쳐진다. 지도에는 지중해와 인도양이라는 두 개의 내해가 뚜렷하게 구분되어 있으며, 유럽, 중동, 인도, 실론 섬(현재의 스리랑카), 인도차이나반도, 중국 등 다양한 지역이 포함되어 있다. 아프리카 대륙의 남쪽은 동쪽으로 길게 뻗어 동남아시아와 연결된 육지로 그려졌고, 실론 섬은 실제보다 훨씬 크게 묘사되었다. 카스피해는 현대와 달리 동서로 길게 표현되었으며, 나일강의 수원지는 '달의 산맥'이라는 이름으로 표기되어 있다. 또한, 인도는 인더스 강과 갠지스 강 사이에 실제보다 작게 나타나고, 말레이반도는 '황금반도'로 그 너머에는 태국 만과 남중국해가 합쳐진 '거대한 만(Magnus Sinus)'이 자리하여 당시의 사람들이 어떤 세계관을 가지고 있었는지 직접적으로 보여준다.

그러나 프톨레마이오스의 세계지도에는 현재와는 다른 부정확한 표현들이 적지 않다. 이러한 오류들은 당시의 과학적 한계와 정보 부족에서 비롯된 것이다. 정밀한 측정 도구가 없어 경도 측정이 부정확했고, 여행자와 상인, 군사 원정대 등으로부터 전해들은 단편적인 지식에 의존하다 보니 실제와 다른 지형이나 크기가 지도에 반영될 수밖에 없었다. 실론 섬이 지나치게 크게 그려진 것, 아프리카가 동남아시아와 연결된 육지로 표현된 것 등은 모두 프톨레마이오스가 얻을 수 있었던 제한된 자료와 관측 기술의 한계를 보여준다. 이러한 점들은 프톨레마이오스의 세계지도가 고대의 세계관과 지리 지식을 반영하는 동시에 그 시대의 한계를 고스란히 담고 있음을 시사한다.

그러나 이 지도의 영향력은 고대에 머물지 않았다. 프톨레마이오스의 『지리학』은 9세기 이슬람 세계에서 아랍어로 번역되어 이슬람 학자들에게 큰 영향을 주었고, 15세기 초에는 라틴어로 번역되어 유럽에 다시 소개되었다. 원본 지도는 남아 있지 않지만 13세기 말 비잔틴 수도사들이 좌표 기록을 바탕으로 재구성한 판본이 전해진다. 이후 15세기 인쇄술이 발달하면서 이 지도는 유럽 각지에 널리 보급되었고, 르네상스와 대항해 시대 탐험가들에게도 새로운 영감과 정보를 제공했다. 프톨레마이오스의 세계지도는 고대의 지리 지식과 세계관을 집대성한 결정체로, 이후 지도 제작과 지리학 발전에 중요한 이정표가 되었다.

① 지도에서 곡선의 경도와 위도선은 이슬람 학자들이 처음으로 사용하였다.
② 프톨레마이오스의 세계지도는 그리스 – 로마 시대의 세계관을 보여주는 지도이다.
③ 프톨레마이오스의 세계지도는 객관적인 실측으로만 제작된 최초의 세계지도이다.
④ 프톨레마이오스의 세계지도는 당대의 발전된 인쇄술을 통해 유럽 각지에 널리 보급되었다.
⑤ 프톨레마이오스의 시대에서는 지구의 모습이 구형임을 인식하지 못하고, 평평하다고 생각하였다.

16

2차 전지는 충전과 방전을 반복해 사용할 수 있는 배터리로, 최근 전기차, 스마트폰, 태블릿, 에너지저장장치(ESS) 등 다양한 분야에서 필수적인 역할을 하고 있다. 2차 전지는 양극, 음극, 분리막, 전해질이라는 네 가지 핵심 소재로 구성된다. 대표적인 2차 전지인 리튬이온 배터리의 경우 양극에 있는 리튬이 충전 시 리튬이온이 전해질을 통해 분리막을 지나 음극으로 이동하며, 방전 시는 반대로 리튬이온이 음극에서 양극으로 이동하여 충전과 방전을 반복하게 된다. 따라서 2차 전지를 포함한 배터리의 용량은 주로 양극의 소재(양극재)에 따라 결정되지만, 충전이 가능한 2차 전지의 경우 충전 시 리튬이온을 받아 저장할 수 있는 음극의 소재(음극재)에 따라 배터리의 수명과 충전 효율이 결정되므로 최근 음극재가 2차 전지의 핵심 요소로 더욱 주목받고 있다.
2차 전지에서 음극재는 양극의 리튬이온을 받아 저장하고 방출하는 역할을 담당한다. 음극재를 구조적으로 살펴보면, 집전판 위에 음극활물질, 도전재, 바인더가 함께 쌓여 있는 형태이다. 집전판은 외부 회로와 활물질 사이에서 전자를 전달하는 역할을 하며, 음극활물질은 리튬이온을 저장하는 주체로 작용한다. 도전재는 전기가 잘 흐르도록 돕고, 바인더는 각 재료를 단단하게 고정하는 역할을 한다.
현재 가장 널리 사용되는 음극활물질은 흑연으로, 층상 구조 덕분에 리튬이온이 쉽게 출입할 수 있다. 게다가 가격이 저렴하고 안정적이며, 장기간 사용해도 성능 저하가 크지 않다는 장점이 있다. 반면, 에너지 밀도가 높지 않아 충전 속도를 높이는 데에는 한계가 존재한다.
이러한 한계를 극복하기 위해 최근에는 실리콘 음극재가 주목받고 있다. 흑연은 원자 6개에 1개의 리튬이온을 저장할 수 있지만, 실리콘은 리튬이온과 결합해 원자 5개로 22개의 리튬이온을 저장할 수 있어 흑연에 비해 실질적으로 저장할 수 있는 에너지 밀도가 약 10배가량 높다. 따라서 실리콘 음극재를 사용할수록 더 빠른 충전 속도를 가질 수 있다. 그러나 실리콘은 충전과 방전을 반복할 때 최대 300%까지 부피 팽창이 일어나므로 소재 및 배터리가 쉽게 손상되는 단점이 있어 실리콘 음극재의 상용화에는 아직 기술적 한계가 남아 있다. 이러한 단점을 극복하기 위하여 최근에는 흑연과 실리콘을 혼합해 사용하는 등 다양한 연구가 활발히 이루어지고 있다.
미래 산업의 주요 동력원으로서 2차 전지의 중요성은 더욱 커지고 있으며, 2차 전지의 성능을 좌우하는 핵심 소재인 음극재 기술의 중요성 또한 더욱 부각되고 있다. 배터리의 충전 속도, 수명 등 다양한 성능을 한 단계 끌어올릴 수 있는 음극재 기술의 발전은 앞으로 실리콘 등 신소재의 상용화가 가속화될 것으로 전망된다.

① 2차 전지의 음극에서 리튬이온은 집전판에 저장된다.
② 2차 전지의 용량은 주로 음극재의 종류에 따라 달라진다.
③ 같은 면적이라면 흑연이 실리콘보다 더 많은 리튬이온을 저장한다.
④ 음극재로 실리콘을 주로 사용할 경우 배터리의 변형이 일어날 수 있다.
⑤ 충전과 방전을 빠르게 하기 위해서는 리튬 외에 다른 소재를 사용해야 한다.

17

지진해일은 지진, 해저 화산폭발 등으로 바다에서 발생하는 파장이 긴 파도이다. 지진에 의해 바다 밑바닥이 솟아오르거나 가라앉으면 바로 위의 바닷물이 갑자기 상승 또는 하강하게 된다. 이 영향으로 지진해일파가 빠른 속도로 퍼져나가 해안가에 엄청난 위험과 피해를 일으킬 수 있다.
전 세계의 모든 해안 지역이 지진해일의 피해를 받을 수 있지만, 우리에게 피해를 주는 지진해일의 대부분은 태평양과 주변해역에서 발생한다. 이는 태평양의 규모가 거대하고 이 지역에서 대규모 지진이 많이 발생하기 때문이다. 태평양에서 발생한 지진해일은 발생 하루 만에 발생지점에서 지구의 반대편까지 이동할 수 있으며, 수심이 깊을 경우 파고가 낮고 주기가 길기 때문에 선박이나 비행기에서도 관측할 수 없다.
먼 바다에서 지진해일 파고는 해수면으로부터 수십 cm 이하이지만 얕은 바다에서는 급격하게 높아진다. 수심이 6,000m 이상인 곳에서 지진해일은 비행기의 속도와 비슷한 시속 800km로 이동할 수 있다. 지진해일은 얕은 바다에서 파고가 급격히 높아짐에 따라 그 속도가 느려지며 지진해일이 해안가의 수심이 얕은 지역에 도달할 때 그 속도는 시속 45 ~ 60km까지 느려지면서 파도가 강해진다. 이것이 해안을 강타함에 따라 파도의 에너지는 더 짧고 더 얕은 곳으로 모여 무시무시한 파괴력을 가져 우리의 생명을 위협하는 파도로 발달하게 된다. 최악의 경우, 파고가 15m 이상으로 높아지고 지진의 진앙 근처에서 발생한 지진해일의 경우 파고가 30m를 넘을 수도 있다. 파고가 3 ~ 6m 높이가 되면 많은 사상자와 피해를 일으키는 아주 파괴적인 지진해일이 될 수 있다.
지진해일의 파도 높이와 피해 정도는 에너지의 양, 지진해일의 전파 경로, 앞바다와 해안선의 모양 등으로 결정될 수 있다. 또한 암초, 항만, 하구나 해저의 모양, 해안의 경사 등 모든 것이 지진해일을 변형시키는 요인이 된다.

① 지진해일은 파장이 짧으며, 화산폭발 등으로 인해 발생한다.
② 태평양 인근에서 발생한 지진해일은 대부분 한 달에 걸쳐 지구 반대편으로 이동하게 된다.
③ 바다가 얕을수록 지진해일의 파고가 높아진다.
④ 지진해일이 해안가에 도달할수록 파도가 강해지며 속도는 800km에 달한다.
⑤ 해안의 경사는 지진해일에 아무런 영향을 주지 않는다.

18

> 뉴턴은 빛이 눈에 보이지 않는 작은 입자라고 주장하였고, 이것은 그의 권위에 의지하여 오랫동안 정설로 여겨졌다. 그러나 19세기 초에 토머스 영의 겹실틈 실험은 빛의 파동성을 증명하였다. 이 실험의 방법은 먼저 한 개의 실틈을 거쳐 생긴 빛이 다음에 설치된 두 개의 겹실틈을 지나가게 하여 스크린에 나타나는 무늬를 관찰하는 것이다.
>
> 이때 빛이 파동이냐 입자이냐에 따라 결과 값이 달라진다. 즉, 빛이 입자라면 일자 형태의 띠가 두 개 나타나야 하는데, 실험 결과 스크린에는 예상과 다른 무늬가 나타났다. 마치 두 개의 파도가 만나면 골과 마루가 상쇄와 간섭을 일으키듯이, 보강 간섭이 일어난 곳은 밝아지고 상쇄 간섭이 일어난 곳은 어두워지는 간섭무늬가 연속적으로 나타난 것이다. 그러나 19세기 말부터 빛의 파동성으로는 설명할 수 없는 몇 가지 실험적 사실이 나타났다. 1905년에 아인슈타인은 빛은 광량자라고 하는 작은 입자로 이루어졌다는 광량자설을 주장하였다. 빛의 파동성은 명백한 사실이었으므로 이것은 빛이 파동이면서 동시에 입자인 이중적인 본질을 가지고 있다는 것을 의미하는 것이었다.

① 뉴턴의 가설은 그의 권위에 의해 현재까지도 정설로 여겨진다.

② 겹실틈 실험은 한 개의 실틈을 거쳐 생긴 빛이 다음 설치된 두 개의 겹실틈을 지나가게 해서 그 틈을 관찰하는 것이다.

③ 겹실틈 실험 결과, 일자 형태의 띠가 두 개 나타났으므로, 빛은 입자이다.

④ 토머스 영의 겹실틈 실험은 빛의 파동성을 증명하였지만, 이는 아인슈타인에 의해서 거짓으로 판명 났다.

⑤ 아인슈타인의 광량자설은 뉴턴과 토머스 영의 가설을 모두 포함한다.

※ 다음 글의 내용으로 적절하지 않은 것을 고르시오. [19~26]

Easy

| 2025년 상반기 CJ그룹

19

김치는 넓은 의미에서 소금, 초, 장 등에 '절인 채소'를 말한다. 김치의 어원인 '딤채'도 '담근 채소'라는 뜻이다. 그러므로 깍두기, 오이지, 오이소박이, 단무지는 물론 장아찌까지도 김치류에 속한다고 볼 수 있다. 우리나라의 김치는 '지'라고 불렸다. 그래서 짠지, 싱건지, 오이지 등의 김치에는 지금도 '지'가 붙는다. 초기의 김치는 단무지나 장아찌에 가까웠을 것이다.
처음에는 서양의 피클이나 일본의 쓰케모노와 비슷했던 김치가 이들과 전혀 다른 음식이 된 것은 젓갈과 고춧가루를 쓰기 시작하면서부터이다. 하지만 이때에도 김치의 주재료는 무나 오이였다. 우리가 지금 흔히 먹는 배추김치는 18세기 말 중국으로부터 크고 맛이 좋은 배추 품종을 들여온 뒤로 사람들이 널리 담그기 시작하였고, 20세기에 들어와서야 무김치를 능가하게 되었다.
김치와 관련하여 우리나라 향신료의 대명사로 쓰이는 고추는 생각만큼 오랜 역사를 갖고 있지 못하다. 중미 멕시코가 원산지인 고추는 '남만초'나 '왜겨자'라는 이름으로 16세기 말 조선에 들여와 17세기부터 서서히 보급되다가 17세기 말부터 가루로 만들어 비로소 김치에 쓰이게 되었다. 조선 전기까지 주요 향신료는 후추, 천초 등이었고, 이 중 후추는 값이 비싸 쉽게 얻을 수 없었다. 19세기 무렵에 와서 고추는 향신료로서 압도적인 우위를 차지하게 되었다. 그 결과 후추는 더 이상 고가품이 아니게 되었으며, '산초'라고도 불리는 천초의 경우 지금에 와서는 간혹 추어탕에나 쓰일 뿐이다.
우리나라의 고추는 다른 나라의 고추 품종과 달리 매운맛에 비해 단맛 성분이 많고, 색소는 강렬하면서 비타민C 함유량이 매우 많다. 더구나 고추는 소금이나 젓갈과 어우러져 몸에 좋은 효소를 만들어 내고 열이 나게 함으로써 겨울의 추위를 이겨낼 수 있게 한다. 고추를 김장김치에 사용하기 시작한 것도 이 때문이라고 한다.

① 초기의 김치는 서양의 피클이나 일본의 쓰케모노와 크게 다르지 않았다.
② 고추가 들어오기 전까지는 김치에 고추 대신 후추, 천초와 같은 향신료를 사용하였다.
③ 김장김치에 고추를 사용하기 시작한 것은 몸에 열이 나게 하는 효능 때문이다.
④ 배추김치가 김치의 대명사가 된 것은 불과 100여 년밖에 되지 않았다.
⑤ 19세기 이후 후추와 천초는 향신료로서의 우위를 고추에 빼앗겼다.

20

> 일그러진 오이소박이와 휘어진 대들보. 물론 달항아리와 대들보가 언제나 그랬던 것은 아니다. 사실인즉 일그러지지 않은 달항아리와 휘어지지 않은 대들보가 더 많았을 것이다. 하지만 주목해야 할 것은 한국인들은 달항아리가 일그러졌다고 해서 깨뜨려 버리거나, 대들보가 구부러졌다고 해서 고쳐서 쓰거나 하지는 않았다는 것이다. 나아가 그들은 살짝 일그러진 달항아리나 그럴싸하게 휘어진 대들보, 입술이 약간 휘어져 삐뚜름 능청거리는 사발이 오히려 멋있다는 생각을 했던 것 같다. 일그러진 달항아리와 휘어진 대들보에서 '형(形)의 어눌함'과 함께 '상(象)의 세련됨'을 볼 수 있다. 즉, 상의 세련됨을 머금은 형의 어눌함을 발견하게 된다. 대체로 평균치를 넘어서는 우아함을 갖춘 상은 어느 정도 형의 어눌함을 수반한다. 이런 형상을 가리켜 아졸하거나 고졸하다고 하는데, 한국 문화는 이렇게 상의 세련됨과 형의 어눌함이 어우러진 아졸함이나 고졸함의 형상으로 넘쳐난다. 분청이나 철화, 달항아리 같은 도자기 역시 예상과는 달리 균제적이거나 대칭적이지 않은 경우가 많다. 이 같은 비균제성이나 비대칭성은 무의식(無意識)의 산물이 아니라 '형의 어눌함을 수반하는 상의 세련됨'을 추구하는 미의식(美意識)의 산물이다. 이러한 미의식은 하늘과 땅, 인간을 하나의 커다란 유기체로 파악하는 우리 민족이 자신의 삶을 통해 천지인의 조화를 이룩하기 위해 의식적으로 노력한 결과이다.

① 달항아리는 일그러진 모습, 대들보는 휘어진 모습을 한 것들이 많다.

② 한국인들은 곧은 대들보와 완벽한 모양의 달항아리를 좋아하지 않았다.

③ 상(象)의 세련됨은 형(形)의 어눌함에서도 발견할 수 있다.

④ 분청, 철화, 달항아리 같은 도자기에서는 비대칭적인 요소가 종종 발견된다.

⑤ 비대칭적 미의식은 천지인을 유기체로 파악하는 우리 민족의 의식적인 노력의 결과이다.

21

과거에는 공공 서비스가 경합성과 배제성이 모두 약한 사회 기반 시설 공급을 중심으로 제공되었다. 이런 경우 서비스 제공에 드는 비용은 주로 세금을 비롯한 공적 재원으로 충당을 한다. 하지만 복지와 같은 개인 단위 공공 서비스에 대한 사회적 요구가 증가함에 따라 관련 공공 서비스의 다양화와 양적 확대가 이루어지고 있다. 이로 인해 정부의 관련 조직이 늘어나고 행정 업무의 전문성 및 효율성이 떨어지는 문제점이 나타나기도 한다. 이 경우 정부는 정부 조직의 규모를 확대하지 않으면서 서비스의 전문성을 강화할 수 있는 민간 위탁 제도를 도입할 수 있다. 민간 위탁이란 공익성을 유지하기 위해 서비스의 대상이나 범위에 대한 결정권과 서비스 관리의 책임을 정부가 갖되, 서비스 생산은 민간 업체에게 맡기는 것이다.

민간 위탁은 주로 다음과 같은 몇 가지 방식으로 운용되고 있다. 가장 일반적인 것은 '경쟁 입찰 방식'이다. 이는 일정한 기준을 충족하는 민간 업체 간 경쟁 입찰을 거쳐 서비스 생산자를 선정, 계약하는 방식이다. 공원과 같은 공공 시설물 관리 서비스가 이에 해당한다. 이 경우 정부가 직접 공공 서비스를 제공할 때보다 서비스의 생산 비용이 절감될 수 있고 정부의 재정 부담도 경감될 수 있다. 다음으로는 '면허 발급 방식'이 있다. 이는 서비스 제공을 위한 기술과 시설이 기준을 충족하는 민간 업체에게 정부가 면허를 발급하는 방식이다. 자동차 운전면허 시험, 산업 폐기물 처리 서비스 등이 이에 해당한다. 이 경우 공공 서비스가 갖춰야 할 최소한의 수준은 유지하면서도 공급을 민간의 자율에 맡겨 공공 서비스의 수요와 공급이 탄력적으로 조절되는 효과를 얻을 수 있다. 또한 '보조금 지급 방식'이 있는데, 이는 민간이 운영하는 종합 복지관과 같이 안정적인 공공 서비스 제공이 필요한 기관에 보조금을 주어 재정적으로 지원하는 것이다.

① 과거 공공 서비스는 주로 공적 재원에 의해 운영됐다.
② 공공 서비스의 양적 확대에 따라 행정 업무 전문성이 떨어지는 부작용이 나타난다.
③ 서비스 생산을 민간 업체에게 맡김으로써 공공 서비스의 전문성을 강화할 수 있다.
④ 경쟁 입찰 방식은 정부의 재정 부담을 줄여준다.
⑤ 정부로부터 면허를 받은 민간 업체는 보조금을 지급받을 수 있다.

22

> '갑'이라는 사람이 있다고 하자. 이때 사회가 갑에게 강제적 힘을 행사하는 것이 정당화되는 근거는 무엇일까? 그것은 갑이 다른 사람에게 미치는 해악을 방지하려는 데 있다. 특정 행위가 갑에게 도움이 될 것이라든가, 이 행위가 갑을 더욱 행복하게 할 것이라든가 또는 이 행위가 현명하다든가 혹은 옳은 것이라든가 하는 이유를 들면서 갑에게 이 행위를 강제하는 것은 정당하지 않다. 이러한 이유는 갑에게 권고하거나 이치를 이해시키거나 무엇인가를 간청하거나 할 때는 충분한 이유가 된다. 그러나 갑에게 강제를 가하는 이유 혹은 어떤 처벌을 가할 이유는 되지 않는다. 이와 같은 사회적 간섭이 정당화되기 위해서는 갑이 행하려는 행위가 다른 어떤 이에게 해악을 끼칠 것이라는 점이 충분히 예측되어야 한다. 한 사람이 행하고자 하는 행위 중에서 그가 사회에 대해서 책임을 져야 할 유일한 부분은 다른 사람에게 관계되는 부분이다.

① 개인에 대한 사회의 간섭은 어떤 조건이 필요하다.
② 행위 수행 혹은 행위 금지의 도덕적 이유와 법적 이유는 구분된다.
③ 한 사람의 행위는 타인에 대한 행위와 자신에 대한 행위로 구분된다.
④ 사회는 개인의 해악에 관해서는 관심이 있지만, 그 해악을 방지할 강제성의 근거는 가지고 있지 않다.
⑤ 타인과 관계되는 행위에는 사회적 책임이 따른다.

23

> 모든 차의 운전자는 도로교통법 제48조 제1항에 의해 차의 조향장치와 제동장치, 그 밖의 장치를 정확하게 조작해야 하고, 도로의 교통상황과 차의 구조 및 성능에 따라 다른 사람에게 위험과 장해를 주는 속도나 방법으로 운전을 해서는 안 된다. 즉, 운전 속도나 방법이 도로교통법상 위배됨 없이 운전을 하더라도, 그 운전행위가 객관적으로 교통상황과 차의 구조, 성능 등을 모두 고려해 볼 때 다른 사람에게 위험과 장해를 초래할 개연성이 높다면 안전운전의무를 지키지 않은 것으로 본다는 것이다. 여기서 더 나아가 실제로 다른 사람들에게 자동차를 통해 위협 또는 위해를 가하거나 교통상의 위험을 발생시킨다면 난폭운전, 또는 보복운전으로 처벌을 받을 수 있다.
> 흔히들 난폭운전과 보복운전을 비슷한 개념으로 혼동하는 경우가 있다. 하지만 그 기준이나 처벌 수위에 있어선 엄연히 차이가 있다. 도로교통법에 따르면 난폭운전이란 특정 위반행위를 둘 이상 연달아서 하거나, 하나의 행위를 지속 또는 반복하여 다른 사람에게 위협 또는 위해를 가하는 경우 또는 교통상의 위험을 발생시킨 경우를 말한다. 여기서 말하는 특정 위반행위란 신호위반, 중앙선침범, 속도위반, 안전거리 미확보, 진로변경금지위반, 급제동, 앞지르기방법 또는 방해금지 위반, 정당한 사유 없는 소음 발생 등을 말하며 이런 행위들이 연달아 발생하거나 반복된다면 난폭운전으로 처벌을 받을 수 있는 것이다.
> 다음으로 보복운전은 운전면허를 받은 사람이 자동차 등을 이용하여 형법상 특수상해, 특수폭행, 특수협박, 특수손괴의 '특수'범죄를 행한 경우를 말하며, 도로교통법에 따라 운전면허가 취소 또는 정지될 뿐만 아니라 형법에 의거, 난폭운전보다 훨씬 무거운 처벌을 받을 수 있다. 보복운전이 형법에 의해 특수범죄로 취급되는 이유는 자동차를 법률에 명시된 '위험한 물건'으로 보기 때문이다. 위험한 물건은 그 자체로 흉기에 속하지는 않으나, 특수한 상황에서의 성질과 사용 방법에 따라서는 사람을 살상할 수 있는 물건을 말한다. 운전자가 운전대를 잡고 있는 자동차는 그 자체로 위험한 물건이 될 수 있음에는 이견이 없을 것이다. 앞서가다가 고의로 급정지를 하거나 급감속, 급제동을 반복하며 특정인을 고의로 위협하는 행위, 중앙선이나 갓길로 밀어붙이는 행위 등은 모두 자동차라는 흉기가 될 수 있는 물건을 이용해 발생하는 특수범죄로 보복운전에 해당할 수 있다.

① 안전운전의무를 지키기 위해서는 다른 사람에게 위험이 되지 않도록 운전을 해야 한다.
② 대부분의 사람들이 난폭운전과 보복운전 간의 차이를 느끼지 못한다.
③ 속도위반만 했을 경우에도 난폭운전이 될 수 있다.
④ 보복운전과 난폭운전 모두 특수범죄에 해당한다.
⑤ 보복운전의 상황에서 자동차는 흉기로 취급된다.

24

최근 국내 건설업계에서는 3D 프린팅 기술을 건설 분야와 접목하고자 노력하고 있다. 해외 건설사들도 3D 프린팅 기술을 이용한 건축 시장을 선점하기 위한 경쟁이 활발히 이루어지고 있으며 이미 미국 텍사스 지역에서 3D 프린팅 기술을 이용하여 주택 4채를 1주일 만에 완공한 바 있다. 또한 우리나라에서도 인공 조경 벽 등 건설 현장에서 3D 프린팅 건축물을 차차 도입해가고 있다.
왜 건설업계에서는 3D 프린팅 기술을 주목하게 되었을까? 3D 프린팅 건축 방식은 전통 건축 방식과 비교하여 비용을 절감할 수 있고 공사 기간이 단축되는 점을 장점으로 꼽을 수 있다. 특히 공사 기간이 짧은 점은 천재지변으로 인한 이재민 등을 위한 주거시설을 빠르게 준비할 수 있다는 점에서 호평받고 있다. 또한 전통 건축 방식으로는 구현하기 힘든 다양한 디자인을 구현할 수 있는 점과 건축 폐기물 감소 및 CO_2 배출량 감소 등 환경보호 면에서도 긍정적인 평가를 받고 있으며 각 국가 간 이해관계 충돌로 인한 직·간접적 자재 수급난을 해결할 수 있는 점도 긍정적 평가를 받는 요인이다.
어떻게 3D 프린터로 건축물을 세우는 것일까? 먼저 일반적인 3D 프린팅의 과정을 알아야 한다. 일반적인 3D 프린팅은 컴퓨터로 물체를 3D 형태로 모델링한 후 용융성 플라스틱이나 금속 등을 3D 프린터 노즐을 통해 분사하여 아래부터 층별로 겹겹이 쌓는 과정을 거친다.
3D 프린팅 건축 방식도 마찬가지이다. 컴퓨터를 통해 건축물을 모델링 후 모델링한 정보에 따라 콘크리트, 금속, 폴리머 등의 건축자재를 노즐을 통해 분사시켜 층층이 쌓아 올리면서 컴퓨터로 설계한 대로 건축물을 만든다. 기계가 대신 건축물을 만든다는 점에서 사람의 힘으로 한계가 있는 기존 건축방식의 보완은 물론 인건비 상승 및 전문인력 수급난을 해결할 수 있다는 점 또한 호평받고 있다.
하지만 아쉽게도 우리나라에서의 3D 프린팅 건설 사업은 관련 인증 및 안전 규정 미비 등의 제도적 한계와 기술적 한계가 있어 상용화 단계가 이루어지기는 힘들다. 특히 3D 프린터로 구조물을 적층하여 구조물을 쌓아 올리는 데에는 로봇 팔이 필요한데 아직은 5층 이하의 저층 주택 준공이 한계이고 현 대한민국 주택시장은 고층 아파트 등 고층 건물이 주력이므로 3D 프린터 고층 건축물 제작 기술을 개발해야 한다는 주장도 더러 나오고 있다.

① 이미 해외에서는 3D 프린터를 이용하여 주택을 시공한 바 있다.
② 3D 프린터 건축 기술은 전통 건축 기술과는 달리 환경에 영향을 덜 끼친다.
③ 3D 프린터 건축 기술은 인력난을 해소할 수 있는 새로운 기술이다.
④ 3D 프린터 건축 기술로 인해 대량의 실업자가 발생할 것이다.
⑤ 현재 우리나라는 3D 프린터 건축 기술의 제도적 장치 및 기술적 한계를 해결해야만 하는 과제가 있다.

25

혐기성 미생물은 산소에 비해 에너지 대사 효율이 낮은 질소산화물로 에너지를 만든다.
혐기성 미생물이 에너지 대사 효율이 높은 산소를 사용하지 않는 이유는 무엇일까? 생물체가 체내에 들어온 영양분을 흡수하기 위해서는 산소를 매개로 한 여러 가지 화학 반응을 수행해야 한다. 영양분이 산화 반응을 통해 세포 안으로 흡수되면 전자가 나오는데, 이 전자가 체내에서 퍼지는 과정에서 ATP가 생긴다. 그리고 에너지를 생산하기 위해 산소를 이용하는 호흡 과정에서 독성 물질인 과산화물과 과산화수소와 같은 활성산소가 생긴다.
이 두 물질은 DNA나 단백질 같은 세포 속 물질을 산화시켜 손상시킨다. 일반 미생물은 활성산소로부터 자신을 보호하는 메커니즘이 발달했다. 사람도 몸속에 독성 산소화합물을 해독하는 메커니즘이 있어 활성산소로 인해 죽지는 않는다. 단지 주름살이 늘거나 신체기관이 서서히 노화될 뿐이다. 인체 내에서 '슈퍼 옥사이드 분해효소(SOD)'가 과산화물 분자를 과산화수소와 산소로 바꾸고, 카탈리아제가 과산화수소를 물과 산소로 분해하기 때문이다. 그러나 혐기성 미생물에는 활성산소를 해독할 기관이 없다. 그렇기 때문에 혐기성 미생물은 활성산소를 피하는 방향으로 진화해 왔다고 할 수 있다.

① 산소는 일반 생물체에 이로움과 함께 해로움을 주기도 한다.
② 체내 활성산소의 농도가 증가되면 생물체의 생명이 연장된다.
③ 혐기성 미생물은 활성산소를 분해하는 메커니즘을 갖지 못했다.
④ 활성산소가 생물체의 죽음을 유발하는 직접적인 원인은 아니다.
⑤ 혐기성 미생물은 활성산소를 피하는 방향으로 진화해 왔다.

26

> 위기지학(爲己之學)이란 15세기의 사림파 선비들이 『소학(小學)』을 강조하면서 내세운 공부 태도를 가리킨다. 원래 이 말은 위인지학(爲人之學)과 함께 『논어(論語)』에 나오는 말이다. '옛날에 공부하던 사람들은 자기를 위해 공부했는데, 요즘 사람들은 남을 위해 공부한다.' 즉, 공자는 공부하는 사람의 관심이 어디에 있느냐를 가지고 학자를 두 부류로 구분했다. 어떤 학자는 '위기(爲己)란 자아가 성숙하는 것을 추구하며, 위인(爲人)이란 남들에게서 인정받기를 바라는 태도'라고 했다.
> 조선 시대를 대표하는 지식인 퇴계 이황(李滉)은 이렇게 말했다. "위기지학이란 우리가 마땅히 알아야 할 바가 도리이며, 우리가 마땅히 행해야 할 바가 덕행이라는 것을 믿고, 가까운 데서부터 착수해 나가되 자신의 이해를 통해서 몸소 실천하는 것을 목표로 삼는 공부이다. 반면 위인지학이란, 내면의 공허함을 감추고 관심을 바깥으로 돌려 지위와 명성을 취하는 공부이다." 위기지학과 위인지학의 차이는 공부의 대상이 무엇이냐에 있다기보다 공부를 하는 사람의 일차적 관심과 태도가 자신을 내면적으로 성숙시키는 데 있느냐 아니면 다른 사람으로부터 인정을 받는 데 있느냐에 있다는 것이다.
> 이것은 학문의 목적이 외재적 가치에 의해서가 아니라 내재적 가치에 의해서 정당화된다는 사고방식이 나타났음을 뜻한다. 이로써 당시 사대부들은 출사(出仕)를 통해 정치에 참여하는 것 외에 학문과 교육에 종사하면서도 자신의 사회적 존재 의의를 주장할 수 있다고 믿었다. 더 나아가 학자 또는 교육자로서 사는 것이 관료 또는 정치가로서 사는 것보다 훌륭한 것이라고 주장할 수 있게 되었다. 또한 위기지학의 출현은 종래 과거제에 종속되어 있던 교육에 독자적 가치를 부여했다는 점에서 역사적 사건으로 평가받아 마땅하다.

① 국가가 위기지학을 권장함으로써 그 위상이 높아졌다.
② 위인지학을 추구하는 사람들은 체면과 인정을 중시했다.
③ 위기적 태도를 견지한 사람들은 자아의 성숙을 추구했다.
④ 공자는 학문을 대하는 태도를 기준으로 삼아 학자들을 나누었다.

27 다음 글의 주장에 대한 비판으로 적절하지 않은 것은?

> 동물실험이란 교육, 시험, 연구 및 생물학적 제제의 생산 등 과학적 목적을 위해 동물을 대상으로 실시하는 실험 또는 그 과학적 절차를 말한다. 전 세계적으로 매년 약 6억 마리의 동물들이 실험에 쓰이고 있다고 추정되며, 대부분의 동물들은 실험이 끝난 뒤 안락사를 시킨다.
> 동물실험은 대개 인체실험의 전 단계로 이루어지는데, 검증되지 않은 물질을 바로 사람에게 주입하여 발생하는 위험을 줄일 수 있다는 점에서 필수적인 실험이라고 말할 수 있다. 물론 살아있는 생물을 대상으로 하는 실험이기 때문에 대체(Replacement), 감소(Reduction), 개선(Refinement)으로 요약되는 3R 원칙에 입각하여 실험하는 것이 당연하다. 다른 방법이 있다면 그 방법을 채택할 것이며, 희생이 되는 동물의 수를 최대한 줄이고, 필수적인 실험 조건 외에는 자극을 주지 않아야 한다. 하지만 그럼에도 보다 안전한 결과를 도출해내기 위한 동물실험은 필요악이며, 이러한 필수적인 의약실험조차 금지하려 한다는 것은 기술 발전 속도를 늦춰 약이 필요한 누군가의 고통을 감수하자는 이기적인 주장과 같다고 할 수 있다.

① 3R 원칙과 같은 윤리적 강령이 법적인 통제력을 지니지 않은 이상 실제로 얼마나 엄격하게 지켜질 것인지는 알 수 없다.

② 화장품 업체들의 동물실험과 같은 사례를 통해, 생명과 큰 연관이 없는 실험은 필요악이라고 주장할 수 없다.

③ 아무리 엄격하게 통제된 실험이라고 해도 동물 입장에서 바라본 실험이 비윤리적이며 생명체의 존엄성을 훼손하는 행위라는 사실을 벗어날 수는 없다.

④ 과거와 달리 현대에서는 인공 조직을 배양하여 실험의 대상으로 삼을 수 있으므로 동물실험 자체를 대체하는 것이 가능하다.

⑤ 동물실험에서 안전성을 검증받은 이후 인체에 피해를 준 약물의 사례가 존재한다.

※ 다음 글의 주장에 대한 반박으로 가장 적절한 것을 고르시오. [28~29]

| 2023년 하반기 LG그룹

28

보통의 질병은 병균이나 바이러스를 통해 감염되며, 병에 걸리는 원인으로는 개인적 요인의 영향이 가장 크다. 어떤 사람이 바이러스에 노출되었다면 그 사람이 평소에 위생 관리를 철저히 하지 않았기 때문이다. 또한 꾸준히 건강을 관리하지 않은 사람은 더 쉽게 병균에 노출될 것이다.

① 규칙적인 식사와 운동을 통해 건강을 관리하는 사람들의 발병률은 그렇지 않은 사람들에 비해 상대적으로 낮다.

② 병균이나 바이러스의 감염 경로를 자세하게 추적함으로써 질병의 감염원을 명확하게 파악할 수 있다.

③ 바이러스에 노출되지 않기 위해서는 사람이 많은 곳을 피하고, 개인위생을 철저히 해야 한다.

④ 발병한 사람들 전체를 고려하면 성별, 계층, 직업 등의 요인에 따라 질병 종류나 정도가 다르게 나타난다.

⑤ 불특정 다수에게 발병할 수 있는 감염병은 개인적 차원에서 벗어나 사회적 차원에서 국가가 관리하여야 한다.

29

> 우리는 우리가 생각한 것을 말로 드러낸다. 또 다른 사람의 말을 듣고, 그 사람이 무슨 생각을 가지고 있는가를 짐작한다. 그러므로 생각과 말은 서로 떨어질 수 없는 깊은 관계를 가지고 있다.
> 그러면 말과 생각이 얼마만큼 깊은 관계를 가지고 있을까? 이 문제를 놓고 사람들은 오랫동안 여러 가지 생각을 하였다. 그 가운데 가장 두드러진 것이 두 가지 있다. 그 하나는 말과 생각이 서로 꼭 달라붙은 쌍둥이인데 한 놈은 생각이 되어 속에 감추어져 있고 다른 한 놈은 말이 되어 사람 귀에 들리는 것이라는 생각이다. 다른 하나는 생각이 큰 그릇이고 말은 생각 속에 들어가는 작은 그릇이어서 생각에는 말 이외에도 다른 것이 더 있다는 생각이다.
> 이 두 가지 생각 가운데서 앞의 것은 조금만 깊이 생각해 보면 틀렸다는 것을 즉시 깨달을 수 있다. 우리가 생각한 것은 거의 대부분 말로 나타낼 수 있지만, 누구든지 가슴 속에 응어리진 어떤 생각이 분명히 있기는 한데 그것을 어떻게 말로 표현해야 할지 애태운 경험을 가지고 있을 것이다. 이것 한 가지만 보더라도 말과 생각이 서로 안팎을 이루는 쌍둥이가 아님은 쉽게 판명된다.
> 인간의 생각이라는 것은 매우 넓고 큰 것이며, 말이란 결국 생각의 일부분을 주워 담는 작은 그릇에 지나지 않는다. 그러나 아무리 인간의 생각이 말보다 범위가 넓고 큰 것이라고 하여도 그것을 가능한 한 말로 바꾸어 놓지 않으면 그 생각의 위대함이나 오묘함이 다른 사람에게 전달되지 않기 때문에 생각이 형님이요, 말이 동생이라고 할지라도 생각은 동생의 신세를 지지 않을 수가 없게 되어 있다.

① 말이 통하지 않아도 생각은 얼마든지 전달될 수 있다.
② 생각을 드러내는 가장 직접적인 수단은 말이다.
③ 말은 생각이 바탕이 되어야 생산될 수 있다.
④ 말과 생각은 서로 영향을 주고받는 긴밀한 관계를 유지한다.
⑤ 사회적·문화적 배경이 우리의 생각에 영향을 끼친다.

※ 다음 글을 읽고 추론할 수 있는 내용으로 적절하지 않은 것을 고르시오. [30~31]

| 2023년 상반기 KT그룹

30

커피 찌꺼기를 일컫는 커피박이라는 단어는 우리에게 생소한 편이다. 하지만 외국에서는 커피 웨이스트(Coffee Waste), 커피 그라운드(Coffee Ground) 등 다양한 이름으로 불린다. 커피박은 커피원두로부터 액을 추출한 후 남은 찌꺼기를 말하는데 이는 유기물뿐만 아니라 섬유소, 리그닌, 카페인 등 다양한 물질을 풍부하게 함유하고 있어 재활용 가치가 높은 유기물 자원으로 평가받고 있다. 특히 우리나라는 높은 커피 소비국으로 2007년부터 2010년까지의 관세청 자료에 의하면 매년 지속적으로 커피원두 및 생두 수입이 지속적으로 증가한 것으로 나타났다. 1인당 연간 커피 소비량은 2019년 기준 평균 328잔 정도에 달하며 커피 한잔에 사용되는 커피콩은 0.2%, 나머지는 99.8%로 커피박이 되어 생활폐기물 혹은 매립지에서 소각처리된다.
이렇게 커피 소비량이 증가하고 있는 가운데 커피를 마시고 난 후 생기는 부산물인 커피박도 연평균 12만 톤 이상 발생하고 있는 것으로 알려져 있다. 이렇듯 막대한 양의 커피박은 폐기물로 분류되며 폐기처리만 해도 큰 비용이 발생된다.
따라서 우리나라와 같이 농업분야의 유기성 자원이 절대적으로 부족한 곳에서는 비료 원자재 대부분을 수입산에 의존하고 있는데, 원재료 매입비용이 적은 반면 부가가치를 창출할 수 있는 수익성이 매우 높은 재료로 고가로 수입된 커피박 자원을 재활용할 수 있다면 자원절감과 비용절감 두 마리 토끼를 잡을 수 있을 것으로 기대된다.
또한 커피박은 부재료 선택에 신경을 쓴다면 분명 더 나은 품질의 퇴비가 가능하다고 전문가들은 지적한다. 그 가운데 톱밥, 볏짚, 버섯폐배지, 한약재 찌꺼기, 쌀겨, 스테비아분말, 채종유박, 깻묵 등의 부재료 화학성 pH는 4.9 ~ 6.4, 총탄소 4 ~ 54%, 총질소 0.08 ~ 10.4%, 탈질률 7.8 ~ 680으로 매우 다양했다. 그중에서 한약재 찌꺼기의 질소 함량이 가장 높았고, 유기물 함량은 톱밥이 가장 높았다.
유기물 퇴비를 만들기 위한 조건은 수분함량, 공기, 탄질비, 온도 등이 중요하다. 흔히 유기 퇴비의 원료로는 농가에서 쉽게 찾아볼 수 있는 볏짚, 나무껍질, 깻묵, 쌀겨 등이 있다. 그밖에 낙엽이나 산야초를 베어 퇴비를 만들어도 되지만 일손과 노동력이 다소 소모된다는 단점이 있다. 무엇보다 양질의 퇴비를 만들기 위해서는 재료로 사용되는 자재가 지닌 기본적인 탄소와 질소의 비율이 중요한데 탄질률은 20 ~ 30 : 1 인 것이 가장 이상적이다. 농촌진흥청 관계자는 이에 대해 "탄질률은 퇴비의 분해 속도와 관련이 있어 지나치게 질소가 많거나 탄소성분이 많을 경우 양질의 퇴비를 얻을 수 없다. 또한 퇴비 재료에 미생물이 첨가되면서 자연 분해되면 열이 발생하는데 이는 유해 미생물을 죽일 수 있어 양질의 퇴비를 얻기 위해서는 퇴비 더미의 온도를 50°C 이상으로 유지하는 것이 바람직하다."고 밝혔다.

① 커피박을 이용하여 유기농 비료를 만드는 것은 환경 보호뿐만 아니라 경제적으로도 이득이다.
② 커피박과 함께 비료에 들어갈 부재료를 고를 때에는 질소나 유기물이 얼마나 들어있는지가 중요한 기준이다.
③ 비료에서 중요한 성분인 질소가 많이 함유되어 있을수록 좋은 비료라고 할 수 있다.
④ 퇴비 재료에 있는 유해 미생물을 50℃ 이상의 고온을 통해 없앨 수 있다.
⑤ 커피박을 이용하여 유기 비료를 만들 때, 질소 보충이 필요한 사람이라면 한약재 찌꺼기를 첨가하는 것이 좋다.

31

인간의 삶과 행위를 하나의 질서로 파악하고 개념과 논리를 통해 이해하고자 하는 시도는 소크라테스와 플라톤을 기점으로 시작된 가장 전통적인 방법론이라고 할 수 있다. 이는 결국 경험적이고 우연적인 요소를 배제하여 논리적 필연으로 인간을 규정하고자 한 것이다. 이에 반해 경험과 감각을 중시하고 욕구하는 실체로서의 인간을 파악하고자 한 이들이 소피스트*들이다. 이 두 관점은 두 개의 큰 축으로 서구 지성사에 작용해 온 것이 사실이다.

하지만 이는 곧 소크라테스와 플라톤의 관점에서는 삶과 행위의 구체적이고 실제적인 일상이 무시된 채 본질적이고 이념적인 영역을 추구하였다는 것이며, 소피스트들의 관점에서는 고정적 실체로서의 도덕이나 정당화의 문제보다는 변화하는 실제적 행위만이 인정되었다는 이야기로 환원되어왔다. 그리고 이와 같은 문제를 제대로 파악한 것이 바로 고대 그리스의 웅변가이자 소피스트인 '이소크라테스'이다.

이소크라테스는 소피스트들에 대해서는 그들의 교육이 도덕이나 시민적 덕성의 함양과는 무관하게 탐욕과 사리사욕을 위한 교육에 그치고 있다고 비판했으며, 동시에 영원불변하는 보편적 지식의 무용성을 주장했다. 그는 시의적절한 의견들을 통해 더 좋은 결과에 이를 수 있는 능력을 얻으려는 자가 바로 철학자라고 주장했다. 그렇기에 이소크라테스의 수사학은 플라톤의 이데아론은 물론 소피스트들의 무분별한 실용성을 지양하면서도, 동시에 삶과 행위의 문제를 이론적이고도 실제적으로 해석하는 것으로 평가할 수 있다.

*소피스트 : 기원전 5세기 무렵 주로 아테네의 자유민으로서 교양이나 학예, 특히 변론술을 가르치는 일을 직업으로 삼던 사람들을 이르는 말

① 이소크라테스의 주장에 따르면 플라톤의 이데아론은 과연 그것이 현실을 살아가는 이들에게 무슨 의미가 있는가에 대한 필연적인 물음에 맞닥뜨리게 된다.
② 소피스트들의 주장과 관점은 현대사회의 물질만능주의를 이해하기에 적절한 사례가 된다.
③ 소피스트와 이소크라테스는 영원불변하는 보편적 지식의 존재를 부정하며 구체적이고 실제적인 일상을 중요하게 여겼다.
④ 이소크라테스를 통해 절대적인 진리를 추구하지 않는 것이 반드시 비도덕적인 일로 환원된다고는 볼 수 없음을 확인할 수 있다.
⑤ 훌륭한 말과 미덕을 갖춘 지성인은 이소크라테스가 추구한 목표에 가장 가까운 존재라고 할 수 있다.

※ 다음 글을 읽고 추론할 수 있는 내용으로 가장 적절한 것을 고르시오. [32~35]

Hard

32

| 2025년 상반기 SK그룹

한국의 고령화는 세계에서 가장 빠른 속도로 진행되고 있다. 2025년에는 65세 이상 인구 비중이 20%를 넘어서며 본격적인 초고령사회에 진입한다. 이에 따라 과거에는 노년층이 경제의 주변부로 여겨졌지만, 최근에는 '그레이 르네상스'라는 말이 나올 정도로 시니어층이 소비와 사회 변화를 이끄는 주체로 떠오르고 있다. 특히 경제력과 건강을 갖춘 '액티브 시니어', 디지털 환경에 익숙한 '디지털 시니어' 등 다양한 모습의 노년층이 등장하면서 시니어 산업이 새로운 성장 동력으로 주목받고 있다.

시니어 산업은 매우 다양한 분야로 세분화된다. 먼저, 시니어 하우징 분야에서는 전통적인 실버타운을 넘어 자립 생활이 가능한 시니어 레지던스, 커뮤니티형 주거단지 등 다양한 주거형태가 등장하고 있다. 이들의 주거공간은 단순 거주 기능을 넘어 건강관리, 취미활동, 커뮤니티 형성 등 삶의 질을 높이는 서비스를 결합해 제공한다. 자산관리와 금융 분야도 빠르게 성장 중이다. 은퇴설계, 연금, 자산관리 서비스 등 시니어의 경제적 안정과 맞춤형 금융 상품에 대한 수요가 크게 늘고 있다.

건강관리와 요양·돌봄 분야 역시 시니어 산업의 핵심이다. 만성질환 관리, 건강식품, 의료기기, 원격진료 등 헬스케어 산업이 빠르게 발전하고 있으며, 방문요양, 돌봄 로봇, 스마트 모니터링 시스템 등 첨단 기술을 접목한 돌봄 서비스도 확산되고 있다. 특히 최근에는 웨어러블 기기를 통해 건강 데이터를 실시간으로 수집·분석하고, 이상 징후를 즉시 의료진이나 가족에게 알리는 시스템 등 인공지능과 사물인터넷을 활용한 스마트 헬스케어 서비스가 주목받고 있다.

여가와 문화, 교육 분야도 시니어 산업에서 빠질 수 없다. 여행, 평생교육, 취미활동, 문화예술 프로그램 등 시니어의 자기계발과 사회참여를 지원하는 다양한 서비스가 주목받고 있으며 최근에는 시니어 맞춤형 여행상품, 온라인 강좌, 문화예술 동아리 등이 인기를 끌고 있다. 마지막으로 고령층의 사회 참여와 일자리 창출도 중요한 이슈다. 단순한 생계형 일자리에서 벗어나 전문성과 경험을 살리는 것을 주요 목적으로 멘토링, 사회공헌 등의 활동이 각광받고 있다.

시니어 산업은 앞으로도 시장 규모가 지속적으로 성장할 것으로 전망된다. 고령화가 가져올 사회적 도전과 함께 기술 융합과 서비스 혁신을 통해 새로운 기회가 계속해서 창출될 것이다. 사회적 돌봄 인프라 강화, 디지털 격차 해소 등 해결해야 할 과제도 많지만, 시니어 산업은 결국 한국 사회의 미래를 이끌 중요한 산업이 될 것으로 전망된다.

① 요양원 운영은 대표적인 시니어 하우징 사업이다.
② 갈수록 심해지는 고령화는 시니어 산업의 성장을 이끌어 낼 것이다.
③ 시니어 사업은 디지털 격차로 인해 전통적인 기술이 선호되는 사업이다.
④ 그레이 르네상스는 첨단 기기를 잘 다루는 노년층이 등장하면서 시작되었다.
⑤ 고령층 일자리 창출 사업의 목적은 노인의 자립을 위한 생계형 일자리 제공이다.

환경 고령화을 간단히 정의하면 모든 인간의 행동, 노동과 창조 등은 환경 내의 자연적 요소들에 의해 미리 결정되거나 통제된다는 것이다. 이에 대하여 환경 가능론은 자연 환경은 단지 인간이 반응할 수 있는 다양한 가능성의 기회를 제공할 뿐이며, 인간은 환경을 변화시킬 수 있는 능동적인 힘을 가지고 있다고 반박한다.

환경 결정론 사조 형성에 영향을 준 사상은 1859년에 발표된 다윈의 진화론이다. 다윈의 진화 사상과 생물체가 환경에 적응한다는 개념은 인간도 특정 환경에 적응해야 한다는 것으로 수용되었다. 이러한 철학적 배경하에 형성되기 시작한 환경 결정론의 발달에 공헌한 사람으로는 라첼, 드모랭, 샘플 등이 있다. 라첼은 인간도 자연 법칙 아래에서 살고 있다고 보았으며, 문화의 형태도 자연적 조건에 의해 결정되고 적응한 결과로 간주하였다. 드모랭은 보다 극단적으로 사회 유형은 환경적 힘의 산물로 보고 초원 지대의 유목 사회, 지중해 연안의 상업 사회를 환경 결정론적 사고에 입각하여 해석하였다.

환경 결정론이 인간의 의지와 선택의 자유를 인정하지 않는다는 점이 문제라면 환경 가능론은 환경이 제공한 많은 가능성 중 왜 어떤 가능성이 선택되어야 하는가를 설명하기 힘들다. 과학 기술의 발달에 의해 인간이 자연의 많은 장애물을 극복하게 된 것은 사실이지만, 실패로 인해 고통받는 사례도 많다. 사실 결정론이냐 가능론이냐 결론을 내리는 것은 그리 중요하지 않다. 인간과 환경의 관계는 매우 복잡하며, 지표상의 경관은 자연적인 힘과 문화적인 힘에 의해 이루어지기 때문에 어떤 한 가지 결정 인자를 과소평가하거나 과장하면 안 된다. 인간 활동의 결과로 인한 총체적인 환경 파괴 문제가 현대 문명 전반의 위기로까지 심화되는 오늘날, 인간과 자연의 진정한 상호 관계는 어떠해야 할지 생각해야 할 것이다. 이제 자연이 부여한 여러 가지 가능성 중에서 자연 환경과 조화를 이룰 수 있는 가능성을 선택해야 할 때이다.

① 인간과 자연은 항상 대립하고 있어. 자연의 위력 앞에서 우리는 맞서 싸워야 해.
② 자연의 힘은 대단해. 몇 해 전 동남아 대해일을 봤지? 인간이 얼마나 무력한지 알겠어.
③ 우리는 잘 살기 위해서 자연을 너무 훼손했어. 이제는 자연과 공존하는 삶을 생각해야 해.
④ 인간은 자연의 위대함 앞에 굴복해야 돼. 인간의 끝없는 욕망이 오늘의 재앙을 불러왔다고 봐야 해.
⑤ 인간의 능력은 초자연적이야. 이런 능력을 잘 살려 나간다면 에너지 부족 사태쯤이야 충분히 해결할 거야.

34

> 핀테크는 금융과 기술의 합성어로, 은행, 카드사 등의 금융기관이 기존 금융서비스에 ICT를 결합한 것으로 금융 전반에 나타난 디지털 혁신이다. 은행은 직접 방문하지 않아도 스마트폰 등을 이용하여 은행 업무를 처리할 수 있는 것이 대표적이다.
> 테크핀은 ICT 기업이 자신들의 기술을 통해 특색 있는 금융 서비스를 만드는 것으로, 핀테크와 비교했을 때, 기술을 금융보다 강조하는 점이 특징이다. ○○페이 등의 간편결제, 송금 서비스, 인터넷 전문은행 등이 대표적이다.
> 한국은 주로 금융기관이 주축이 되어 금융서비스를 개선하고 있었지만, 최근에는 비금융회사의 금융업 진출이 확대되고 있다. 국내의 높은 IT 인프라와 전자상거래 확산으로 인해 소비자들이 현재보다 편한 서비스를 필요하다고 생각하는 것이 원인이다. 또한 공인인증서 의무사용 폐지와 같은 규제가 완화되는 것 또한 ICT 기업이 금융으로 진출할 수 있는 좋은 상황으로 평가된다.
> 테크핀의 발전은 핀테크의 발전 역시 야기하였다. 테크핀으로 인한 위기를 느낀 금융기관은 이와 경쟁하기 위해 서비스를 개선하고 있다. 금융기관도 공인인증서, 보안카드 등이 필요 없는 서비스 등을 개선하고 모바일 뱅킹도 더 편리하게 개선하고 있다.
> 핀테크와 테크핀이 긍정적인 영향만을 가진 것은 아니다. 금융서비스 이용실태 조사에 따르면 금융혁신이 이루어지고 이에 대한 혜택을 받는 사람이 저연령층이나 고소득층이 높은 비율을 차지하고 있다. 따라서 핀테크와 테크핀을 발전시키는 동시에 모든 사람이 혜택을 누릴 수 있는 방안도 같이 찾아야 한다.

① 핀테크가 발전하면 저소득층부터 고소득층 모두 혜택을 누린다.
② 핀테크는 비금융기관이 주도한 금융혁신이다.
③ 테크핀은 기술보다 금융을 강조한다.
④ IT 인프라가 높으면 테크핀이 발전하기 쉬워진다.
⑤ 핀테크와 테크핀은 동시에 발전할 수 없다.

35

> 1896년『독립신문』 창간을 계기로 여러 가지의 애국가 가사가 신문에 게재되기 시작했는데, 어떤 곡조에 따라 이 가사들을 노래로 불렀는지는 명확하지 않다. 다만 대한제국이 서구식 군악대를 조직해 1902년 '대한제국 애국가'라는 이름의 국가(國歌)를 만들어 나라의 주요 행사에 사용했다는 기록은 남아 있다. 오늘날 우리가 부르는 애국가의 노랫말은 외세의 침략으로 나라가 위기에 처해있던 1907년을 전후하여 조국애와 충성심을 북돋우기 위하여 만들어졌다.
> 1935년 해외에서 활동 중이던 안익태는 오늘날 우리가 부르고 있는 국가를 작곡하였다. 대한민국 임시정부는 이 곡을 애국가로 채택해 사용했으나 이는 해외에서만 퍼져나갔을 뿐, 국내에서는 광복 이후 정부수립 무렵까지 애국가 노랫말을 스코틀랜드 민요에 맞춰 부르고 있었다. 그러다가 1948년 대한민국 정부가 수립된 이후 현재의 노랫말과 함께 안익태가 작곡한 곡조의 애국가가 정부의 공식 행사에 사용되고 각급 학교 교과서에도 실리면서 전국적으로 애창되기 시작하였다.
> 애국가가 국가로 공식화되면서 1950년대에는 대한뉴스 등을 통해 적극적으로 홍보가 이루어졌다. 그리고 「국기게양 및 애국가 제창 시의 예의에 관한 지시(1966)」 등에 의해 점차 국가의례의 하나로 간주되었다.
> 1970년대 초에는 공연장에서 본공연 전에 애국가가 상영되기 시작하였다. 이후 1980년대 중반까지 주요 방송국에서 국기강하식에 맞춰 애국가를 방송하였다. 주요 방송국의 국기강하식 방송, 극장에서의 애국가 상영 등은 1980년대 후반 중지되었으며 음악회와 같은 공연 시 애국가 연주도 이때 자율화되었다.
> 오늘날 주요 행사 등에서 애국가를 제창하는 경우에는 부득이한 경우를 제외하고 4절까지 제창하여야 한다. 애국가는 모두 함께 부르는 경우에는 전주곡을 연주한다. 다만, 약식 절차로 국민의례를 행할 때 애국가를 부르지 않고 연주만 하는 의전행사(외국에서 하는 경우 포함)나 시상식 · 공연 등에서는 전주곡을 연주해서는 안 된다.

① 1940년에 해외에서는 안익태가 만든 애국가 곡조를 들을 수 없었다.
② 1990년대 초반에는 국기강하식 방송과 극장에서의 애국가 상영이 의무화되었다.
③ 오늘날 우리가 부르는 애국가의 노랫말은 1896년『독립신문』에 게재되지 않았다.
④ 시상식에서 애국가를 부르지 않고 연주만 하는 경우에는 전주곡을 연주할 수 있다.

※ 다음 글을 토대로 〈보기〉를 바르게 해석한 것을 고르시오. [36~37]

Hard

36

| 2023년 하반기 삼성그룹

반도체 및 디스플레이 제조공정에서 사용되는 방법인 포토리소그래피(Photo-lithography)는 그 이름처럼 사진 인쇄 기술과 비슷하게 빛을 이용하여 복잡한 회로 패턴을 제조하는 공정이다. 포토리소그래피는 디스플레이에서는 TFT(Thin Film Transistor : 박막 트랜지스터) 공정에 사용되는데, 먼저 세정된 기판(Substrate) 위에 TFT 구성에 필요한 증착 물질과 이를 덮을 PR(Photo Resist : 감광액) 코팅을 올리고, 빛과 마스크, 그리고 현상액과 식각 과정으로 PR 코팅과 증착 물질을 원하는 모양대로 깎아 내린 다음, 다시 그 위에 층을 쌓는 것을 반복하여 원하는 형태를 패터닝하는 것이다.
한편 포토리소그래피 공정에 사용되는 PR 물질은 빛의 반응에 따라 포지티브와 네거티브 두 가지 방식으로 분류되는데, 포지티브 방식은 마스크에 의해 빛에 노출된 부분이 현상액에 녹기 쉽게 화학 구조가 변하는 것으로, 노광(Exposure) 과정에서 빛을 받은 부분을 제거한다. 반대로 네거티브 방식은 빛에 노출된 부분이 더욱 단단해지는 것으로 빛을 받지 못한 부분을 현상액으로 제거한다. 이후 원하는 패턴만 남은 PR층은 식각(Etching) 과정을 거쳐 PR이 덮여 있지 않은 부분의 증착 물질을 제거하고, 이후 남은 증착 물질이 원하는 모양으로 패터닝 되면 그 위의 도포되어 있던 PR층을 마저 제거하여 증착 물질만 남도록 하는 것이다.

보기

창우와 광수는 각각 포토리소그래피 공정을 통해 디스플레이 회로 패턴을 완성시키기로 하였다. 창우는 포지티브 방식을, 광수는 네거티브 방식을 사용하기로 하였는데, 광수는 실수로 포지티브 방식의 PR 코팅을 사용해 공정을 진행했음을 깨달았다.

① 창우의 디스플레이 회로는 증착, PR 코팅, 노광, 현상, 식각까지의 과정을 반복하여 완성되었을 것이다.
② 광수가 포토리소그래피의 매 공정을 검토했을 경우 최소 식각 과정을 확인하면서 자신의 실수를 알아차렸을 것이다.
③ 포토리소그래피 공정 중 현상 과정에서 문제가 발생했다면 창우의 디스플레이 기판에는 PR층과 증착 물질이 남아있지 않을 것이다.
④ 원래 의도대로라면 노광 과정 이후 창우가 사용한 감광액은 용해도가 높아지고, 광수가 사용한 감광액은 용해도가 매우 낮아졌을 것이다.
⑤ 광수가 원래 의도대로 디스플레이 회로를 완성시키기 위해서는 최소한 노광 과정까지는 공정을 되돌릴 필요가 있다.

37

독립신문은 우리나라 최초의 민간 신문이다. 사장 겸 주필(신문의 최고 책임자)은 서재필 선생이, 국문판 편집과 교정은 최고의 국어학자로 유명한 주시경 선생이, 그리고 영문판 편집은 선교사 호머 헐버트가 맡았다. 창간 당시 독립신문은 이들 세 명에 기자 두 명과 몇몇 인쇄공들이 합쳐 단출하게 시작했다.

신문은 우리가 흔히 사용하는 'A4 용지'보다 약간 큰 '국배판(218×304mm)' 크기로 제작됐고, 총 4면 중 3면은 순 한글판으로, 나머지 1면은 영문판으로 발행했다. 제1호는 '독닙신문'이고 영문판은 'Independent(독립)'로 조판했고, 내용을 살펴보면 제1면에는 대체로 논설과 광고가 실렸고, 제2면에는 관보·외국통신·잡보가, 제3면에는 물가·우체시간표·제물포 기선 출입항 시간표와 광고가 게재됐다.

독립신문은 민중을 개화시키고 교육하기 위해 발간된 것이지만, 그 이름에서부터 알 수 있듯 스스로 우뚝 서는 독립국을 만들고자 자주적 근대화 사상을 강조했다. 창간호 표지에는 '뎨일권 뎨일호. 조선 서울 건양 원년 사월 초칠일 금요일'이라고 표기했는데, '건양(建陽)'은 조선의 연호이고, 한성 대신 서울을 표기한 점과 음력 대신 양력을 쓴 점 모두 중국 사대주의에서 벗어난 자주독립을 꾀한 것으로 볼 수 있다.

독립신문이 발행되자 사람들은 모두 깜짝 놀랄 수밖에 없었다. 순 한글로 만들어진 것은 물론 유려한 편집 솜씨에 조판과 내용까지 완벽했기 때문이다. 무엇보다 제4면을 영어로 발행해 국내 사정을 외국에 알린다는 점은 호시탐탐 한반도를 노리던 일본 당국에 큰 부담을 안겨주었고, 더는 자기네들 마음대로 조선의 사정을 왜곡 보도할 수 없게 된 것이다.

날이 갈수록 독립신문을 구독하려는 사람은 늘어났고, 처음 300부씩 인쇄되던 신문이 곧 500부로, 나중에는 3,000부까지 확대된다. 오늘날에는 한 사람이 신문 한 부를 읽으면 폐지 처리하지만, 과거에는 돌려가며 읽는 경우가 많았고 시장이나 광장에서 글을 아는 사람이 낭독해주는 일도 빈번했기에 한 부의 독자 수는 50명에서 100명에 달했다. 이런 점을 감안해보면 실제 독립신문의 독자 수는 10만 명을 넘어섰다고 가늠해 볼 수 있다.

보기

우리 신문이 한문은 아니 쓰고 다만 국문으로만 쓰는 것은 상하귀천이 다 보게 함이라. 또 국문을 이렇게 구절을 떼어 쓴즉 아무라도 이 신문을 보기가 쉽고 신문 속에 있는 말을 자세히 알아보게 함이라.

① 교통수단도 발달하지 않던 과거에는 활자 매체인 신문이 소식 전달에 있어 절대적인 역할을 차지했다.

② 민중을 개화시키고 교육하기 위해 발간된 것으로 역사적·정치적으로 큰 의의를 가진다.

③ 한글을 사용해야 누구나 읽을 수 있다는 점을 인식해 한문우월주의에 영향을 받지 않고, 소신 있는 행보를 보였다.

④ 일본이 한반도를 집어삼키려 하던 혼란기 우리만의 신문을 펴낼 수 있었다는 것에 큰 의의가 있다.

⑤ 중국의 지배에서 벗어나 자주독립을 꾀하고 스스로 우뚝 서는 독립국을 만들고자 자주적 사상을 강조했다.

38 다음 중 밑줄 친 ㉠～㉢에 대한 사례로 적절하지 않은 것은?

> 4차 산업혁명의 주제는 무엇일까? 제조업의 입장에서 4차 산업혁명은 ICT와 제조업의 결합을 의미하며, 여기에서 발생하는 제조업의 변화 양상은 크게 제조업의 서비스화, 제조업의 디지털화, 제조업의 스마트화 등으로 정리할 수 있다.
> 먼저 ㉠ 제조업의 서비스화에서의 핵심은 '아이디어를 구체화하는 시스템'이다. 제조업체는 제품과 서비스를 통합적으로 제공하고, 이를 통해 제품의 부가가치와 경쟁력을 높여 수익을 증대하고자 한다.
> 다음으로 ㉡ 제조업의 디지털화는 '디지털 인프라 혁명'이라고도 하며, 가상과 현실, 사람과 사물이 연결되는 초연결(Hyper-connected) 네트워크 통해 언제 어디서나 접속 가능한 환경을 조성하여 재화를 생산하는 것을 의미한다. 제조업체는 맞춤형 생산이 가능한 3D프린팅, 스마트 공장, 증강현실・가상현실 기반 콘텐츠, 클라우드 기반 정보 시스템 등을 생산과정에 활용한다.
> 마지막으로 ㉢ 제조업의 스마트화는 인공지능(AI), 로봇, 사물인터넷(IoT), 빅데이터, 클라우드, AR, VR, 홀로그램 등 지능 기술의 발달에 따른 '기술적 혁명'을 말한다. 이는 생산성 향상, 생산공정 최적화 등을 달성하는 데 기여할 것으로 예상된다. 이러한 제조업의 스마트화는 생산인구 감소, 고임금, 자원 고갈(에너지, 인력, 장비, 설비 등) 등에 대비해 노동 생산성과 자원 효율성 제고를 위한 새로운 전략적 대응으로 등장하였다.

① ㉠ : 애플은 하드웨어와 소프트웨어뿐만 아니라 콘텐츠 생산자와 소비자를 연결하는 플랫폼인 애플 스토어 서비스를 구축하였다.

② ㉠ : 롤스로이스는 항공기 엔진과 관련 부품의 판매뿐만 아니라 ICT를 이용한 실시간 모니터링을 통해 엔진의 유지・보수 및 관리가 가능한 엔진 점검 서비스를 제공한다.

③ ㉡ : 포드는 'TechShop' 프로젝트를 통해 2,000여 명의 회원들이 자유롭게 자사의 3D프린터 제작 설비를 활용하여 아이디어를 시제품으로 구체화할 수 있도록 지원했다.

④ ㉡ : GE의 제조 공장에서는 제조 주기의 단축을 위한 기술을 축적하고 있으며, 하나의 공장에서 항공, 에너지, 발전 관련 등 다양한 제품군을 제조하는 설비를 갖추고자 노력하고 있다.

⑤ ㉢ : 지멘스의 제조 공장에서는 제품 개발 및 제조・기획을 관장하는 '가상생산' 시스템과 제품 수명 주기 관리를 통한 '공장생산' 시스템을 통합해 생산 효율성의 극대화를 추구한다.

39 다음 A와 B의 토론 주제로 가장 적절한 것은?

A : 동성결혼 합법화는 사회에 여러 장점을 가져옵니다. 성소수자들의 기본적 권리를 보장함으로써 차별을 줄이고 더 평등한 사회를 만들 수 있기 때문입니다. 실제로 동성결혼을 합법화한 국가들에서는 성소수자에 대한 사회적 수용도가 높아졌다는 연구 결과가 있습니다.
B : 저는 오히려 동성결혼이 사회분열을 초래할 수 있다고 생각합니다. 우리 사회에는 아직 전통적 가치관을 중시하는 사람들이 많으며, 급격한 변화는 이들의 강한 반발을 불러일으킬 수 있습니다. 실제로 일부 국가에서는 동성결혼 합법화 이후 보수층의 반발로 사회적 갈등이 심화된 사례가 있습니다.
A : 그러나 장기적으로 볼 때, 다양성을 인정하는 것이 현대 사회의 흐름입니다. 점진적인 변화와 교육을 통해 사회적 수용도를 높일 수 있습니다. 예를 들어 네덜란드나 스페인 같은 국가들은 초기의 반발을 극복하고 현재는 동성결혼이 자연스럽게 받아들여지고 있습니다.
B : 하지만 우리 사회의 특수성을 고려해야 합니다. 서구와는 다른 문화적, 종교적 배경을 가진 우리나라에서는 더 큰 혼란이 야기될 수 있습니다. 또한 동성결혼 합법화에 따른 법적, 제도적 변화가 가져올 복잡한 문제들을 해결하기 위해서는 충분한 사회적 합의와 준비 과정이 필요합니다.
A : 동의합니다만, 소수자의 기본적 권리 보장을 위한 노력은 계속되어야 합니다. 사회적 합의를 위한 대화와 동시에, 성소수자에 대한 차별 해소와 인식 개선을 위한 정책적 노력이 병행되어야 합니다. 이를 통해 점진적으로 변화를 이끌어낸다면 결과적으로 더 포용적이고 안정된 사회를 만들 수 있을 것입니다.

① 동성 부부의 자녀 입양을 허용해야 하는가?
② 동성결혼 합법화가 사회통합과 안정에 기여할 수 있는가?
③ 동성결혼 금지는 성소수자에 대한 차별로, 평등권 침해인가?
④ 상속, 의료보험 등 법적 보호를 위해 동성결혼 제도화가 필요한가?

Easy

40 다음은 '전기 에너지 부족 문제'에 대한 글을 쓰기 위해 작성한 개요이다. 다음 개요의 수정·보완 및 자료 제시 방안으로 적절하지 않은 것은?

> Ⅰ. 서론 : 우리나라 전기 에너지 부족 현황 ························ ㉠
>
> Ⅱ. 본론
> 1. 문제의 원인 분석
> 가. 전기 에너지 생산 시설의 부족과 노후화
> 나. 기업의 과도한 전기 에너지 사용 ························ ㉡
> 다. 가정의 무분별한 전기 에너지 사용
> 2. 문제의 해결 방안 ·· ㉢
> 가. 기업의 과도한 전기 에너지 사용 규제
> 나. 홍보를 통한 가정의 절전 실천 유도 ···················· ㉣
>
> Ⅲ. 결론 : 전기 에너지 부족 문제의 심각성 강조 ··············· ㉤

① ㉠ : 전기 에너지의 공급량과 사용량을 구체적으로 제시하여 수요 대비 공급이 부족한 현황을 나타낸다.

② ㉡ : 기업이 저렴한 가격의 산업용 전기를 사용함으로써 얻을 수 있는 연간 이익을 근거로 제시한다.

③ ㉢ : 'Ⅱ-1-가'를 고려하여 '전기 에너지 생산 시설의 확충과 노후 시설 개선'을 하위 항목으로 추가한다.

④ ㉣ : 전기 에너지 절약을 위한 캠페인 활동 등을 사례로 제시한다.

⑤ ㉤ : 전기 에너지 부족 문제의 심각성을 강조하기보다는 이를 해결하기 위해 정부, 기업, 가정이 함께 노력해야 함을 강조한다.

02 수리

| 2025년 상반기 KT그룹

01 철수와 영희가 둘레가 1.5km인 공원 산책길을 걷고자 한다. 같은 출발점에서 동시에 출발하여 서로 반대 방향으로 걷기 시작하였다. 철수는 60m/min, 영희는 90m/min의 속력으로 걸을 때, 두 사람이 만나는 것은 출발한 지 몇 분 후인가?

① 4분 후
② 5분 후
③ 6분 후
④ 8분 후
⑤ 10분 후

| 2025년 상반기 SK그룹

02 A씨는 S산 입구에서 정상으로 향하는 등산로를 이용해 1.8km/h의 속력으로 등산하였고, 정상에서 30분 휴식한 뒤, 올라왔던 등산로를 통해 2.4km/h의 속력으로 하산하였다. 등산에 총 4시간이 소요되었을 때, A씨가 이용한 등산로의 거리는?(단, A씨의 등산 및 하산 속력은 각각 일정하게 유지되었다)

① 3.0km
② 3.2km
③ 3.4km
④ 3.6km
⑤ 3.8km

| 2025년 상반기 CJ그룹

03 농도 4%의 소금물이 들어있는 컵에 농도 10%의 소금물을 부었더니, 농도 8%의 소금물 600g이 만들어졌다. 처음 들어있던 농도 4%의 소금물의 양은?

① 160g
② 180g
③ 200g
④ 220g
⑤ 240g

Easy

| 2025년 상반기 삼성그룹

04 S사는 작년에 A제품과 B제품을 합쳐 총 3,200개를 생산하였다. 올해는 작년 대비 A제품의 생산량을 25%, B제품의 생산량을 35% 증가시켜 총 4,200개를 생산한다고 할 때, 올해 A, B제품의 생산량 차이는?

① 900개
② 1,000개
③ 1,100개
④ 1,200개
⑤ 1,300개

Easy

05

ㅣ 2025년 상반기 KT그룹

내일은 축구 경기가 있는 날인데 비가 올 확률은 $\frac{2}{5}$이다. 비가 온다면 이길 확률이 $\frac{1}{3}$, 비가 오지 않는다면 이길 확률이 $\frac{1}{4}$일 때, 이길 확률은?

① $\frac{4}{15}$
② $\frac{17}{60}$
③ $\frac{3}{10}$
④ $\frac{19}{60}$
⑤ $\frac{9}{10}$

ㅣ 2024년 하반기 S-OIL

06

0 ~ 9까지의 숫자가 적힌 카드를 3장 뽑아서 홀수인 세 자리의 수를 만들려고 할 때, 가능한 경우의 수는?

① 280가지
② 300가지
③ 320가지
④ 340가지
⑤ 360가지

Hard

ㅣ 2024년 하반기 삼성그룹

07

A ~ D 4명은 빨간색, 파란색, 초록색 깃발 중 1개를 고르려고 한다. 깃발은 1명당 1개씩만 고를 수 있으며, 다른 사람과 같은 색의 깃발도 고를 수 있다. 이때, 빨간색 깃발을 1명만 고를 확률은?

① $\frac{11}{60}$
② $\frac{23}{81}$
③ $\frac{32}{81}$
④ $\frac{45}{121}$
⑤ $\frac{67}{121}$

ㅣ 2024년 하반기 LG그룹

08

L동아리에서는 테니스 경기를 토너먼트 방식으로 진행한다. 총 16명이 참여했을 때, 최종 우승자가 나올 때까지 진행되는 경기의 수는?(단, 동점자는 없다)

① 11번
② 12번
③ 13번
④ 14번
⑤ 15번

Easy

| 2024년 하반기 삼성그룹

09 S사에서는 크리스마스 행사로 경품 추첨을 진행하려 한다. 작년에는 제주도 숙박권 10명분, 여행용 파우치 20명분을 준비하여 추첨을 통해 경품을 주었으며, 올해는 작년보다 제주도 숙박권은 20%, 여행용 파우치는 10% 더 준비했다. 올해 경품을 받는 인원은 작년보다 몇 명 더 많은가?(단, 경품은 중복 당첨이 불가능하다)

① 1명
② 2명
③ 3명
④ 4명
⑤ 5명

| 2024년 상반기 SK그룹

10 어떤 일을 A가 5시간, B가 8시간 동안 일하면 완료할 수 있고, 같은 일을 A가 6시간, B가 5시간 일하면 완료할 수 있다고 한다. 이 일을 B가 혼자서 일할 때 걸리는 시간은?

① 19시간
② 21시간
③ 23시간
④ 25시간
⑤ 27시간

| 2024년 상반기 S-OIL

11 갑, 을, 병 3명에게 같은 양의 물건을 1명씩 똑같이 나누어 주면 각각 30일, 60일, 40일 동안 사용할 수 있다고 한다. 만약 3명에게 나누어 줄 물건의 양을 모두 합하여 3명이 함께 사용한다면, 세 사람이 함께 모든 물건을 사용하는 데 걸리는 시간은?

① 20일
② 30일
③ 35일
④ 40일
⑤ 45일

❙ 2023년 하반기 CJ그룹

12 연경이와 효진이와 은이가 동시에 회사를 출발하여 식당까지 걸었다. 은이는 3km/h의 속력으로 걷고, 연경이는 4km/h의 속력으로 걷는다. 연경이가 은이보다 식당에 10분 일찍 도착하였고, 효진이는 은이보다 5분 일찍 식당에 도착했다. 이때 효진이의 속력은?

① $\frac{7}{2}$km/h
② $\frac{10}{3}$km/h
③ $\frac{13}{4}$km/h
④ $\frac{18}{5}$km/h
⑤ $\frac{24}{7}$km/h

❙ 2023년 하반기 SK그룹

13 하이킹을 하는데 올라갈 때는 10km/h의 속력으로 달리고, 내려올 때는 올라갈 때보다 10km 더 먼 길을 20km/h의 속력으로 달렸다. 올라갔다가 내려오는 데 총 5시간이 걸렸다면, 올라갈 때 달린 거리는?

① 15km
② 20km
③ 25km
④ 30km
⑤ 35km

❙ 2023년 하반기 KT그룹

14 세빈이는 이번 주말에 등산을 하였다. 올라갈 때에는 4km/h의 속력으로 걷고 내려올 때에는 올라갈 때보다 2km 더 먼 거리를 6km/h의 속력으로 걸어 내려왔다. 올라갈 때와 내려올 때 걸린 시간이 같았다면 내려올 때 걸린 시간은?

① 1시간
② 1.5시간
③ 2시간
④ 2.5시간
⑤ 3시간

Easy

| 2023년 상반기 KT그룹

15 1개당 무게가 15g인 사탕과 20g인 초콜렛을 합하여 14개를 사는데 총무게가 235g 이상 250g 이하가 되도록 하려고 한다. 사탕을 최대 몇 개까지 살 수 있는가?

① 7개
② 8개
③ 9개
④ 10개
⑤ 11개

| 2023년 하반기 삼성그룹

16 A～H 8명의 후보 선수 중 4명을 뽑을 때, A, B, C를 포함하여 뽑을 확률은?

① $\frac{1}{14}$
② $\frac{1}{5}$
③ $\frac{3}{8}$
④ $\frac{1}{2}$
⑤ $\frac{3}{5}$

| 2023년 하반기 LG그룹

17 서로 다른 2개의 주사위를 동시에 던질 때, 나오는 눈의 곱이 4의 배수일 확률은?

① $\frac{1}{3}$
② $\frac{1}{6}$
③ $\frac{2}{9}$
④ $\frac{5}{12}$
⑤ $\frac{5}{18}$

| 2023년 하반기 SK그룹

18

S회사 회계팀에는 A ~ E 5명의 팀원이 일을 하고 있다. 이들은 다가오는 감사에 대비하기 위해 월요일부터 금요일까지 1명씩 돌아가면서 당직 근무를 하기로 하였다. D는 금요일에, E는 수요일에 당직 근무를 할 확률은?

① $\frac{1}{2}$　② $\frac{1}{4}$

③ $\frac{1}{5}$　④ $\frac{1}{10}$

⑤ $\frac{1}{20}$

Hard

| 2023년 상반기 LG그룹

19

A와 B가 같이 하면 12일이 걸리고, B와 C가 같이 하면 6일, C와 A가 같이 하면 18일이 걸리는 일이 있다. 만약 A ~ C 모두 함께 72일 동안 일을 하면 기존에 했던 것의 몇 배의 일을 할 수 있는가?

① 9배　② 10배

③ 11배　④ 12배

⑤ 13배

※ 일정한 규칙으로 수를 나열할 때, 빈칸에 들어갈 수로 옳은 것을 고르시오. **[20~33]**

| 2025년 상반기 KT그룹

20

1　10　3　4　8　12　7　6　(　)　10　4　192

① 8　② 16

③ 18　④ 44

⑤ 48

| 2025년 상반기 KT그룹

21

$$\frac{1}{2} \quad \frac{6}{8} \quad \frac{11}{32} \quad \frac{16}{128} \quad (\quad)$$

① $\frac{20}{128}$

② $\frac{21}{256}$

③ $\frac{21}{512}$

④ $\frac{22}{1,024}$

⑤ $\frac{24}{1,024}$

| 2024년 하반기 SK그룹

22

$$\frac{2}{3} \quad \frac{10}{21} \quad \frac{10}{27} \quad \frac{10}{33} \quad \frac{10}{39} \quad \frac{10}{45} \quad (\quad) \quad \frac{10}{57} \quad \frac{10}{63}$$

① $\frac{10}{49}$

② $\frac{10}{51}$

③ $\frac{10}{52}$

④ $\frac{10}{54}$

⑤ $\frac{10}{56}$

| 2024년 하반기 포스코그룹

23

345 307 269 231 193 ( )

① 151

② 153

③ 155

④ 157

24

| 2024년 상반기 CJ그룹

3　5　11　21　43　(　)　171　341　683

① 85
② 90
③ 95
④ 100
⑤ 105

25

| 2024년 상반기 포스코그룹

-1　2　-5　6　-25　10　-125　(　)

① -15
② 14
③ -5
④ 20

26

| 2023년 하반기 KT그룹

$\frac{27}{358}$　$\frac{30}{351}$　$\frac{32}{345}$　$\frac{33}{340}$　(　)　$\frac{32}{333}$

① $\frac{35}{338}$
② $\frac{34}{338}$
③ $\frac{33}{338}$
④ $\frac{34}{336}$
⑤ $\frac{33}{336}$

27

| 2023년 하반기 SK그룹

5　9　21　57　165　489　(　)

① 1,355
② 1,402
③ 1,438
④ 1,461
⑤ 11,476

Hard

28

| 2023년 하반기 SK그룹

0.8	0.9	2.7	0.7	6.6	0.3	14.5	( )

① −0.5
② −0.6
③ −0.7
④ −0.8
⑤ −0.9

Easy

29

| 2023년 상반기 포스코그룹

216	( )	324	432	486	576	729	768

① 324
② 340
③ 384
④ 410

30

| 2023년 상반기 KT그룹

0.4	0.5	0.65	0.85	1.1	( )

① 1.35
② 1.4
③ 1.45
④ 1.5
⑤ 1.55

31

| 2023년 상반기 KT그룹

$\frac{7}{11}$	$\frac{2}{22}$	$-\frac{4}{44}$	$-\frac{11}{77}$	$-\frac{19}{121}$	( )

① $-\frac{26}{150}$
② $-\frac{28}{176}$
③ $-\frac{22}{154}$
④ $-\frac{38}{242}$
⑤ $-\frac{45}{242}$

| 2023년 하반기 LG그룹

32

13　76　63　　−80　−110　−30　　−27　(　)　23

① −14　② −4
③ 4　④ 14
⑤ 22

Easy

| 2023년 하반기 SK그룹

33

6　4　4　　21　5　32　　19　(　)　10

① 18　② 16
③ 14　④ 12
⑤ 10

Hard

| 2023년 하반기 SK그룹

34 다음 수열의 11번째 항의 값은?

4　5　10　11　22　23　…

① 174　② 178
③ 186　④ 190
⑤ 195

| 2023년 하반기 LG그룹

35 다음은 일정한 규칙에 따라 수를 배치한 것이다. 빈칸에 들어갈 수로 옳은 것은?

7	29	117
19	(　)	129
31	53	141

① 18　② 21
③ 37　④ 41
⑤ 65

| 2025년 상반기 삼성그룹

36 S사의 A제품과 B제품의 판매량이 각각 다음과 같은 규칙을 보일 때, 2031년 A제품과 B제품 판매량의 합은?

〈A, B제품의 판매량〉

(단위 : 개)

구분	2024년	2025년	2026년	2027년	2028년	2029년	2030년
A제품	1,500	1,750	2,000	2,250	2,500	2,750	3,000
B제품	550	650	770	930	1,150	1,450	1,850

① 3,620개
② 4,000개
③ 4,620개
④ 5,000개
⑤ 5,620개

| 2023년 하반기 삼성그룹

37 일정한 수를 다음과 같은 규칙으로 나열할 때, 빈칸에 들어갈 a와 b의 총합이 처음으로 800이 넘는 b의 값은?

규칙	1	2	3	4	5	6	…
A	50	70	95	125	160	200	(a)
B	150	180	210	240	270	300	(b)

① 330
② 350
③ 360
④ 390
⑤ 420

| 2023년 하반기 삼성그룹

38 다음은 S전자 공장에서 만든 부품과 불량품의 수를 기록한 자료이다. 전년 대비 부품 수의 차이와 불량품 수의 차이 사이에 일정한 비례관계가 성립할 때, A와 B에 들어갈 수치를 바르게 나열한 것은?

〈연도별 부품 수와 불량품 수〉

(단위 : 개)

구분	2017년	2018년	2019년	2020년	2021년	2022년
부품 수	120	170	270	420	620	(A)
불량품 수	10	30	70	(B)	210	310

	(A)	(B)
①	800	90
②	830	110
③	850	120
④	870	130
⑤	900	150

| 2023년 하반기 삼성그룹

39 다음은 2020 ~ 2022년 S사의 데스크탑 PC와 노트북 판매량에 대한 자료이다. 전년 대비 2022년의 판매량 증감률을 바르게 짝지은 것은?

〈2020 ~ 2022년 데스크탑 PC 및 노트북 판매량〉

(단위 : 천 대)

구분	2020년	2021년	2022년
데스크탑 PC	5,500	5,000	4,700
노트북	1,800	2,000	2,400

	데스크탑 PC	노트북
①	6%	20%
②	6%	10%
③	−6%	20%
④	−6%	10%
⑤	−6%	5%

Hard

| 2025년 상반기 SK그룹

40 다음은 S인터넷쇼핑몰의 1 ~ 4월 판매내역에 대한 자료이고, 일부에 잉크가 번져 보이지 않는 상황이다. 이때 1 ~ 4월까지의 총반품금액에 대한 4월 반품금액의 비율에서 1 ~ 4월까지의 총배송비에 대한 1월 배송비의 비율을 뺀 값은?

〈S인터넷쇼핑몰 판매내역〉

(단위 : 원)

구분	판매금액	반품금액	취소금액	배송비	매출
1월	2,400,000	300,000			1,870,000
2월	1,700,000		160,000	30,000	1,360,000
3월	2,200,000	180,000	140,000		1,840,000
4월			180,000	60,000	1,990,000
합계	8,800,000	900,000		160,000	7,040,000

※ (매출)=(판매금액)−(반품금액)−(취소금액)−(배송비)

① 11.25%p
② 11.5%p
③ 11.75%p
④ 12%p
⑤ 12.25%p

| 2024년 하반기 포스코그룹

41 다음은 연도별 아르바이트 소득에 대한 자료이다. 이에 대한 설명으로 옳은 것은?(단, 비율은 소수점 둘째 자리에서 반올림한다)

〈아르바이트 월 소득 및 시급〉

(단위 : 원, 시간)

구분	2016년	2017년	2018년	2019년	2020년
월평균 소득	669,000	728,000	733,000	765,000	788,000
평균 시급	6,030	6,470	7,530	8,350	8,590
주간 평균 근로 시간	21.8	22.3	22.4	19.8	18.9

① 2017 ~ 2020년 동안 전년 대비 주간 평균 근로 시간의 증감 추이는 월평균 소득의 증감 추이와 같다.
② 전년 대비 2018년 평균 시급 증가액은 전년 대비 2019년 증가액의 3배 이상이다.
③ 평균 시급이 높아질수록 주간 평균 근로 시간은 줄어든다.
④ 2019년 대비 2020년 월평균 소득 증가율은 평균 시급 증가율보다 높다.

Easy

42 다음은 한국, 미국, 일본, 프랑스가 화장품산업 경쟁력 4대 분야에서 획득한 점수에 대한 자료이다. 이에 대한 설명으로 옳은 것은?

〈주요국의 화장품산업 경쟁력 4대 분야별 점수〉

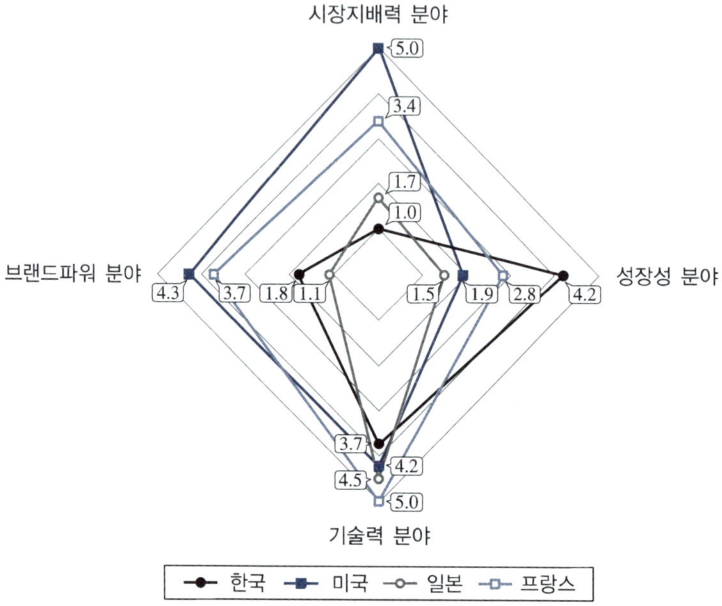

① 기술력 분야에서는 한국의 점수가 가장 높다.

② 시장지배력 분야의 점수는 일본이 프랑스보다 높지만 미국보다는 낮다.

③ 브랜드파워 분야에서 각국 점수 중 최댓값과 최솟값의 차이는 3 이하이다.

④ 성장성 분야에서 점수가 가장 높은 국가는 시장지배력 분야에서도 점수가 가장 높다.

⑤ 미국이 4대 분야에서 획득한 점수의 합은 프랑스가 4대 분야에서 획득한 점수의 합보다 높다.

43 다음은 주요 젖병회사 브랜드인 D사·G사·U사의 연도별 판매율에 대한 자료이다. 이에 대한 설명으로 옳지 않은 것은?

〈젖병회사별 판매율〉

(단위 : %)

구분	2020년	2021년	2022년	2023년	2024년
D사	52	55	61	58	69
G사	14	19	21	18	20
U사	34	26	18	24	11

① D사와 G사의 판매율 증감 추이는 동일하다.

② D사와 G사의 판매율이 가장 높은 연도는 동일하다.

③ D사의 판매율이 가장 높은 연도는 U사의 판매율이 가장 낮았다.

④ G사의 판매율이 가장 낮은 연도는 U사의 판매율이 가장 높았다.

44 다음은 전년 동월 대비 2023년 특허 심사 건수 증감 및 등록률 증감 추이에 대한 자료이다. 이에 대한 설명으로 옳지 않은 것을 〈보기〉에서 모두 고르면?

〈특허 심사 건수 증감 및 등록률 증감 추이(전년 동월 대비)〉

(단위 : 건, %)

구분	2023년 1월	2023년 2월	2023년 3월	2023년 4월	2023년 5월	2023년 6월
심사 건수 증감	125	100	130	145	190	325
등록률 증감	1.3	−1.2	−0.5	1.6	3.3	4.2

보기

ㄱ. 2023년 3월에 전년 동월 대비 등록률이 가장 많이 낮아졌다.
ㄴ. 2023년 6월의 심사 건수는 325건이다.
ㄷ. 2023년 5월의 등록률은 3.3%이다.
ㄹ. 2022년 1월 심사 건수가 100건이라면, 2023년 1월 심사 건수는 225건이다.

① ㄱ

② ㄱ, ㄴ

③ ㄱ, ㄴ, ㄷ

④ ㄴ, ㄷ, ㄹ

⑤ ㄱ, ㄴ, ㄷ, ㄹ

| 2023년 하반기 CJ그룹

45 다음은 병역자원 현황에 대한 자료이다. 총지원자 수에 대한 2015 ~ 2016년 평균과 2021 ~ 2022년 평균과의 차이는?

〈병역자원 현황〉

(단위 : 만 명)

구분	2015년	2016년	2017년	2018년	2019년	2020년	2021년	2022년
징·소집 대상	135.3	128.6	126.2	122.7	127.2	130.2	133.2	127.7
보충역 복무자 등	16.0	14.3	11.6	9.5	8.9	8.6	8.6	8.9
병력동원 대상	675.6	664.0	646.1	687.0	694.7	687.4	654.5	676.4
합계	826.9	806.9	783.9	819.2	830.8	826.2	796.3	813.0

① 11.25만 명
② 11.75만 명
③ 12.25만 명
④ 12.75만 명
⑤ 13.25만 명

| 2023년 하반기 CJ그룹

46 C영화관에서 근무하는 A씨는 판매율을 높이기 위해 영화를 본 관객들을 추첨해 사은품을 나누어 주는 이벤트를 실시하고자 한다. 본사로부터 할당받은 예산은 총 5백만 원이며, 예산 내에서 고객 1명당 2가지 사은품을 증정하고자 한다. 고객 만족도 대비 비용이 낮은 순으로 상품을 확보하였을 때, 최대 몇 명의 고객에게 사은품을 전달할 수 있는가?

〈C영화관 사은품 목록〉

상품명	개당 구매비용(원)	확보 가능한 최대물량(개)	상품 고객 만족도(점)
차량용 방향제	7,000	300	5
식용유 세트	10,000	80	4
유리용기 세트	6,000	200	6
32GB USB	5,000	180	4
머그컵 세트	10,000	80	5
영화 관련 도서	8,800	120	4
핸드폰 충전기	7,500	150	3

① 360명
② 370명
③ 380명
④ 390명
⑤ 400명

47 다음은 A～E과제에 대해 전문가 5명이 평가한 점수에 대한 자료이다. 최종점수와 평균점수가 같은 과제로만 짝지어진 것은?

〈과제별 점수 현황〉

(단위 : 점)

구분	A과제	B과제	C과제	D과제	E과제
전문가 1	100	80	60	80	100
전문가 2	70	60	50	100	40
전문가 3	60	40	100	90	( )
전문가 4	50	60	90	70	70
전문가 5	80	60	60	40	80
평균점수	( )	( )	( )	( )	70

※ 최종점수는 가장 낮은 점수와 가장 높은 점수를 제외한 평균점수임

① A, B
② B, C
③ B, D
④ B, E
⑤ D, E

48 귀하는 L사의 인사관리 부서에서 근무 중이다. 오늘 회의시간에 생산부의 인사평가 자료를 취합하여 보고해야 하는데, 자료 취합 중 파일에 오류가 생겨 일부 자료가 훼손되었다. 다음 (가)～(다)에 들어갈 점수로 옳은 것은?(단, 각 평가는 100점 만점이고, 종합순위는 각 평가지표 점수의 총합으로 결정한다)

〈인사평가 점수 현황〉

(단위 : 점)

구분	역량	실적	자기계발	성실성	종합순위
A사원	70	(가)	80	70	4위
B대리	80	85	(나)	70	1위
C과장	(다)	85	70	75	2위
D부장	80	80	60	70	3위

※ 점수는 5점 단위로 부여함

	(가)	(나)	(다)
①	60	70	55
②	65	65	65
③	65	60	65
④	75	65	55
⑤	75	60	65

49 다음은 중성세제 브랜드별 용량 및 가격에 대한 자료이다. 브랜드마다 용량에 대한 가격을 조정했을 때, 브랜드별 판매 가격 및 용량의 변경 전과 변경 후에 대한 판매 금액 차이가 바르게 연결된 것은?

〈브랜드별 중성세제 판매 가격 및 용량〉

(단위 : 원, L)

구분		1L당 가격	용량		1L당 가격	용량
A브랜드	변경 전	8,000	1.3	변경 후	8,200	1.2
B브랜드		7,000	1.4		6,900	1.6
C브랜드		3,960	2.5		4,000	2.0
D브랜드		4,300	2.4		4,500	2.5

	A브랜드	B브랜드	C브랜드	D브랜드
①	550원 증가	1,220원 감소	2,000원 증가	930원 증가
②	550원 감소	1,240원 증가	1,900원 증가	930원 증가
③	560원 감소	1,240원 증가	1,900원 감소	930원 증가
④	560원 증가	1,240원 감소	2,000원 감소	900원 감소
⑤	560원 감소	1,220원 증가	1,900원 감소	900원 감소

Easy

50 다음은 주요 온실가스의 연평균 농도 변화 추이에 대한 자료이다. 이에 대한 설명으로 옳지 않은 것은?

〈주요 온실가스의 연평균 농도 변화 추이〉

구분	2016년	2017년	2018년	2019년	2020년	2021년	2022년
이산화탄소(CO_2, ppm)	387.2	388.7	389.9	391.4	392.5	394.5	395.7
오존전량(O_3, DU)	331	330	328	325	329	343	335

① 이산화탄소의 농도는 계속해서 증가하고 있다.
② 오존전량은 계속해서 증가하고 있다.
③ 2022년 오존전량은 2016년의 오존전량보다 4DU 증가했다.
④ 2022년 이산화탄소의 농도는 2017년보다 7ppm 증가했다.
⑤ 오존전량이 가장 크게 감소한 해는 2022년이다.

| 2023년 하반기 SK그룹

51 다음은 A ~ E 5개국의 경제 및 사회 지표에 대한 자료이다. 이에 대한 설명으로 옳지 않은 것은?

〈주요 5개국의 경제 및 사회 지표〉

구분	1인당 GDP(달러)	경제성장률(%)	수출(백만 달러)	수입(백만 달러)	총인구(백만 명)
A국	27,214	2.6	526,757	436,499	50.6
B국	32,477	0.5	624,787	648,315	126.6
C국	55,837	2.4	1,504,580	2,315,300	321.8
D국	25,832	3.2	277,423	304,315	46.1
E국	56,328	2.3	188,445	208,414	24.0

※ (GDP)=(1인당 GDP)×(총인구)

① 경제성장률이 가장 큰 나라가 GDP는 가장 작다.
② GDP가 가장 큰 나라의 GDP는 가장 작은 나라의 GDP보다 10배 이상 더 크다.
③ 5개국 중 수출과 수입에 있어서 규모에 따라 나열한 순위는 서로 일치한다.
④ A국이 E국보다 GDP가 더 크다.
⑤ 1인당 GDP에 따른 순위와 GDP에 따른 순위는 서로 일치한다.

Hard

| 2023년 하반기 삼성그룹

52 다음은 어느 도서관에서 일정 기간 동안 도서 대여 횟수를 기록한 자료이다. 이에 대한 설명으로 옳지 않은 것은?

〈도서 대여 횟수〉

(단위 : 회)

구분	비소설		소설	
	남자	여자	남자	여자
40세 미만	20	10	40	50
40세 이상	30	20	20	30

① 소설을 대여한 전체 횟수가 비소설을 대여한 전체 횟수보다 많다.
② 40세 미만보다 40세 이상의 전체 대여 횟수가 더 적다.
③ 남자가 소설을 대여한 횟수는 여자가 소설을 대여한 횟수의 70% 이하이다.
④ 40세 미만의 전체 대여 횟수에서 비소설 대여 횟수가 차지하는 비율은 20%를 넘는다.
⑤ 40세 이상의 전체 대여 횟수에서 소설 대여 횟수가 차지하는 비율은 40% 이상이다.

| 2023년 하반기 CJ그룹

53 다음은 피자 1판 주문 시 구매 방식별 할인 혜택과 비용에 대한 자료이다. 이를 바탕으로 정가가 12,500원인 A사 피자 1판을 가장 저렴하게 구매할 수 있는 구매 방식을 고르면?

〈구매 방식별 할인 혜택과 비용〉

구매 방식	할인 혜택과 비용
스마트폰앱	정가의 25% 할인
전화	정가에서 1,000원 할인 후, 할인된 가격의 10% 추가 할인
회원카드와 쿠폰	회원카드로 정가의 10% 할인 후, 할인된 가격의 15%를 쿠폰으로 추가 할인
직접 방문	정가의 30% 할인, 교통비용 1,000원 발생
교환권	피자 1판 교환권 구매비용 10,000원 발생

※ 구매 방식은 한 가지만 선택함

① 스마트폰앱　② 전화
③ 회원카드와 쿠폰　④ 직접 방문
⑤ 교환권

| 2023년 하반기 CJ그룹

54 다음은 인터넷 공유활동 참여 현황에 대한 자료이다. 이에 대한 설명으로 옳지 않은 것은?

〈인터넷 공유활동 참여율(복수응답)〉

(단위 : %)

구분		커뮤니티 이용	퍼나르기	블로그 운영	댓글 달기	동영상 게시
성별	남성	79.1	64.1	49.9	52.2	46.1
	여성	76.4	59.6	55.1	38.4	40.1
연령	10대	75.1	63.9	54.7	44.3	51.3
	20대	88.8	74.4	76.3	47.3	54.4
	30대	77.3	58.5	46.3	44.0	37.5
	40대	66.0	48.6	27.0	48.2	29.6

※ 성별, 연령별 조사인원은 동일함

① A사원 : 자료에 의하면 20대가 다른 연령대에 비해 인터넷상에서 공유활동을 활발히 참여하고 있네요.
② B주임 : 대체로 남성이 여성에 비해 상대적으로 활발한 활동을 하고 있는 것 같아요. 그런데 블로그 운영 활동은 여성이 더 많네요.
③ C대리 : 남녀 간의 참여율 격차가 가장 큰 영역은 댓글 달기네요. 반면에 커뮤니티 이용은 남녀 간의 참여율 격차가 가장 적네요.
④ D사원 : 10대와 30대의 공유활동 참여율을 크기순으로 나열하면 두 연령대의 활동 순위가 동일하네요.
⑤ E사원 : 40대는 대부분의 공유활동에서 모든 연령대의 참여율보다 낮지만, 댓글 달기에서는 가장 높은 참여율을 보이고 있네요.

55 다음은 주중과 주말 교통상황에 대한 자료이다. 이에 대한 설명으로 옳은 것을 〈보기〉에서 모두 고르면?

〈주중·주말 예상 교통량〉

(단위 : 만 대)

구분	전국	수도권 → 지방	지방 → 수도권
주중 예상 교통량	40	4	2
주말 예상 교통량	60	5	3

〈대도시 간 예상 최대 소요시간〉

구분	서울 – 대전	서울 – 부산	서울 – 광주	서울 – 강릉	남양주 – 양양
주중	1시간	4시간	3시간	2시간	1시간
주말	2시간	5시간	4시간	3시간	2시간

보기

ㄱ. 대도시 간 예상 최대 소요시간은 모든 구간에서 주중이 주말보다 적게 걸린다.
ㄴ. 주중 전국 예상 교통량 중 수도권에서 지방으로 가는 예상 교통량의 비율은 10%이다.
ㄷ. 지방에서 수도권으로 가는 주말 예상 교통량은 주중 예상 교통량의 2배이다.
ㄹ. 서울 – 광주 구간 주중 예상 소요시간은 서울 – 강릉 구간 주말 예상 소요시간과 같다.

① ㄱ, ㄴ
② ㄴ, ㄷ
③ ㄷ, ㄹ
④ ㄱ, ㄴ, ㄹ
⑤ ㄴ, ㄷ, ㄹ

Hard

| 2023년 하반기 SK그룹

56 다음은 S기업 지원자의 인턴 및 해외연수 경험과 합격여부에 대한 자료이다. 이에 대한 설명으로 옳은 것을 〈보기〉에서 모두 고르면?

〈S기업 지원자의 인턴 및 해외연수 경험과 합격여부〉

(단위 : 명, %)

인턴 경험	해외연수 경험	합격여부		합격률
		합격	불합격	
있음	있음	53	414	11.3
	없음	11	37	22.9
없음	있음	0	16	0.0
	없음	4	139	2.8

※ 합격률(%) $=\frac{(\text{합격자 수})}{(\text{합격자 수})+(\text{불합격자 수})}\times 100$

※ 합격률은 소수점 둘째 자리에서 반올림한 값임

보기

ㄱ. 해외연수 경험이 있는 지원자가 해외연수 경험이 없는 지원자보다 합격률이 높다.
ㄴ. 인턴 경험이 있는 지원자가 인턴 경험이 없는 지원자보다 합격률이 높다.
ㄷ. 인턴 경험과 해외연수 경험이 모두 있는 지원자 합격률은 인턴 경험만 있는 지원자 합격률의 2배 이상이다.
ㄹ. 인턴 경험과 해외연수 경험이 모두 없는 지원자와 인턴 경험만 있는 지원자 간 합격률 차이는 30%p보다 크다.

① ㄱ, ㄴ
② ㄱ, ㄷ
③ ㄴ, ㄷ
④ ㄱ, ㄴ, ㄹ
⑤ ㄴ, ㄷ, ㄹ

57 다음은 미혼 1인 가구를 대상으로 한 어느 설문조사 결과에 대한 자료이다. 이에 대한 설명으로 옳은 것을 〈보기〉에서 모두 고르면?

〈결혼할 의향이 없는 1인 가구의 비중〉

(단위 : %)

구분	2022년		2023년	
	남자	여자	남자	여자
20대	8.2	4.2	15.1	15.5
30대	6.3	13.9	18.8	19.4
40대	18.6	29.5	22.1	35.5
50대	24.3	45.1	20.8	44.9

〈1인 생활 지속기간〉

• 향후 10년 이상 1인 생활 지속 예상

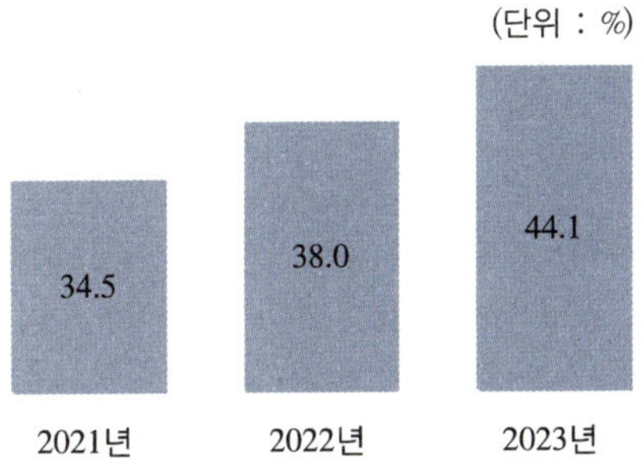

• 2년 이내 1인 생활 종료 예상

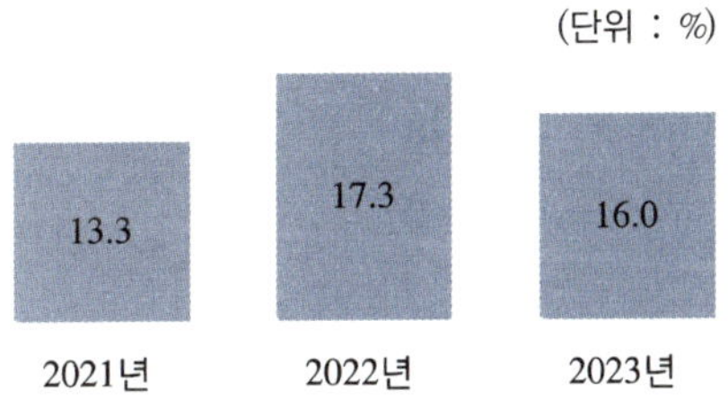

보기

ㄱ. 20대 남성은 30대 남성보다 1인 가구의 비중이 더 높다.
ㄴ. 30대 이상에서 결혼할 의향이 없는 1인 가구의 비중은 여성이 더 높다.
ㄷ. 2023년도에서는 40대 남성이 남성 중 제일 높은 1인 가구 비중을 차지한다.
ㄹ. 2년 이내 1인 생활을 종료하는 1인 가구의 비중은 2021년도부터 꾸준히 증가하였다.

① ㄱ
② ㄹ
③ ㄱ, ㄴ
④ ㄴ, ㄷ
⑤ ㄷ, ㄹ

58 다음은 2013 ~ 2022년 물이용부담금 총액에 대한 자료이다. 이에 대한 설명으로 옳지 않은 것을 〈보기〉에서 모두 고르면?

〈물이용부담금 총액〉

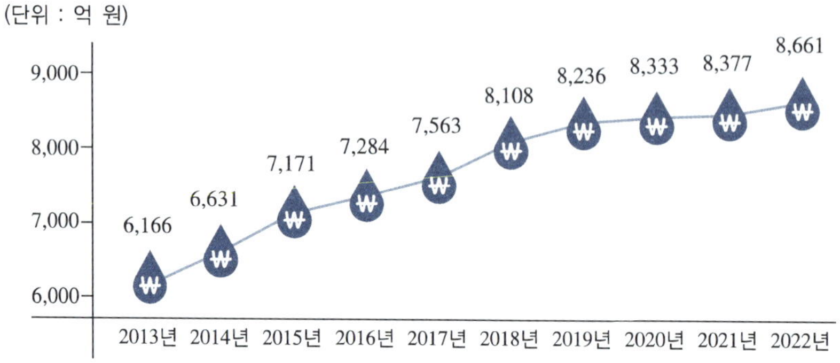

※ 상수원 상류지역에서의 수질개선 및 주민지원 사업을 효율적으로 추진하기 위한 재원 마련을 위해 최종수요자에게 물 사용량에 비례하여 물이용부담금을 부과함

※ 한강, 낙동강, 영·섬유역의 물이용부담금 단가는 170원/m^3, 금강유역은 160원/m^3임

보기

ㄱ. 물이용부담금 총액은 지속적으로 증가하는 추세를 보이고 있다.
ㄴ. 2014 ~ 2022년 중 물이용부담금 총액이 전년 대비 가장 많이 증가한 해는 2015년이다.
ㄷ. 2022년 물이용부담금 총액에서 금강유역 물이용부담금 총액이 차지하는 비중이 20%라면, 2022년 금강유역에서 사용한 물의 양은 약 10.83억m^3이다.
ㄹ. 2022년 물이용부담금 총액은 전년 대비 3.2% 이상 증가했다.

① ㄱ
② ㄴ
③ ㄷ
④ ㄱ, ㄹ
⑤ ㄴ, ㄷ

※ 다음은 2018 ~ 2022년 연도별 해양사고 발생 현황에 대한 자료이다. 이어지는 질문에 답하시오. **[59~60]**

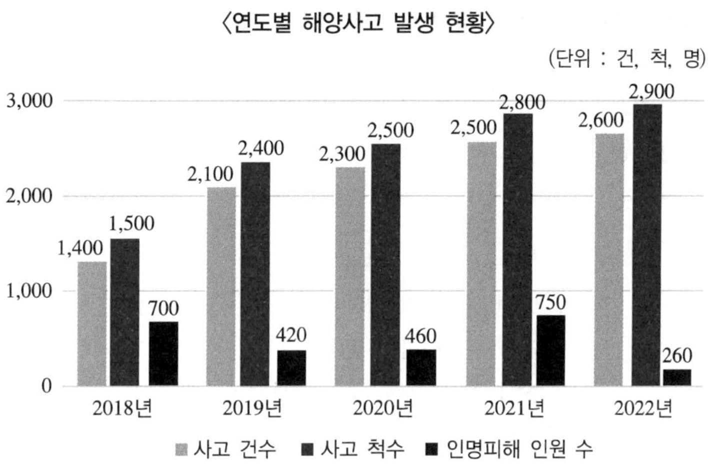

Easy

| 2023년 하반기 삼성그룹

59 다음 중 2018년 대비 2019년 사고 척수의 증가율과 사고 건수의 증가율이 순서대로 나열된 것은?

① 40%, 45%
② 45%, 50%
③ 60%, 50%
④ 60%, 55%
⑤ 60%, 65%

| 2023년 하반기 삼성그룹

60 다음 중 사고 건수당 인명피해의 인원 수가 가장 많은 해는?

① 2018년
② 2019년
③ 2020년
④ 2021년
⑤ 2022년

03 추리

※ 다음 명제가 모두 참일 때, 빈칸에 들어갈 명제로 옳은 것을 고르시오. [1~6]

Easy

| 2025년 상반기 삼성그룹

01

> 전제1. S사의 메신저는 모두 보안 네트워크를 사용한다.
> 전제2. S사의 신입은 모두 S사의 메신저만 사용한다.
> 결론. ______________________

① S사의 신입이 아니면 보안 네트워크를 사용하지 않는다.
② 메신저가 보안 네트워크를 사용하면 모두 S사의 메신저이다.
③ S사의 신입이 사용하는 메신저는 모두 보안 네트워크를 사용한다.
④ 메신저가 보안 네트워크를 사용하지 않으면 모두 S사의 메신저이다.
⑤ S사의 메신저를 사용하지 않는 직원은 모두 보안 네트워크를 사용한다.

| 2025년 상반기 삼성그룹

02

> 전제1. S대학의 어떤 신입생은 기숙사에 거주한다.
> 전제2. 기숙사에 거주하는 사람은 모두 도보로 등교한다.
> 결론. ______________________

① S대학의 어떤 신입생은 도보로 등교한다.
② 도보로 등교하는 사람은 모두 신입생이다.
③ S대학의 신입생이 아니면 도보로 등교하지 않는다.
④ S대학의 기숙사에 거주하는 사람은 모두 신입생이다.
⑤ 어떤 사람이 도보로 등교하면 기숙사에 거주하는 것이다.

| 2024년 하반기 CJ그룹

03

> • 모든 생명체는 물이 있어야 살아갈 수 있다.
> • 모든 동물은 생명체이다.
> • 그러므로 ______________________

① 생명체는 모두 동물이다.
② 물이 있으면 모든 생명체가 살아갈 수 있다.
③ 동물들은 물이 있어야 살 수 있다.
④ 생명체가 살아갈 수 없으면 물이 없다.
⑤ 동물이 아닌 것은 생명체가 아니다.

Easy

| 2024년 상반기 LG그룹

04

- 광물은 매우 규칙적인 원자 배열을 가지고 있다.
- 다이아몬드는 광물이다.
- ______________________

① 광물은 다이아몬드이다.
② 광물이 아니면 다이아몬드이다.
③ 다이아몬드가 아니면 광물이 아니다.
④ 다이아몬드는 매우 규칙적인 원자 배열을 가지고 있다.
⑤ 광물이 아니면 규칙적인 원자 배열을 가지고 있지 않다.

| 2023년 하반기 삼성그룹

05

전제1. 눈을 자주 깜빡이지 않으면 눈이 건조해진다.
전제2. 스마트폰을 이용할 때는 눈을 자주 깜빡이지 않는다.
결론. ______________________

① 눈이 건조해지면 눈을 자주 깜빡이지 않는다.
② 눈이 건조해지지 않으면 눈을 자주 깜빡이지 않는다.
③ 눈을 자주 깜빡이지 않으면 스마트폰을 이용하는 때이다.
④ 스마트폰을 이용할 때는 눈이 건조해진다.
⑤ 눈이 건조해지면 눈을 자주 깜빡인 것이다.

| 2023년 하반기 삼성그룹

06

전제1. 밤에 잠을 잘 못자면 낮에 피곤하다.
전제2. ______________________
전제3. 업무효율이 떨어지면 성과급을 받지 못한다.
결론. 밤에 잠을 잘 못자면 성과급을 받지 못한다.

① 업무효율이 떨어지면 밤에 잠을 잘 못 잔다.
② 낮에 피곤하면 업무효율이 떨어진다.
③ 성과급을 받으면 밤에 잠을 잘 못 잔다.
④ 밤에 잠을 잘 자면 성과급을 받는다.
⑤ 성과급을 받지 못하면 낮에 피곤하다.

※ 다음 명제가 모두 참일 때, 항상 참인 명제를 고르시오. [7~10]

| 2024년 하반기 CJ그룹

07

- 어떤 학생은 공부를 잘한다.
- 체력이 좋으면 공부를 잘한다.
- 모든 체육부원은 체력이 좋다.
- 모든 체육부원은 학생이다.

① 체력이 좋으면 체육부원이다.
② 공부를 잘하면 체력이 좋다.
③ 어떤 체육부원은 공부를 잘한다.
④ 모든 학생은 체력이 좋다.
⑤ 모든 학생은 공부를 잘한다..

| 2023년 하반기 CJ그룹

08

- 마케팅 팀의 사원은 기획 역량이 있다.
- 마케팅 팀이 아닌 사원은 영업 역량이 없다.
- 기획 역량이 없는 사원은 소통 역량이 없다.

① 마케팅 팀의 사원은 영업 역량이 있다.
② 소통 역량이 있는 사원은 마케팅 팀이다.
③ 영업 역량을 가진 사원은 기획 역량이 있다.
④ 기획 역량이 있는 사원은 소통 역량이 있다.
⑤ 영업 역량이 없으면 소통 역량도 없다.

| 2023년 하반기 KT그룹

09

- 사과를 좋아하면 배를 좋아하지 않는다.
- 귤을 좋아하면 배를 좋아한다.
- 귤을 좋아하지 않으면 오이를 좋아한다.

① 사과를 좋아하면 오이를 좋아하지 않는다.
② 배를 좋아하면 오이를 좋아한다.
③ 귤을 좋아하면 사과를 좋아한다.
④ 배를 좋아하지 않으면 사과를 좋아한다.
⑤ 사과를 좋아하면 오이를 좋아한다.

❙ 2023년 하반기 SK그룹

10

- 서로 다른 음식을 판매하는 총 여섯 대의 푸드트럭이 이 사업에 신청하였고, 이들 중 세 대의 푸드트럭이 최종 선정될 예정이다.
- 치킨을 판매하는 푸드트럭이 선정되면, 핫도그를 판매하는 푸드트럭은 선정되지 않는다.
- 커피를 판매하는 푸드트럭이 선정되지 않으면, 피자를 판매하는 푸드트럭이 선정된다.
- 솜사탕을 판매하는 푸드트럭이 선정되면, 치킨을 판매하는 푸드트럭도 선정된다.
- 핫도그를 판매하는 푸드트럭이 최종 선정되었다.
- 피자를 판매하는 푸드트럭과 떡볶이를 판매하는 푸드트럭 중 하나만 선정된다.
- 솜사탕을 판매하는 푸드트럭이 선정되지 않으면, 떡볶이를 판매하는 푸드트럭이 선정된다.

① 치킨, 커피, 핫도그를 판매하는 푸드트럭이 선정될 것이다.
② 피자, 솜사탕, 핫도그를 판매하는 푸드트럭이 선정될 것이다.
③ 피자, 커피, 핫도그를 판매하는 푸드트럭이 선정될 것이다.
④ 핫도그, 커피, 떡볶이를 판매하는 푸드트럭이 선정될 것이다.
⑤ 핫도그, 피자, 떡볶이를 판매하는 푸드트럭이 선정될 것이다.

❙ 2025년 상반기 SK그룹

11 **다음 명제가 모두 참일 때, 항상 참이 아닌 것은?**

- A가 선발되지 않으면, D가 선발된다.
- A가 선발되면, C는 선발되지 않는다.
- B가 선발되면, C도 선발된다.

① A가 선발되면, B도 선발된다.
② C가 선발되면, D도 선발된다.
③ B가 선발되면, A는 선발되지 않는다.
④ D가 선발되지 않으면, B도 선발되지 않는다.
⑤ D가 선발되지 않으면, C도 선발되지 않는다.

Easy

12 A ~ E 5명은 S시에서 개최하는 마라톤에 참가하였다. 다음 내용이 모두 참일 때, 항상 참이 아닌 것은?

- A는 B와 C보다 앞서 달리고 있다.
- D는 A보다 뒤에 달리고 있지만, B보다는 앞서 달리고 있다.
- C는 D보다 뒤에 달리고 있지만, B보다는 앞서 달리고 있다.
- E는 C보다 뒤에 달리고 있지만, 다섯 명 중 꼴찌는 아니다.

① 현재 1등은 A이다.
② 현재 꼴찌는 B이다.
③ E는 C와 B 사이에서 달리고 있다.
④ D는 A와 C 사이에서 달리고 있다.
⑤ 현재 순위에 변동 없이 결승점까지 달린다면 C가 4등을 할 것이다.

※ 주어진 내용을 바탕으로 내린 A, B의 결론에 대한 판단으로 항상 옳은 것을 고르시오. [13~14]

13

- 휴가는 2박 3일이다.
- 혜진이는 수연이보다 하루 일찍 휴가를 간다.
- 지연이는 수연이보다 이틀 늦게 휴가를 간다.
- 태현이는 지연이보다 하루 일찍 휴가를 간다.
- 수연이는 화요일에 휴가를 간다.

A : 수요일에 휴가 중인 사람의 수와 목요일의 휴가 중인 사람의 수는 같다.
B : 태현이는 금요일까지 휴가이다.

① A만 옳다.
② B만 옳다.
③ A, B 모두 옳다.
④ A, B 모두 틀리다.
⑤ A, B 모두 옳은지 틀린지 판단할 수 없다.

| 2023년 상반기 LG그룹

14

- 자동차 외판원인 C～H 6명의 판매실적을 비교했다.
- C는 D에게 실적에서 앞섰다.
- E는 F에게 실적에서 뒤졌다.
- G는 H에게 실적에서 뒤졌지만, C에게는 실적에서 앞섰다.
- D는 F에게 실적에서 앞섰지만, G에게는 실적에서 뒤졌다.

A : 실적이 가장 좋은 외판원은 H이다.
B : 실적이 가장 나쁜 외판원은 E이다.

① A만 옳다.
② B만 옳다.
③ A, B 모두 옳다.
④ A, B 모두 틀리다.
⑤ A, B 모두 옳은지 틀린지 판단할 수 없다.

| 2024년 하반기 LG그룹

15 **L기업의 직원 A～E 5명 중 1명이 어제 출근하지 않았다. 이들 중 2명이 거짓말을 한다고 할 때, 출근하지 않은 직원은?(단, 출근을 하였어도 결근 사유를 듣지 못할 수도 있다)**

- A대리 : 나는 출근했고, E대리도 출근했다. 누가 출근하지 않았는지는 알지 못한다.
- B사원 : C사원은 출근하였다. A대리님의 말은 모두 사실이다.
- C사원 : D사원은 출근하지 않았다.
- D사원 : B사원의 말은 모두 사실이다.
- E대리 : 출근하지 않은 사람은 D사원이다. D사원이 개인 사정으로 인해 출근하지 못한다고 A대리님에게 전했다.

① A대리
② B사원
③ C사원
④ D사원
⑤ E대리

| 2024년 상반기 LG그룹

16 김대리, 박과장, 최부장 중 1명은 점심으로 짬뽕을 먹었다. 다음의 진술 중 2개의 진술만 참이고 나머지는 모두 거짓일 때, 짬뽕을 먹은 사람과 참인 진술을 바르게 짝지은 것은?(단, 중국집에서만 짬뽕을 먹을 수 있고, 중국 음식은 짬뽕뿐이다)

> • 김대리 : 박과장이 짬뽕을 먹었다. … ㉠
> 나는 최부장과 중국집에 갔다. … ㉡
> 나는 중국 음식을 먹지 않았다. … ㉢
> • 박과장 : 김대리와 최부장은 중국집에 가지 않았다. … ㉣
> 나는 점심으로 짬뽕을 먹었다. … ㉤
> 김대리가 중국 음식을 먹지 않았다는 것은 거짓말이다. … ㉥
> • 최부장 : 나와 김대리는 중국집에 가지 않았다. … ㉦
> 김대리가 점심으로 짬뽕을 먹었다. … ㉧
> 박과장의 마지막 말은 사실이다. … ㉨

① 김대리, ㉡·㉥
② 박과장, ㉠·㉤
③ 박과장, ㉤·㉨
④ 최부장, ㉡·㉦
⑤ 최부장, ㉡·㉢

| 2023년 하반기 CJ그룹

17 C기업의 직원인 A ~ E 5명이 자신들의 직급에 대하여 이야기하고 있다. 이들은 각각 사원, 대리, 과장, 차장, 부장이며 1명의 말만 진실이고 나머지 사람들의 말은 모두 거짓이라고 할 때, 다음 중 진실을 말한 사람은?(단, 직급은 사원 – 대리 – 과장 – 차장 – 부장 순이며, 모든 사람은 진실 또는 거짓만 말한다)

> • A : 나는 사원이고, D는 사원보다 직급이 높아.
> • B : E가 차장이고, 나는 차장보다 낮은 직급이지.
> • C : A는 과장이 아니고, 사원이야.
> • D : E보다 직급이 높은 사람은 없어.
> • E : C는 부장이고, B는 사원이야.

① A
② B
③ C
④ D
⑤ E

| 2023년 하반기 LG그룹

18 다음 A～C 3명은 물건을 훔친 용의자들이다. 용의자들 중 2명이 진실을 말하고 있다면, 거짓말을 한 사람과 범인을 각각 바르게 연결한 것은?

- A : 난 거짓말하지 않는다. 난 범인이 아니다.
- B : 난 진실을 말한다. 범인은 A이다.
- C : B는 거짓말을 하고 있다. 범인은 B다.

	거짓말을 한 사람	범인
①	A	A
②	B	A
③	B	B
④	C	B
⑤	C	C

| 2023년 하반기 KT그룹

19 다음 5명이 얘기를 하고 있다. 이 중 2명은 진실만을 말하고, 3명은 거짓만을 말하고 있다. 지훈이 거짓을 말할 때, 다음 중 진실만을 말하는 사람을 바르게 짝지은 것은?

- 동현 : 정은이는 지훈이와 영석이를 싫어해.
- 정은 : 아니야. 난 둘 중 1명은 좋아해.
- 선영 : 동현이는 정은이를 좋아해.
- 지훈 : 선영이는 거짓말만 해.
- 영석 : 선영이는 동현이를 싫어해.
- 선영 : 맞아. 그런데 정은이는 지훈이와 영석이 둘 다 좋아해.

① 동현, 선영　　② 정은, 영석
③ 동현, 영석　　④ 정은, 선영
⑤ 선영, 영석

Easy

| 2023년 하반기 SK그룹

20 S그룹의 A ~ D사원 4명은 각각 홍보팀, 총무팀, 영업팀, 기획팀 소속으로 3 ~ 6층의 서로 다른 층에서 근무하고 있다. 이들 중 1명이 거짓말을 하고 있을 때, 항상 참인 것은?(단, 각 팀은 서로 다른 층에 위치한다)

- A사원 : 저는 홍보팀과 총무팀 소속이 아니며, 3층에서 근무하고 있지 않습니다.
- B사원 : 저는 영업팀 소속이며, 4층에서 근무하고 있습니다.
- C사원 : 저는 홍보팀 소속이며, 5층에서 근무하고 있습니다.
- D사원 : 저는 기획팀 소속이며, 3층에서 근무하고 있습니다.

① A사원은 홍보팀 소속이다.
② B사원은 6층에서 근무하고 있다.
③ 홍보팀은 3층에 위치한다.
④ 기획팀은 4층에 위치한다.
⑤ D사원은 5층에서 근무하고 있다.

| 2023년 하반기 SK그룹

21 S병원에는 현재 5명의 심리상담사가 근무 중이다. 얼마 전 시행한 감사 결과 이들 중 1명이 근무시간에 자리를 비운 것이 확인되었다. 5명의 심리상담사 중 3명이 진실을 말하고 2명이 거짓을 말한다고 할 때, 거짓을 말하고 있는 심리상담사를 모두 고르면?

- A : B는 진실을 말하고 있어요.
- B : 제가 근무시간에 C를 찾아갔을 때, C는 자리에 없었어요.
- C : 근무시간에 자리를 비운 사람은 A입니다.
- D : 저는 C가 근무시간에 밖으로 나가는 것을 봤어요.
- E : D는 어제도 근무시간에 자리를 비웠어요.

① A, B
② A, D
③ B, C
④ B, D
⑤ C, E

| 2023년 상반기 KT그룹

22 **K사의 기획팀에서 근무하고 있는 직원 A ~ D 4명은 서로의 프로젝트 참여 여부에 관하여 다음과 같이 진술하였고, 이들 중 단 1명만이 진실을 말하였다. 이들 가운데 반드시 프로젝트에 참여하는 사람은?**

- A : 나는 프로젝트에 참여하고, B는 프로젝트에 참여하지 않는다.
- B : A와 C 중 적어도 1명은 프로젝트에 참여한다.
- C : 나와 B 중 적어도 1명은 프로젝트에 참여하지 않는다.
- D : B와 C 중 1명이라도 프로젝트에 참여한다면, 나도 프로젝트에 참여한다.

① A
② B
③ C
④ D
⑤ 없음

| 2023년 하반기 CJ그룹

23 **재은이는 얼마 전부터 건강을 위해 매주 아침마다 달리기를 하기로 했다. 다음 내용이 모두 참일 때 항상 참인 것은?**

- 재은이는 화요일에 월요일보다 50m 더 달려 200m를 달렸다.
- 재은이는 수요일에 화요일보다 30m 적게 달렸다.
- 재은이는 목요일에 수요일보다 10m 더 달렸다.

① 재은이는 목요일에 가장 많이 달렸다.
② 재은이는 목요일에 화요일보다 20m 적게 달렸다.
③ 재은이는 월요일에 수요일보다 50m 적게 달렸다.
④ 재은이는 목요일에 가장 적게 달렸다.
⑤ 재은이는 수요일에 가장 적게 달렸다.

Easy

| 2023년 상반기 CJ그룹

24 다음 사실로부터 추론할 수 있는 것은?

- 지훈이는 이번 주 워크숍에 참여하며, 다음 주에는 체육대회에 참가할 예정이다.
- 영훈이는 다음 주 체육대회와 창립기념일 행사에만 참여할 예정이다.

① 지훈이는 다음 주 창립기념일 행사에 참여한다.
② 영훈이는 이번 주 워크숍에 참여한다.
③ 지훈이와 영훈이는 이번 주 체육대회에 참가한다.
④ 지훈이와 영훈이는 다음 주 체육대회에 참가한다.
⑤ 영훈이는 창립기념일 행사보다 체육대회에 먼저 참가한다.

| 2025년 상반기 삼성그룹

25 S사의 세탁기는 〈조건〉과 같이 A ~ D 4개의 세탁 과정과 X, Y 2개의 건조 과정을 거쳐 작동한다. 다음 중 S사 세탁기의 세탁 및 건조 과정이 순서대로 바르게 나열된 것은?

조건

- A, B, C, D는 세탁 과정이고, X, Y는 건조 과정이다.
- 건조 과정은 세탁 과정이 모두 끝난 뒤에 진행한다.
- A는 세탁의 가장 마지막에 진행하는 마무리 과정이다.
- C는 B보다 늦게 진행한다.
- D와 Y사이에는 2개의 과정이 있다.
- D과정 직후에는 세탁의 마무리 과정을 할 수 없다.

① B－C－D－A－X－Y
② B－D－C－A－X－Y
③ B－D－C－A－Y－X
④ D－B－C－A－X－Y
⑤ D－C－B－A－Y－X

26 C사는 A ~ E제품 5개를 대상으로 내구성, 효율성, 실용성 세 개 영역에 대해 1 ~ 3등급을 기준에 따라 평가하였다. A ~ E제품에 대한 평가 결과가 다음과 같을 때, 반드시 참이 되지 않는 것은?

- 모든 영역에서 3등급을 받은 제품이 있다.
- 모든 제품이 3등급을 받은 영역이 있다.
- A제품은 내구성 영역에서만 3등급을 받았다.
- B제품만 실용성 영역에서 3등급을 받았다.
- C, D제품만 효율성 영역에서 2등급을 받았다.
- E제품은 1개의 영역에서만 2등급을 받았다.
- A와 C제품이 세 영역에서 받은 등급의 총합은 서로 같다.

① A제품은 효율성 영역에서 1등급을 받았다.
② B제품은 내구성 영역에서 3등급을 받았다.
③ C제품은 내구성 영역에서 3등급을 받았다.
④ D제품은 실용성 영역에서 2등급을 받았다.
⑤ E제품은 실용성 영역에서 2등급을 받았다.

Hard

27 S부서는 회식 메뉴를 선정하려고 한다. 다음 〈조건〉에 따라 주문할 메뉴를 선택한다고 할 때, 반드시 주문할 메뉴를 모두 고르면?

조건

- 삼선짬뽕은 반드시 주문한다.
- 양장피와 탕수육 중 하나는 반드시 주문하여야 한다.
- 자장면을 주문하는 경우, 탕수육은 주문하지 않는다.
- 자장면을 주문하지 않는 경우에만 만두를 주문한다.
- 양장피를 주문하지 않으면, 팔보채를 주문하지 않는다.
- 팔보채를 주문하지 않으면, 삼선짬뽕을 주문하지 않는다.

① 삼선짬뽕, 자장면, 양장피
② 삼선짬뽕, 탕수육, 양장피
③ 삼선짬뽕, 팔보채, 양장피
④ 삼선짬뽕, 탕수육, 만두
⑤ 삼선짬뽕, 탕수육, 양장피, 자장면

28 다음은 〈조건〉에 따라 2에서 10까지의 서로 다른 자연수의 관계를 나타낸 것이다. 이때 A, B, C에 해당하는 수의 합은?

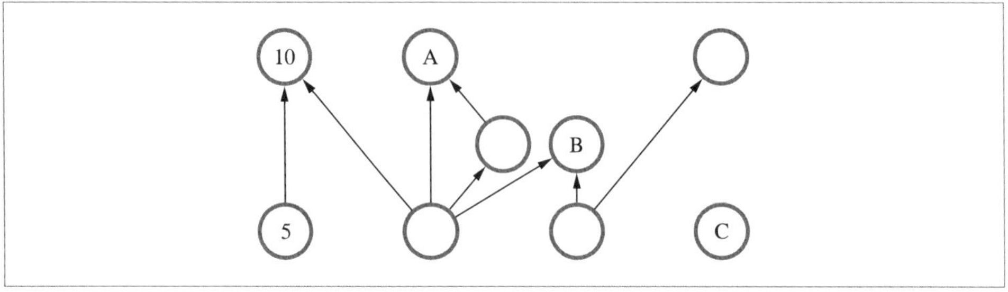

조건

- 2에서 10까지의 자연수는 ◯ 안에 한 개씩만 사용되고, 사용되지 않는 자연수는 없다.
- 2에서 10까지의 서로 다른 임의의 자연수 3개를 x, y, z라고 할 때,
  - ⓧ ⟶ ⓨ는 y가 x의 배수임을 나타낸다.
  - 화살표로 연결되지 않은 ⓩ는 z가 x, y와 약수나 배수 관계가 없음을 나타낸다.

① 20
② 21
③ 22
④ 23
⑤ 24

| 2023년 하반기 LG그룹

29 카드게임을 하기 위해 A ~ F 6명이 원형 테이블에 앉고자 한다. 다음 〈조건〉에 따라 이들의 좌석을 배치하고자 할 때, 다음 중 F와 이웃하여 앉을 사람은?(단, 좌우 방향은 원탁을 바라보고 앉은 상태를 기준으로 한다)

> **조건**
> - B는 C와 이웃하여 앉는다.
> - A는 E와 마주보고 앉는다.
> - C의 오른쪽에는 E가 앉는다.
> - F는 A와 이웃하여 앉지 않는다.

① A, C
② B, D
③ B, E
④ C, D
⑤ D, E

| 2023년 상반기 LG그룹

30 L사의 A ~ D 4명은 각각 다른 팀에 근무하는데, 각 팀은 2 ~ 5층에 위치하고 있다. 다음 〈조건〉을 참고할 때 항상 참인 것은?

> **조건**
> - A ~ D 중 2명은 부장, 1명은 과장, 1명은 대리이다.
> - 대리의 사무실은 B보다 높은 층에 있다.
> - B는 과장이다.
> - A는 대리가 아니다.
> - A의 사무실이 가장 높다.

① 부장 중 1명은 반드시 2층에 근무한다.
② A는 부장이다.
③ 대리는 4층에 근무한다.
④ B는 2층에 근무한다.
⑤ C는 대리이다.

※ 다음 도식에서 기호들은 일정한 규칙에 따라 문자를 변화시킨다. ?에 들어갈 문자로 옳은 것을 고르시오
(단, 규칙은 가로와 세로 중 한 방향으로만 적용된다). **[31~34]**

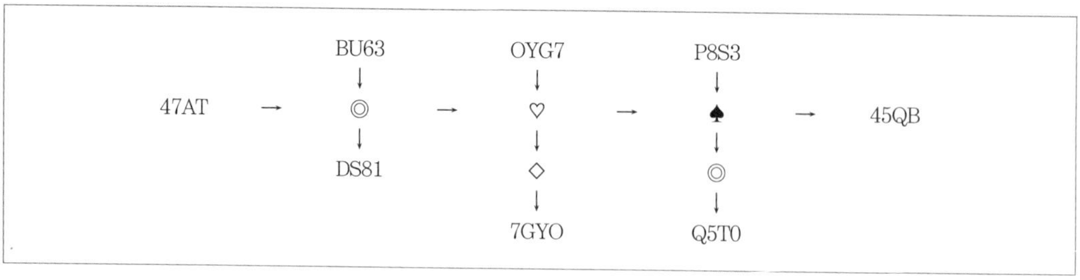

| 2025년 상반기 삼성그룹

31

STOP → ◎ → ♡ → ?

① NQUR
② QURN
③ RNQU
④ RUNQ
⑤ URQN

| 2025년 상반기 삼성그룹

32

18AB → ♡ → ♠ → ?

① AZ70
② A7Z0
③ ZA07
④ Z0A7
⑤ 70AZ

| 2025년 상반기 삼성그룹

33

E5D8 → ♠ → ◇ → ?

① CD47
② D4C7
③ C7D4
④ D7C4
⑤ DC74

Hard

| 2025년 상반기 삼성그룹

34

H476 → ◇ → ♠ → ◎ → ?

① 83I1
② 813I
③ 318I
④ 3I81
⑤ I138

※ 다음 도식에서 기호들은 일정한 규칙에 따라 문자를 변화시킨다. ?에 들어갈 문자로 옳은 것을 고르시오(단, 규칙은 가로와 세로 중 한 방향으로만 적용된다). **[35~36]**

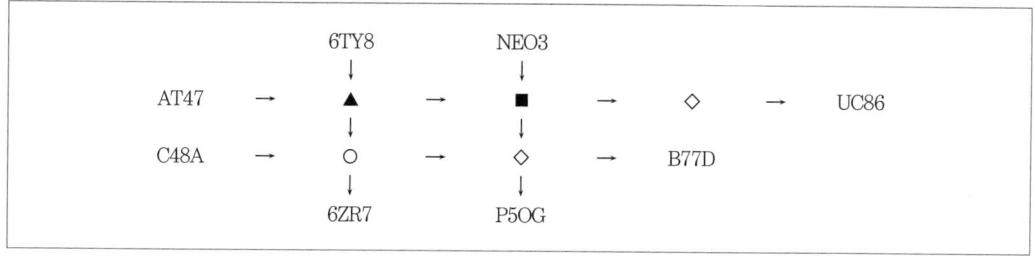

		6TY8		NEO3				
		↓		↓				
AT47	→	▲	→	■	→	◇	→	UC86
		↓		↓				
C48A	→	○	→	◇	→	B77D		
		↓		↓				
		6ZR7		P5OG				

❙ 2024년 하반기 삼성그룹

35

OAIS → ○ → ■ → ?

① POIT
② MBGT
③ GRMS
④ MIOS
⑤ GTMB

❙ 2024년 하반기 삼성그룹

36

14KV → ▲ → ◇ → ?

① MQ24
② MW35
③ 35VM
④ WM53
⑤ 24VT

※ 다음 도식에서 기호들은 일정한 규칙에 따라 문자를 변화시킨다. ?에 들어갈 문자로 옳은 것을 고르시오 (단, 규칙은 가로와 세로 중 한 방향으로만 적용된다). **[37~40]**

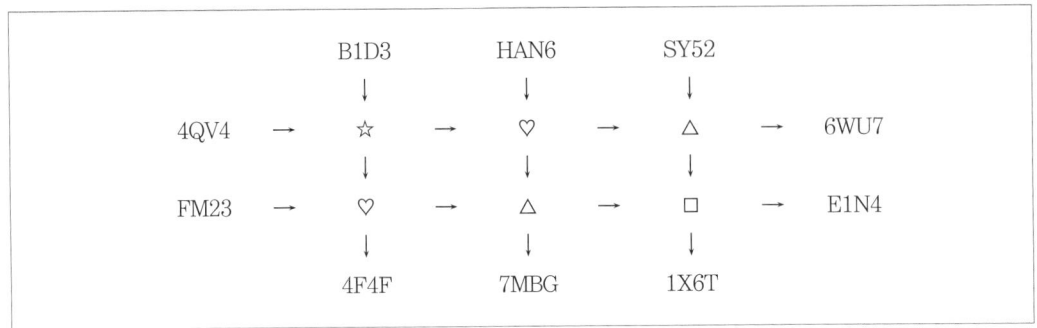

		B1D3		HAN6		SY52		
		↓		↓		↓		
4QV4	→	☆	→	♡	→	△	→	6WU7
		↓		↓		↓		
FM23	→	♡	→	△	→	□	→	E1N4
		↓		↓		↓		
		4F4F		7MBG		1X6T		

❙ 2023년 하반기 삼성그룹

37

US24 → □ → ☆ → ?

① 4S2U
② 2US4
③ 4V8V
④ 8V4V
⑤ 48VV

❙ 2023년 하반기 삼성그룹

38

KB52 → ☆ → ♡ → ?

① 37KE
② 37EO
③ E37K
④ EO52
⑤ E37O

❙ 2023년 하반기 삼성그룹

39

? → △ → ♡ → △ → 9381

① 1839
② 3819
③ 2748
④ 4827
⑤ 8472

Hard

❙ 2023년 하반기 삼성그룹

40

? → □ → △ → 96II

① 96HJ
② 9HJ6
③ 87HJ
④ 8H7J
⑤ J7H8

시대에듀

M E M O

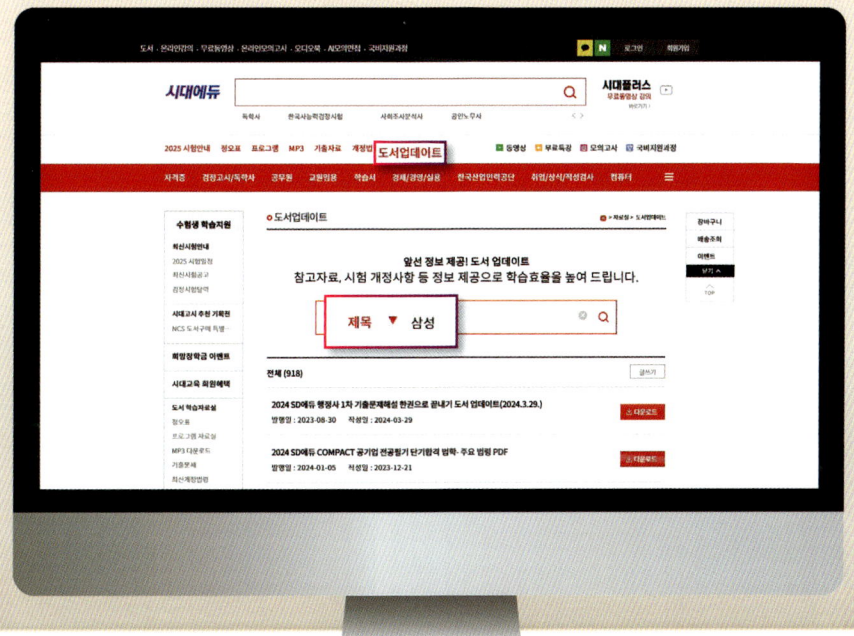

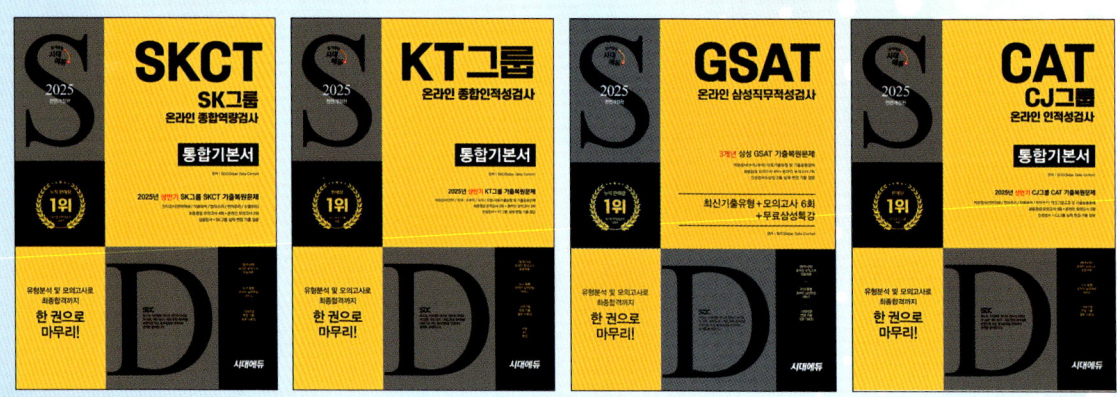

L-TAB

롯데그룹 온라인 직무적합진단

기출이 답이다

편저 | SDC(Sidae Data Center)

SDC

SDC는 시대에듀 데이터 센터의 약자로 약 30만 개의 NCS · 적성 문제 데이터를 바탕으로 최신 출제경향을 반영하여 문제를 출제합니다.

판매량 1위 YES24 롯데그룹 부문

7개년 기출복원문제 + 기출유형 완전 분석 + 무료롯데특강

[합격시대] 온라인 모의고사 무료쿠폰

—

10대기업 면접 기출 질문 자료집

—

영역별 공략비법 강의

정답 및 해설

시대에듀

PART II

기출복원문제 정답 및 해설

CHAPTER

01 2025년 상반기 기출복원문제

01	02	03	04	05	06	07	08	09	10
③	①	④	④	④	①	②	④	④	④
11	12	13							
②	③	②							

01 정답 ③

제시문에서는 대기업과 중소기업 간의 상생경영의 중요성을 강조하고 있다. 기존에는 대기업이 시혜적 차원에서 중소기업에게 베푸는 느낌이 강했지만, 현재는 협력사의 경쟁력 향상이 곧 기업의 성장으로 이어질 것으로 보고, 상생경영의 중요성을 높이고 있다. 대기업이 지원해준 업체의 기술력 향상으로 더 큰 이득을 보상받는 등 상생협력이 대기업과 중소기업 모두에게 효과적임을 알 수 있다. 따라서 '시혜적 차원에서의 대기업 지원의 중요성'은 글의 제목으로 적절하지 않다.

02 정답 ①

할인되지 않은 열차 티켓의 가격을 x원이라고 하자.

티켓을 40% 할인된 가격에 구매하였으므로 구매 가격은 $(1-0.4)x=0.6x$원이다.

환불 규정에 따르면 하루 전에 티켓을 취소하는 경우 70%의 금액을 돌려받을 수 있다.

$0.6x \times 0.7=16,800$

$\rightarrow 0.42x=16,800$

$\therefore x=40,000$

따라서 할인되지 않은 열차 티켓의 가격은 40,000원이다.

03 정답 ④

순서대로 풀이하면 다음과 같다.

i) • 1일 차 가전 부스 마케팅팀 근무자 : T대리
  • 2일 차 휴대폰 부스 개발팀 근무자 : S과장

ii) 3일 차 과장급 직원 근무 × → 1～2일 차 모든 과장급 직원 근무 배정(∵ 3일 중 2일 근무) → 같은 직급 하나의 부스 근무 ×
  • 1일 차 가전 부스 개발팀 근무자 : S과장
  • 1일 차 PC 부스 마케팅팀 근무자 : K과장

iii) K과장 → 2일 차 가전 or PC 부스 근무 가능
  • 2일 차 가전 부스 마케팅팀 근무자 : K과장(∵ 한 번 근무한 부스에서 다시 근무 ×)

iv) T대리 → 1일 차 가전 부스 근무 → 2, 3일 차에 휴대폰 or PC 부스 근무 가능
  • 2～3일 차 중 하루 휴대폰 부스 마케팅팀 근무자 : T대리
  (∵ 2～3일 차 PC 부스 개발팀 근무자 대리)

v) 마케팅팀 사원 2명, 개발팀 대리 2명 → 개인 구분 없이(∵ 서로 동일한 직급) 3일 중 총 4회(2일×2명) 배정
  • 마케팅팀 사원 : 4회 모두 배정
  • 개발팀 대리 : 2회 추가 배정(∵ 2～3일 차 PC 부스 개발팀 근무자 대리)

vi) • 2일 차 휴대폰, PC 부스 마케팅팀 근무자 : Y or P사원
(∵ 2일 차 PC 부스, 3일 차 모든 부스 근무 시 2명 중 1명의 근무 일수가 2일 만족 ×)
vii) • 3일 차 휴대폰 부스 마케팅팀 근무자 : T대리(∵ PC 부스 개발팀 근무자 대리)
• 3일 차 가전, PC 부스 마케팅팀 근무자 : Y or P사원
viii) • 1일 차 PC 부스, 3일 차 휴대폰 부스 개발팀 근무자 : C사원
• 2 ~ 3일 차 가전 부스 개발팀 근무자 : D or O대리
(∵ 2일 차 PC 부스, 3일 차 가전 부스 마케팅팀 근무자 사원)
이를 표로 정리하면 다음과 같다.

구분	1일 차		2일 차		3일 차	
	마케팅팀	개발팀	마케팅팀	개발팀	마케팅팀	개발팀
휴대폰			Y사원 or P사원	S과장	T대리	C사원
가전	T대리	S과장	K과장	D대리 or O대리	Y사원 or P사원	D대리 or O대리
PC	K과장	C사원	Y사원 or P사원	D대리 or O대리	Y사원 or P사원	D대리 or O대리

따라서 PC 부스의 1일 차 마케팅팀 근무자가 과장이므로 ④는 옳지 않다.

04 정답 ④

제시문의 첫 번째 문단에 따르면 전국에 공공 급속충전기를 공급하여 충전 인프라를 확대하는 프로젝트인 것은 맞지만, 총 3개의 권역에서 사업을 진행하며 L그룹의 자회사는 서울 · 경기 · 강원 등 1권역에 선정되었음을 알 수 있다.

05 정답 ④

20 ~ 21일은 주중이며, 포럼 내 행사 및 출장, 연수 일정이 없고, 연차 사용 전에 해당하므로 K사원이 포럼에 참석하여 사업설명회를 진행할 수 있는 일정이다.

오답분석

① 6 ~ 7일은 K사원의 연수 참석 기간이므로 포럼에 참석할 수 없다.
② 12 ~ 13일 중 12일에 논문 발표가 있으므로 사업설명회를 진행할 수 없다.
③ 14 ~ 15일 중 15일은 목요일로, K사원이 G지사로 출장을 가기 때문에 포럼에 참석할 수 없다.
⑤ 27 ~ 28일은 K사원이 개인 사정으로 연차를 사용하는 기간이기에 포럼에 참석할 수 없다.

06 정답 ①

같은 부서 사람끼리 옆자리에 앉아야 하므로 같은 부서원을 한 묶음으로 생각한다. 3개의 부서를 원탁에 배치하는 경우는 $2!=2$가지이다. 각 부서 사람끼리 자리를 바꾸는 경우의 수는 $2!\times2!\times3!=2\times2\times6=24$가지이다. 따라서 조건에 맞게 7명이 앉을 수 있는 경우의 수는 $2\times24=48$가지이다.

07 정답 ②

인건비는 업체별 일당과 시공 인원, 공사 기간을 곱한 값이므로 업체별 인건비를 구하면 다음과 같다.
• A업체 : $11\times4\times5=220$만 원
• B업체 : $13\times5\times4=260$만 원
• C업체 : $10\times4\times6=240$만 원
• D업체 : $9.5\times6\times4=228$만 원
• E업체 : $12\times3\times6=216$만 원
따라서 인건비는 E업체가 가장 저렴하다.

오답분석

① B업체의 품질보증기간은 10개월이므로 사업 고려 사항(품질보증기간 1년)을 충족하지 못한다.
③ 자재비가 가장 저렴한 업체는 B업체이며, 부대비용 또한 10만 원으로 가장 저렴하다.
④ 팀별 검토 사항에서 건축지원팀의 역할은 시공업체 품질 및 신뢰도 검토이므로 자재 품질이나 신뢰성 검토는 건축지원팀의 역할이 맞다.
⑤ 메일은 24일 월요일에 발신되었고, 이틀 뒤인 26일까지 회신해야 하므로 메일을 수신한 팀은 수요일까지 K대리에게 팀별 검토 사항을 회신해야 한다.

08 정답 ④

C와 E업체의 경우 공사 기간을 초과하므로 선정되지 않으며, B업체는 품질보증기간을 충족하지 않으므로 역시 선정되지 않는다. 그러므로 **07**번 해설의 인건비 계산을 활용하여 남은 A업체와 D업체의 비용을 계산하면 다음과 같다.

- A업체 : $420+220+30=670$만 원
- D업체 : $390+228+20=638$만 원

따라서 A업체는 공사 예산을 초과하므로 선정되지 않으며, D업체가 선정된다.

09 정답 ④

각 팀의 정원은 메일을 수신한 사람의 수와 같으므로 예산기획팀은 3명, 건축지원팀은 5명, 총무팀은 6명이다. TF팀은 예산기획팀에서 1명, 건축지원팀에서 2명, 총무팀에서 2명을 선발하므로 팀별로 구성할 수 있는 경우의 수는 다음과 같다.

- 예산기획팀 : ${}_3C_1=3$가지
- 건축지원팀 : ${}_5C_2=\frac{5\times4}{2\times1}=10$가지
- 총무팀 : ${}_6C_2=\frac{6\times5}{2\times1}=15$가지

따라서 가능한 팀 구성의 경우의 수는 $3\times10\times15=450$가지이다.

10 정답 ④

뇌졸중은 현대 의학에서 뇌출혈, 뇌경색 등 뇌혈관 질환을 통틀어 이르는 말이다. 흔히 잘못 사용하는 '뇌졸증'은 아예 없는 말이다.

오답분석

① 부하 직원이 대리나 과장 등 정확한 직함을 달고 있는데도 '~씨'라고 부르는 것은 잘못된 언어 습관이다. 직위에 알맞은 책임이나 권위를 무시하는 행위이기 때문이다.
② 식사는 끼니로 음식을 먹는 행위를 뜻하는 점잖은 한자 표현이지만 의미상 '밥'과 일맥상통하기 때문에 '밥 하셨나요?'라는 뜻이 된다. 부장이나 본부장, 사장에게 말하는 경우라면 밥을 높여 '진지 드셨어요?'라고 하는 것이 공손한 표현이다.
③ 절대절명은 잘못 사용한 한자성어이다. 절체절명(絕體絕命)이 옳은 표현이다.
⑤ '회복'이란 단어는 원래 상태를 되찾는다는 걸 의미한다. 따라서 '피로 해소제'나 '원기 회복제'라고 사용하는 것이 올바르다.

11 정답 ②

사원은 올바른 언어를 사용하지 못한다고 하였으므로, 이의 대우가 성립하여 올바른 언어를 사용하는 사람은 사원이 아니다. 주어진 내용을 정리하면 부장은 올바른 호칭을 사용하고, 올바른 호칭을 사용하는 사람은 올바른 언어를 사용하며, 올바른 언어를 사용하는 사람은 사원이 아니다. 따라서 부장은 올바른 언어를 사용한다는 것이 항상 참이 된다.

오답분석

①·③·④·⑤ 명제의 역은 성립하지 않는다.

12 정답 ③

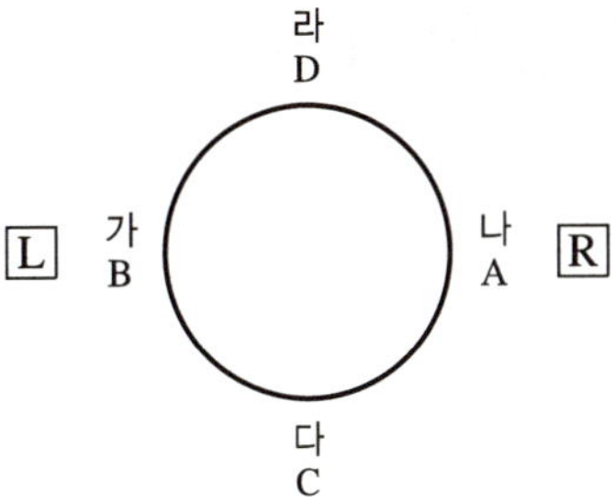

첫 번째 조건과 다섯 번째 조건에 따라 다의 위치는 시계 6시 방향이고, 9시 방향과 12시 방향은 각각 B와 D를 맡은 직원이 앉게 된다.
두 번째 조건에 따라 A를 맡은 직원은 3시 방향에 앉고, 세 번째 조건에 따라 라는 12시 방향에 앉아 있으므로 D를 맡은 직원은 라이다.
네 번째 조건에 따라 나는 3시 방향에, 가는 9시 방향에 앉게 되므로 A를 맡은 직원은 나, B를 맡은 직원은 가이다.
따라서 남은 C는 다가 맡는다.

13 정답 ②

평균 만족도 점수를 구하면 $\frac{1\times10+2\times36+3\times30+4\times72+5\times12}{160}=3.25$점이다.
이를 100점 만점으로 환산한 점수를 x점이라고 하면 다음과 같은 비례식이 성립한다.
$3.25:5=x:100$
$\therefore\ x=65$
따라서 환산한 점수는 65점이다.

CHAPTER

02 2024년 하반기 기출복원문제

01	02	03	04	05	06	07	08	09	10
④	⑤	④	④	②	②	②	②	③	④
11	12	13	14						
⑤	②	③	②						

01 정답 ④

언택트 기술이 낳을 수 있는 문제에 대응하기 위해서는 인간 중심의 비대면 접촉이 이루어져야 한다. 인력이 불필요한 곳은 기술로 대체할 수 있지만, 보다 대면 접촉이 필요한 곳에는 인력을 재배치해야 한다는 것이다. 따라서 최대한 인력을 언택트 기술로 대체해야 한다는 ④는 글의 내용으로 적절하지 않다.

02 정답 ⑤

언택트 마케팅에 사용되는 기술의 보편화는 디지털 환경에 익숙하지 않은 고령층을 소외시키는 '언택트 디바이드' 등의 문제를 낳을 수 있다. 따라서 ⑤는 언택트 마케팅의 확산 원인으로 적절하지 않다.

03 정답 ④

작년의 매출을 x원이라고 하면 올해의 매출은 $1.25x$원이다.

$1.25x \times 0.02 = a$

$\therefore\ x = 40a$

따라서 작년에 부과된 세금은 $0.02x$원이므로 $0.02 \times 40a = 0.8a$원이다.

04 정답 ④

제시문은 방송의 발달이 문화에 끼치는 영향과 방송의 위상 변화를 방송의 기술적 · 산업적 성격을 바탕으로 서술하고, 방송 매체에 대한 비판 정신을 가져야 함을 주장하고 있다. 논의 과정에서 구체적 사례를 들고, 전문가의 견해를 인용하고 있으나 친숙한 대상에 빗대어 유추하고 있는 것은 아니다.

05 정답 ②

글쓴이는 방송 메커니즘의 양면성에 대해 언급하고, 21세기 대중문화가 생산적이고 유익한 것이 될 수 있는지는 우리가 매스 미디어의 내용에 어떤 가치를 담아내느냐에 달려 있다고 강조하고 있다. 이는 결국 대중문화 및 대중문화에 큰 영향력을 미치는 매스 미디어에 대해 비판 정신을 갖추어야 함을 강조한 것으로 볼 수 있다.

06 정답 ②

2명씩 짝을 지어 한 그룹으로 보고 원탁에 앉는 방법을 구하기 위해서 원순열 공식 $(n-1)!$을 이용한다.
2명씩 3그룹이므로 $(3-1)!=2\times1=2$가지이다. 또한 그룹 내에서 2명이 자리를 바꿔 앉을 수 있는 경우는 2가지씩이다.
따라서 6명이 원탁에 앉을 수 있는 방법은 $2\times2\times2\times2=16$가지이다.

07 정답 ②

E사원의 진술에 따라 C사원과 E사원의 진술은 동시에 참이 되거나 거짓이 되므로 경우를 나누어 생각해 볼 수 있다.

i) C사원과 E사원이 모두 거짓말을 한 경우
참인 B사원의 진술에 따라 D사원이 금요일에 열리는 세미나에 참석한다. 그러나 이때 C와 E사원 중 1명이 참석한다는 D사원의 진술과 모순되므로 성립하지 않는다.

ii) C사원과 E사원이 모두 진실을 말한 경우
C사원과 E사원의 진술에 따라 C, D, E사원은 세미나에 참석할 수 없다. 따라서 D사원이 세미나에 참석한다는 B사원의 진술은 거짓이 되며, C와 E사원 중 1명이 참석한다는 D사원의 진술도 거짓이 된다. 또한 A사원은 세미나에 참석하지 않으므로 금요일 세미나에 참석하는 사람은 B사원이 된다.

따라서 B사원과 D사원이 거짓말을 하고 있으며, 이번 주 금요일 세미나에 참석하는 사람은 B사원이다.

08 정답 ②

결재 기간은 2일 이상이 필요하고, 가능한 한 빠른 기간 내에 마무리하므로 결재 기간을 2일로 가정하여 채용일정을 정리한다.
2일 월요일은 필기시험 날이며 5일 목요일에 필기합격자를 발표할 수 있다. 그러면 9일 월요일부터 면접시험 진행이 가능하다.
또한 9일과 10일은 출장인 임직원이 없고, 11일은 D과장만 출장이 있어 면접시험에 참석해야 할 인원 조건을 충족한다. 따라서 면접시험 일정은 9 ~ 10일 또는 10일 ~ 11일에 가능하다.

오답분석

① 7일은 주말인 토요일이므로 다섯 번째 조건에 따라 면접시험 날짜로 불가능하다. 또한 2일에 필기시험을 보고 3 ~ 4일에 결재를 받고 5일에 필기합격자를 발표하면 9일부터 면접시험이 가능하다.
③ 17일에 A사원과 C대리가 출장이므로 인사부 직원은 B사원, D과장, E부장이 남는다. 이 중 D과장과 E부장은 면접관이 되고, B사원이 혼자 진행요원이 되어 세 번째 조건에 부합하지 않는다.
④·⑤ 25일부터 28일까지는 'L사 문화 행사'로 보기 중 마지막 조건에 따라 채용일정 진행이 불가능하다.

09 정답 ③

최종합격자는 80명이며, 필기시험 응시자는 최종합격자의 2배이므로 160명이 된다. 이 중 면접시험에 응시할 수 있는 인원은 필기시험 응시자의 60%로 $160\times0.6=96$명이고, 면접시험은 4명씩 1팀이 되어 실시하므로 면접시험을 보는 팀은 $\frac{96}{4}=24$팀이다. 또한 1팀당 15분간 면접이 진행되고 1팀이 끝날 때마다 5분의 휴식시간이 있어 1팀당 20분으로 계산하면 1시간 동안 3팀의 면접을 끝낼 수 있다.
하루 면접시험 진행시간은 4시간 이하라고 하였으므로, $4\times3=12$팀이 면접을 볼 수 있고, 마지막 12번째 팀이 끝나면 휴식시간이 필요 없으므로 하루의 면접시험 진행시간 중 면접관의 휴식시간은 $5\times11=55$분임을 알 수 있다.
따라서 2일 동안 실시되는 면접시험에서 면접관의 휴식시간은 $55\times2=110$분$=1$시간 50분이다.

PART 2 기출복원문제 정답 및 해설

10 정답 ④

지원자 4의 진술이 거짓이면 지원자 5의 진술도 거짓이고, 지원자 4의 진술이 참이면 지원자 5의 진술도 참이다. 즉, 1명의 진술만 거짓이므로 지원자 4, 5의 진술은 참이다. 그러면 지원자 1과 지원자 2의 진술이 모순이다.

- 지원자 1의 진술이 거짓인 경우
  지원자 3은 인사부에 선발이 되었고, 지원자 2는 미디어홍보부 또는 기획재정부에 선발되었다. 이때 지원자 3의 진술에 따라 지원자 4가 미디어홍보부, 지원자 2가 기획재정부에 선발되었다.
  ∴ 인사부 : 지원자 3, 미디어홍보부 : 지원자 4,
  기획재정부 : 지원자 2, 경영전략부 : 지원자 5
- 지원자 2의 진술이 거짓인 경우
  지원자 2는 인사부에 선발되었고, 지원자 3은 미디어홍보부 또는 기획재정부에 선발되었다. 이때 지원자 3의 진술에 따라 지원자 4가 미디어홍보부, 지원자 3이 기획재정부에 선발되었다.
  ∴ 인사부 : 지원자 2, 미디어홍보부 : 지원자 4,
  기획재정부 : 지원자 3, 경영전략부 : 지원자 5

따라서 항상 참인 것은 ④이다.

11 정답 ⑤

명시적 인센티브 계약을 하면 성과에 기초하여 명시적인 인센티브가 지급된다. 따라서 성과를 측정하기 어려운 업무를 근로자들이 등한시하게 되는 결과를 초래할 수 있다. 그러므로 성과를 측정하기 어려운 업무에 종사하는 근로자에 대한 보상에서는 암묵적인 인센티브가 더 효과적이다.

오답분석

① 첫 번째 문단에서 확인할 수 있다.
② 세 번째 문단에서 확인할 수 있다.
③ 두 번째 문단에서 확인할 수 있다.
④ 마지막 문단에서 확인할 수 있다.

12 정답 ②

암묵적 계약은 객관적으로 확인할 수 있는 조건보다는 주관적인 평가에 기초한 약속이다.

13 정답 ③

n년 후 저장될 파일의 수가 a_n천 개일 때, $(n+1)$년 후 저장될 파일의 수는 $(2a_n+1)$천 개이므로 다음 식이 성립한다.

- 6년 후 : $2\times31+1=63$천 개
- 7년 후 : $2\times63+1=127$천 개
- 8년 후 : $2\times127+1=255$천 개
- 9년 후 : $2\times255+1=511$천 개
- 10년 후 : $2\times511+1=1,023$천 개

따라서 10년 후 저장될 파일의 수는 1,023천 개이다.

14 정답 ②

- 본부에서 36개월 동안 연구원으로 근무
  → $0.03 \times 36 = 1.08$점
- 지역본부에서 24개월 근무
  → $0.015 \times 24 = 0.36$점
- 특수지에서 12개월 동안 파견근무(지역본부 근무경력과 중복되어 $\frac{1}{2}$만 인정)
  → $0.02 \times 12 \div 2 = 0.12$점
- 본부로 복귀 후 현재까지 총 23개월 근무
  → $0.03 \times 23 = 0.69$점
- 팀장으로 승진 후 현재까지 성과
  - 내부평가결과 최상위 10% 총 12회
    → $0.012 \times 12 = 0.144$점
  - 내부평가결과 차상위 10% 총 6회
    → $0.01 \times 6 = 0.06$점
  - 금상 2회, 은상 1회, 동상 1회 수상
    → $(0.25 \times 2) + (0.15 \times 1) + (0.1 \times 1) = 0.75$점
    → 0.5(∵ 인정범위)
  - 시행결과평가 탁월 2회, 우수 1회
    → $(0.25 \times 2) + (0.15 \times 1) = 0.65$점
    → 0.5(∵ 인정범위)

따라서 K과장의 가점은 $1.08 + 0.36 + 0.12 + 0.69 + 0.144 + 0.06 + 0.5 + 0.5 = 3.454$점이다.

CHAPTER

03 2024년 상반기 기출복원문제

01	02	03	04	05	06	07	08	09	10
⑤	④	①	⑤	④	④	①	①	③	④

01 정답 ⑤

첫 번째 문단에서 마중물 효과의 개념을, 두 번째에서 네 번째 문단까지는 마중물 효과 및 마중물을 활용한 마케팅의 특징에 대해 설명하고, 마중물로 인해 소비자가 과소비를 할 수 있는 위험성에 대해 언급했다. 마지막 문단에서는 이를 바탕으로 소비자에게 꼭 필요한 상품을 필요한 만큼만 구매하는 현명한 태도를 갖기를 당부하고 있다.

02 정답 ④

세 번째 문단에 따르면 마중물 효과는 소비자에게 제공하는 마중물로 제품 자체의 가치를 홍보하여 제품에 대한 소비자의 긍정적 평가를 이끌어 내고 제품을 지속적으로 구매하게 하는 것이다. 즉, 소비자의 인식을 긍정적인 쪽으로 변화시키고 구매하고 싶은 마음을 갖게 하기에, 마중물 효과는 소비자의 심리 변화를 기반으로 발생한다고 할 수 있다.

03 정답 ①

작년 매출액을 x억 원이라고 할 때, 올해 매출액에 대한 식을 세우면 다음과 같다.

$x \times 1.0039 = 1,300$

$\rightarrow x = \frac{1,300}{1.0039}$

$\therefore x \fallingdotseq 1,295$

따라서 작년 매출액은 약 1,295억 원이다.

04 정답 ⑤

미국 컬럼비아 대학교에서 만들어 낸 치즈케이크는 7겹으로, 7가지의 반죽형 식용 카트리지로 만들어졌다. 따라서 페이스트를 층층이 쌓아서 만드는 FDM 방식을 사용하여 제작하였음을 알 수 있다.

오답분석

① PBF / SLS 방식 3D 푸드 프린터는 설탕 같은 분말 형태의 재료를 접착제나 레이저로 굳혀 제작하는 것이므로 설탕케이크 장식을 제작하기에 적절한 방식이다.

② 3D 푸드 프린터는 질감을 조정하거나, 맛을 조정하여 음식을 제작할 수 있으므로 식감 등으로 발생하는 편식을 줄일 수 있다.

③ 3D 푸드 프린터는 음식을 제작할 때 개인별로 필요한 영양소를 첨가하는 등 사용자 맞춤 식단을 제공할 수 있다는 장점이 있다.

④ 마지막 문단에서 현재 3D 푸드 프린터의 한계점을 보면 디자인적 · 심리적 요소로 인해 3D 푸드 프린터로 제작된 음식에 거부감이 들 수 있다고 하였다.

05 정답 ④

(라) 문장이 포함된 세 번째 문단은 3D 푸드 프린터의 장점에 대해 설명하며, 특히 대체육 프린팅의 장점에 대해 소개하고 있다. 그러나 (라) 문장은 대체육의 단점에 대해 서술하고 있으므로 마지막 문단에 추가로 서술하거나 세 번째 문단에서 삭제하는 것이 적절하다.

오답분석

① (가) 문장은 컬럼비아 대학교에서 3D 푸드 프린터로 만들어 낸 치즈케이크의 특징을 설명하는 문장이므로 적절하다.
② (나) 문장은 현재 주로 사용되는 3D 푸드 프린터의 작동 방식을 설명하는 문장이므로 적절하다.
③ (다) 문장은 3D 푸드 프린터의 장점을 소개하는 세 번째 문단의 중심 내용이므로 적절하다.
⑤ (마) 문장은 3D 푸드 프린터의 한계점인 '디자인으로 인한 심리적 거부감'을 서술하고 있으므로 적절하다.

06 정답 ④

마지막 문단은 3D 푸드 프린터의 한계 및 개선점을 설명하는 문단으로, 3D 푸드 프린터의 장점을 설명한 세 번째 문단과 역접 관계에 있다. 따라서 ㉣에는 접속부사 '그러나'가 들어가는 것이 적절하다.

오답분석

① ㉠ 앞에서 서술된 치즈케이크의 특징이 대체육과 같은 다른 관련 산업에서 주목하게 된 이유가 되므로 '그래서'는 적절한 접속부사이다.
② ㉡ 앞의 문장은 3D 푸드 프린터의 장점을 소개하는 세 번째 문단의 중심 내용이고, 뒤의 문장은 이에 대한 예시를 설명하고 있으므로 '예를 들어'는 적절한 접속부사이다.
③ ㉢의 앞과 뒤는 다른 내용이지만 모두 3D 푸드 프린터의 장점을 나열한 것이므로 '또한'은 적절한 접속부사이다.
⑤ ㉤의 앞과 뒤는 다른 내용이지만 모두 3D 푸드 프린터의 단점을 나열한 것이므로 '게다가'는 적절한 접속부사이다.

07 정답 ①

불량률이 15%일 때 제품의 원가를 x원이라고 하자.
불량률이 10%일 때와 매출액이 같다면 다음과 같은 식이 성립한다(단, 제품 생산량은 음수가 아니다).
(제품 생산량)$\times 0.85\times x=$(제품 생산량)$\times 0.9\times 17$

$$\therefore\ x=\frac{17\times 0.9}{0.85}=18$$

따라서 불량률이 15%로 올랐을 때, 제품의 원가를 18만 원으로 책정해야 불량률이 10%일 때와 매출액이 같아진다.

08 정답 ①

'선진사례 견학'은 두바이 내 세계적 수준의 신도시 조성사례를 견학하고 온 것이고, 두바이는 3월 5일 둘째 날 일정에 포함되어 있으므로 적절하다.

오답분석

② 일정표를 참고하면 3월 7일부터 8일은 쿠웨이트에서 인천까지의 비행시간이므로 이는 1박으로 보지 않는다. 따라서 국외출장 일정은 3박 5일간 진행되었다.
③ L기업에서 4명, 대사관에서 1명이 참석하였고, 쿠웨이트 참석자는 '등'이라고 표기되었으므로 몇 명이 참석하였는지 구체적인 숫자는 알 수 없다.
④ 쿠웨이트의 인공호수(Al Shaheed Park)는 SSAC 개발에 참고하기 위해 방문한 것이지 이를 L기업이 시공했는지는 알 수 없다.
⑤ L기업 전략사업본부장의 의견이다.

09 정답 ③

• 쿠웨이트 주택부장관과<u>에</u> ~ → 쿠웨이트 주택부장관과<u>의</u>
• <u>계발</u>방향 공감대 형성과 ~ → <u>개발</u>방향 공감대 형성과
• 쿠웨이트 내 모범이 <u>돼는</u> ~ → 쿠웨이트 내 모범이 <u>되는</u>

10 정답 ④

총경비를 x만 원이라고 하면 $\frac{2}{3}x$만 원은 숙박비와 왕복 항공권 비용이므로 교통비까지 사용하고 남은 경비는 $\left(\frac{1}{3}x\times\frac{5}{6}\right)$만 원이다.

$\frac{1}{3}x\times\frac{5}{6}=40$

$\therefore\ x=144$

따라서 A대리가 받은 총경비는 144만 원이다.

CHAPTER

04 2023년 하반기 기출복원문제

01	02	03	04	05	06	07	08	09	10
③	⑤	⑤	④	③	②	①	④	④	②
11	12								
③	⑤								

01 정답 ③

제시문은 영화의 리얼리즘 미학에 대한 바쟁의 영화관을 주제로 한다. 네 번째 문단에 따르면 바쟁은 '형식주의적 기교가 현실의 복잡성과 모호성을 침해하여 현실을 왜곡할 수 있다.'고 보았기 때문에 '현실의 참모습을 변조하는 과도한 편집 기법보다는 단일한 숏(Shot)을 길게 촬영하는 롱 테이크 기법을 지지'하였다. 그것은 사건의 공간적 단일성을 존중하고 현실적 사건으로서의 가치를 보장한다고 여기기 때문이다. 따라서 ③의 진술은 바쟁의 의견과 거리가 멀다.

02 정답 ⑤

'바쟁의 영화관(映畵觀)'에 동조한다면 리얼리즘적인 특성을 최대한 살릴 수 있도록 영화를 제작했을 것이다. 따라서 인위적인 편집이나 조작을 최대한 배제하고, 현실을 있는 그대로 재현하려고 했을 것이다. 또한 네 번째 문단에서 언급한 것처럼 '관객의 시선에도 자유를 부여'하려고 했을 것이므로 ⑤의 반응은 적절하지 않다.

03 정답 ⑤

- 감수하다 : 외부의 영향을 수동적으로 받아들이다.
- 담보하다 : 맡아서 보증하다.

04 정답 ④

'멜로 영화를 좋아하는 사람'을 p, '독립 영화를 좋아하는 사람'을 q, '공포 영화를 좋아하는 사람'을 r, 'SF 영화를 좋아하는 사람'을 s라고 하면, 설문조사 결과를 정리한 내용은 각각 $p \to q$, $r \to s$, $\sim q \to \sim s$로 나타낼 수 있다. $\sim q \to \sim s$ 명제의 대우는 $s \to q$이므로, $r \to s \to q$이다. 즉, $r \to q$이다.
따라서 '공포 영화를 좋아하는 사람은 독립 영화를 좋아한다.'는 항상 참이다.

05 정답 ③

글쓴이는 현대인들이 사람을 판단할 때, 순간적으로 느껴지는 겉모습보다 자신의 내면적 가치를 소중히 해야 한다고 말하고 있다.

06 정답 ②

글쓴이는 현대인들이 대중문화 속에서 '내가 다른 사람의 눈에 어떻게 보이느냐'에 대해 '조바심과 공포감'을 가지고 있으며, 이것은 특히 광고에 의해 많이 생겨난다고 말한다. 하지만 ②의 '극장에서 공포영화를 보고 화장실에 가기를 무서워한다.'는 단순한 공포심을 나타내고 있을 뿐이다.

오답분석

①·③·④·⑤ 대중매체를 통해 정보를 얻고, 그 정보대로 실행하지 않으면 남들보다 열등한 상태에 놓이게 될 것으로 여겨 대중매체가 요구하는 대로 행동하는 사례들이다.

07 정답 ①

제시문에서는 사람들의 내면세계를 중요시하던 '과거를 향유했던 사람'과는 달리 내면보다는 겉모습의 느낌을 중시하는 '현시대를 살아가는 사람'을 비판하고 있다. 이 경우 보기 좋게 꾸며진 겉보다는 실속 있는 내면이 더 중요하다는 속담으로 비판할 수 있을 것이다. ①은 겉보기보다는 속이 더 중요하다는 말로, 이는 형식보다 내용이 중요함을 강조한 표현으로 이해할 수 있다. 따라서 '과거를 향유했던 사람'의 입장에서 '현시대를 살아가는 사람'을 비판할 수 있는 속담으로는 ①이 적절하다.

오답분석

②·③·⑤ 겉모습이 좋아야 내면도 좋을 수 있다는 것으로 겉모습의 중요성을 말하고 있다.
④ 전체를 보지 못하고 자기가 알고 있는 부분만 가지고 고집함을 뜻하는 말이다.

08 정답 ④

D사원이 등록할 수 있는 월~토요일의 운동 스케줄은 다음과 같다.

구분	월	화	수	목	금	토
경우 1	리포머	바렐	체어	리포머	체어	리포머
경우 2	리포머	체어	바렐	리포머	체어	리포머
경우 3	리포머	체어	리포머	바렐	체어	리포머
경우 4	체어	리포머	바렐	리포머	체어	리포머
경우 5	바렐	리포머	체어	리포머	체어	리포머

토요일에는 리포머 수업만 진행되므로 D사원은 토요일에 리포머 수업을 선택해야 한다.
금요일에는 체어 수업에 참여하므로 네 번째 조건에 따라 목요일에는 바렐 또는 리포머 수업만 선택할 수 있다. 그런데 D사원이 화요일에 바렐 수업을 선택한다면, 목요일에는 리포머 수업만 선택할 수 있다. 그러므로 수요일에는 리포머 수업을 선택할 수 없으며, 반드시 체어 수업을 선택해야 한다. 이를 표로 정리하면 다음과 같다.

월	화	수	목	금	토
리포머	바렐	체어	리포머	체어	리포머

따라서 화요일에 바렐 수업을 선택한다면, 수요일에는 체어 수업을 선택한다는 것을 알 수 있다.

오답분석

① 경우 2와 경우 3에 따라 옳은 내용이다.
② 경우 4에 따라 옳은 내용이다.
③ 경우 2에 따라 옳은 내용이다.
⑤ 경우 3에 따라 옳은 내용이다.

09 정답 ④

박대리는 워크숍 시작 1시간 전에는 대구공항에 도착하여야 하므로 12:00에는 도착하는 것을 타야 한다. 따라서 김포공항에서 대구공항으로 가는 항공편은 IA910편을 이용하며, 다시 김포공항으로 오는 경우에는 워크숍 종료시각인 17:00부터 그 후 2시간 이내인 18:00에 출발하는 항공편을 이용하여야 하므로 TK280편을 이용한다. 또한 항공료를 제외한 교통비는 대구공항에서 이동하는 첫날과 마지막 날 이틀에 대한 비용이 지급된다. 이를 반영하여 출장비를 계산하면 다음과 같다.

(식비)+(숙박비)+(교통비)+(대구행 비행기요금)+(서울행 비행기요금)

=(4일×30,000원)+(3박×80,000원)+(2일×10,000원)+34,500원+58,000원

=472,500원

따라서 박대리의 대구 출장으로 인한 출장비 총액은 472,500원이다.

10 정답 ②

박대리는 김포공항에서 대구공항으로 이동 시에는 IA910편을, 대구공항에서 김포공항으로 이동 시에는 TK280편을 이용한다. 특히 IA910편의 경우, 비고사항에 따라 1.0%p 추가 적립된다는 점에 유의한다.

따라서 IA910편을 이용하는 경우에는 34,500×(3+0.01)=1,380점, TK280편을 이용하는 경우에는 58,000×0.05=2,900점이 적립되어, 총 1,380+2,900=4,280점이 적립된다.

11 정답 ③

먼저 세 번째 ~ 여섯 번째 조건을 기호화하면 다음과 같다.

- A or B → D, A and B → D
- C → ~E and ~F
- D → G
- G → E

세 번째 조건의 대우 ~D → ~A and ~B에 따라 D사원이 출장을 가지 않으면 A사원과 B사원 모두 출장을 가지 않는 것을 알 수 있다. 즉, D사원이 출장을 가지 않으면 남은 C사원과 E, F, G대리 모두 출장을 가야 한다. 그러나 이는 대리 중 적어도 한 사람은 출장을 가지 않는다는 두 번째 조건과 모순되므로 성립하지 않는다. 그러므로 D사원은 반드시 출장을 가야 한다. D사원이 출장을 가면 다섯 번째, 여섯 번째 조건을 통해 D → G → E가 성립하므로 G대리와 E대리도 출장을 가는 것을 알 수 있다. 이때, 네 번째 조건의 대우에 따라 E대리와 F대리 중 적어도 한 사람이 출장을 가면 C사원은 출장을 갈 수 없으며, 두 번째 조건에 따라 E, F, G대리는 모두 함께 출장을 갈 수 없다. 결국 D사원, G대리, E대리와 함께 출장을 갈 수 있는 사람은 A사원 또는 B사원이다.

따라서 항상 참인 것은 'C사원은 출장을 가지 않는다.'의 ③이다.

12 정답 ⑤

병사원과 정사원의 항공 마일리지를 비교할 수 없으므로 순서대로 나열하면 '갑 – 정 – 병 – 을'과 '갑 – 병 – 정 – 을' 모두 가능하다.

CHAPTER

05 2023년 상반기 기출복원문제

01	02	03	04	05	06	07	08	09	10
⑤	②	④	⑤	④	②	③	③	②	①
11	12								
①	③								

01 정답 ⑤

정기주주총회 공고문에서 확인할 수 있는 이사진은 사내이사 3명(신○○, 송○○, 고○○), 사외이사 3명(권○○, 이○○, 김○○)으로 총 6명이다. 그런데 정관 제31조에 따르면 이사는 최대 9명까지 선임할 수 있으며(제1항), 사외이사는 9명 중 과반수로 한다(제2항). 이때 9명의 과반수는 5명이다. 따라서 사내이사가 3명이라면 사외이사는 5 ~ 6명을 선임할 수 있다. 정기주주총회에서 선임된 사외이사가 3명이므로 기존의 사외이사로서 유임된 이사는 2 ~ 3명이다.

오답분석

① 주주총회에 참석한 전체 주식수(52,632,633주) 가운데 ⓐ의 비율은 $\frac{43,591,963}{52,632,633}\times 100 \fallingdotseq 82.82\cdots$로 약 83%이다. 또한 ⓑ의 비율은 $\frac{9,040,670}{52,632,633}\times 100 \fallingdotseq 17.17\cdots$로 약 17%이다.
따라서 ⓐ는 ⓑ의 $83\div 17 \fallingdotseq 4.8823\cdots$로 약 4.8배이다.

② 총발행주식수는 105,896,861주이고, 그 가운데 의결권 있는 주식수는 70,805,300주이다.
따라서 총발행주식수 가운데 의결권이 있는 주식수의 비율은 $\frac{70,805,300}{105,896,861}\times 100 \fallingdotseq 66.86\cdots$로 약 67%이므로 70%를 초과하지 않는다.

③ 정관 제5조에 따르면 발행 가능한 주식의 총수는 5억 주이며, 공고문에서 총발행주식수는 105,896,861주라고 하였다.
따라서 $500,000,000-105,896,861=394,103,139$주까지 신주를 발행할 수 있다.

④ 의결권이 있는 주식은 70,805,300주이며, 주주총회에 참석한 전체 주식수는 52,632,633주이다.
따라서 의결권 있는 주식수 가운데 주주총회에 참석한 주식수의 비율은 $\frac{52,632,633}{70,805,300}\times 100 \fallingdotseq 74.33\cdots$로 약 74%이다.

02 정답 ②

ㄱ. 총발행주식수는 105,896,861주이며, 정관 제29조에서 어떠한 안건이든지 가결되기 위해서는 발행주식총수의 4분의 1 이상의 찬성을 얻어야 한다고 하였다.

따라서 최소 의결정족수는 $105,896,861 \times \frac{1}{4} = 26,474,215.25$주이다.

ㄷ. 정기주주총회에 참석한 전체 주식수는 52,632,633주이고 '사내이사 신○○ 선임의 건'에 대한 찬성률과 반대율의 차이는 $90.1 - 9.9 = 80.2$%이다.

따라서 찬성 주식수와 반대 주식수의 차이는 $52,632,633 \times 0.802 = 42,211,371.666$주이다.

오답분석

ㄴ. 우선주를 포함한 총발행주식수는 105,896,861주이며, 이 가운데 의결권 있는 주식수는 70,805,300주이다. 또한 정관 제7조에 따르면 L그룹이 발행할 주식은 기명식 보통주식과 기명식 우선주식으로 2종류이며 우선주식에는 의결권이 없다.

따라서 의결권이 없는 주식, 즉 우선주를 계산하면 $105,896,861 - 70,805,300 = 35,091,561$주이다. 이는 의결권이 있는 보통주의 약 0.4956배이다.

ㄹ. 제56기 사업연도는 2022년 1월 1일부터 12월 31일까지이며, 정관 제19조 제2항에 따르면 정기주주총회는 매 사업연도 종료 후 3월 이내에 소집된다. 따라서 2023년 제56기 정기주주총회는 2023년 1월부터 3월 사이에 소집된다.

03 정답 ④

'시(時)'는 일부 명사나 어미 '-을' 뒤에 쓰여 어떤 일이나 현상이 일어날 때나 경우를 뜻하는 의존 명사이다. 따라서 의존 명사는 띄어 쓴다는 「한글 맞춤법」 제42항의 규정에 따라 '유고 시에는'으로 띄어 써야 한다.

오답분석

① 공통의 전문적인 주제를 가지고 비교적 긴 시간에 걸쳐 열리는 대규모 회의를 뜻하는 'Conference'의 규범 표기는 '콘퍼런스'이다.
② 다른 수나 양에 대한 어떤 수나 양의 비율을 뜻하는 '率'의 본음은 '률'이지만 두음법칙에 따라 '율'로 적는다. 그러나 모음이나 'ㄴ' 받침 뒤에 이어지는 '렬, 률'은 '열, 율'로 적는다(「한글 맞춤법」 제11항). 따라서 '찬성율'이 아니라 '찬성률'로 적어야 한다.
③ '사업+연도', 즉 명사와 명사가 더해진 합성어로, 업무와 결산의 편의를 위하여 정한 기간, 즉 결산기와 결산기 사이를 뜻한다. 이때 '사업'과 '연도'를 띄어 쓰거나 붙여 쓰는 것 모두 허용되지만, 두음법칙에 따라 '년도'가 아니라 '연도'로 적어야 한다.
⑤ '과반(過半)'은 절반이 넘는다는 뜻이므로, '과반이 넘는'은 같은 의미의 어휘가 중복된 표현이다. 따라서 '과반수' 또는 '절반이 넘는 수'라고 표현해야 한다.

04 정답 ⑤

ㄱ. 정관 제20조의 전단에 따르면 주주총회의 소집은 법령에 다른 규정이 있는 경우를 제외하고는 이사회의 결의에 따라 대표이사가 소집해야 한다. 즉, 주주총회 소집 권한을 가진 주체는 대표이사이지만, 주주총회를 소집하려면 이사회가 이를 결의해야 한다.

ㄴ. 정관 제19조에 따르면 주주총회는 정기주주총회와 임시주주총회로 구분되며(제1항), 임시주주총회는 필요에 따라 소집한다(제2항). 따라서 임시주주총회는 소집 횟수에 제한이 없다.

ㄷ. 정관 제20조의 단서 조항에 따르면 대표이사의 유고 시에는 이사회에서 정한 순서에 따라 이사가 대표이사의 직무를 대행한다. 또한 이사는 사내이사와 사외이사로 구성되며, 감사위원은 이사진에 포함되지 않는다. 따라서 대표이사의 궐위 시에 감사위원이 아니라 이사가 대표이사의 직무를 대행한다. 또한 사전에 이사회에서 대행 순서를 정한다고 했으므로 주주총회를 소집할 필요가 없다.

ㄹ. 정관 제29조에 따르면 주주총회에 출석한 주주의 의결권의 과반수로 결의를 할 수 있으나, 이때 의결정족수는 발행주식총수의 4분의 1 이상이어야 한다. 따라서 발행주식총수의 25% 미만이 주주총회에 참석한 경우에는 안건의 가결 여부를 결정할 수 없다.

05 정답 ④

ㄱ. '이 기간 동안 국제 유가와 천연가스 가격 상승이 예측되어'라는 부분을 위해 이용한 자료이다.
ㄴ·ㄷ. '비OECD 국가들의 높은 경제성장률과 인구증가율로 인해'라는 부분을 위해 이용한 자료이다.

오답분석

ㄹ. 보고서는 에너지 수요에 대한 내용만을 다루고 있을 뿐, 에너지 생산에 대해서는 언급하고 있지 않다.

06 정답 ②

'전가통신(錢可通神)'은 돈이 있으면 귀신과도 통할 수 있다는 뜻으로, 돈의 위력으로 못할 게 없음을 이르는 말이므로 문맥상 ㉡에 들어가기에 적절하지 않다. ㉡에는 미래를 예측하기 어렵다는 의미의 한자성어가 들어가야 하므로 '세사난측(世事難測)', '오리무중(五里霧中)' 등이 적절하다.

오답분석

① '동전의 양면'은 겉과 안처럼 언제나 공존하여 나타나는 사물의 두 면이라는 뜻으로, 흔히 하나의 사물이 서로 대립하며 맞서는 두 가지의 성질을 동시에 가지는 경우를 비유한다.
③ '시금석(試金石)'은 귀금속의 순도를 판정하는 데 쓰는 검은색의 현무암이나 규질의 암석을 가리키는 말로, 가치를 판정하거나 미래를 예측하는 데 기준이 될 만한 사물을 비유적으로 뜻하기도 한다.
④ '조변석개(朝變夕改)'는 아침저녁으로 뜯어고친다는 뜻으로, 계획이나 결정 등을 일관성 없이 자주 고침을 이르는 말이다.
⑤ '고래 싸움에 새우 등 터진다.'는 강한 자들끼리 싸우는 통에 아무 상관도 없는 약한 자가 중간에 끼어 피해를 입게 됨을 비유적으로 이르는 말이다.

07 정답 ③

2010년의 세계 에너지 수요 현황은 461QBTU이고, 이 가운데 아시아 / 오세아니아 지역의 OECD 국가의 수요는 38QBTU로 약 8.24%이다. 또한 2035년 세계 에너지 수요 전망치는 694QBTU이고, 아시아 / 오세아니아 지역의 OECD 국가의 수요는 45QBTU로 약 6.48%이다.
따라서 8.24%에서 6.48%로 1.76%p의 감소가 전망된다.

오답분석

① 2010년 유럽 지역 OECD 국가의 에너지 수요 현황은 81QBTU이었고 2035년 전망치는 92QBTU이므로, 2035년에는 2010년보다 11QBTU(=92−81)의 에너지가 더 필요할 것으로 전망된다. 또한 같은 연도의 유럽 지역 비OECD 국가의 에너지 수요 현황은 51QBTU이었고 전망치는 69QBTU이므로, 18QBTU(=69−51)의 에너지가 더 필요할 것으로 전망된다. 이때 18QBTU는 11QBTU의 약 1.6363배이다.
② 2010년의 세계 에너지 수요 현황은 461QBTU이고, 이 가운데 아시아 / 오세아니아 지역의 비OECD 국가의 수요는 133QBTU로 약 28.85%이다. 또한 2035년 세계 에너지 수요 전망치는 694QBTU이고, 아시아 / 오세아니아 지역의 비OECD 국가의 수요는 277QBTU로 약 39.91%이다. 이때 39.91%는 28.85%의 약 1.3833배이다.
④ 제시된 표에서 2015 ~ 2035년의 세계 에너지 수요 연평균 증가율 소계를 보면 비OECD 국가는 2.8%로 OECD 국가의 0.7%의 4배이다.
⑤ 제시된 표에 따르면 2015 ~ 2035년 세계 에너지 수요 연평균 증가율은 1.8%이고, 2035년 전 세계 에너지 수요는 694QBTU로 전망된다. 따라서 이러한 추세가 2036년에도 이어진다면 2036년 전 세계 에너지 수요량은 694×1.018=706.492QBTU로 전망된다. 또한 북미 지역 OECD 국가의 에너지 수요 연평균 증가율은 0.9%이고, 2035년의 수요는 149QBTU으로 전망된다. 그러므로 이러한 추세가 2036년에도 이어진다면 2036년 북미 지역 OECD 국가의 에너지 수요는 149×1.009=150.341QBTU로 전망되며, 이때 150.341QBTU는 706.492QBTU의 약 21.2799%이다.

08 정답 ③

ㄴ. 보고서에 따르면 전 세계 에너지 수요는 2010년 461QBTU에서 2035년 694QBTU로 증가할 것이며, 전 세계에서 미국의 에너지 수요가 차지하는 비중은 2010년 22%에서 2035년 17%로 줄어들 것으로 예상된다. 따라서 미국의 에너지 수요량은 2010년에 $461 \times 0.22 = 101.42$QBTU이었고, 2035년에는 $694 \times 0.17 = 117.98$QBTU로 예상되므로, 2010년 대비 2035년 미국의 에너지 수요량은 $\frac{117.98-101.42}{101.42} = \frac{16.56}{101.42} = 0.16328\cdots$, 즉 16%가 조금 넘는 정도로 증가할 것이다.

ㄷ. 보고서에 따르면 국제 유가와 천연가스 가격 상승이 예측되어 장기적으로 에너지 수요가 둔화될 것으로 보임에도 불구하고 비(非)OECD 국가들의 높은 경제성장률과 인구증가율로 인해 세계 에너지 수요 증가율은 높은 수준을 유지할 것으로 예상되어 2035년의 전 세계 에너지 수요는 2010년보다 50% 이상 증가할 것으로 전망된다. 즉, 에너지 수요 둔화 요인에도 불구하고 전 세계 에너지 수요의 증가가 예측되는 것은 전 세계 에너지 수요에 대한 비(非)OECD 국가들의 영향이 OECD 국가들에 비해 크기 때문임을 자료를 통해 알 수 있다.

오답분석

ㄱ. 보고서에 따르면 2035년의 전 세계 에너지 수요 중에서 중국과 인도가 차지하는 비중은 25%에 달할 것으로 예측된다. 그러나 중국과 인도 가운데 어느 국가의 에너지 수요가 더 많은지를 판단할 수 있는 근거가 제시문에는 없다.

ㄹ. 보고서에서 2015 ~ 2035년 기간 중 비(非)OECD 국가들의 연평균 에너지 수요는 연평균 2.8%씩 증가할 것으로 예상된다고 했으므로 2035년은 2015년보다 56%p(=2.8%×20년) 증가할 것이다. 또한 같은 기간에 OECD 국가들의 연평균 에너지 수요는 연평균 0.7%씩 증가할 것으로 예상된다고 했으므로 2035년은 2015년보다 14%p(=0.7%×20년) 증가할 것이다. 이때 56%p는 14%p의 4배이다.

09 정답 ②

ㄱ. '2023년 3월 자동차 생산·수출 현황' 자료 바로 위의 문단에서 부품 수출의 경우 전년 동월 대비 5.3% 감소했다고 설명했으며, 2023년 3월의 부품 수출액은 2,059백만 달러이다.

따라서 2022년 3월의 부품 수출액을 x백만 달러라고 하면 $2{,}059 = x \times (1-0.053) \rightarrow x = \frac{2{,}059}{0.947} \fallingdotseq 2{,}174.23\cdots$로, 약 2,174백만 달러이다.

ㄷ. 2023년 3월의 자동차 수출액은 6,518백만 달러이고, 이는 2월에 비해 16.5% 증가한 수치이다. 2월의 수출액을 x백만 달러라 하면 $6{,}518 = x \times 1.165 \rightarrow x = \frac{6{,}518}{1.165} \fallingdotseq 5{,}594.84\cdots$로, 약 5,594백만 달러이다.

따라서 2023년 1월의 자동차 수출액은 17,099백만−5,594백만−6,518백만=4,987백만 달러이며, 이는 2023년 1분기 수출액의 $\frac{4{,}987}{17{,}099} \fallingdotseq 0.2916\cdots$, 즉 약 29.16%로 30%를 넘지 않는다.

오답분석

ㄴ. 자료에서 2023년 1분기의 자동차 수출 대수는 684,009대이며, 이는 2022년 1분기보다 30.8% 증가한 수치이다.

따라서 2022년 1분기의 자동차 수출 대수를 x대라 하면 $684{,}009 = x \times 1.308 \rightarrow x = \frac{684{,}009}{1.308} \fallingdotseq 522{,}942.66\cdots$로, 약 522,942대이다.

ㄹ. 2023년 3월의 자동차 생산 대수는 409,806대이고, 이는 전월 대비 17.9% 증가한 수치이다.
따라서 17.9%의 상승률이 절반(=8.95%)으로 감소한다면 2023년 4월의 생산 대수는 $409{,}806 \times 1.0895 = 446{,}483.637$대이다.

10 정답 ①

ㄱ. 2022년 9월부터 2023년 3월까지 친환경차 수출량과 친환경차 수출액의 전월 대비 증감 추이를 정리하면 다음과 같다. 조사 기간 내내 수출액은 증가했으며, 2022년 11월과 2023년 1월에는 수출량과 수출액의 증감 추이가 다름을 알 수 있다.

구분	2022년				2023년		
	9월	10월	11월	12월	1월	2월	3월
친환경차 수출량	증가	증가	감소	증가	동일	증가	증가
친환경차 수출액	증가	증가	증가	증가	증가	증가	증가

ㄴ. 2022년 9월부터 2023년 3월까지 자동차 수출량과 친환경차 수출량의 전월 대비 증감 추이를 정리하면 다음과 같으며, 2022년 11월부터 2023년 1월까지 증감 추이가 다름을 알 수 있다.

구분	2022년				2023년		
	9월	10월	11월	12월	1월	2월	3월
자동차 수출량	증가	증가	증가	동일	감소	증가	증가
친환경차 수출량	증가	증가	감소	증가	동일	증가	증가

오답분석

ㄷ. 2023년 1～3월의 전월 대비 자동차 수출량 증가율을 구하면 다음과 같다.

- 2023년 1월 : $\frac{19.9만-21.8만}{21.8만}=-\frac{1.9만}{21.8만}≒-0.0871=-8.71\%$
- 2023년 2월 : $\frac{22.3만-19.9만}{19.9만}=\frac{2.4만}{19.9만}≒0.1206=12.06\%$
- 2023년 3월 : $\frac{26.2만-22.3만}{22.3만}=\frac{3.9만}{22.3만}≒0.1748=17.48\%$

따라서 2023년 1～3월 전월 대비 자동차 수출량 증가율 평균은 $\frac{-8.71+12.06+17.48}{3}=\frac{20.83}{3}≒6.9433=6.94\%$이며, 2023년 4월의 전월 대비 증가율이 6.94%와 같다면 26.2만 대×1.0694=28.01828만 대, 즉 약 28만 대의 자동차가 수출될 것이다.

ㄹ. 2023년 1～3월의 전월 대비 경차 수출액 증가율을 구하면 다음과 같다.

- 2023년 1월 : $\frac{17.9억-17.6억}{17.6억}=\frac{0.3억}{17.6억}≒0.0170=1.7\%$
- 2023년 2월 : $\frac{20.2억-17.9억}{17.9억}=\frac{2.3억}{17.9억}≒0.1284=12.84\%$
- 2023년 3월 : $\frac{22.7억-20.2억}{20.2억}=\frac{2.5억}{20.2억}≒0.1237=12.37\%$

따라서 2023년 1～3월 전월 대비 친환경차 수출액 증가율 평균은 $\frac{1.7+12.84+12.37}{3}=\frac{26.91}{3}=8.97\%$이며, 2023년 4월의 전월 대비 증가율이 8.97%와 같다면 22.7억 달러×1.0897=24.73619억 달러, 즉 약 24억 7,000만 달러의 수출액을 기록할 것이다.

11 정답 ①

제시된 자료에서 2023년 3월에는 전년 동월 대비 부품 수출액이 5.3% 감소했다고 설명하고, 표에서는 이를 '△5.3%'라고 기록하고 있다.
따라서 '△'는 감소를 나타내는 기호임을 알 수 있고, 표에서 2023년 1～3월에는 2022년 같은 분기에 비해 '△3.5%', 즉 3.5% 감소했다고 기록되어 있다.

오답분석

② 2023년 3월에는 전년 동월 대비 자동차 생산 대수는 35.6%, 국내 판매 대수는 19.6%, 수출 대수는 48.0% 증가했으며, 수출액 또한 전년 동월 대비 64.1% 증가하였다.

③ 2022년 8월과 2023년 3월의 미국 IRA 세액공제 적용 대상 차종의 수출량 증가율과 같은 시점에서의 자동차 판매 대수 증가율을 각각 구하면 다음과 같다.

- 수출 대수 : $\frac{14.4\text{천}-5.5\text{천}}{5.5\text{천}}=\frac{8.9\text{천}}{5.5\text{천}}\fallingdotseq 1.6181=161.81\%$
- 판매 대수 : $\frac{7.5\text{천}-5.5\text{천}}{5.5\text{천}}=\frac{2\text{천}}{5.5\text{천}}\fallingdotseq 0.3636=36.36\%$

따라서 161.81%는 36.36%의 약 4.45배이다.

④ 2022년 8월과 2023년 3월의 친환경차 및 자동차 수출액 증가율을 각각 구하면 다음과 같다.

- 친환경차 수출액 : $\frac{22.7\text{억}-12.2\text{억}}{12.2\text{억}}=\frac{10.5\text{억}}{12.2\text{억}}=0.8606\cdots=86.06\%$
- 자동차 수출액 : $\frac{65.2\text{억}-41.1\text{억}}{41.1\text{억}}=\frac{24.1\text{억}}{41.1\text{억}}=0.5863\cdots=58.63\%$

따라서 86.06%는 58.63%의 약 1.46배이다.

⑤ 제시된 자료에 따르면 2017년 3월에 월간 자동차 생산 대수 40.7만 대를 기록한 이후 2023년 2월까지 40만 대를 넘지 못하다가 2023년 3월에 이르러 40.9만 대 이상을 기록하며 40만 대 이상으로 집계되었다. 이러한 생산량 확대의 원동력 중 하나로 '차량용 부품 공급 정상화'를 제시하였다.
따라서 2017년 4월부터 2023년 2월까지 월간 자동차 생산 대수가 40만 대를 넘지 못한 원인 중에는 '자동차 부품 수급 차질'이 있음을 알 수 있다.

12 정답 ③

'경신'과 '갱신'을 한자로 쓰면 '更新'으로 같다. 이때 '更'의 훈음은 '고칠 경', '다시 갱'으로 의미에 따라서 소리가 다르다. 이미 있던 것을 고쳐 새롭게 한다는 뜻을 나타낼 때에는 '경신'과 '갱신'을 모두 쓸 수 있다. 그러나 종전의 기록을 깨뜨린다는 의미일 때는 '경신'이 바른 표현이며, 법률 관계의 존속 기간이 끝났을 때 그 기간을 연장한다는 의미일 때는 '갱신'이 바른 표현이다. 따라서 ⓒ에서는 '갱신했다'가 아니라 '경신했다'가 적절하다.

오답분석

㉠ '늘리다'는 수효나 분량 등을 본디보다 많아지게 한다는 뜻이고, '늘이다'는 길이를 길어지게 한다는 뜻이므로 ㉠에서는 '늘린'이 적절한 표현이다.

㉡ '지적되다'는 고쳐야 할 문제점이나 허물 등이 드러나 폭로된다는 의미이므로 ㉡에서 쓰기에 적절하지 않다. 따라서 '꼽히다', '평가되다'를 활용한 '꼽힌다', '평가된다'가 적절한 표현이다.

㉣ '역대급(歷代級)'은 '역대'에 '그에 준하는'의 뜻을 더하는 접미사 '-급'을 더한 신조어로, 흔히 '대대로 이어져 오고 있는 여러 것들 가운데 가장 높은 수준'이라는 의미로 쓰인다. 그러나 역대(歷代)는 '대대로 이어 내려온 여러 대, 또는 그동안'이라는 뜻이므로, '역대급'은 '그동안에 준하는, 평균 정도의, 평상적인 수준의'라는 의미로 이해할 수 있다. 즉, '역대급'을 '가장 높은, 최대, 최고'를 뜻하는 표준어로 쓸 수 없는 것이다. 다만 국립국어원에서는 '역대급'이라는 낱말을 언중이 현실적으로 널리 사용하고 있다는 점에서 표제어로 등재하였다.

㉤ '수혜(受惠)'는 은혜・혜택을 받는다는 뜻이므로, '수혜를 받을'은 같은 의미의 어휘가 중복된 표현이다. 따라서 ㉤에서는 '혜택을 받을'로 다듬어야 한다.

CHAPTER

06 2022년 하반기 기출복원문제

01	02	03	04	05	06	07	08	09	10
③	④	②	④	②	①	③	③	③	③
11	12								
②	③								

01 정답 ③

제시문에서는 청년실업 문제에 대해 긍정적인 부분을 거의 제시하고 있지 않다. 반면 정부 당국 관계자는 향후 청년의 공급이 줄어들게 되는 인구구조의 변화가 문제 해결에 유리한 조건을 형성한다고 발언하였다. 하지만 이러한 인구구조의 변화가 곧 문제 해결이나 완화로 이어지지 않는다는 것이 기사에 드러나있다.

오답분석

①·② 제시문에서는 올해부터 3 ~ 4년간 인구 문제가 부정적으로 작용할 것이라고 발언하였으나, 올해가 가장 좋지 않다거나 현재 문제가 해결 중에 있다는 내용은 언급되지 않았다.

④ 제시문에서는 에코세대의 노동시장 진입으로 인한 청년 공급 증가에 대응해야 함을 인식하고 있다.

⑤ 일본의 상황을 참고하여 한국도 장차 상황이 좋아질 것이라고 예측하고 있을 뿐, 한국의 상황이 일본보다 낫다고 생각하고 있다는 근거는 제시문에서 찾을 수 없다.

02 정답 ④

첫 번째 조건에서 전체 지원자 120명 중 신입직은 경력직의 2배이므로, 신입직 지원자는 80명, 경력직 지원자는 40명이다. 이에 두 번째 조건에서 신입직 중 기획 부서에 지원한 사람이 30%라고 했으므로 $80\times0.3=24$명이 되고, 신입직 중 영업 부서와 회계 부서에 지원한 사람은 $80-24=56$명이 된다. 또한 세 번째 조건에서 신입직 중 영업 부서와 회계 부서에 지원한 사람의 비율이 3 : 1이므로, 영업 부서에 지원한 신입직은 $56\times\frac{3}{3+1}=42$명, 회계 부서에 지원한 신입직은 $56\times\frac{1}{3+1}=14$명이 된다. 다음 네 번째 조건에 따라 기획 부서에 지원한 경력직 지원자는 $120\times0.05=6$명이다. 마지막 다섯 번째 조건에 따라 전체 지원자 120명 중 50%에 해당하는 60명이 영업 부서에 지원했다고 했으므로, 영업 부서 지원자 중 경력직 지원자는 세 번째 조건에서 구한 신입직 지원자 42명을 제외한 $60-42=18$명이 되고, 회계 부서에 지원한 경력직 지원자는 전체 경력직 지원자 중 기획 부서와 영업 부서의 지원자를 제외한 $40-(6+18)=16$명이 된다.
따라서 회계 부서 지원자는 $14+16=30$명이다.

03 정답 ②

해외사업연계 취업 지원 사업은 청년 인재를 선발하여 K-Move 스쿨 개설 및 맞춤 연수를 시행 후 L사가 투자 및 운영자로 참여하고 있는 해외법인에 취업연계를 시켜주는 것이다. 따라서 시행처가 다르지 않다.

오답분석

① 8월 중 공고예정이라고 되어 있으며 한국발전교육원 및 당진 발전기술 EDU센터에서 2022년 9 ~ 12월까지 3개월 동안 교육을 받는다고 되어있지만 정확한 일정이 나와 있지 않으므로 확인하는 것이 적절하다.

③ 최종 선발된 10명은 한국발전교육원 및 당진 발전기술 EDU센터에서 교육을 받는다.

④ L사는 K-Move 스쿨 연수생 선발·맞춤연수 시행·해외 법인과의 협의를 통한 취업연계 지원을, Z사는 연수비용 일부 및 취업 장려금을 지원한다.

⑤ L사는 청년 인재들이 해외사업장에 취업하는 것뿐만 아니라 해당 국가의 고급 기술 인력으로 거듭날 수 있도록 지속적인 지원을 아끼지 않을 예정이다.

04 정답 ④

적립된 멤버십 포인트는 롯데기업 서비스센터에서 수리뿐만 아니라 렌탈 구매를 하는 경우에도 사용 가능하다.

오답분석

① 백화점 및 대형마트는 롯데기업 멤버십 운영매장이지만 포인트 사용은 불가능하다.

② VIP 기간이 종료된 경우, 추가 구매를 통해 연간 구매금액 5백만 원 이상을 달성하여야 자동 연장된다.

③ 정수기냉장고도 무상 A/S 대상인 5대 제품에 포함된다.

⑤ 소비자 과실에 의한 수리의 경우에는 무상 서비스가 제공되지 않는다.

05 정답 ②

B가 A/S를 요청한 제품 중 TV에 대하여는 무상 서비스가 가능하지만, 스탠드 자재는 제외항목이므로 무상 서비스를 받을 수 없다.

오답분석

① B는 문의일 현재 유효한 VIP 멤버십을 갖고 있으므로, 무상 A/S 서비스를 받을 수 있다. 또한 문의한 TV 1대는 무상 A/S 서비스 대상 항목에 해당하므로 무상 수리가 가능하다.

③ 수리 소요기간은 수리 센터 및 수리 내용에 따라 별도로 안내된다.

④ B는 2021년 11월 중에 VIP 멤버십을 적용받기 시작한 것을 알 수 있으며, VIP 멤버십은 3년간 무상 서비스가 적용되므로 문의일 현재 유효하다.

⑤ VIP 멤버십 획득 요건은 '1년간 500만 원 이상 구매'이며, 구매처도 멤버십 제휴 매장에 해당되고 2021년 11월에 VIP 멤버십 획득 안내 메일을 수신하였으므로, 2020년 11월 이후 최소한 500만 원 이상 구매하였음을 알 수 있다.

06 정답 ①

ㄱ. 포인트 사용 가능처는 일반 멤버십과 VIP 멤버십이 동일하게 적용받는 내용이므로 멤버십 간 차별성을 두지 못한다.

ㄴ. 이는 VIP 멤버십 가입을 용이하게 하는 조치일 뿐, VIP 멤버십 획득 고객에 대한 차별적 혜택 제공에는 도움이 되지 않는다.

오답분석

ㄷ. 현재는 한 번 3년 무상 처리된 제품은 추가 연장되지 않으나, 연장 기회를 제공한다면 VIP 멤버십 회원들이 받을 수 있는 무상 서비스 기한이 연장되므로 적절한 개선 방안이다.

ㄹ. 무상 A/S 서비스는 VIP 멤버십에게만 제공되는 서비스이므로 적절한 개선 방안이다.

07 정답 ③

3번 사항에 따르면, 충전 시간은 매뉴얼에 기재된 시간을 초과하면 안 된다.

오답분석

① 14번 사항에 따르면, 반려동물에게도 배터리를 주지 말라고 안내되어 있다.
② 18번 사항에 따르면, 전자담배의 경우를 포함하여 개인은 절대 배터리를 취급할 수 없다.
④ 15번 사항에 따르면, 제품의 수명이 다하지 않아도 배터리 수명이 짧아졌을 때 교체하는 것이 바람직하다.
⑤ 6번 사항에 따르면, 배터리는 배터리 표면 온도 기준 −20 ~ 75℃의 범위에서 사용되어야 한다.

08 정답 ③

ㄱ. 단전지의 구체적 제조 과정은 위험성을 직접적으로 설명하지 못하므로 적절한 제안이라 볼 수 없다.
ㄷ. 단전지에 대한 안전 교육은 단전지를 소비자가 직접 이용하는 것의 위험성을 알리는 것이므로, 해당 전지를 사용한 제품 구매를 자제하라는 메시지는 불필요한 자사 매출액 감소로 이어질 우려가 있으므로 부적절하다.

오답분석

ㄴ. 실제 사고 사례를 재현함으로써 경각심을 일깨울 수 있다.
ㄹ. 단전지 오용으로 인한 사고 피해자의 인터뷰를 추가하면 사고 시의 통증, 사고 후의 후회 및 회복과정에서의 불편함 등을 통해 더욱 경각심을 일깨울 수 있다.

09 정답 ③

ㄴ. 8번 사항에 따르면, 허가 받지 않은 직원에 의한 경우에 해당되므로 보증이 적용되지 않는다.
ㄷ. 9번 사항에 따르면, 불가항력에 의한 경우로 분류되어 보증을 받을 수 없다.

오답분석

ㄱ. 제시된 사항에서 보증 미적용 항목에 해당하지 않으므로, 보증 기한 이내라면 보증을 받을 수 있다.
ㄹ. 1번 사항에 적용되는 사안이다.

10 정답 ③

예비입주자 모집일정의 첫 번째 단계는 입주자 모집공고로 7월 31일부터 휴일을 포함하여 10일 동안 진행한다. 따라서 모집공고는 8월 9일까지이며, 다음 단계인 신청접수는 8월 10일 또는 11일에 시작한다. 모집일정 완료일은 8월 24일까지이므로 입주자 모집공고 후 근무일(주중)은 총 10 ~ 11일이 주어진다. 단계마다 1일 이하의 간격을 두고 진행되므로 입주자 모집공고 이후부터 소요되는 근무일 기간은 10일 이상 14일 이하이다. 따라서 모집공고 후 완료일에 따라 필요한 근무일 기간은 10일 또는 11일이며, 정리하면 경우의 수는 총 5가지가 나온다.

• 입주자 모집공고 이후 10일간 일정(1가지, 각 단계 사이의 기간이 없음)

모집공고	신청접수 (근무일 5일)	대상자 발표 (근무일 1일)	서류제출 (근무일 3일)	순번 발표 (근무일 1일)
7월 31일 ~ 8월 9일	10 ~ 14일	17일	18 ~ 20일	21일

• 입주자 모집공고 이후 11일간 일정(4가지)

<table>
<tr><th>모집공고</th><th>간격</th><th>신청접수
(근무일 5일)</th><th>간격</th><th>대상자 발표
(근무일 1일)</th><th>간격</th><th>서류제출
(근무일 3일)</th><th>간격</th><th>순번 발표
(근무일 1일)</th></tr>
<tr><td rowspan="4">7월 31일 ~
8월 9일</td><td>10일</td><td>11 ~ 17일</td><td>–</td><td>18일</td><td>–</td><td>19 ~ 21일</td><td>–</td><td rowspan="4">24일</td></tr>
<tr><td>–</td><td>10 ~ 14일</td><td>17일</td><td>18일</td><td>–</td><td>19 ~ 21일</td><td>–</td></tr>
<tr><td>–</td><td>10 ~ 14일</td><td>–</td><td>17일</td><td>18일</td><td>19 ~ 21일</td><td>–</td></tr>
<tr><td>–</td><td>10 ~ 14일</td><td>–</td><td>17일</td><td>–</td><td>18 ~ 20일</td><td>21일</td></tr>
</table>

따라서 선택지 중 모든 경우에서 M대리가 신청 가능한 휴가 기간은 신청접수 단계에서 2일 동안 근무가 가능한 8월 11 ~ 13일이다.

오답분석

①·② 각각 근무일이 2일 동안만 신청한 경우이다.

④ 모든 경우에서 서류심사 대상자 발표일이 8월 17일 또는 18일이므로 불가능하다.

⑤ 입주자 모집공고 이후 11일간 일정을 보면 8월 19 ~ 21일은 서류제출 단계(근무일 3일)가 될 수 있으므로 불가능하다.

11 정답 ②

2021년과 2020년 휴직자 수를 구하면 다음과 같다.

- 2021년 : 550,000×0.2=110,000명
- 2020년 : 480,000×0.23=110,400명

따라서 2021년 휴직자 수는 2020년 휴직자 수보다 적다.

오답분석

① 2017년부터 2021년까지 연도별 전업자의 비율은 68%, 62%, 58%, 52%, 46%로 감소하는 반면에, 겸직자의 비율은 8%, 11%, 15%, 21%, 32%로 증가하고 있다.

③ 연도별 전업자 수를 구하면 다음과 같다.
- 2017년 : 300,000×0.68=204,000명
- 2018년 : 350,000×0.62=217,000명
- 2019년 : 420,000×0.58=243,600명
- 2020년 : 480,000×0.52=249,600명
- 2021년 : 550,000×0.46=253,000명

따라서 전업자 수가 가장 적은 연도는 2017년이다.

④ 2020년과 2017년의 겸직자 수를 구하면 다음과 같다.
- 2020년 : 480,000×0.21=100,800명
- 2017년 : 300,000×0.08=24,000명

따라서 2020년 겸직자 수는 2017년의 $\frac{100,800}{24,000}=4.2$배이다.

⑤ 2017년과 2021년의 휴직자 수를 구하면 다음과 같다.
- 2017년 : 300,000×0.06=18,000명
- 2021년 : 550,000×0.2=110,000명

따라서 2017년 휴직자 수는 2021년 휴직자 수의 $\frac{18,000}{110,000}\times 100 \fallingdotseq 16\%$이다.

12 정답 ③

1월의 난방요금을 $7k$원, 6월의 난방요금을 $3k$원이라고 하자(단, k는 비례상수).

$(7k-20,000) : 3k=2 : 1$

$\therefore\ k=20,000$

따라서 1월의 난방요금은 14만 원이다.

CHAPTER

07 2022년 상반기 기출복원문제

01	02	03	04	05	06	07	08	09	10
④	②	①	④	③	②	②	①	②	②
11	12								
④	④								

01 정답 ④

휴일에 근무 시 휴일 근무일수의 2배에 해당하는 휴가를 지급하며, 0.5일은 휴가 사용 시 토요일을 0.5일로 계산한다는 의미이므로 적절하지 않다.

02 정답 ②

휴일인 일요일을 제외하고 10월 1 ~ 13일 동안 평일은 9일이고, 3일과 10일은 토요일이므로 휴가 사용 시 토요일은 0.5일로 계산한다는 기준을 적용한다. 따라서 C팀장의 휴가 신청일수는 9(평일)+1(토요일, 0.5×2)=10일이다.

03 정답 ①

주어진 조건을 표로 나타내면 다음과 같다. 따라서 민경이가 가는 곳은 제주도이고, 게스트하우스에서 숙박한다.

구분	제주도	일본	대만
정주		게스트하우스	
경순			호텔
민경	게스트하우스		

04 정답 ④

내려오는 경우, 구간별 트래킹 소요시간은 50% 단축되므로 F지점에서 E지점으로 가는 데에는 1시간이 소요된다.

오답분석

① A지점에서 B지점까지 3시간이 소요되고, B지점에서 C지점을 거쳐 D지점까지도 3시간(=2+1)이 소요된다.
② F지점에서 G지점까지 3시간이 소요되고, E지점에서 F지점까지 2시간이 소요된다.
③ 내려오는 경우이므로 M지점에서 L지점까지 1시간 30분(=3×0.5)이 소요되고, K지점에서 J지점을 거쳐 I지점까지도 1시간 30분(=(2+1)×0.5)이 소요된다.
⑤ B지점에서 C지점까지 2시간이 소요되고, C지점에서 B지점까지 1시간(=2×0.5)이 소요되므로 B지점에서 C지점에 도착하는 데 걸리는 시간은 C지점에서 B지점까지 도착하는 데 걸리는 시간의 2배이다.

05 정답 ③

5월 3일에 트래킹을 시작한 총무부의 트래킹에 대한 정보는 다음과 같다.

(단위 : m, 시간)

구분	이동경로	소요시간	해발고도
5월 3일	A → D	6	2,111
5월 4일	D → G	6	2,348
5월 5일	G → I	4	2,502
5월 6일	I → K	3	2,641
5월 7일	K → L	3	2,833
5월 8일	L → M	3	3,012
5월 9일	M → H	5.5	2,467
5월 10일	H → B	5.5	1,638
5월 11일	B → A	1.5	1,050

하루에 가능한 트래킹의 최장시간은 6시간으로 셋째 날에 G지점에서 J지점까지 5시간이 소요되어 올라갈 수 있지만, 해발 2,500m를 통과한 순간부터 고산병 예방을 위해 수면고도를 전날 수면고도에 비해 200m 이상 높일 수 없으므로 셋째 날은 J지점이 아닌 I지점까지만 올라간다. 따라서 둘째 날의 트레킹 소요시간은 6시간, 셋째 날에는 4시간이다.

06 정답 ②

05번 해설의 표로부터 총무부가 모든 트래킹 일정을 완료한 날짜는 5월 11일임을 알 수 있다.

07 정답 ②

사업을 추진하기 위해서는 먼저 ㉡ 수요조사를 통해 ㉣ 시행계획을 수립한 후 ㉢ 세부계획에 대한 공고를 통해 연구기관의 접수를 받는다. 이후 제시된 자료에 나타난 절차를 거친 후, ㉠ 최종평가를 진행하고 이를 통해 제출된 ㉤ 연구결과를 활용하여 계약을 체결한다.

08 정답 ①

제시된 자료에 따르면 선정평가는 사전검토 → 전문기관검토 → 전문가평가 → 심의위원회 심의·조정 단계로 진행된다. 따라서 전문기관의 검토 다음 단계인 ⓐ에 들어갈 내용으로는 전문가평가인 ①이 적절하다.

09 정답 ②

145와 203의 최대공약수는 29이므로 연구개발조는 29조로 편성된다. 따라서 한 조에 남자 연구자는 5명, 여자 연구자는 7명으로 구성되므로 $a+b=5+7=12$이다.

10 정답 ②

중간에 D과장이 화요일에 급한 업무가 많다고 하였으므로 수요일에만 회의가 가능하다. 수요일만 살펴보면 오전 9시부터 오전 11시까지는 B대리가 안 되고, 오후 12시부터 오후 1시까지는 점심시간이며, 오후 1시부터 오후 4시까지는 A사원의 외근으로 불가능하고, E사원은 오후 4시 전까지만 가능하다고 했으므로 수요일 오전 11시에 회의를 할 수 있다.

11 정답 ④

화요일 3시부터 4시까지 외근을 하려면 2시부터 5시까지 스케줄이 없어야 하므로 화요일에 급한 업무가 많은 D과장과 스케줄이 겹치는 B대리, A사원은 불가능하다. 따라서 2시부터 5시까지 스케줄이 없는 E사원이 적절하다.

12 정답 ④

프로젝트를 끝내는 일의 양을 1이라고 가정한다. 혼자 할 경우 A사원은 하루에 할 수 있는 일의 양은 $\frac{1}{24}$이고, E사원은 $\frac{1}{16}$이며, 함께 할 경우 $\frac{1}{24}+\frac{1}{16}=\frac{5}{48}$만큼 할 수 있다.

문제에서 함께 한 일수는 3일간이며, E사원 혼자 한 날을 x일이라 하면 일의 총량에 대한 방정식은 다음과 같다.

$\frac{5}{48}\times 3+\frac{1}{16}\times x=1$

$\rightarrow \frac{5}{16}+\frac{1}{16}\times x=1$

$\rightarrow \frac{1}{16}\times x=\frac{11}{16}$

$\therefore x=11$

따라서 E사원이 혼자 일한 기간은 11일이므로, 보고서를 제출할 때까지 3+11=14일이 걸렸다.

CHAPTER

08 2021년 하반기 기출복원문제

01	02	03	04	05	06	07	08	09	10
③	①	⑤	②	③	④	①	③	⑤	④
11	12								
④	④								

01 정답 ③

11월 21일의 팀미팅은 워크숍 시작시간 전인 오후 1시 30분에 끝나므로 3시에 출발 가능하며, 22일의 일정이 없기 때문에 11월 21 ~ 22일이 워크숍 날짜로 적절하다.

오답분석

① 11월 9 ~ 10일 : 다른 팀과 함께하는 업무가 있는 주이므로 워크숍 날짜로 적절하지 않다.
② 11월 18 ~ 19일 : 19일은 주말이므로 워크숍 날짜로 적절하지 않다.
④ 11월 28 ~ 29일 : E대리 휴가로 모든 팀원이 참여가 불가능하므로 워크숍 날짜로 적절하지 않다.
⑤ 11월 29 ~ 30일 : 말일이므로 워크숍 날짜로 적절하지 않다.

02 정답 ①

가중평균을 이용하여 합격생 수를 구하면 빠르게 풀 수 있다. 합격률이 x%라고 가정하면 불합격률은 $(1-x)$%이다. 조건에 따라 방정식을 세우면 다음과 같다.

$80x+50(1-x)=54.5$

$\rightarrow 30x=4.5$

$\therefore x=0.15$

따라서 합격률은 15%이며, 1차 시험에 합격한 응시생은 $2{,}500\times0.15=375$명이다.

03 정답 ⑤

먼저 첫 번째 조건에 따라 감염대책위원장과 재택관리위원장은 함께 뽑힐 수 없으므로 감염대책위원장이 뽑히는 경우와 재택관리위원장이 뽑히는 경우로 나누어 볼 수 있다.

i) 감염대책위원장이 뽑히는 경우

첫 번째 조건에 따라 재택관리위원장은 뽑히지 않으며, 두 번째 조건에 따라 위생관리위원장 2명이 모두 뽑힌다. 이때, 위원회는 총 4명으로 구성되므로 나머지 후보 중 생활방역위원장 1명이 뽑힌다.

ii) 재택관리위원장이 뽑히는 경우

첫 번째 조건에 따라 감염대책위원장은 뽑히지 않으며, 세 번째 조건에 따라 생활방역위원장은 2명 이상이 뽑힐 수 없으므로 1명 또는 2명이 뽑힐 수 있다. 따라서 생활방역위원장 2명이 뽑히면 위생관리위원장은 1명이 뽑히고, 생활방역위원장 1명이 뽑히면 위생관리위원장은 2명이 뽑힌다.

이를 표로 정리하면 다음과 같다.

구분	감염병관리위원회 구성원
경우 1	감염대책위원장 1명, 위생관리위원장 2명, 생활방역위원장 1명
경우 2	재택관리위원장 1명, 위생관리위원장 1명, 생활방역위원장 2명
경우 3	재택관리위원장 1명, 위생관리위원장 2명, 생활방역위원장 1명

따라서 항상 참이 되는 것은 '생활방역위원장이 뽑히면 위생관리위원장도 뽑힌다.'인 ⑤이다.

오답분석

① 경우 3에서는 위생관리위원장 2명이 뽑힌다.
② 경우 2에서는 생활방역위원장 2명이 뽑힌다.
③ 어떤 경우에도 감염대책위원장과 재택관리위원장은 함께 뽑히지 않는다.
④ 감염대책위원장이 뽑히면 생활방역위원장은 1명이 뽑힌다.

04 정답 ②

세 번째 문단을 보면, 위험하고 반복한 일은 로봇에게 맡김으로써 인간이 보다 가치집약적인 일에 집중하게 하는 것을 목표로 한다는 내용이 제시되어 있다.

오답분석

① 두 번째 문단에 따르면 공모전의 본선은 서울산업진흥원 본부가 아닌 G캠프에서 진행된다.
③ 두 번째 문단에 따르면 최종 우승팀은 연말에 결정된다.
④ 첫 번째 문단에 따르면 홈페이지로만 지원서를 접수해야 한다.
⑤ 첫 번째 문단에 따르면 팀뿐만 아니라 개인 자격으로도 공모전에 참가가 가능하다.

05 정답 ③

ㄱ. 본선 진출팀의 수를 늘려 상금 획득 가능성에 대한 기대를 높이고, 최종 우승 시의 보상을 높이는 것은 참여의지를 촉진시킨다.
ㄴ. 내부 심사 외에, 일반 고객들이 지원자가 아닌 평가자로서도 참여할 수 있도록 하고 이를 홍보한다면 다른 일반인들의 관심이 높아져 흥행할 수 있다.

오답분석

ㄷ. 제출 작품의 전문성을 높일 수는 있겠지만, 지원자의 폭을 좁혀 흥행 촉진에는 부정적일 수 있다. 또한 일상에서의 로봇 활용 아이디어를 목표로 하는 만큼, 지원자격에 전문성을 추가하는 것은 참신한 아이디어를 제한할 수 있다.

06 정답 ④

팀별 평가결과를 바탕으로 가중치를 반영하여 최종 점수를 산출하면 다음과 같다.

(단위 : 점)

구분	안전개선	고객지향	기술혁신	가치창조	최종 점수
A팀	24	5	16	4	49
B팀	18	8	10	5	41
C팀	21	6	12	7	46
D팀	21	7	14	7	49
E팀	15	6	20	4	45

최종 점수는 A팀과 D팀이 49점 동점으로 가장 높다. 그중 고객지향 점수가 더 높은 D팀이 최종 우승팀으로 결정된다.

07 정답 ①

네 번째 문단에 따르면 ESG는 특정 조직 업무가 아니라 전사적 기조임을 강조하고 있다.

오답분석

② 마지막 문단에 따르면 ESG 경영의 일환으로 주주총회 전자투표제가 도입되었다.
③ 두 번째 문단에 따르면 'ESG Committee'는 CFO를 의장으로 안전환경, 사회공헌 등을 한다.
④ 네 번째 문단에서 환경(Environment), 사회(Social), 지배구조(Governance)임을 알 수 있다.
⑤ 마지막 문단에 지배구조는 주주친화 정책과 경영 투명성 강화에 주력한다고 나와 있다.

08 정답 ③

ㄱ. 세 번째 문단에 따르면, ESG 친화를 위한 단기적 대안 수립보다는 중장기 전략을 수립하는 것이 적절한 추진책이라 볼 수 있다.
ㄴ. 다섯 번째 문단에 따르면, 지역사회와의 공존도 ESG 경영기조에 포함되므로 지역사회로부터의 독립성을 강화하는 것은 적절한 조치라 볼 수 없다.

오답분석

ㄷ. 친환경 분야에서의 노력이면서 노조 측과의 협의를 통해 지배구조상의 개선을 추구하고 있으므로 ESG 경영기조에 부합하는 내용이다.

09 정답 ⑤

선정방식에 따라 각 후보자들의 최종 점수를 산정하면 다음과 같다.

(단위 : 점)

구분	관련 경력	최종 학위	성과점수	대외점수	최종 점수
A후보자	25	12	24	18	79
B후보자	16	18	28	14	76
C후보자	22	20	21	19	82
D후보자	19	15	32	17	83
E후보자	25	10	27	20	82

최종 점수가 가장 높은 D후보자가 1순위로 선정되며, C후보자와 E후보자가 82점으로 동점이 된다. 그중 동점자 처리 기준에 따라 성과점수가 더 높은 E후보자가 2순위로 선정된다.

10 정답 ④

가입 후 1년 이내에 해지하는 경우, 사은품으로 증정한 모바일 상품권에 대한 할인반환금이 발생한다.

오답분석

① 두 상품은 월 이용요금과 간식로봇의 제공 여부에서만 차이를 보인다.
② 3년 약정으로 가입한 경우에만 자료의 혜택이 모두 제공됨을 알 수 있다.
③ 3년간 무료 가입됨을 알 수 있다.
⑤ O펫샵에서 할인을 제공받을 수 있다.

11 정답 ④

ㄱ. 2020.03.01.에 가입하여 1년이 경과하였으므로, 모바일 상품권에 대한 할인반환금은 발생하지 않는다.
ㄴ. 시츄는 맹견이 아니므로 반려동물보험 가입불가종에 해당하지 않는다.
ㄹ. A의 반려견인 시츄는 만 10세 이상이므로, 사망 위로금을 받을 수 없다.

오답분석

ㄷ. 보험의 경우, 본인이 직접 가입 신청하여야 하므로 직접 신청하지 않았다면 반려견은 가입되어 있지 않을 것이다.

12 정답 ④

P펫호텔에서 사용 가능한 무료 숙박권 2회 중 1회를 사용하였으므로 별도 비용이 발생하지 않으며, 무료 촬영권의 경우, 액자비 2만 원이 현장 청구된다. 또한 가입과 동시에 10만 원 상당의 모바일 상품권을 제공받지만, H백화점은 사용 가능처가 아니므로 사용금액은 B가 부담하게 된다. 따라서 총 12만 원을 부담하게 된다.

CHAPTER

09 2021년 상반기 기출복원문제

01	02	03	04	05	06	07	08	09	10
⑤	④	③	④	③	③	③	④	⑤	③
11	12	13	14	15					
①	①	④	④	③					

01 정답 ⑤

견적 제출 및 계약방식에 따르면 국가종합전자조달시스템의 안전 입찰서비스를 이용하여 견적서를 제출해야 한다.

오답분석

① 견적서 제출기간에 따르면 견적서 제출확인은 국가종합전자조달 전자입찰시스템의 웹 송신함에서 확인할 수 있음을 알 수 있다.
② 개찰일시 및 장소에 따르면 개찰은 견적서 제출 마감일인 6월 14일 오전 11시에 진행되므로 마감 1시간 뒤에 바로 진행됨을 알 수 있다.
③ 견적서 제출기간 항목에 보면 마감 시간이 임박하여 제출할 경우 입력 도중 중단되는 경우가 있으므로 마감 시간 10분 전까지 입력을 완료하도록 안내한다. 따라서 마감 시간 이후로는 더 이상 견적서를 제출할 수 없음을 알 수 있다.
④ 견적 제출 참가 자격에 따르면 이번 입찰은 '지문인식 신원확인 입찰'이 적용되므로 입찰대리인은 미리 지문정보를 등록하여야 하나, 예외적으로 지문인식 신원확인이 곤란한 자에 한하여 개인인증서에 의한 제출이 가능하다. 따라서 둘 중 하나의 방법을 선택한다는 내용은 적절하지 않다.

02 정답 ④

- 재출 → 제출
- 걔약 → 계약
- 소제지 → 소재지
- 낙찰차 → 낙찰자

03 정답 ③

$_{10}C_2 \times {}_8C_2 = \frac{10\times9}{2\times1}\times\frac{8\times7}{2\times1}=1,260$가지이다.

04 정답 ④

6월 달력은 다음과 같다.

〈6월 달력〉

월	화	수	목	금	토	일
	1	2	3	4	5	6
7	8	9	10	11	12	13
14	15	16	17	18	19	20
21	22	23	24	25	26	27
28	29	30				

- 견적서 제출 마감일 제외(14−1=13일)
  → 둘째 주 주말 제외(13−2=11일)
  → 회의 결과에 따른 견적서 수정 기간 사흘 제외(11−3=8일)
  → 제출 전 검토 기간 이틀 제외(8−2=6일)
  → 첫째 주 주말 제외(6−2=4일)

따라서 견적서 제출일과 가장 가까운 회의 날짜는 6월 4일 금요일이다.

05 정답 ③

직장에서 업무와 관련된 이메일을 보낼 때는 메일을 받는 상대가 내용을 쉽게 알 수 있도록 내용이 축약된 제목을 붙여야 한다.

06 정답 ③

경산모의 $\frac{1}{3}$은 $150\times0.58\times\frac{1}{3}=29$명, 30대는 $150\times(0.32+0.1)=63$명이다.

따라서 경산모의 $\frac{1}{3}$이 30대라고 할 때, 30대에서 경산모의 비율은 $\frac{29}{63}\times100 \fallingdotseq 46\%$이다.

오답분석

① 초산모는 $150\times0.42=63$명, 20대는 $150\times(0.12+0.46)=87$명으로, 초산모가 모두 20대라고 할 때, 20대에서 초산모가 차지하는 비율은 $\frac{63}{87}\times100 \fallingdotseq 72\%$로 70% 이상이다.

② 초산모는 $150\times0.42=63$명, 단태아는 $150\times0.76=114$명으로, 초산모가 모두 단태아를 출산했다고 하면, 단태아를 출산한 경산모의 수는 $114-63=51$명이다. 따라서 단태아를 출산한 산모 중 경산모가 차지하는 비율은 $\frac{51}{114}\times100 \fallingdotseq 44\%$이므로 48% 미만이다.

④ 20대 산모는 $150\times(0.12+0.46)=87$명, 30대 산모는 $150\times(0.32+0.1)=63$명으로 20대 산모는 30대 산모보다 24명 더 많다.

⑤ 산모가 200명일 때의 단태아를 출산한 산모의 수는 $200\times0.76=152$명, 산모가 400명일 때의 초산모의 수는 $400\times0.42=168$명이다. 따라서 산모가 200명일 때의 단태아를 출산한 산모의 수는 산모가 400명일 때의 초산모의 수보다 적다.

07 정답 ③

경산모의 전체 인원은 150명 중 58%로 $150\times0.58=87$명이다.

25세 이상 35세 미만의 산모의 $\frac{1}{3}$은 $150\times(0.46+0.32)\times\frac{1}{3}=39$명이다.

따라서 차지하는 비율은 $\frac{39}{87}\times100 \fallingdotseq 44\%$이다.

08 정답 ④

• 유형 : 성질이나 특징 따위가 공통적인 것끼리 묶은 하나의 틀. 또는 그 틀에 속하는 것
• 특징 : 다른 것에 비하여 특별히 눈에 뜨이는 점

오답분석

① 종류 : 사물의 부문을 나누는 갈래
② 가닥 : 한군데서 갈려 나온 낱낱의 줄
③ 갈래 : 하나에서 둘 이상으로 갈라져 나간 낱낱의 부분이나 계통
⑤ 전형 : 같은 부류의 특징을 가장 잘 나타내고 있는 본보기

09 정답 ⑤

산모의 연령대는 제시된 것 이외엔 없다고 하였으므로 40대 이상의 산모를 위한 프리미엄 상품을 기획한다면 수요자가 없을 것이다.

10 정답 ③

국제관 세미나실B의 경우 화요일에 글로벌전략부의 이용이 끝난 13시 30분부터 예약이 가능하다.

오답분석

① 본관 1세미나실의 경우 수요일은 15시 이후에 이용 가능하지만 발표는 오후 1시부터 오후 4시 사이에 진행되어야 하므로, 1시간 30분 동안 연이어 진행되어야 하는 발표회는 불가능하다.
② 본관 2세미나실은 최대 수용가능인원이 16명이므로 24명의 발표회 참석자를 수용하지 못해 제외된다.
④ 국제관 세미나실B의 경우 수요일은 오후 1시부터 오후 4시 사이에 진행되어야 하는 조건에 따라 수요일에 사업부 이용 전에는 1시간, 이용 후에는 30분만 이용이 가능하므로 1시간 30분 동안 연이어 진행되어야 하는 발표회는 불가능하다.
⑤ 복지동 세미나실은 빔프로젝터가 없어서 제외된다.

11 정답 ①

남자 5명 중 보조자 1명, 여자 3명 중 보조자 1명을 차출하고, 남은 6명 중 발표자 1명을 선정하면 된다.
→ $5\times3\times6=90$
따라서 경우의 수는 90가지이다.

12 정답 ①

조건에 맞지 않는 제품들을 차례대로 제외해 나가도록 한다.
1. 최대 스크린 200 이하의 제품인 B기업의 'PL680', E기업의 'SY3211'를 제외한다(두 제품의 경우 800*600 이하 해상도를 지닌 제품이기도 하다).
2. 무료 A/S 기간이 1년 이하인 C기업의 'Leisure 470', E기업의 'SY8200'를 제외한다.
3. 스피커 출력 7W 이하의 제품인 B기업의 'PH550', C기업의 'Leisure 520'을 제외한다.
4. 남은 A기업의 'HF60LA'와 D기업의 'T－1000', 'T－2500' 중 가장 가격이 저렴한 것은 1,210,000원인 A기업의 'HF60LA'이다.

따라서 조건에 부합하는 곳은 'A기업'이다.

13 정답 ④

숨은 참조인으로 메일을 수신 받은 팀장, 매니저, 책임급 참여자들은 사원급과 대리급 이하 참여자들의 메일에서 수신인으로 확인되지 않으므로 ④가 가장 적절하다.

오답분석

①·②·③·⑤ 메일은 받는 사람과 참조, 숨은 참조 기능을 사용한 모든 이들에게 전송되지만 숨은 참조인, 즉 팀장, 매니저, 책임급 참여자들은 받는 사람 및 참조인으로 자료를 받은 이들은 수신자로 확인되지 않으며, 반대로 숨은 참조인으로 자료를 받은 이들은 나머지 수신인들을 확인할 수 있다.

14 정답 ④

당직 근무 일정을 요일별로 정리하면 다음과 같다.

구분	월	화	수	목	금	토	일
오전	A H J	B D	C G	A C E	B H	J F I	E F
오후	B F	F G I	A H I J	D	G I	C D G	B J

당직 근무 규칙에 따르면 오후 당직의 경우 최소 2명이 근무해야 한다. 그러나 목요일 오후에 D 1명만 근무하므로 최소 1명의 근무자가 더 필요하다. 이때, 한 사람이 같은 날 오전·오후 당직을 모두 할 수 없으므로 목요일 오전 당직 근무자인 A, C, E은 제외된다. 또한 당직 근무는 주당 5회 미만이므로 이번 주에 4번의 당직 근무가 예정된 근무자 역시 제외된다. 따라서 H의 당직 근무 일정을 추가해야 한다.

15 정답 ③

당직 근무 규칙에 따르면 1일 당직 근무 최소 인원은 오전 1명, 오후 2명으로 총 3명이다. 이때 오전에는 홀로 배정된 인원이 없으므로 오후 인원만 파악하도록 한다. 이번 주 당직에서 제외되더라도 문제가 없는 근무자는 월요일 오전(3명), 수요일 오후(4명), 목요일 오전(3명)에 근무하는 A이다.

오답분석

① 최소 인원이 2명인 목요일 오후에 홀로 배정되어 있으므로 제외될 수 없다.
② 월요일 오후에 최소 인원 2명 중 1명으로 배정되어 있으므로 제외될 수 없다.
④·⑤ 일요일 오후에 최소 인원 2명 중 1명으로 배정되어 있으므로 제외될 수 없다.

CHAPTER

10 2020년 하반기 기출복원문제

01 언어적 사고

01	02	03	04						
④	④	②	②						

01 정답 ④

먼저 첫 번째 조건과 두 번째 조건에 따라 6명의 신입사원을 부서별로 1명, 2명, 3명으로 나누어 배치한다. 이때, 세 번째 조건에 따라 기획부에 3명, 구매부에 1명이 배치되므로 인사부에는 2명의 신입사원이 배치된다. 또한 1명이 배치되는 구매부에는 마지막 조건에 따라 여자 신입사원이 배치될 수 없으므로 반드시 1명의 남자 신입사원이 배치된다. 남은 5명의 신입사원을 기획부와 인사부에 배치하는 방법은 다음과 같다.

구분	기획부(3명)	인사부(2명)	구매부(1명)
경우 1	남자 1명, 여자 2명	남자 2명	남자 1명
경우 2	남자 2명, 여자 1명	남자 1명, 여자 1명	

경우 1에서는 인사부에 남자 신입사원만 배치되므로 '인사부에는 반드시 여자 신입사원이 배치된다.'의 ④는 옳지 않다.

02 정답 ④

제시문에서는 대리모가 아이를 금전적인 대가를 받는 수단으로 취급하여 인간의 존엄과 가치를 침해한다는 것을 전제로 대리모의 허용을 반대한다. 이러한 주장을 반박하기 위해서는 근거로 제시하고 있는 전제를 부정하는 것이 효과적이므로 대리모는 아이가 아닌 임신·출산 서비스를 매매의 대상으로 삼는다는 ④를 통해 반박하는 것이 가장 적절하다.

오답분석

①·② 대리모를 찬성하는 입장에 해당하나, 제시문의 주장과는 전혀 다른 관점에서 반박하고 있으므로 적절하지 않다.

③ 대리모를 통해 발생할 수 있는 문제에 대한 해결책을 촉구하는 것에 해당하므로 제시문의 주장에 대한 반박으로는 적절하지 않다.

03 정답 ②

먼저 을의 진술이 거짓일 경우 갑과 병은 모두 세미나에 참석하지 않으며, 병의 진술이 거짓일 경우 을과 병은 모두 세미나에 참여한다. 따라서 을과 병의 진술은 동시에 거짓이 될 수 없으므로 둘 중 한 명의 진술은 반드시 참이 된다.

i) 을의 진술이 참인 경우

갑은 세미나에 참석하지 않으며, 을과 병은 모두 세미나에 참석한다. 을과 병 모두 세미나에 참석하므로 정은 세미나에 참석하지 않는다.

ii) 병의 진술이 참인 경우

갑의 진술은 거짓이므로 갑은 세미나에 참석하지 않으며, 을은 세미나에 참석한다. 병은 세미나에 참석하지 않으나, 을이 세미나에 참석하므로 정은 세미나에 참석하지 않는다.

따라서 반드시 세미나에 참석하는 사람은 을이다.

04 정답 ②

오키프 박사와 모세르 부부는 장소세포와 격자세포를 발견했으나 장소세포가 어떻게 생성되고 변화하는지는 밝혀내지 못했다. 이를 밝혀낸 것은 뇌과학운영단의 세바스찬 로열 박사팀이다.

02 수리적 사고

01	02	03	04	05					
④	①	④	④	④					

01 정답 ④

5개월 동안 평균 외식비가 12만 원 이상 13만 원 이하일 때, 총 외식비는 $12\times5=60$만 원 이상 $13\times5=65$만 원 이하가 된다.
1월부터 4월까지 지출한 외식비는 $110,000+180,000+50,000+120,000=460,000$원이다.
따라서 A씨가 5월에 최대로 사용할 수 있는 외식비는 $650,000-460,000=190,000$원이다.

02 정답 ①

프린터를 x개월 사용한다고 할 때, 구입 시에 드는 비용이 대여료만 낼 경우보다 저렴해야 한다. 이를 부등식으로 나타내면 다음과 같다.

$200,000+15,000x<22,000x$

$\rightarrow 200,000<7,000x$

$\therefore x>28.57\cdots$

따라서 최소 29개월 이상 사용하면 프린터를 대여하는 것보다 구입하는 것이 더 저렴하다.

03 정답 ④

A기차가 터널을 빠져나가는 데에 56초가 걸렸고, 기차 길이가 더 짧은 B기차는 160초가 걸렸으므로 A기차가 B기차보다 속력이 빠르다는 것을 알 수 있다. 두 기차가 터널 양 끝에서 출발하면 $\frac{1}{4}$ 지점에서 만나므로 A기차 속력이 B기차 속력의 3배가 된다.

B기차 속력을 am/s, 길이를 bm라고 가정하면 A기차의 속력과 길이는 각각 $3a$m/s, $(b+40)$m가 된다.

두 기차가 터널을 완전히 빠져나갈 때까지 걸리는 시간$\left(=\frac{\text{거리}}{\text{속력}}\right)$에 대한 방정식을 세우면, 다음과 같다.

- A기차 : $\frac{720+(b+40)}{3a}=56 \rightarrow b+760=168a \cdots$ ㉠
- B기차 : $\frac{720+b}{a}=160 \rightarrow b+720=160a \cdots$ ㉡

㉠과 ㉡을 연립하여 풀면 $a=5$, $b=80$임을 알 수 있다.
따라서 B기차의 길이는 80m, 속력은 5m/s이고, A기차의 길이는 120m, 속력은 15m/s이다.

04 정답 ④

ㄴ. 2020년 준중형 자동차 판매량은 전년 대비 $\frac{180.4-179.2}{179.2}\times100≒0.67\%$로 1% 미만 증가했다.

ㄷ. 2018 ~ 2019년까지 자동차 판매 순위는 'SUV – 중형 – 대형 – 준중형 – 소형' 순서지만 2020년에는 'SUV – 중형 – 준중형 – 대형 – 소형' 순서이다.

ㄹ. ㄱ의 해설에서 준중형, 중형, 대형은 2018년 대비 2019년에 판매량이 감소했음을 알 수 있으며, 소형과 SUV는 판매량이 증가했다.

오답분석

ㄱ. 2018년 대비 2019년 판매량이 감소한 자동차 종류는 준중형, 중형, 대형으로 세 종류의 감소율을 구하면 다음과 같다.

구분	2018년 대비 2019년 판매량 감소율
준중형	$\frac{179.2-181.3}{181.3}\times100≒-1.16\%$
중형	$\frac{202.5-209.3}{209.3}\times100≒-3.25\%$
대형	$\frac{185-186.1}{186.1}\times100≒-0.59\%$

따라서 2018년 대비 2019년 판매량 감소율이 가장 낮은 차종은 '대형'이다.

05 정답 ④

2020년 산업통상자원부 지원금을 지급받는 중소기업 수는 총 244+1,138+787+252+4=2,425개이므로 2020년 산업통상자원부 지원금을 지급받는 총기업 수 2,815개의 약 $\frac{2,425}{2,815}\times100≒86.1\%$로 85% 이상이다.

오답분석

① 매년 대기업 수는 감소하고, 중소기업 수는 증가하고 있다.

② 중소기업 총지원액의 최소금액과 대기업 총지원액의 최대금액을 비교를 통해 확인할 수 있다. 먼저 최소금액을 구하기 위해 지원액 규모를 각각 0원, 5억 원, 10억 원, 20억 원, 50억 원이라고 가정하고 지원액 규모별 중소기업의 수를 곱해 총지원액을 구하면 (0×244)+(5×1,138)+(10×787)+(20×252)+(50×4)=18,800억 원이다.
반대로 최대금액을 구하기 위해 지원액 규모를 각각 5억 원, 10억 원, 20억 원, 50억 원, 100억 원으로 가정하고 지원액 규모별 대기업의 수를 곱해 총지원액을 구하면 (5×4)+(10×11)+(20×58)+(50×38)+(100×22)=5,390억 원이다. 이를 통해 지원액 규모가 얼마인지 정확하게 알 수는 없지만, 2020년 중소기업 총지원액은 대기업 총지원액보다 많다는 것을 알 수 있다.

③ 매년 대기업과 중견기업은 지원액 규모가 10억 이상 20억 미만에서, 중소기업은 5억 이상 10억 미만에서 가장 많은 기업이 산업통상자원부 지원금을 지급받는다.

03 문제해결

01	02	03							
③	②	④							

01 정답 ③

선택지에 제시된 경로는 두 가지로 각각의 소요시간을 계산하면 다음과 같다.

- 3호선 수성시장역 → 2호선 청라언덕역 → 2호선 용산역
  3호선 수성시장역 탑승 청라언덕역 도착(5정거장, 4×5=20분) → 청라언덕역에서 3호선에서 2호선으로 환승(4분) → 2호선 용산역 도착(6정거장, 3×6=18분)
  ∴ 총소요시간 : 20+4+18=42분
- 3호선 수성시장역 → 1호선 명덕역 → 2호선 반월당역 → 2호선 용산역
  3호선 수성시장역 탑승 명덕역 도착(3정거장, 4×3=12분) → 명덕역에서 3호선에서 1호선으로 환승(4분) → 1호선 반월당역 도착(1정거장 4×1=4분) → 반월당역에서 1호선에서 2호선으로 환승(4분) → 2호선 용산역 도착(7정거장, 3×7=21분)
  ∴ 총소요시간 : 12+4+4+4+21=45분

따라서 두 가지 경로 중 더 빠른 경로는 '3호선 수성시장역 → 2호선 청라언덕역 → 2호선 용산역'이며, 총소요시간은 42분이다.

02 정답 ②

L씨가 이용하는 지하철 노선은 2호선과 3호선으로 3호선 수성시장역에서 2호선 용산역까지 가는 방법은 '3호선 수성시장역 → 2호선 청라언덕역 → 2호선 용산역'의 경로이며, 환승은 한 번이다. L씨와 가족들이 오후 4시 30분(=16시 30분)에 전시회에 도착하기 위해 늦어도 집에서 출발할 시각은 역으로 계산하면 쉽게 구할 수 있다.

2호선 용산역 16시 18분 도착(도보 12분) → 2호선 청라언덕역에서 16시 전 출발(6정거장, 3×6=18분) → 2호선 청라언덕역 반고개 방향 15시 53분 지하철 탑승 → 3호선 청라언덕역 15시 49분(환승 4분) 도착 → 3호선 수성시장역에서 15시 29분까지 출발(5정거장, 4×5=20분) → 3호선 수성시장역 대봉교 방향 15시 29분 지하철 탑승

따라서 L씨와 가족들은 15시 29분 지하철 탑승을 위해 집에서 늦어도 15시 19분(도보 10분)에는 출발해야 한다.

03 정답 ④

시간표에 따라 L씨의 이동경로를 정리하면 다음과 같다.

오후 3시 50분에 자택에서 출발 → 16시 (10분 도보 이동) 3호선 수성시장역 도착 → 16시 04분 3호선 수성시장역에서 대봉교 방향 지하철 탑승 → 16시 24분(5정거장, 4×5=20분) 청라언덕역 도착 → 16시 28분 3호선에서 2호선으로 청라언덕역에서 환승(4분) → 16시 33분 반고개 방향 2호선 지하철 탑승 → 16시 51분(6정거장, 3×6=18분) 2호선 용산역 도착 → 17시 3분 전시회 도착(도보 12분)

따라서 L씨는 딸의 전시회에 오후 5시 3분에 도착할 예정이다.

CHAPTER

11 2020년 상반기 기출복원문제

01 언어적 사고

01	02	03							
③	①	④							

01 정답 ③

할랄식품 시장의 확대로 많은 유통업계들이 할랄식품을 위한 생산라인을 설치 중이다.

오답분석

①·② 할랄식품은 엄격하게 생산·유통되기 때문에 일반 소비자들에게도 평이 좋다.
④ 세계 할랄 인증 기준은 200종에 달하고 수출하는 무슬림 국가마다 별도의 인증을 받아야 한다.

02 정답 ①

'미국 사회에서 동양계 ~ 구성된다.'에서 '모범적 소수 인종'의 인종적 정체성은 백인의 특성이 장점이라고 생각하는 것과 동양인의 특성이 단점이라고 생각하는 것의 사이에서 구성된다. 따라서 '모범적 소수 인종'은 특유의 인종적 정체성을 내면화하고 있음을 추론할 수 있다.

오답분석

② 제시문의 논점은 '동양계 미국인 학생들(모범적 소수 인종)'이 성공적인 학교생활을 통해 주류 사회에 동화되고 있는 것이 사실인지 여부이다. 그에 따라 사회적 삶에서 인종주의의 영향이 약화될 수 있는지에 대한 문제이다. 따라서 '모범적 소수 인종'의 성공이 일시적·허구적인지에 대한 논점은 확인할 수 없다.
③ 동양계 미국인 학생들은 인종적인 차별을 의식하고 있다고 말할 수 있지만 소수 인종 모두가 의식하고 있는지는 제시문을 통해서 추측할 수 없다.
④ 인종차별을 의식하는 것은 알 수 있지만 한정된 자원의 배분을 놓고 갈등하는지는 알 수 없다.

03 정답 ④

두 번째 조건에 의해 B는 항상 1과 5 사이에 앉는다. E가 4와 5 사이에 앉으면 2와 3 사이에는 A, C, D 중 누구나 앉을 수 있다.

오답분석

① A가 1과 2 사이에 앉으면 네 번째 조건에 의해, E는 4와 5 사이에 앉는다. 그러면 C는 3 옆에 앉고 D는 1 옆에 앉을 수 없게 된다. 이는 세 번째 조건과 모순이 된다.
② D가 4와 5 사이에 앉으면 네 번째 조건에 의해, E는 1과 2 사이에 앉는다. 그러면 C는 3 옆에 앉고 D는 1 옆에 앉을 수 없게 된다. 이는 세 번째 조건과 모순이 된다.
③ C가 2와 3 사이에 앉으면 세 번째 조건에 의해, D는 1과 2 사이에 앉는다. 또한 네 번째 조건에 의해, E는 3과 4 사이에 앉을 수 없다. 따라서 A는 반드시 3과 4 사이에 앉는다.

02 수리적 사고

01	02	03	04	05	06				
④	③	④	①	①	③				

01 정답 ④

(열차가 이동한 거리)=(열차의 길이)+(터널의 길이)
열차의 길이와 속력을 각각 xm, ym/s라고 하자.
$x+50=10y$ ⋯㉠
$x+200=25y$ ⋯㉡
㉠과 ㉡을 연립하면
$-150=-15y \rightarrow y=10$
$\therefore x=50$
따라서 열차의 길이는 50m이다.

02 정답 ③

- 2km=2,000m(1km=1,000m)
- $3m^2=3\times100^2cm^2=30{,}000cm^2$($1m^2=10{,}000cm^2$)
- 1시간=3,600초(1시간=60분=3,600초)
- 68°F=(68°F−32)÷1.8=20°C

따라서 빈칸에 해당하는 숫자의 합은 2,000+30,000+3,600+20=35,620이다.

03 정답 ④

2019년 소포우편 분야의 2015년 대비 매출액 증가율은 $\frac{5{,}017-3{,}390}{3{,}390}\times100≒48\%$이므로 옳지 않은 설명이다.

오답분석

① 제시된 자료를 통해 매년 매출액이 가장 높은 분야는 일반통상 분야인 것을 확인할 수 있다.
② 일반통상 분야의 매출액은 2016년, 2017년, 2019년, 특수통상 분야의 매출액은 2018년, 2019년에 감소했고, 소포우편 분야는 매년 매출액이 꾸준히 증가한다.
③ 2019년 1분기 우편매출액에서 특수통상 분야의 매출액이 차지하고 있는 비율은 $\frac{1{,}406}{5{,}354}\times100≒26.3\%$이므로 20% 이상이다.

04 정답 ①

이메일 스팸 수신량이 가장 높은 시기는 2017년 하반기이지만, 휴대폰 스팸 수신량이 가장 높은 시기는 2016년 하반기이다.

오답분석

② 제시된 자료를 통해 모든 기간 이메일 스팸 수신량이 휴대폰 스팸 수신량보다 많음을 확인할 수 있다.
③ 이메일 스팸 수신량의 증가·감소 추이와 휴대폰 스팸 수신량의 증가·감소 추이가 일치하지 않으므로 서로 밀접한 관련이 있다고 보기 어렵다.
④ 이메일 스팸 총수신량의 평균은 약 0.6통이고 휴대폰 스팸 총수신량의 평균은 약 0.19통이다. 따라서 $\frac{0.6}{0.19}≒3.16$으로 3배 이상이다.

05 정답 ①

해상 교통서비스 수입액이 많은 국가부터 차례대로 나열하면 '인도 – 미국 – 한국 – 브라질 – 멕시코 – 이탈리아 – 튀르키예' 순서이다.

06 정답 ③

해상 교통서비스 수입보다 항공 교통서비스 수입이 더 높은 국가는 미국과 이탈리아이다.

오답분석

① 튀르키예의 교통서비스 수입에서 항공 수입이 차지하는 비중은 $\frac{4,003}{10,157}\times 100 \fallingdotseq 39.4\%$이다.

② 교통서비스 수입액이 첫 번째(미국)와 두 번째(인도)로 높은 국가의 차이는 $94,344-77,256=17,088$백만 달러이다.

④ 제시된 자료를 통해 확인할 수 있다.

03 문제해결

01	02	03	04	05					
-	-	①	③	③					

01~02

정답이 따로 없는 문제 유형입니다.

03 정답 ①

오늘 검침 일지에 기입되는 사항을 보면 실내 온도는 9°C이므로 PSD 수치는 Parallel Mode를 적용하고, 오후 1시부터 5시까지 매 정각의 각 계기판 수치 중 가장 높은 수치의 평균은 $\frac{10+9+11}{3}=10$이 된다. 기준치는 수요일일 때 세 계기판의 표준수치 합이므로 $8+2+6=16$이 된다.

따라서 PSD 수치가 포함된 버튼 범위는 PSD≤16−3 → PSD≤13으로 '정상'이며, 경고등은 파란색, 이에 대한 조치는 '정상가동'이다.

04 정답 ③

03번 문제에서 실내 온도가 16°C로 수정되면 PSD 수치는 B계기판을 제외한 Serial Mode가 적용되고, 오후 6시 정각 각 계기판 수치의 합으로 $6+4=10$이 된다. 기준치는 수요일로 세 계기판의 표준수치 합이므로 $8+2+6=16$이 된다.

따라서 PSD 수치가 포함된 버튼 범위는 PSD≤16−3 → PSD≤13으로 '정상'이며, 경고등은 파란색, 이에 대한 조치는 '정상가동'이다.

05 정답 ③

11월 18일 중간보고에는 보고자인 J대리를 포함해 A팀장, B주임, C주임, D책임연구원까지 총 5명이 참석하므로 J대리는 적어도 5인 이상을 수용할 수 있는 세미나실을 대여해야 한다. 그런데 '호텔 아뜰리에'는 보수공사로 인해 4인실만 이용가능하며, '경주 베일리쉬'의 세미나실은 4인실이므로 '호텔 아뜰리에'와 '경주 베일리쉬'는 고려하지 않는다.
나머지 호텔들의 총비용을 계산하면 다음과 같다.

(단위 : 원)

호텔명	총비용
글래드 경주	(78,000×2)+48,000=204,000
스카이뷰 호텔	(80,000×0.90×2)+50,000=194,000
이데아 호텔	(85,000×0.95×2)+30,000=191,500
경주 하운드	(80,000×2)+(80,000×0.60)=208,000

'글래드 경주'과 '경주 하운드'의 경우 예산범위인 200,000원을 초과하므로 J대리가 예약 가능한 호텔은 '스카이뷰 호텔'과 '이데아 호텔'이다.

CHAPTER

12 2019년 하반기 기출복원문제

01 언어적 사고

01	02	03	04						
④	④	④	①						

01 정답 ④

첫 번째 문단은 임신 중 고지방식 섭취로 인한 자식의 생식기에 종양 발생 가능성에 대한 연구결과를 이야기하고 있고, 두 번째 문단은 사지 절단 수술로 인해 심장병으로 사망할 가능성에 대한 조사 결과를 이야기하고 있다. 따라서 제시문의 주제는 '의외의 질병 원인과 질병 사이의 상관관계'이다.

02 정답 ④

주어진 조건에 따라 부서별 위치를 정리하면 다음과 같다.

구분	1층	2층	3층	4층	5층	6층
경우 1	해외사업부	인사 교육부	기획부	디자인부	서비스개선부	연구・개발부
경우 2	해외사업부	인사 교육부	기획부	서비스개선부	디자인부	연구・개발부

따라서 3층에 위치한 기획부의 직원은 출근 시 반드시 계단을 이용해야 하므로 ④는 항상 옳다.

오답분석

① 경우 1일 때 김대리는 출근 시 엘리베이터를 타고 4층에서 내린다.
② 경우 2일 때 디자인부의 김대리는 서비스개선부의 조대리보다 엘리베이터에서 나중에 내린다.
③ 커피숍과 같은 층에 위치한 부서는 해외사업부이다.

03 정답 ④

제시문에서 C대표는 본인 아들의 건강 상태를 이유로 자신의 공판기일을 연기해 줄 것을 요청하였으므로 타당한 논거를 제시하지 않고 상대방의 동정에 호소하는 오류를 범하고 있다. 이와 동일한 오류를 보이는 것은 사람들의 동정에 호소하여 기부 행사의 참여를 끌어내고자 하는 ④이다.

오답분석

① 논점 일탈의 오류
② 흑백 사고의 오류
③ 인신공격의 오류

04 정답 ①

제시문에서는 단순히 두 선수의 연봉 차이를 성과 차이에 대한 근거로 삼아 고액의 연봉이 선수들의 동기를 약화하기 때문에 선수들의 연봉을 낮춰야 한다고 주장한다. 따라서 특정 사례만을 근거로 전체를 일반화하는 성급한 일반화의 오류에 해당한다.

02 수리적 사고

01	02	03	04	05	06				
④	①	②	④	②	①				

01 정답 ④

작년 A제품의 판매량을 x개, B제품의 판매량을 y개라고 하자.

작년 두 제품의 총 판매량은 800개이므로

$x+y=800$ … ㉠

올해 총 판매량은 1,280개이므로

$1.5x+(3x-70)=1,280 \rightarrow 4.5x=1,350$ … ㉡

㉠과 ㉡을 연립하면 $x=300$, $y=500$

즉, 올해 B제품의 판매량은 $3\times300-70=830$개이다.

따라서 작년 대비 올해 B제품 판매량의 증가율은 $\frac{830-500}{500}\times100=66\%$이다.

02 정답 ①

1시간 동안 준희와 민기가 할 수 있는 일의 양은 각각 $\frac{1}{14}$, $\frac{1}{35}$이다.

동시에 일을 하여 x시간 걸렸다고 하자.

$\left(\frac{1}{14}+\frac{1}{35}\right)\times x=1 \rightarrow \frac{1}{10}x=1$

$\therefore x=10$

따라서 동시에 일한다면 10시간이 걸린다.

03 정답 ②

매출평균이 22억 원이므로 3분기까지의 총 매출은 $22\times9=198$억 원이다. 전체 총 매출이 246억 원이므로 4분기의 매출은 $246-198=48$억 원이다.

따라서 4분기의 평균은 $\frac{48}{3}=16$억 원이 된다.

04 정답 ④

매월 갑, 을 팀의 총득점과 병, 정 팀의 총득점이 같다.

따라서 빈칸에 들어갈 알맞은 수는 $1,156+2000-1,658=1,498$이다.

05 정답 ②

2017 ~ 2018년의 농업 분야와 긴급구호 분야의 지원금은 다음과 같다.

- 농업 : 1,275+147.28=1,422.28억 원
- 긴급구호 : 951+275.52=1,226.52억 원

따라서 농업 분야의 지원금이 더 많은 것을 알 수 있다.

오답분석

① 제시된 자료를 통해 알 수 있다.

③ 2017 ~ 2018년 동안 가장 많은 금액을 지원한 분야는 보건의료 분야로 동일하다.

④ 2017년의 산림분야 지원금은 100억 원이고, 2018년은 73.58억 원이다. 따라서 100−73.58=26.42억 원 감소했으므로 25억 원 이상 감소했다.

06 정답 ①

2017년에 가장 많은 금액을 지원한 세 가지 분야는 보건의료, 식량차관, 농업 분야이고 지원금의 합은 2,134+1,505+1,275=4,914억 원이다. 2018년에 가장 많은 금액을 지원한 세 가지 분야는 보건의료, 사회복지, 긴급구호 분야이고 지원금의 합은 1,655.96+745.69+275.52=2,677.17억 원이다. 따라서 지원금의 차는 4,914−2,677.17≒2,237억 원이다.

03 문제해결

01	02	03	04						
①	④	③	④						

01 정답 ①

맛과 음식 구성 그리고 가격의 점수를 환산하면 다음과 같다.

(단위 : 점)

구분	맛	음식 구성	계
A호텔	3×5=15	3×5+1×3=18	33
B호텔	2×5+1×3=13	3×5=15	28
C호텔	2×5=10	3×5+1×3=18	28
D호텔	3×5+1×3=18	2×5+1×3=13	31

맛과 음식 구성의 합산 점수가 1위인 곳은 A호텔로 33점, 2위인 곳은 D호텔로 31점이므로 그 차(2점)가 3점 이하이다. 따라서 가격 점수를 비교하면 A호텔은 18점, D호텔은 15점으로 A호텔이 선택된다.

02 정답 ④

200만 원 내에서 25명의 식사비용을 내려면 한 사람당 식대가 200÷25=8만 원 이하여야 한다. 이 조건을 만족하는 곳은 A, D호텔이고 각 호텔에서의 총 식사비용은 다음과 같다.

- A호텔 : 73,000×25=1,825,000원
- D호텔 : 75,000×25=1,875,000원

가장 저렴한 A호텔과 D호텔의 가격 차이는 모두 10만 원 이하이므로 맛 점수가 높은 곳으로 선정한다. **01**번 해설에서 D호텔이 18점으로 맛 점수가 가장 높으므로 D호텔이 선정된다.

03 정답 ③

80타는 (72+8)타이므로 9오버 파인 72+9=81타 이하이다. 따라서 싱글에 해당한다.

오답분석

① 파 4인 홀에서는 8타까지 칠 수 있고, 9타 이상 칠 수 없다.
② 모든 홀을 버디로 끝냈다면 72+(−1)×18=72−18=54타가 되고, 이는 72타보다 작으므로 언더 파에 해당한다.
④ 홀인원은 1타를 쳐서 공을 홀에 넣은 것을 의미한다.

04 정답 ④

A과장의 점수를 계산하면 다음과 같다.

HOLE	1	2	3	4	5	6	7	8	9	합계
PAR	4	4	3	4	5	3	5	4	4	36
타수	5	3	1	4	5	6	3	2	3	32
점수	+1	−1	−2	0	0	+3	−2	−2	−1	−4
HOLE	**10**	**11**	**12**	**13**	**14**	**15**	**16**	**17**	**18**	**합계**
PAR	5	4	4	3	4	4	4	3	5	36
타수	5	2	2	3	4	4	2	6	8	36
점수	0	−2	−2	0	0	0	−2	+3	+3	0

따라서 A과장의 점수는 72−4=68타이므로 4언더 파이다.

CHAPTER

13 2019년 상반기 기출복원문제

01 언어적 사고

01	02	03	04	05					
④	③	④	③	④					

01 정답 ④

제시문에 따르면 상투는 관례나 결혼 후 머리카락을 틀어 높이 세우는 성인 남자의 대표적인 머리모양으로, 전통사회에서는 나이가 어리더라도 장가를 들면 상투를 틀고 존대를 받았다. 따라서 '상투를 틀었다.'는 뜻에 '성인이 되었다.', 혹은 '장가를 들었다.'는 의미가 내포되어 있다는 것을 추론할 수 있다.

02 정답 ③

제시문을 통해 관우는 촌락에서 믿던 수호신을 대신하거나 불교의 민간 포교활동의 일환으로 포섭되는 등 백성들에게 인기를 얻은 신이었다는 사실은 확인할 수 있지만 지배층에게 인기를 얻은 신이었다는 사실은 확인할 수 없다.

오답분석

① 관우가 신으로 추앙받기 시작한 시대는 수, 당대라는 견해가 일반적이지만, 몇몇 학자들은 위진남북조 시대에서 기원을 찾고 있어 의견이 엇갈리고 있다.
② 관우는 민간신앙 외에도 불교의 민간 포섭활동이나 도교와의 융합 등 다양한 종교와 연관이 있다.
④ 관우는 높은 의리와 충의의 이미지 덕분에 상인들 사이에서 중요한 역할을 하는 재물의 신으로 널리 알려졌다.

03 정답 ④

먼저, 갑이나 병이 짜장면을 시켰다면 진실만 말해야 하는데, 다른 사람이 짜장면을 먹었다고 말할 경우 거짓을 말한 것이 되므로 모순이 된다. 따라서 짜장면을 시킨 사람은 을 또는 정이다.

i) 을이 짜장면을 주문한 경우 : 병은 짬뽕, 정은 우동을 시키고 남은 갑이 볶음밥을 시킨다. 이 경우 갑이 한 말은 모두 거짓이고, 병과 정은 진실과 거짓을 한 개씩 말하므로 모든 조건이 충족된다.

ii) 정이 짜장면을 주문한 경우 : 을은 짬뽕, 갑은 볶음밥, 병은 우동을 시킨다. 이 경우 갑은 진실과 거짓을 함께 말하고, 을과 병은 거짓만 말한 것이 되므로 모순이 된다. 따라서 정은 짜장면을 주문하지 않았다.

따라서 갑은 볶음밥을, 을은 짜장면을, 병은 짬뽕을, 정은 우동을 주문했다.

04 정답 ③

'승용차를 탄다.'를 p, '연봉이 높아진다.'를 q, '야근을 많이 한다.'를 r, '서울에 거주한다.'를 s라고 했을 때, 첫 번째 명제는 $p \to s$, 세 번째 명제는 $q \to r$, 네 번째 명제는 $q \to s$이므로 마지막 명제가 참이 되기 위해서는 $r \to p$라는 명제가 필요하다. 따라서 $r \to p$의 대우인 ③이 답이 된다.

05 정답 ④

'예술가'를 p, '조각상을 좋아한다.'를 q, '철학자'를 r, '귀족'을 s, '부유하다.'를 t라고 할 때, 명제를 정리하면 $p \to q$, $r \to \sim q$, $q \to s$, $\sim p \to t$이다.

따라서 $p \to q \to \sim r$, $p \to q \to \to s$이고, $r \to \sim q \to \sim p \to t$이다. 하지만 부유한 사람이 귀족인지는 알 수 없다.

오답분석

① 1번째 명제, 2번째 명제 대우를 통해 알 수 있다.
② 1번째 명제, 3번째 명제를 통해 알 수 있다.
③ 2번째 명제, 1번째 명제 대우, 4번째 명제를 통해 알 수 있다.

02 수리적 사고

01	02	03	04	05					
④	②	④	③	④					

01 정답 ④

처음 숫자의 십의 자리 숫자를 x, 일의 자리 숫자를 y라고 하자.

$x+y=10 \cdots$ ㉠

$(10y+x)\div 2=10x+y-14 \to 19x-8y=28 \cdots$ ㉡

㉠과 ㉡을 연립하면 $x=4$, $y=6$이다.

따라서 처음 숫자는 $4\times 10+6=46$이다.

02 정답 ②

한 숙소에 4명씩 잘 때의 신입사원 수는 $4a+8=b$명이고, 한 숙소에 5명씩 잘 때의 신입사원 수는 $5(a-6)+4=b$명이다.

$4a+8=5(a-6)+4$

$\to a=34$

$b=34\times 4+8=144$

따라서 $b-a=144-34=110$이다.

03 정답 ④

ㄱ. 영어 관광통역 안내사 자격증 취득자는 2015년에 2014년 대비 감소하였으며, 스페인어 관광통역 안내사 자격증 취득자는 2016년에 2015년 대비 감소하였다.

ㄷ. 2013 ~ 2015년까지 태국어 관광통역 안내사 자격증 취득자 수 대비 베트남어 취득자 수 비율은 다음과 같다.

- 2013년 : $\frac{4}{8}\times 100=50.0\%$
- 2014년 : $\frac{15}{35}\times 100 \fallingdotseq 42.9\%$
- 2015년 : $\frac{5}{17}\times 100 \fallingdotseq 29.4\%$

따라서 매년 감소하고 있다.

ㄹ. 2014년에 불어 관광통역 안내사 자격증 취득자 수는 전년 대비 불변인 반면, 스페인어 관광통역 안내사 자격증 취득자 수는 전년 대비 증가하였다.

오답분석

ㄴ. 2014 ~ 2016년의 일어 관광통역 안내사 자격증 취득자 수의 8배는 각각 266×8=2,128, 137×8=1,096, 153×8=1,224이다. 중국어 관광통역 안내사 자격증 취득자 수는 각각 2,468, 1,963, 1,418로 이보다 많으므로 8배 이상이다.

04 정답 ③

ㄱ. 그리스가 4.4명, 한국은 1.4명이다. 1.4×4=5.6>4.4이므로 4배가 넘지 않는다.

ㄴ. 한국은 2006년부터 2016년까지 십만 명당 0.6천 명 증가한 반면, 캐나다는 십만 명당 0.1천 명 증가했다. 따라서 이 추이대로라면 10년 이내에 한국이 캐나다의 수치를 넘어선다는 것을 알 수 없다.

오답분석

ㄷ. 그리스가 십만 명당 5.4천 명으로 가장 많고, 한국이 십만 명당 1.7천 명으로 가장 적다. 1.7×3=5.1<5.4이므로 3배 이상이다.

05 정답 ④

한국이 십만 명당 1.6천 명으로 가장 적고, 그리스가 십만 명당 4.9천 명으로 가장 많다.

오답분석

① 네덜란드는 십만 명당 3.7천 명이고, 그리스가 십만 명당 5.0천 명으로 가장 많다. 따라서 그리스에 비해 십만 명당 1.3천 명 적다.

② 한국이 매년 수치가 가장 적다는 사실을 볼 때, 한국의 의료 서비스 지수가 멕시코보다 더 열악하다고 할 수 있다.

③ 2006년, 2010년, 2011년에는 그리스가 미국의 두 배에 못 미친다.

PART 2 기출복원문제 정답 및 해설

03 문제해결

01	02	03	04						
③	④	②	②						

01 정답 ③

회의 목적은 신제품 홍보 방안 수립 및 제품명 개발이며 회의 이후 이러한 목적을 달성할 수 있도록 업무를 진행해야 한다. 기획팀의 D대리는 신제품의 특성에 적합하고 소비자의 흥미를 유발하는 제품명을 개발해야 하는 업무를 맡고 있으므로, 자사의 제품과 관계없는 타사 제품의 이름을 조사하는 것은 적절하지 않다.

02 정답 ④

④의 경우 오프라인에서의 제품 접근성에 대한 소비자의 반응으로, 온라인 홍보팀이 필요로 하는 온라인에서의 타사 여드름 화장품에 대한 소비자 반응으로 적절하지 않다.

03 정답 ②

업무 순서를 나열하면 '회사 홈페이지, 관리자 페이지 및 업무용 메일 확인 – 외주업체로부터 브로슈어 샘플 디자인 받기 – 회의실 예약 후 마이크 및 프로젝터 체크 – 팀 회의 참석 – 지출결의서 총무부 제출'이다. 따라서 출근 후 두 번째로 해야 할 일은 '외주업체로부터 판촉 행사 브로슈어 샘플 디자인 받기'이다.

04 정답 ②

조사결과를 살펴보면 시간대별 이용률 상위 3개 미디어에 대해서 순서대로 제시되어 있다. 그리고 조사대상 미디어 중 잡지는 모든 시간대에 3순위 안에 들지 않는다. 따라서 자료에 제시된 3순위 미디어의 이용률보다 낮다는 것을 알 수 있다. 그러나 잡지가 시간대별 이용률이 10% 미만이라는 설명은 오전, 점심, 오후 시간대의 잡지 이용률을 추측해보면 옳지 않다는 것을 알 수 있다.

- 오전 시간대=30.8%+24.1%+23.5%=78.4% → 100%−78.4%=21.6%
  ∴ 잡지 이용률이 최대 21.6%까지 가능[21.6%<23.5%(스마트 기기)]
- 점심 시간대=47.7%+23.6%+13.4%=84.7% → 100%−84.7%=15.3%
  ∴ 잡지 이용률이 최대 13.4%까지 가능[15.3%>13.4%(TV)]
- 오후 시간대=36.5%+25.2%+23.7%=85.4% → 100%−85.4%=14.6%
  ∴ 잡지 이용률이 최대 14.6%까지 가능[14.6%<23.7%(TV)]

오답분석

① 시간대별로 이용률이 높은 미디어를 바르게 나열하였다.
③ 저녁 시간대 TV 이용률이 70.9%로 가장 높기 때문에 옳은 설명이다.
④ 출퇴근 및 등하교는 이동 시간대를 살펴보면 되는데, 두 시간대 모두 스마트 기기 이용률이 50% 이상이므로 옳은 설명이다.

PART III

3개년 주요기업 기출복원문제 정답 및 해설

PART

3 3개년 주요기업 기출복원문제

01 언어

01	02	03	04	05	06	07	08	09	10	11	12	13	14	15	16	17	18	19	20
④	④	④	③	④	④	④	③	③	②	③	②	④	⑤	②	④	③	⑤	②	②
21	22	23	24	25	26	27	28	29	30	31	32	33	34	35	36	37	38	39	40
⑤	④	④	④	②	①	②	④	①	③	③	②	③	④	③	④	③	④	②	②

01 정답 ④

빈칸 앞의 내용은 예술 작품에 담겨있는 작가의 의도를 강조하며, 독자가 예술 작품을 해석하고 이해하는 활동은 예술적 가치, 즉 작가의 의도가 담긴 작품에서 파생된 이차적인 활동일 뿐이라고 이야기하고 있다. 따라서 독자의 작품 해석에 있어 작가의 의도와 작품을 왜곡하지 않아야 한다는 내용의 ④가 빈칸에 들어갈 내용으로 가장 적절하다.

오답분석

①·② 두 번째 문단에 따르면 예술은 독자의 해석으로 완성되는 것이 아니며, 작품을 해석해 줄 독자가 없어도 예술은 그 자체로 가치가 있다.
③ 작품에 포함된 작가의 권위를 인정해야 한다는 것일 뿐, 작가의 권위와 작품 해석의 다양성은 서로 관련이 없다.
⑤ 작품 해석에 있어 작품 제작 당시의 시대적·문화적 배경을 고려해야 한다는 내용은 없다.

02 정답 ④

빈칸 앞의 문단에서 제기한 질문의 형태에 유의해야 한다. 즉, '올바른 답을 추론해 내는 데 필요한 모든 정보와 정답 제시가 올바른 추론능력의 필요충분조건은 아니다.'라는 문장이 제시문의 중심 내용이다. 왓슨의 어리석음은 추론에 필요한 정보를 활용하지 못한 데에 있는 것이다. 따라서 빈칸에는 ④가 들어가는 것이 적절하다.

오답분석

① 왓슨의 문제는 정보를 올바르게 추론하지 못한 데 있다.
② 왓슨은 올바른 추론의 방법을 알고 있지 못했다.
③ 왓슨이 전문적인 추론 훈련을 받지 못했다는 정보는 없다.
⑤ 왓슨은 추론에 필요한 관련 정보를 가지고 있었다.

03 정답 ④

첫 번째 문장에서 경기적 실업이란 노동에 대한 수요가 감소하여 고용량이 줄어들어 발생하는 실업이라고 하였으므로, 빈칸에는 기업이 생산량을 줄임으로써 노동에 대한 수요가 감소한다는 내용이 들어가는 것이 적절하다.

04 정답 ③

'최고의 진리는 언어 이전, 혹은 언어 이후의 무언(無言)의 진리이다.', '동양 사상의 정수(精髓)는 말로써 말이 필요 없는 경지'라는 문장을 보았을 때 '동양 사상은 언어적 지식을 초월하는 진리를 추구한다.'라는 것이 제시문의 중심 내용으로 가장 적절하다.

05 정답 ④

서양의 자연관은 인간이 자연보다 우월한 자연지배관이며, 동양의 자연관은 인간과 자연을 동일 선상에 놓거나 조화를 중요시한다고 설명한다. 따라서 제시문의 주제로는 '서양의 자연관과 동양의 자연관의 차이'가 가장 적절하다.

06 정답 ④

쇼펜하우어는 표상의 세계 안에서의 이성의 역할, 즉 시간과 공간, 인과율을 통해서 세계를 파악하는 주인의 역할을 함에도 불구하고 이 이성이 다시 의지에 종속됨으로써 제한적이며 표면적일 수밖에 없다는 한계를 지적하고 있다.

오답분석

① 세계의 본질은 의지의 세계라는 내용은 쇼펜하우어 주장의 핵심 내용이라는 점에서는 옳지만, 제시문의 주요 내용은 주관 또는 이성 인식으로 만들어내는 표상의 세계는 결국 한계를 가질 수밖에 없다는 것이다.
② 제시문에서는 표상 세계의 한계를 지적했을 뿐, 표상 세계의 극복과 그 해결 방안에 대한 내용은 없다.
③ 제시문에서 의지의 세계와 표상 세계는 의지가 표상을 지배하는 종속관계라는 차이를 파악할 수는 있으나, 주제로는 적절하지 않다.

07 정답 ④

제시문은 중세 유럽에서 유래된 로열티 제도가 산업 혁명부터 현재까지 지적 재산권에 대한 보호와 가치 확보를 위해 발전되었음을 설명하고 있다. 따라서 가장 적절한 제목은 '로열티 제도의 유래와 발전'이다.

08 정답 ③

제시문은 효율적 제품 생산을 위한 한 가지 방법인 제품별 배치 방법의 장단점에 대한 내용이다. 따라서 (다) 효율적 제품 생산을 위해 필요한 생산 설비의 효율적 배치 – (라) 효율적 배치의 한 방법인 제품별 배치 방식 – (가) 제품별 배치 방식의 장점 – (나) 제품별 배치 방식의 단점 순으로 나열하는 것이 적절하다.

09 정답 ③

제시문은 2500년 전 인간과 현대의 인간의 공통점을 언급하며 2500년 전에 쓰인 『논어』가 현대에서 지니는 가치에 대하여 설명하고 있다. 따라서 (가) 『논어』가 쓰인 2500년 전 과거와 현대의 차이점 – (마) 2500년 전의 책인 『논어』가 폐기되지 않고 현대에서도 읽히는 이유에 대한 의문 – (나) 인간이라는 공통점을 지닌 2500년 전 공자와 우리들 – (다) 2500년의 시간이 흐르는 동안 인간의 달라진 부분과 달라지지 않은 부분에 대한 설명 – (라) 시대가 흐름에 따라 폐기될 부분을 제외하더라도 여전히 오래된 미래로서의 가치를 지니는 『논어』의 순으로 나열하는 것이 적절하다.

10 정답 ②

다문화정책의 두 가지 핵심을 밝히고 있는 (다)가 가장 처음에 온 뒤 (다)의 내용을 뒷받침하기 위해 프랑스를 사례로 든 (가)를 그 뒤에 배치하는 것이 자연스럽다. 다음으로는 이민자에 대한 지원 촉구 및 다문화정책의 개선 등에 대한 내용이 이어지는 것이 글의 흐름상 적절하므로, 이민자에 대한 배려의 필요성을 주장하는 (라), 다문화정책의 패러다임 전환을 주장하는 (나) 순서로 연결되어야 한다. 따라서 (다) – (가) – (라) – (나)의 순으로 나열하는 것이 적절하다.

11 정답 ③

제시문은 원어민은 문법을 따로 배우지 않아도 자유자재로 모국어를 구사할 수 있는 이유에 대한 내용이다. 따라서 (라) 원어민은 문법을 따로 배우지 않음 – (가) 어려서부터 문법을 내재화했기 때문 – (마) 모든 원어민은 문법적 직관이 있음 – (다) 그런데 이 문법적 직관은 저절로 얻어지지 않음 – (나) 언어활동을 통해 문법적 직관이 발달함 순으로 나열하는 것이 적절하다.

12 정답 ②

제시문의 서론에서 지방은 건강에 반드시 필요한 것이라고 서술하고 있으며, 결론에서는 현대인들의 지방이 풍부한 음식을 찾는 경향이 부작용으로 이어졌다고 한다. 따라서 본론은 (나) 비만과 다이어트의 문제는 찰스 다윈의 진화론과 관련 있음 – (라) 자연선택에서 생존한 종들이 번식하여 자손을 남기게 됨 – (다) 인류의 역사에서 인간이 끼니 걱정을 하지 않고 살게 된 것은 최근 수십 년의 일임 – (가) 생존에 필수적인 능력은 에너지를 몸에 축적하는 능력이었음 순으로 나열하는 것이 적절하다.

13 정답 ④

제시문은 관객이 영화를 보면서 흐름을 지각하는 것을 제대로 설명하지 못하는 동일시 이론에 대해 문제를 제기하고 이를 칸트의 무관심성을 통해 설명할 수 있다고 제시한다. 이어서 관객이 영화의 흐름을 생동감 있게 체험할 수 있는 이유로 '방향 공간'과 '감정 공간'을 제시하고 이에 대한 설명을 한 뒤 이것이 관객이 영화를 지각할 수 있는 원리가 될 수 있음을 정리하며 마치고 있는 글이다. 따라서 (나) 영화를 보면서 흐름을 지각하는 것을 제대로 설명하지 못하는 '동일시 이론' – (가) 영화 흐름의 지각에 대해 설명할 수 있는 칸트의 '무관심성' – (라) 영화의 생동감을 체험할 수 있게 하는 '방향 공간' – (마) 영화의 생동감을 체험할 수 있게 하는 또 다른 이유인 '감정 공간' – (다) 관객이 영화를 지각하는 과정에 대한 정리 순으로 나열하는 것이 적절하다.

14 정답 ⑤

제시문은 나무를 가꾸기 위해 고려해야 하는 사항에 대해 서술하는 글로, 고려해야 할 사항들을 나열하고 그중 제일 먼저 생육조건에 대해 설명하는 (가)가 첫 부분으로 적절하다. 그 다음으로 (라)는 나무를 양육할 때 주로 저지르는 실수로 나무 간격을 촘촘하게 심는 것을 언급하고 있다. 따라서 그 이유를 설명하는 (다)가 다음으로 이어지는 것이 옳다. 그리고 (나) 역시 또 다른 식재계획 시 주의점에 대해서 이야기하고 있으므로 (다) 뒤에 나열하는 것이 적절하다.

15 정답 ②

프톨레마이오스의 세계지도는 2세기 그리스 – 로마 시대에 제작된 지도이다. 두 번째 문단의 마지막 문장에서 프톨레마이오스의 세계지도가 당시의 사람들이 가지고 있었던 세계관을 직접적으로 보여준다고 서술하고 있으며, 세 번째 문단의 마지막 문장에서도 프톨레마이오스의 세계지도가 고대의 세계관과 지리 지식을 반영하는 동시에 그 시대의 한계를 고스란히 담고 있다고 하였다.

오답분석

① 첫 번째 문단에서 프톨레마이오스의 『지리학』을 바탕으로 제작된 프톨레마이오스 세계지도에서 곡선의 경도와 위도선을 처음으로 도입했다고 서술하고 있다.
③ 프톨레마이오스의 세계지도는 당시 정밀한 측정 도구의 부재 및 여행자와 상인, 군사 원정대 등으로부터 전해들은 단편적인 지식에 의존해 제작되어 실제와 다른 지형이나 크기가 지도에 반영되었다.
④ 프톨레마이오스 세계지도의 제작 시기는 2세기 무렵이며, 인쇄술의 발달은 한참 뒤인 15세기에 이루어졌고, 이때 유럽 각지에 널리 보급되었다.
⑤ 첫 번째 문단에서 곡선의 경도와 위도선을 처음으로 도입하여 프톨레마이오스의 시대에 지구가 이미 구형이었음을 인식했다고 서술하고 있다.

16 정답 ④

음극재로 사용하는 실리콘은 충·방전 시 최대 300%까지 부피 팽창이 일어나 소재 및 배터리가 쉽게 손상되는 단점이 있다고 하였으므로 적절한 내용이다.

오답분석

① 2차 전지의 양극에서 이동한 리튬이온은 음극재의 음극활물질에 저장되며, 집전판은 외부 회로와 활물질 사이에서 전자를 전달하는 역할을 한다.
② 2차 전지의 용량은 주로 양극재에 따라 달라진다.
③ 흑연은 원자 6개에 1개의 리튬이온을 저장하지만 실리콘은 원자 5개에 22개의 리튬이온을 저장하므로 같은 면적일 때 흑연보다 실리콘이 더 많은 리튬이온을 저장한다.
⑤ 제시문에서 리튬이온 배터리 이외의 다른 소재의 2차 전지에 대한 비교가 없으므로 옳지 않다.

17 정답 ③

먼 바다에서 지진해일의 파고는 수십 cm 이하이지만 얕은 바다에서는 급격하게 높아진다.

오답분석

① 화산폭발로 인해 발생하는 건 맞지만 파장이 긴 파도를 지진해일이라고 한다.
② 태평양에서 발생한 지진해일은 발생 하루 만에 발생지점에서 지구의 반대편까지 이동할 수 있다.
④ 지진해일이 해안가에 가까워질수록 파도가 강해지는 것은 맞지만, 속도는 시속 45 ~ 60km까지 느려진다.
⑤ 해안의 경사 역시 암초, 항만 등과 마찬가지로 지진해일을 변형시키는 요인이 된다.

18 정답 ⑤

아인슈타인의 광량자설은 빛이 파동이면서 동시에 입자인 이중적인 본질을 가지고 있다는 것을 의미하는 것으로, 뉴턴의 입자설과 토머스 영의 파동성설을 모두 포함한다.

오답분석

① 뉴턴의 가설은 그의 권위에 의해 오랫동안 정설로 여겨졌지만, 토머스 영의 겹실틈 실험에 의해 다른 가설이 생겨났다.
② 겹실틈 실험은 한 개의 실틈을 거쳐 생긴 빛이 다음 설치된 두 개의 겹실틈을 지나가게 해서 스크린에 나타나는 무늬를 관찰하는 것이다.
③ 일자 형태의 띠가 두 개 나타나면 빛이 입자임은 맞으나, 겹실틈 실험 결과 보강 간섭이 일어난 곳은 밝아지고 상쇄 간섭이 일어난 곳은 어두워지는 간섭무늬가 연속적으로 나타났다.
④ 토머스 영의 겹실틈 실험은 빛의 파동성을 증명하였고, 이는 명백한 사실이었으므로 아인슈타인은 빛이 파동이면서 동시에 입자인 이중적인 본질을 가지고 있다는 것을 증명하였다.

19 정답 ②

후추나 천초는 고추가 전래되지 않았던 조선 전기까지 주요 향신료였으며, 19세기 이후 고추가 향신료로서 절대적인 우위를 차지하면서 후추나 천초의 지위가 달라졌다고 하였다. 그러나 후추나 천초가 김치에 쓰였다는 언급은 없다.

20 정답 ②

한국인들은 달항아리가 일그러졌다고 해서 깨뜨리거나 대들보가 구부러졌다고 해서 고쳐 쓰지는 않았으나, 곧은 대들보와 완벽한 모양의 달항아리를 좋아하지 않았다는 내용은 제시문에 드러나있지 않다.

21 정답 ⑤

면허를 발급하는 것은 면허 발급 방식이며, 보조금을 지급받는 것은 보조금 지급 방식으로 둘 사이의 연관성은 없다. 따라서 ⑤는 제시문의 내용으로 적절하지 않다.

오답분석

① 과거에는 공공 서비스가 경합성과 배제성이 모두 약한 사회 기반 시설 공급을 중심으로 제공되었다. 이런 경우 서비스 제공에 드는 비용은 주로 세금을 비롯한 공적 재원으로 충당을 하였다.
② 공공 서비스의 다양화와 양적 확대가 이루어지면서 행정 업무의 전문성 및 효율성이 떨어지는 문제점이 나타나기도 하였다.
③ 정부는 위탁 제도를 도입함으로써 정부 조직의 규모를 확대하지 않으면서 서비스의 전문성을 강화할 수 있었다.
④ 경쟁 입찰 방식의 경우 정부가 직접 공공 서비스를 제공할 때보다 서비스의 생산 비용이 절감될 수 있고, 정부의 재정 부담도 경감될 수 있었다.

22 정답 ④

제시문은 사회가 갑에게 강제적 힘을 행사하는 데에는 갑이 다른 사람들에게 미치는 해악을 방지하려는 데 있다고 설명한다. 하지만 해악 방지를 위한 강제성의 근거 여부에 대한 언급은 없다.

23 정답 ④

보복운전만 특수범죄로 취급한다. 보복운전이 형법에 의해 특수범죄로 취급되는 이유는 자동차를 법률에 명시된 '위험한 물건'으로 보기 때문이다.

오답분석

① 안전운전을 위해서는 도로교통법상 위배됨 없이 운전을 함과 더불어, 다른 사람에게 위험과 장해를 초래하지 않도록 해야 한다.
② 흔히들 난폭운전과 보복운전을 비슷한 개념으로 혼동한다.
③ 속도위반은 난폭운전으로 처벌받을 수 있는 요소 중 하나이다.
⑤ 보복운전의 상황에서 자동차는 법률에 명시된 '위험한 물건'이 된다. 위험한 물건은 그 자체로 흉기에 속하지는 않으나, 보복운전과 같은 상황 하에서는 흉기로 취급된다.

24 정답 ④

제시문에서 3D 프린터 건축 기술이 전문인력 수급난을 해결할 수 있다고 설명하지만, 그것이 실업자 발생과 직결되는지는 제시문만으로 알 수 없다.

오답분석

① 첫 번째 문단에서 미국 텍사스 지역에서 3D 프린터 건축 기술을 이용한 주택이 완공되었음을 알 수 있다.
② 두 번째 문단에서 전통 건축 기술에 비해 3D 프린터 건축 기술은 건축 폐기물 및 CO_2 배출량 감소 등 환경오염이 적음을 알 수 있다.
③ 네 번째 문단에서 코로나19 사태로 인한 인력 수급난을 해소할 수 있음을 알 수 있다.
⑤ 다섯 번째 문단에서 우리나라의 3D 프린터 건축 기술은 아직 제도적 한계와 기술적 한계가 있음을 알 수 있다.

25 정답 ②

체내 활성산소의 농도와 생물체의 생명 연장이 비례한다는 내용은 제시문에서 확인할 수 없다. 오히려 활성산소인 과산화수소는 체내에 쌓이면 독소가 된다는 점을 설명하고 있다.

26 정답 ①

제시문에서 언급되지 않은 내용이다.

오답분석

② 두 번째 문단에서 설명하고 있다.
③ 첫 번째 문단에서 '위기(爲己)란 자아가 성숙하는 것을 추구하며'라고 하였다.
④ 첫 번째 문단에서 '공자는 공부하는 사람의 관심이 어디에 있느냐를 가지고 학자를 두 부류로 구분했다.'고 하였다.

27 정답 ②

제시문의 필자는 3R 원칙을 강조하며 가장 필수적이고 최저한의 동물실험이 필요악임을 주장하고 있다. 특히 '보다 안전한 결과를 도출해내기 위한 동물실험은 필요악이며, 이러한 필수적인 의약실험조차 금지하려 한다는 것은 기술 발전 속도를 늦춰 약이 필요한 누군가의 고통을 감수하자는 이기적인 주장'이라는 대목을 통해 약이 필요한 이들을 위한 의약실험에 초점을 맞추고 있음을 확인할 수 있다. 따라서 ②의 주장처럼 생명과 큰 관련이 없는 동물실험을 비판의 근거로 삼는 것은 적절하지 않다.

28 정답 ④

제시문은 미흡한 위생 관리나 건강 관리 등의 개인적 요인으로 인해 질병이 발병한다고 주장한다. 따라서 이러한 주장에 대한 반박으로는 성별, 계층, 직업 등의 사회적 요인에 따라 질병의 종류나 정도가 다르게 나타날 수 있다는 내용의 ④가 가장 적절하다.

29 정답 ①

제시문은 인간의 생각과 말은 깊은 관계를 가지고 있으며, 생각이 말보다 범위가 넓고 큰 것은 맞지만 그것을 말로 표현하지 않으면 그 생각이 다른 사람에게 전달되지 않는다고 주장한다. 즉, 생각은 말을 통해서만 다른 사람에게 전달될 수 있다는 것이다. 따라서 이러한 주장에 대한 반박으로 ①이 가장 적절하다.

30 정답 ③

질소가 무조건 많이 함유된 것이 좋은 비료가 아니라 탄소와 질소의 비율이 잘 맞는 것이 중요하다.

오답분석

① 커피박을 이용해서 비료를 만들면 커피박을 폐기하는 데 필요한 비용을 절약할 수 있기 때문에 경제적으로도 이득이라고 할 수 있다.
② 비료에서 중요한 요소로 질소를 언급하고 있고, 유기 비료이기 때문에 유기물의 함량 또한 중요하다. 그리고 제시문에서도 질소와 유기물 함량을 분석하고 있기에 중요한 고려 요소라고 할 수 있다.
④ 비료를 만드는 데 발생하는 열로 유해 미생물을 죽일 수 있다고 언급하였다.
⑤ 부재료로 언급된 것 중에서 한약재 찌꺼기가 가장 질소 함량이 높다고 하였다.

31 정답 ③

이소크라테스는 영원불변하는 보편적 지식의 무용성을 주장했을 뿐, 존재 자체를 부정했다는 내용은 제시문을 통해 알 수 없다.

오답분석

① 플라톤의 이데아론은 삶과 행위의 구체적이고 실제적인 일상이 무시된 채 본질적이고 이념적인 영역을 추구하고 있다는 비판을 받고 있다.
② 물질만능주의는 모든 관계를 돈과 같은 가치에 연관시켜 생각하는 행위로, 탐욕과 사리사욕을 위한 교육에 매진하는 소피스트들과 일맥상통하는 면이 있다.
④ 이소크라테스는 이데아론의 무용성을 주장하면서 동시에 비도덕적이고 지나치게 사리사욕을 위한 소피스트들의 교육을 비판했다.
⑤ 이소크라테스는 삶과 행위의 문제를 이론적이고도 실제적으로 해석하면서도, 도덕이나 정당화의 문제보다는 변화하는 실제적 행위만 추구한 소피스트들을 비판했기에 훌륭한 말(실제적 문제)과 미덕(도덕과 정당화)을 추구했음을 알 수 있다.

32 정답 ②

시니어 산업의 성장은 사회가 고령화됨에 따라 경제력을 갖추고 디지털 환경에 익숙한 구매력을 가진 노년층이 많아지면서 일어난 현상이다. 따라서 고령화사회가 심해질수록 시니어 산업은 오히려 성장할 것으로 전망할 수 있다.

오답분석

① 시니어 하우징은 전통적인 노년층의 단순 거주 기능을 넘어 건강관리, 취미활동, 커뮤니티 형성 등 삶의 질을 높이는 주거 서비스를 의미한다. 따라서 요양원 운영은 시니어 하우징 사업으로 보기 어렵다.

③ 최근에는 인공지능과 사물인터넷 등 첨단 기술이 시니어 사업과 결합하고 있으며, 디지털 환경에 익숙한 디지털 시니어가 등장하고 있으므로 전통적인 기술이 선호되는 사업으로는 볼 수 없다.

④ 그레이 르네상스는 노년층이 소비와 사회 변화를 이끄는 주체로 떠오르면서 생긴 현상이다. 첨단 기기를 잘 다루는 노년층의 등장은 디지털 시니어에 더 가까운 개념이다.

⑤ 고령층 일자리 창출 사업의 주요 목적은 단순한 생계형 일자리에서 벗어나 전문성과 경험을 살리는 것이다.

33 정답 ③

제시문의 논지는 인간과 자연의 진정한 조화이다. 따라서 자연과 공존하는 삶을 주장하고 있는 ③이 제시문을 읽고 추론한 내용으로 가장 적절하다.

34 정답 ④

테크핀의 발전 요인에는 국내의 높은 IT 인프라, 전자상거래 확산, 규제 완화 등이 있다.

오답분석

① 핀테크와 테크핀의 부정적인 영향으로 혜택의 불균형이 있다.

② 핀테크는 금융기관이, 테크핀은 ICT 기업이 주도한다.

③ 테크핀은 금융보다 기술을 강조한다.

⑤ 테크핀의 발전은 핀테크의 발전을 야기하였다.

35 정답 ③

첫 번째 문단에서 오늘날 우리가 부르는 애국가의 노랫말은 외세의 침략으로 나라가 위기에 처해있던 1907년을 전후하여 조국애와 충성심을 북돋우기 위하여 만들어졌음을 알 수 있다. 따라서 1896년 『독립신문』에 현재의 노랫말이 게재되지 않았음을 알 수 있다.

오답분석

① 두 번째 문단에서 1935년 해외에서 활동 중이던 안익태가 오늘날 우리가 부르고 있는 국가를 작곡하였고, 이 곡은 해외에서만 퍼져나갔다고 하였으므로, 1940년에 해외에서는 애국가 곡조를 들을 수 있었다.

② 네 번째 문단에서 국기강하식 방송, 극장에서의 애국가 상영 등은 1980년대 후반 중지되었다고 하였으므로, 1990년대 초반까지 애국가 상영이 의무화되었다는 말은 적절하지 않다.

④ 마지막 문단에서 연주만 하는 의전행사나 시상식·공연 등에서는 전주곡을 연주해서는 안 된다고 하였으므로 적절하지 않다.

36 정답 ④

포지티브 방식은 PR 코팅, 즉 감광액이 빛에 노출되었을 때 현상액에 녹기 쉽게 화학구조가 변하며, 네거티브 방식은 반대로 감광액이 빛에 노출되면 현상액에 녹기 어렵게 변한다.

오답분석

① 포토리소그래피는 PR층이 덮이지 않은 증착 물질을 제거하는 식각 과정 이후 PR층을 마저 제거한다. 이후 일련의 과정을 다시 반복하여 증착 물질을 원하는 형태로 패터닝하는 것이다.

② PR코팅은 노광 과정 이후 현상액에 접촉했을 때 반응하여 사라지거나 남게 된다. 따라서 식각 과정 이전에 자신의 실수를 알아차렸을 것이다.

③ 포지티브방식의 PR 코팅을 사용한 창우의 디스플레이 회로의 PR층과 증착 물질이 모두 사라졌다면, 증착 및 코팅 불량이나 PR 제거 실수와 같은 근본적인 오류를 제외할 경우 노광 과정에서 마스크가 빛을 가리지 못해 PR층 전부가 빛에 노출되었을 가능성이 높다.

⑤ 광수가 원래 의도대로 디스플레이 회로를 완성시키기 위해서는 최소 PR 코팅 이전까지 공정을 되돌릴 필요가 있다.

37 정답 ③

보기의 내용은 독립신문이 일반 민중들을 위해 순 한글을 사용해 배포됐고, 상하귀천 없이 누구나 새로운 소식을 전달한다는 내용이다. 따라서 보기에 대한 해석으로는 ③이 가장 적절하다.

38 정답 ④

기술을 통한 제조 주기의 단축과 하나의 공장에서 다양한 제품군을 생산하는 것은 '기술적 혁명'을 통한 생산성 향상, 생산 공정 최적화 등과 관련이 있다. 따라서 GE의 제조 공장은 ⓒ '제조업의 스마트화 사례'에 해당한다.

39 정답 ②

A는 동성결혼의 합법화가 차별을 줄이고 평등한 사회를 만들 수 있다고 주장하는 반면, B는 동성결혼의 합법화가 오히려 사회분열을 초래할 수 있다고 주장하고 있다. 따라서 A와 B의 토론 주제로 가장 적절한 것은 '동성결혼 합법화가 사회통합과 안정에 기여할 수 있는가?'이다.

오답분석

①·④ 해당 주제는 제시된 토론에서 다루고 있지 않다.

③ A는 동성결혼의 합법화가 성소수자들의 기본적 권리를 보장하고 차별을 줄일 것이라고 주장하고 있지만, 동성결혼의 금지 자체가 토론 주제로 언급되고 있지는 않다.

40 정답 ②

가격이 저렴한 산업용 전기를 통한 기업의 이익은 '전기 에너지 부족 문제'라는 글의 주제와 관련이 없으며, 기업이 과도한 전기 에너지를 사용하고 있는 문제 상황에 대한 근거로도 적절하지 않다.

02 수리

01	02	03	04	05	06	07	08	09	10	11	12	13	14	15	16	17	18	19	20
⑤	④	③	④	②	③	③	⑤	④	③	④	⑤	④	①	③	①	④	⑤	③	⑤
21	22	23	24	25	26	27	28	29	30	31	32	33	34	35	36	37	38	39	40
③	②	③	①	②	⑤	④	①	①	②	②	②	③	④	④	⑤	⑤	④	③	①
41	42	43	44	45	46	47	48	49	50	51	52	53	54	55	56	57	58	59	60
④	⑤	②	③	③	③	④	②	③	②	⑤	③	①	④	④	①	④	②	③	①

01 정답 ⑤

두 사람이 걸은 시간을 x분이라고 하자.
두 사람이 만날 때 철수가 걸은 거리와 영희가 걸은 거리의 합은 공원의 둘레이다.
$60x+90x=1,500$
$\therefore x=10$
따라서 두 사람은 동시에 출발한 지 10분 후에 만나게 된다.

02 정답 ④

A씨는 S산 정상에서 30분간 휴식하였으므로 이동하는 데 걸린 시간은 3시간 30분(3.5시간)이다. 또한 S산 입구에서 정상까지의 등산로의 거리를 $x$km라고 하면 다음의 식이 성립한다.

$$3.5=\frac{x}{1.8}+\frac{x}{2.4}$$

$$\rightarrow 3.5=\frac{10x}{18}+\frac{10x}{24}=\frac{20x+15x}{36}=\frac{35}{36}x$$

$$\therefore x=3.5\times\frac{36}{35}=3.6$$

따라서 등산로의 거리는 3.6km이다.

03 정답 ③

농도 4%의 소금물의 양을 xg이라고 하면 농도 10%의 소금물의 양은 $(600-x)$g이므로 식을 세우면 다음과 같다.

$$\frac{4}{100}x+\frac{10}{100}(600-x)=\frac{8}{100}\times600$$

$\rightarrow 4x+10(600-x)=4,800$
$\rightarrow 6x=1,200$
$\therefore x=200$
따라서 처음 컵에 들어있던 농도 4%의 소금물의 양은 200g이다.

04 정답 ④

작년 A제품의 생산량을 a개, B제품의 생산량을 b개라고 하면 다음과 같은 식이 성립한다.
$a+b=3,200$ ⋯ ㉠
올해 A제품의 생산량을 25%, B제품의 생산량을 35% 증가시켜 총 4,200개를 생산하면 다음과 같은 식이 성립한다.
$(a\times1.25)+(b\times1.35)=4,200$ ⋯ ㉡

㉠과 ㉡을 연립하여 ㉡−㉠을 정리하면 다음과 같다.
$1.25a+1.35b=4,200$ … ㉡
$1.25a+1.25b=4,000$ … ㉠×1.25
→ $0.1b=200$
∴ $a=1,200$, $b=2,000$
작년 A제품의 생산량이 1,200개, B제품의 생산량이 2,000개이므로 올해 A제품의 생산량은 $1.25\times1,200=1,500$개, B제품의 생산량은 $1.35\times2,000=2,700$개이다.
따라서 올해 A, B제품의 생산량 차이는 $2,700-1,500=1,200$개이다.

05 정답 ②

- 내일 비가 올 때 이길 확률 : $\frac{2}{5}\times\frac{1}{3}=\frac{2}{15}$
- 내일 비가 오지 않을 때 이길 확률 : $\frac{3}{5}\times\frac{1}{4}=\frac{3}{20}$

따라서 이길 확률은 $\frac{2}{15}+\frac{3}{20}=\frac{17}{60}$이다.

06 정답 ③

세 자리 수가 홀수가 되려면 끝자리 숫자가 홀수여야 한다.
홀수는 1, 3, 5, 7, 9로 5개이고, 백의 자리와 십의 자리 숫자의 경우의 수를 고려한다.
백의 자리에 올 수 있는 숫자는 0을 제외한 8가지, 십의 자리는 0을 포함한 8가지 숫자가 올 수 있다.
따라서 홀수인 세 자리 숫자는 모두 $8\times8\times5=320$가지가 가능하다.

07 정답 ③

먼저 전체 경우의 수를 구하면 A~D 4명이 3가지 색의 깃발 중 1개씩 중복되게 고를 수 있으므로 $3^4=81$가지이다.
다음으로 빨간색 깃발을 1명만 선택하는 경우의 수를 구하면 먼저 1명이 빨간색 깃발을 고르고, 나머지 3명이 다른 2가지 색의 깃발을 고르므로 $4\times2^3=32$가지이다.
따라서 모든 경우의 수에서 빨간색 깃발을 1명만 선택할 확률은 $\frac{32}{81}$이다.

08 정답 ⑤

토너먼트 경기는 대진표에 따라 한 번 진 사람은 탈락하고 이긴 사람이 올라가서 우승자를 정하는 방식이다. 16명이 경기를 하면 처음에는 8번의 경기가 이루어지고, 다음은 4번, 2번, 1번의 경기가 차례로 진행된다. 따라서 최종 우승자가 나올 때까지 총 $8+4+2+1=15$번의 경기가 진행된다.

09 정답 ④

작년보다 제주도 숙박권은 20%, 여행용 파우치는 10%를 더 준비했다고 했으므로 제주도 숙박권은 $10\times0.2=2$명, 여행용 파우치는 $20\times0.1=2$명이 경품을 더 받는다.
따라서 작년보다 총 4명이 경품을 더 받을 수 있다.

10 정답 ③

전체 일의 양을 1, A가 1시간 동안 할 수 있는 일의 양을 a, B가 1시간 동안 할 수 있는 일의 양을 b라고 하면 다음과 같은 식이 성립한다.

$5a+8b=1$ ⋯ ㉠
$6a+5b=1$ ⋯ ㉡

㉠×6−㉡×5로 두 식을 연립하면 $b=\frac{1}{23}$이다.

따라서 B가 혼자서 일할 때 걸리는 시간은 23시간이다.

11 정답 ④

같은 양의 물건을 k라고 하면 갑, 을, 병 한 사람이 하루에 사용하는 양은 각각 $\frac{k}{30}$, $\frac{k}{60}$, $\frac{k}{40}$이며, 세 사람이 함께 하루 동안 사용하는 양은 $\frac{k}{30}+\frac{k}{60}+\frac{k}{40}=\frac{9k}{120}=\frac{3k}{40}$이다.

세 사람에게 나누어 줄 물건의 양을 합하면 $3k$이며, $3k$의 물건을 세 사람이 하루에 사용하는 양으로 나누면 $3k\div\frac{3k}{40}=40$이다.

따라서 세 사람이 함께 모두 사용하는 데 걸리는 시간은 40일이다.

12 정답 ⑤

회사에서부터 식당까지의 거리를 $x$km라고 하자.

은이가 이동한 시간은 $\frac{x}{3}$시간이고, 연경이가 이동한 시간은 $\frac{x}{3}-\frac{1}{6}=\frac{x}{4}$시간이므로 $x=2$이다.

효진이의 속력을 $y$km/h라고 하면 다음과 같은 식이 성립한다.

$\frac{2}{y}+\frac{1}{12}=\frac{2}{3}$ → $\frac{2}{y}=\frac{7}{12}$

$\therefore\ y=\frac{24}{7}$

따라서 효진이의 속력은 $\frac{24}{7}$km/h이다.

13 정답 ④

올라갈 때 달린 거리를 $x$km라고 하자.

$\frac{x}{10}+\frac{x+10}{20}=5$
→ $2x+x+10=100$
→ $3x=90$
$\therefore\ x=30$

따라서 올라갈 때 달린 거리는 30km이다.

14 정답 ①

올라간 거리를 $x$km라고 하면 내려온 거리는 $(x+2)$km이고, 올라간 시간과 내려간 시간이 같으므로 다음의 식이 성립한다.

$\frac{x}{4}=\frac{x+2}{6}$

$\rightarrow 3x=2(x+2)$

$\therefore x=4$

따라서 내려올 때 걸린 시간은 $\frac{4+2}{6}=1$시간이다.

15 정답 ③

사탕을 x개 산다고 하면 초콜렛은 $(14-x)$개 살 수 있으므로 다음과 같은 부등식이 성립한다.

$235\leq 15x+20(14-x)\leq 250$

$\therefore 6\leq x\leq 9$

따라서 사탕을 최대 9개까지 살 수 있다.

16 정답 ①

8명의 선수 중 4명을 뽑는 경우의 수는 ${}_8C_4=\frac{8\times 7\times 6\times 5}{4\times 3\times 2\times 1}=70$가지이고, A, B, C를 포함하여 4명을 뽑는 경우의 수는 A, B, C를 제외한 5명 중 1명을 뽑으면 되므로 ${}_5C_1=5$가지이다.

따라서 구하고자 하는 확률은 $\frac{5}{70}=\frac{1}{14}$이다.

17 정답 ④

두 주사위의 눈의 곱을 구하면 다음과 같다.

구분	1	2	3	4	5	6
1	1	2	3	4	5	6
2	2	4	6	8	10	12
3	3	6	9	12	15	18
4	4	8	12	16	20	24
5	5	10	15	20	25	30
6	6	12	18	24	30	36

4의 배수가 나오는 경우는 모두 15가지이다.

따라서 확률은 $\frac{15}{36}=\frac{5}{12}$이다.

18 정답 ⑤

A ~ E 5명이 월요일에서 금요일까지 1명씩 당직 근무를 하는 경우의 수는 $5!=5\times 4\times 3\times 2\times 1=120$가지이다.

이 중 D는 금요일, E는 수요일에 당직 근무를 할 경우의 수는 D와 E를 제외한 나머지 3명을 월요일, 화요일, 목요일에 배정하는 경우와 같으므로 $3!=3\times 2\times 1=6$가지이다.

따라서 구하고자 하는 확률은 $\frac{3!}{5!}=\frac{6}{120}=\frac{1}{20}$이다.

19 정답 ③

전체 일의 양을 1이라고 하고, A~C가 하루에 할 수 있는 일의 양을 각각 $\frac{1}{a}$, $\frac{1}{b}$, $\frac{1}{c}$라고 하자.

$\frac{1}{a}+\frac{1}{b}=\frac{1}{12}$ …㉠

$\frac{1}{b}+\frac{1}{c}=\frac{1}{6}$ …㉡

$\frac{1}{c}+\frac{1}{a}=\frac{1}{18}$ …㉢

㉠, ㉡, ㉢을 모두 더한 다음 2로 나누면 3명이 하루에 할 수 있는 일의 양을 구할 수 있다.

$\frac{1}{a}+\frac{1}{b}+\frac{1}{c}=\frac{1}{2}\left(\frac{1}{12}+\frac{1}{6}+\frac{1}{18}\right)=\frac{1}{2}\left(\frac{3+6+2}{36}\right)=\frac{11}{72}$

따라서 72일 동안 3명이 끝낼 수 있는 일의 양은 $\frac{11}{72}\times72=11$이므로 전체 일의 양의 11배이다.

20 정답 ⑤

첫 번째, 두 번째, 세 번째 항을 기준으로 3칸씩 이동하며 규칙이 적용되는 수열이다.

i) 1　4　7　10 → +3인 규칙

ii) 10　8　6　4 → −2인 규칙

iii) 3　12　(48)　192 → ×4인 규칙

21 정답 ③

분자는 5씩 더하는 수열이고, 분모는 4씩 곱하는 수열이다.

따라서 분자는 16+5=21이고, 분모는 128×4=512이므로, (　)=$\frac{21}{512}$이다.

22 정답 ②

앞의 항에 $\times\frac{5}{7}$, $\times\frac{7}{9}$, $\times\frac{9}{11}$, …를 하는 수열이다.

따라서 (　)=$\frac{10}{45}\times\frac{15}{17}=\frac{10}{51}$이다.

23 정답 ③

앞의 항에 −38인 수열이다.
따라서 (　)=193−38=155이다.

24 정답 ①

n항을 자연수라고 하면 n항에 ×2를 하고, $(n+1)$항을 더한 값이 $(n+2)$항이 되는 수열이다.
따라서 (　)=21×2+43=85이다.

25 정답 ②

홀수 항은 ×5, 짝수 항은 +4인 수열이다.
따라서 (　　)=10+4=14이다.

26 정답 ⑤

분자는 +3, +2, +1, +0, …이고, 분모는 −7, −6, −5, −4, …인 수열이다.
따라서 (　)$=\frac{33+0}{340-4}=\frac{33}{336}$이다.

27 정답 ④

앞의 항에 +4, +4×3, $+4\times3^2$, $+4\times3^3$, $+4\times3^4$, …인 수열이다.
따라서 (　)$=489+4\times3^5=1,461$이다.

28 정답 ①

홀수 항은 ×2+1.1, ×2+1.2, ×2+1.3, …이고, 짝수 항은 ×2−1.1인 수열이다.
따라서 (　)=0.3×2−1.1=−0.5이다.

29 정답 ①

홀수 항은 $\times\frac{3}{2}$, 짝수 항은 $\times\frac{4}{3}$을 적용하는 수열이다.
따라서 (　)$=432\times\frac{3}{4}=324$이다.

30 정답 ②

앞의 항에 +0.1, 0.15, 0.2, 0.25, …인 수열이다.
따라서 (　)=1.1+0.3=1.4이다.

31 정답 ②

분자는 −5, −6, −7, …이고, 분모는 +11, +22, +33, …인 수열이다.
따라서 (　)$=\frac{-19-9}{121+55}=-\frac{28}{176}$이다.

32 정답 ②

나열된 수를 각각 A, B, C라고 하면
$\underline{A\ B\ C} \rightarrow B-A=C$
따라서 (　)=23−27=−4이다.

PART 3
주요기업 기출복원문제 정답 및 해설

33 정답 ③

나열된 수를 각각 A, B, C라고 하면

$\underline{A\ \ B\ \ C} \rightarrow C=(A-B)\times 2$

따라서 ( )$=19-\frac{10}{2}=14$이다.

34 정답 ④

앞의 항에 +1, ×2가 반복되는 수열이다.

4, 5, 10, 11, 22, 23, 46, 47, 94, 95, 190, …

따라서 11번째 항의 값은 190이다.

35 정답 ④

세로 열에 대하여 한 칸씩 내려가면서 +12의 규칙을 갖는다.

29+12=( ), ( )+12=53

따라서 ( )=41이다.

36 정답 ⑤

A제품과 B제품의 판매량 증가 규칙은 다음과 같다.

• A제품 : 매년 250개씩 증가한다.

2024년		2025년		2026년		2027년	
1,500	→	1,750	→	2,000	→	2,250	→
	+250	→	+250	→	+250	→	+250
2028년		2029년		2030년		2031년	
2,500	→	2,750	→	3,000	→	3,250	
	+250		+250		+250		

그러므로 2031년 A제품의 판매량은 3,250개이다.

• B제품 : 매년 계차의 공차가 20개씩 증가한다.

2024년		2025년		2026년		2027년	
550	→	650	→	770	→	930	→
	+100	→	+120	→	+160	→	+220
		+20		+40		+60	
2028년		2029년		2030년		2031년	
1,150	→	1,450	→	1,850	→	2,370	
→	+300	→	+400	→	+520		
+80		+100		+120			

그러므로 2031년 B제품의 판매량은 2,370개이다.

따라서 2031년 A, B제품의 판매량의 합은 3,250+2,370=5,620개이다.

37 정답 ⑤

A규칙은 계차수열로 앞의 계차에 +5를 하여 항과 항 사이에 +20, +25, +30, +35, +40, +45…을 적용하는 수열이고, B규칙은 앞의 항에 +30인 수열이다.

따라서 빈칸에 들어갈 a와 b의 총합이 처음으로 800을 넘는 수는 a=410, b=420이다.

38 정답 ④

2018년의 부품 수가 2017년보다 170－120＝50개 늘었을 때, 불량품 수는 30－10＝20개 늘었고, 2019년의 부품 수가 2018년보다 270－170＝100개 늘었을 때, 불량품 수는 70－30＝40개 늘었다. 그러므로 전년 대비 부품 수의 차이와 불량품 수의 차이 사이에는 5 : 2의 비례관계가 성립한다.

2022년 부품 수(A)를 x개, 2020년 불량품 수(B)를 y개라고 하면 2022년의 부품 수가 2021년보다 $(x-620)$개 늘었을 때, 불량품 수는 310－210＝100개 늘었다.

$(x-620):100=5:2 \rightarrow x-620=250$

$\therefore x=870$

2020년의 부품 수가 2019년보다 420－270＝150개 늘었을 때, 불량품 수는 $(y-70)$개 늘었다. 이를 비례식으로 나타내면 다음과 같다.

$150:(y-70)=5:2 \rightarrow y-70=60$

$\therefore y=130$

따라서 2022년 부품 수는 870개, 2020년 불량품 수는 130개이다.

39 정답 ③

- 전년 대비 2022년 데스크탑 PC의 판매량 증감률 : $\frac{4,700-5,000}{5,000}\times100=\frac{-300}{5,000}\times100=-6\%$
- 전년 대비 2022년 노트북의 판매량 증감률 : $\frac{2,400-2,000}{2,000}\times100=\frac{400}{2,000}\times100=20\%$

40 정답 ①

- 1～4월까지의 총반품금액에 대한 4월 반품금액의 비율
  - 2월 반품금액 : 1,700,000－(2월 반품금액)－160,000－30,000＝1,360,000원
    ∴ (2월 반품금액)＝150,000원
  - 4월 반품금액 : 300,000＋150,000＋180,000＋(4월 반품금액)＝900,000원
    ∴ (4월 반품금액)＝270,000원

  그러므로 1～4월까지의 총반품금액에 대한 4월 반품금액의 비율은 $\frac{270,000}{900,000}\times100=30\%$이다.
- 1～4월까지의 총배송비에 대한 1월 배송비의 비율
  - 3월 배송비 : 2,200,000－180,000－140,000－(3월 배송비)＝1,840,000원
    ∴ (3월 배송비)＝40,000원
  - 1월 배송비 : (1월 배송비)＋30,000＋40,000＋60,000＝160,000원
    ∴ (1월 배송비)＝30,000원

  그러므로 1～4월까지의 총배송비에 대한 1월 배송비의 비율은 $\frac{30,000}{160,000}\times100=18.75\%$이다.

따라서 구하고자 하는 값은 30－18.75＝11.25%p이다.

41 정답 ④

- 2019년 대비 2020년 월평균 소득 증가율 : $\frac{788,000-765,000}{765,000}\times100 \fallingdotseq 3.0\%$
- 평균 시급 증가율 : $\frac{8,590-8,350}{8,350}\times100 \fallingdotseq 2.9\%$

따라서 평균 시급 증가율보다 월평균 소득 증가율이 더 높다.

오답분석

① 2017 ~ 2020년 동안 전년 대비 주간 평균 근로 시간은 2018년까지 증가하다가 2019년부터 감소하며, 월평균 소득의 경우 지속적으로 증가한다.
② 전년 대비 2018년 평균 시급 증가액은 7,530−6,470=1,060원이며, 전년 대비 2019년 증가액은 8,350−7,530=820원이다. 따라서 전년 대비 2018년 평균 시급 증가액은 전년 대비 2019년 증가액의 $\frac{1,060}{820}$ ≒ 1.3배이므로 3배 미만이다.
③ 2017 ~ 2018년은 전년 대비 평균 시급은 높아졌고, 주간 평균 근로 시간도 길어졌다.

42 정답 ⑤

미국의 총점은 4.2+1.9+5.0+4.3=15.4점으로 프랑스의 총점 5.0+2.8+3.4+3.7=14.9점보다 높다.

오답분석

① 기술력 분야에서는 프랑스가 제일 높다.
② 시장지배력 분야의 점수는 일본이 1.7점으로 3.4점인 프랑스보다 낮다.
③ 브랜드파워 분야에서 각국 점수 중 최댓값과 최솟값의 차이는 4.3−1.1=3.2점이다.
④ 성장성 분야에서 점수가 가장 높은 국가는 한국이고, 시장지배력 분야에서 점수가 가장 높은 국가는 미국이다.

43 정답 ②

D사의 판매율이 가장 높은 연도는 2024년, G사의 판매율이 가장 높은 연도는 2022년으로 동일하지 않다.

오답분석

① D사와 G사는 2023년도만 감소하여 판매율 증감 추이가 같다.
③ D사의 판매율이 가장 높은 연도는 2024년이고, U사의 판매율이 가장 낮은 연도도 2024년으로 동일하다.
④ G사의 판매율이 가장 낮은 연도는 2020년이고, U사의 판매율이 가장 높은 연도도 2020년으로 동일하다.

44 정답 ③

ㄱ. 2023년 2월에 가장 많이 낮아졌다.
ㄴ. 제시된 수치는 전년 동월, 즉 2022년 6월보다 325건 증가했다는 뜻이므로, 실제 심사 건수는 알 수 없다.
ㄷ. 제시된 수치는 전년 동월, 즉 2022년 5월보다 3.3% 증가했다는 뜻이므로, 실제 등록률은 알 수 없다.

오답분석

ㄹ. 전년 동월 대비 125건이 증가했으므로, 100+125=225건이다.

45 정답 ③

• 2015 · 2016년의 평균= $\frac{826.9+806.9}{2}$ =816.9만 명
• 2021 · 2022년의 평균= $\frac{796.3+813.0}{2}$ =804.65만 명

따라서 두 평균의 차이는 816.9−804.65=12.25만 명이다.

46 정답 ③

상품별 고객 만족도 1점당 비용을 구하면 다음과 같다.
• 차량용 방향제 : 7,000÷5=1,400원
• 식용유 세트 : 10,000÷4=2,500원

• 유리용기 세트 : 6,000÷6=1,000원
• 32GB USB : 5,000÷4=1,250원
• 머그컵 세트 : 10,000÷5=2,000원
• 영화 관련 도서 : 8,800÷4=2,200원
• 핸드폰 충전기 : 7,500÷3=2,500원

할당받은 예산을 고려하여 고객 만족도 1점당 비용이 가장 낮은 상품부터 구매비용을 구하면 다음과 같다.

• 유리용기 세트 : 6,000×200=1,200,000원
  → 남은 예산 : 5,000,000−1,200,000=3,800,000원
• 32GB USB : 5,000×180=900,000원
  → 남은 예산 : 3,800,000−900,000=2,900,000원
• 차량용 방향제 : 7,000×300=2,100,000원
  → 남은 예산 : 2,900,000−2,100,000=800,000원
• 머그컵 세트 : 10,000×80=800,000원
  → 남은 예산 : 800,000−800,000=0원

즉, 확보 가능한 상품의 개수는 200+180+300+80=760개이다.
따라서 사은품을 나누어 줄 수 있는 고객의 수는 760÷2=380명이다.

47 정답 ④

E과제에 대한 전문가 3의 점수는 70×5−(100+40+70+80)=60점이고, A ~ E과제의 평균점수와 최종점수를 구하면 다음과 같다.

구분	평균점수	최종점수
A과제	$\frac{100+70+60+50+80}{5}$=72점	$\frac{70+60+80}{3}$=70점
B과제	$\frac{80+60+40+60+60}{5}$=60점	$\frac{60+60+60}{3}$=60점
C과제	$\frac{60+50+100+90+60}{5}$=72점	$\frac{60+90+60}{3}$=70점
D과제	$\frac{80+100+90+70+40}{5}$=76점	$\frac{80+90+70}{3}$=80점
E과제	70점	$\frac{60+70+80}{3}$=70점

따라서 평균점수와 최종점수가 같은 과제는 B, E이다.

48 정답 ②

(가) ~ (다)에 들어갈 정확한 값을 찾으려 계산하기보다는 자료에서 해결할 수 있는 실마리를 찾아 옳지 않은 선택지를 제거하는 방식으로 접근하는 것이 효율적이다.
먼저 종합순위가 3위인 D부장의 점수는 모두 공개되어 있으므로 총점을 계산해보면, 80+80+60+70=290점이다.
종합순위가 4위인 A사원의 총점은 70+(가)+80+70=220+(가)점이며, 3위 점수인 290점보다 낮아야 하므로 (가)에 들어갈 점수는 70점 미만이다.
종합순위가 2위인 C과장의 총점은 (다)+85+70+75=230+(다)점이며, 290점보다 높아야 하므로 (다)에 들어갈 점수는 60점을 초과해야 한다.
위의 조건에 해당하는 선택지 ②, ③에 따라 (가)=65, (다)=65를 대입하면, C과장의 총점은 230+65=295점이 된다.
종합순위가 1위인 B대리의 총점은 80+85+(나)+70=235+(나)점이며, 295점보다 높아야 하므로 (나)에 들어갈 점수는 60점을 초과해야 한다.
따라서 (나)의 점수가 60점인 ③은 제외되므로 옳은 것은 ②이다.

49 정답 ③

브랜드별 중성세제의 변경 후 판매 용량에 대한 가격에서 변경 전 가격을 빼면 다음과 같다.

- A브랜드 : (8,200×1.2)−(8,000×1.3)=9,840−10,400=−560원
- B브랜드 : (6,900×1.6)−(7,000×1.4)=11,040−9,800=1,240원
- C브랜드 : (4,000×2.0)−(3,960×2.5)=8,000−9,900=−1,900원
- D브랜드 : (4,500×2.5)−(4,300×2.4)=11,250−10,320=930원

따라서 A브랜드는 560원 감소, B브랜드는 1,240원 증가, C브랜드는 1,900원 감소, D브랜드는 930원 증가했다.

50 정답 ②

이산화탄소의 농도가 계속해서 증가하고 있는 것과 달리 오존전량은 2016년부터 2019년까지 차례로 감소하고 있다.

오답분석

① 이산화탄소의 농도는 2016년 387.2ppm에서 시작하여 2022년 395.7ppm으로 해마다 증가했다.
③ 2022년 오존전량은 335DU로, 2016년의 331DU보다 4DU 증가했다.
④ 2022년 이산화탄소 농도는 2017년의 388.7ppm에서 395.7ppm으로 7ppm 증가했다.
⑤ 오존전량은 2017년에는 1DU, 2018년에는 2DU, 2019년에는 3DU 감소하였으며, 2022년에는 8DU 감소하였다.

51 정답 ⑤

1인당 GDP 순위는 E국>C국>B국>A국>D국이다. 그런데 1인당 GDP가 가장 큰 E국은 1인당 GDP가 2위인 C국보다 1% 정도밖에 높지 않은 반면, 인구는 C국의 $\frac{1}{10}$ 이하이므로 GDP 역시 C국보다 작다. 따라서 1인당 GDP 순위와 GDP 순위는 일치하지 않는다.

오답분석

① 경제성장률이 가장 큰 나라는 D국이며, 1인당 GDP와 총인구를 고려하면 D국의 GDP가 가장 작은 것을 알 수 있다.
② 1인당 GDP 대비 총인구를 고려하였을 때 GDP가 가장 큰 나라는 C국, 가장 작은 나라는 D국이다.
  - D국의 GDP : 25,832×46.1=1,190,855.2백만 달러
  - C국의 GDP : 55,837×321.8=17,968,346.6백만 달러

  따라서 GDP가 가장 큰 나라와 가장 작은 나라는 10배 이상의 차이를 보인다.
③ 수출 및 수입 규모에 따른 순위는 C>B>A>D>E이므로 서로 일치한다.
④ A국의 GDP는 27,214×50.6=1,377,028.4백만 달러, E국의 GDP는 56,328×24.0=1,351,872백만 달러이다. 따라서 A국의 GDP가 더 크다.

52 정답 ③

남자가 소설을 대여한 횟수는 60회이고, 여자가 소설을 대여한 횟수는 80회이므로 $\frac{60}{80}\times100=75\%$이다.

오답분석

① 소설 전체 대여 횟수는 140회, 비소설 전체 대여 횟수는 80회이므로 옳다.
② 40세 미만의 전체 대여 횟수는 120회, 40세 이상의 전체 대여 횟수는 100회이므로 옳다.
④ 40세 미만의 전체 대여 횟수는 120회이고, 그중 비소설 대여는 30회이므로 $\frac{30}{120}\times100=25\%$이다.
⑤ 40세 이상의 전체 대여 횟수는 100회이고, 그중 소설 대여는 50회이므로 $\frac{50}{100}\times100=50\%$이다.

53 정답 ①

구매 방식별 비용을 구하면 다음과 같다.

• 스마트폰앱 : 12,500×0.75=9,375원
• 전화 : (12,500−1,000)×0.9=10,350원
• 회원카드와 쿠폰 : (12,500×0.9)×0.85≒9,563원
• 직접 방문 : (12,500×0.7)+1,000=9,750원
• 교환권 : 10,000원

따라서 피자 1판을 가장 저렴하게 살 수 있는 구매 방식은 스마트폰앱이다.

54 정답 ④

10대의 인터넷 공유활동을 참여율이 큰 순서대로 나열하면 '커뮤니티 이용 → 퍼나르기 → 블로그 운영 → 동영상 게시 → 댓글 달기'이다. 반면 30대는 '커뮤니티 이용 → 퍼나르기 → 블로그 운영 → 댓글 달기 → 동영상 게시'이므로 활동 순위가 서로 같지 않다.

오답분석

① 20대가 다른 연령에 비해 참여율이 비교적 높은 편임을 자료에서 확인할 수 있다.
② 남성이 여성보다 참여율이 대부분의 활동에서 높지만, 블로그 운영에서는 여성의 참여율이 높다.
③ 남녀 간의 참여율 격차가 가장 큰 영역은 13.8%p로 댓글 달기이며, 그 반대로는 2.7%p로 커뮤니티 이용이다.
⑤ 40대는 다른 영역과 달리 댓글 달기 활동에서는 다른 연령대보다 높은 참여율을 보이고 있다.

55 정답 ④

ㄱ. 자료를 통해 대도시 간 예상 최대 소요시간은 모든 구간에서 주중이 주말보다 적게 걸림을 알 수 있다.
ㄴ. 주중 전국 예상 교통량 중 수도권에서 지방으로 가는 예상 교통량의 비율은 $\frac{4}{40}\times100=10\%$이다.
ㄹ. 서울−광주 구간 주중 예상 소요시간과 서울−강릉 구간 주말 예상 소요시간은 3시간으로 같다.

오답분석

ㄷ. 지방에서 수도권으로 가는 주말 예상 교통량은 주중 예상 교통량의 $\frac{3}{2}=1.5$배이다.

56 정답 ①

ㄱ. 해외연수 경험이 있는 지원자 합격률은 $\frac{53}{53+414+16}\times100≒11\%$로, 해외연수 경험이 없는 지원자 합격률인 $\frac{11+4}{11+37+4+139}\times100≒7.9\%$보다 높다.
ㄴ. 인턴 경험이 있는 지원자의 합격률은 $\frac{53+11}{53+414+11+37}\times100=\frac{64}{515}\times100≒12.4\%$로 인턴 경험이 없는 지원자의 합격률인 $\frac{4}{16+4+139}\times100=\frac{4}{159}\times100≒2.5\%$보다 높다.

오답분석

ㄷ. 인턴 경험과 해외연수 경험이 모두 있는 지원자 합격률(11.3%)은 인턴 경험만 있는 지원자 합격률(22.9%)보다 낮다.
ㄹ. 인턴 경험과 해외연수 경험이 모두 없는 지원자와 인턴 경험만 있는 지원자 간 합격률 차이는 22.9−2.8=20.1%p이다.

57 정답 ④

ㄴ. 2022년, 2023년 모두 30대 이상의 여성이 남성보다 비중이 높다.
ㄷ. 2023년도 40대 남성의 비중은 22.1%로 다른 나이대보다 비중이 높다.

오답분석

ㄱ. 2022년도에는 20대 남성이 30대 남성보다 1인 가구 비중이 더 높았지만, 2023년도에는 20대 남성이 30대 남성보다 1인 가구의 비중이 더 낮았다. 따라서 20대 남성이 30대 남성보다 1인 가구의 비중이 더 높은지는 알 수 없다.
ㄹ. 2년 이내 1인 생활의 종료를 예상하는 1인 가구의 비중은 2022년도에는 증가하였으나, 2023년도에는 감소하였다.

58 정답 ②

제시된 자료에서 선의 기울기가 가파른 구간은 2013 ~ 2014년, 2014 ~ 2015년, 2017 ~ 2018년이다. 2014년, 2015년, 2018년 물이용부담금 총액의 전년 대비 증가폭을 구하면 다음과 같다.

- 2014년 : 6,631－6,166=465억 원
- 2015년 : 7,171－6,631=540억 원
- 2018년 : 8,108－7,563=545억 원

따라서 물이용부담금 총액이 전년 대비 가장 많이 증가한 해는 2018년이다.

오답분석

ㄱ. 제시된 자료를 통해 확인할 수 있다.
ㄷ. 2022년 금강유역 물이용부담금 총액 : 8,661×0.2=1,732.2억 원
∴ 2022년 금강유역에서 사용한 물의 양 : 1,732.2억 원÷160원/m^3 ≒ 10.83억m^3
ㄹ. 2022년 물이용부담금 총액의 전년 대비 증가율 : $\frac{8,661-8,377}{8,377}\times 100 \fallingdotseq 3.39\%$

59 정답 ③

- 2018년 대비 2019년 사고 척수의 증가율 : $\frac{2,400-1,500}{1,500}\times 100=60\%$
- 2018년 대비 2019년 사고 건수의 증가율 : $\frac{2,100-1,400}{1,400}\times 100=50\%$

60 정답 ①

연도별 사고 건수당 인명피해의 인원 수를 구하면 다음과 같다.

- 2018년 : $\frac{700}{1,400}$=0.5명/건
- 2019년 : $\frac{420}{2,100}$=0.2명/건
- 2020년 : $\frac{460}{2,300}$=0.2명/건
- 2021년 : $\frac{750}{2,500}$=0.3명/건
- 2022년 : $\frac{260}{2,600}$=0.1명/건

따라서 사고 건수당 인명피해의 인원 수가 가장 많은 해는 2018년이다.

03 추리

01	02	03	04	05	06	07	08	09	10	11	12	13	14	15	16	17	18	19	20
③	①	③	④	④	②	③	③	⑤	④	①	⑤	③	③	②	⑤	④	③	⑤	②
21	22	23	24	25	26	27	28	29	30	31	32	33	34	35	36	37	38	39	40
⑤	②	②	④	③	④	③	②	⑤	②	④	⑤	③	①	⑤	④	④	②	①	⑤

01 정답 ③

전제2에 따라 S사의 신입이 사용하는 메신저가 모두 S사의 메신저이고, 전제1에 따라 S사의 메신저는 모두 보안 네트워크를 사용한다. 따라서 빈칸에 들어갈 명제는 'S사의 신입이 사용하는 메신저는 모두 보안 네트워크를 사용한다.'이다.

오답분석

① 'S사의 신입이 아니면'이라는 조건은 전제에서 언급되지 않은 범위까지 포함하는 것이다. 또한 S사의 신입이 아닌 사람이 어떤 메신저를 사용하는지, 또는 보안 네트워크를 사용하는지 언급하지 않는다. 따라서 주어진 전제에서 도출되는 결론이 아니다.
② 전제1(S사의 메신저 → 보안 네트워크 사용)의 역에 해당하는 것으로 참인 명제의 역이 항상 참이 아닌 '역의 오류'에 해당한다. 따라서 주어진 전제에서 도출되는 결론이 아니다.
④ 보안 네트워크를 사용하지 않는 메신저에 대한 정보가 전제에 없고, 오히려 전제1에 따라 S사의 메신저는 모두 보안 네트워크를 사용하므로 주어진 전제에서 도출되는 결론이 아니다.
⑤ S사의 메신저를 사용하지 않는 사람이 어떤 메신저를 사용하는지, 그 메신저가 보안 네트워크를 사용하는지에 대한 정보는 전제에 없으므로 주어진 전제에서 도출되는 결론이 아니다.

02 정답 ①

전제2에 따라 기숙사에 거주하는 사람은 모두 도보로 등교하므로 전제1에 따라 빈칸에 들어갈 명제는 'S대학의 어떤 신입생은 모두 도보로 등교한다.'이다.

오답분석

② 도보로 등교하는 학생 중 기숙사에 거주하는 사람은 모두 도보로 등교하지만, 도보로 등교한다고 모두 기숙사에 살고 있는 신입생인 것은 아니므로 주어진 전제에서 도출되는 결론이 아니다.
③ 신입생이 아닌 경우에 대한 전제가 없으므로 주어진 전제에서 도출되는 결론이 아니다.
④ 기숙사의 거주자가 모두 신입생으로 구성되어 있다는 전제가 없으므로 주어진 전제에서 도출되는 결론이 아니다.
⑤ 전제2의 역에 해당하는 것으로 전제2가 참이어도 그 역이 항상 참은 아니다. 따라서 주어진 전제에서 도출되는 결론이 아니다.

03 정답 ③

'생명체'를 A, '물'을 B, '동물'을 C라고 하면 다음과 같이 명제를 나타낼 수 있다.

- A → B
- C → A

그러므로 C → A → B가 성립한다.
따라서 빈칸에 들어갈 결론은 삼단논법에 의해 C → B, '동물들은 물이 있어야 살 수 있다.'이다.

오답분석

① A → C는 C → A의 역이므로 반드시 참이 되지 않는다.
② B → A는 A → B의 역이므로 반드시 참이 되지 않는다.
④ ~A → ~B는 A → B의 이이므로 반드시 참이 되지 않는다.
⑤ ~C → ~A는 C → A의 이이므로 반드시 참이 되지 않는다.

04 정답 ④

다이아몬드는 광물이고, 광물은 매우 규칙적인 원자 배열을 가지고 있다.
따라서 다이아몬드는 매우 규칙적인 원자 배열을 가지고 있다.

05 정답 ④

'눈을 자주 깜빡인다.'를 A, '눈이 건조해진다.'를 B, '스마트폰을 이용할 때'를 C라고 하면, 전제1과 전제2는 각각 ~A → B, C → ~A이므로 C → ~A → B가 성립한다. 따라서 C → B인 '스마트폰을 이용할 때는 눈이 건조해진다.'가 결론으로 적절하다.

06 정답 ②

'밤에 잠을 잘 자다.'를 A, '낮에 피곤하다.'를 B, '업무효율이 좋다.'를 C, '성과급을 받는다.'를 D라고 하면, 전제1은 ~A → B, 전제3은 ~C → ~D, 결론은 ~A → ~D이다.
따라서 ~A → B → ~C → ~D가 성립하기 위해서 필요한 전제2는 B → ~C이므로 '낮에 피곤하면 업무효율이 떨어진다.'가 적절하다.

07 정답 ③

제시된 명제를 벤 다이어그램으로 나타내면 다음과 같다.

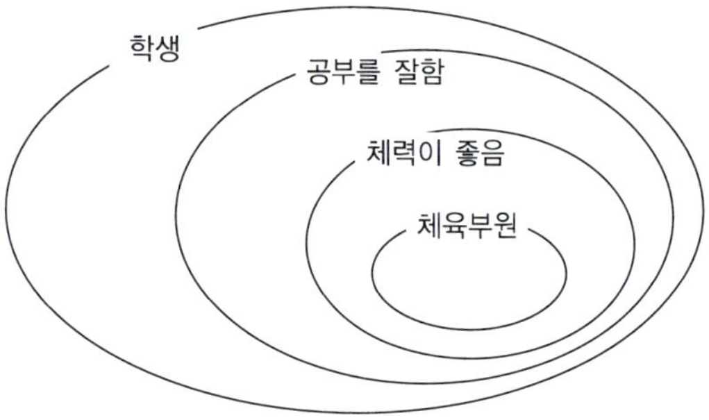

모든 체육부원은 체력이 좋고, 체력이 좋으면 공부를 잘하므로 어떤 체육부원이든 모든 체육부원은 공부를 잘한다.
따라서 '어떤 체육부원은 공부를 잘한다.'는 항상 참이 된다.

오답분석

① 체력이 좋은 학생 중 체육부원이 아닌 학생이 존재할 수 있다.
② 공부를 잘하는 사람 중 체력이 좋지 않은 학생이 존재할 수 있다.
④ 모든 학생이 체력이 좋지는 않다.
⑤ 어떤 학생은 공부를 잘하지만 모든 학생이 공부를 잘하는지 알 수 없다.

08 정답 ③

주어진 명제가 모두 참이면 명제의 대우도 모두 참이 된다. 따라서 명제와 대우를 정리하면 다음과 같다.

- 마케팅 팀 ○ → 기획 역량 ○ / 기획 역량 × → 마케팅 팀 ×
- 마케팅 팀 × → 영업 역량 × / 영업 역량 ○ → 마케팅 팀 ○
- 기획 역량 × → 소통 역량 × / 소통 역량 ○ → 기획 역량 ○
- 영업 역량 ○ → 마케팅 팀 ○ → 기획 역량 ○
- 기획 역량 × → 마케팅 팀 × → 영업 역량 ×

영업 역량을 가진 사원은 마케팅 팀이고, 마케팅 팀인 사원은 기획 역량이 있다. 따라서 '영업 역량을 가진 사원은 기획 역량이 있다.'라는 명제는 참이다.

오답분석

① 마케팅 팀 사원의 영업 역량 유무는 주어진 명제만으로는 알 수 없다.
② 소통 역량이 있는 사원이 마케팅 팀인지는 주어진 명제만으로는 알 수 없다.
④ 기획 역량이 있는 사원이 소통 역량을 가지고 있는지는 주어진 명제만으로는 알 수 없다.
⑤ 영업 역량이 없으면 소통 역량이 없는지는 주어진 명제만으로는 알 수 없다.

09 정답 ⑤

참인 명제는 그 대우도 참이므로 두 번째 명제의 대우 명제인 '배를 좋아 하지 않으면 귤을 좋아하지 않는다.' 역시 참이다. 이를 첫 번째, 세 번째 명제와 연결하면 '사과를 좋아함 → 배를 좋아하지 않음 → 귤을 좋아하지 않음 → 오이를 좋아함'이 성립한다. 따라서 '사과를 좋아하면 오이를 좋아한다.'는 참이다.

10 정답 ④

'치킨을 판매하는 푸드트럭이 선정된다.'를 a, '핫도그를 판매하는 푸드트럭이 선정된다.'를 b, '커피를 판매하는 푸드트럭이 선정된다.'를 c, '피자를 판매하는 푸드트럭이 선정된다.'를 d, '솜사탕을 판매하는 푸드트럭이 선정된다.'를 e, '떡볶이를 판매하는 푸드트럭이 선정된다.'를 f라고 할 때, 주어진 명제를 정리하면 다음과 같다.

- a → ~b
- ~c → d
- e → a
- d → ~f or f → ~d
- ~e → f

핫도그를 판매하는 푸드트럭이 최종 선정되었으므로 b → ~a → ~e → f → ~d → c가 성립한다.
따라서 사업에 선정되는 푸드트럭은 핫도그, 커피, 떡볶이를 판매한다.

11 정답 ①

제시된 명제와 그 대우는 동치관계이므로 모두 참이다. 이를 논리식으로 나타내면 다음과 같다.

- ~A → D ≡ ~D → A
- A → ~C ≡ C → ~A
- B → C ≡ ~C → ~B

A가 선발되면 두 번째 명제에 따라 C는 선발되지 않으며, C가 선발되지 않으면 마지막 명제의 대우에 따라 B도 선발되지 않는다(A → ~C → ~B).

오답분석

② C → ~A → D
③ B → C → ~A
④ ~D → A → ~C → ~B
⑤ ~D → A → ~C

12 정답 ⑤

주어진 조건에 따라 앞서 달리고 있는 순서대로 나열하면 'A – D – C – E – B'가 된다. 따라서 이 순위대로 결승점까지 달린다면 C는 3등을 할 것이다.

PART 3 주요기업 기출복원문제 정답 및 해설

13 정답 ③

- A : 수요일에는 혜진, 수연, 태현이가 휴가 중이고, 목요일에는 수연, 지연, 태현이가 휴가 중이므로 수요일과 목요일에 휴가 중인 사람의 수는 같다.
- B : 태현이는 금요일까지 휴가이다.

따라서 A, B 모두 옳다.

14 정답 ③

각각의 조건을 수식으로 비교해 보면 다음과 같다.

C > D, F > E, H > G > C, G > D > F

∴ H > G > C > D > F > E

따라서 A, B 모두 옳다.

15 정답 ②

A대리와 E대리의 진술이 서로 모순이므로, 둘 중 1명은 거짓을 말하고 있다.

i) A대리의 진술이 거짓인 경우
A대리의 말이 거짓이라면 B사원의 말도 거짓이 되고, D사원의 말도 거짓이 되므로 모순이다.

ii) A대리의 진술이 진실인 경우
A대리, B사원, D사원의 말이 진실이 되고, C사원과 E대리의 말이 거짓이 된다.

- 진실
  - A대리 : A대리 · E대리 출근, 결근자 모름
  - B사원 : C사원 출근, A대리 진술은 진실
  - D사원 : B사원 진술은 진실
- 거짓
  - C사원 : D사원 출근
  - E대리 : D사원 출근, A대리는 결근 사유 듣지 못함

따라서 출근하지 않은 직원은 B사원이다.

16 정답 ⑤

㉡과 ㉣ · ㉧은 상반되며, ㉢과 ㉥ · ㉦ · ㉨ 역시 상반된다.

- 김대리가 짬뽕을 먹은 경우 : ㉥, ㉦, ㉨ 3개의 진술이 참이 되므로 성립하지 않는다.
- 박과장이 짬뽕을 먹은 경우 : ㉠, ㉢, ㉤ 3개의 진술이 참이 되므로 성립하지 않는다.
- 최부장이 짬뽕을 먹은 경우 : 최부장이 짬뽕을 먹었으므로 ㉠, ㉤, ㉦은 반드시 거짓이 된다. 이때, ㉢은 반드시 참이 되므로 상반되는 ㉥, ㉨은 반드시 거짓이 되고, ㉣, ㉧ 또한 반드시 거짓이 되므로 상반되는 ㉡이 참이 되는 것을 알 수 있다.

따라서 짬뽕을 먹은 사람은 최부장이고, 참인 진술은 ㉡ · ㉢이다.

17 정답 ④

만약 A가 진실이라면 동일하게 A가 사원이라고 말한 C도 진실이 되어 진실을 말한 사람이 2명이 되므로, A와 C는 모두 거짓이다. 또한, E가 진실이라면 B가 사원이므로 A의 'D는 사원보다 직급이 높아.'도 진실이 되어 역시 진실을 말한 사람이 2명이 되기 때문에 E도 거짓이다. 따라서 B와 D 중 1명이 진실이다.

만약 B가 진실이라면 E는 차장이고, B는 차장보다 낮은 3개 직급 중 하나인데, C가 거짓이므로 A가 과장이고, E가 거짓이기 때문에 B는 사원이 아니므로 B는 대리가 되고, A가 거짓이므로 D는 사원이다. 그러면 남은 부장 자리가 C여야 하는데, E가 거짓이므로 C는 부장이 될 수 없어 모순이 된다. 따라서 B는 거짓이고, D가 진실이 된다.

D가 진실인 경우 E는 부장이고, A는 과장이며, A는 거짓이므로 D는 사원이다. 또한 B가 거짓이므로 B는 차장보다 낮은 직급이 아니므로 차장, C는 대리가 된다. 따라서 진실을 말한 사람은 D이다.

18 정답 ③

i) A와 B의 말이 진실일 경우
A는 자신이 범인이 아니라고 했지만, B는 A가 범인이라고 하였으므로 성립되지 않는다.

ii) A와 C의 말이 진실일 경우
A는 거짓말을 한 사람과 범인이 아니며, C의 진술에 따르면 거짓말을 한 사람과 범인은 B가 된다.

iii) B와 C의 말이 진실일 경우
C의 진술에서 B가 거짓말을 하고 있다고 했으므로 둘의 진술은 동시에 진실이 될 수 없다.

따라서 거짓말을 한 사람과 물건을 훔친 범인은 모두 B이다.

19 정답 ⑤

대화 내용을 살펴보면 영석이의 말에 선영이가 동의했으므로 영석과 선영은 진실 혹은 거짓을 함께 말한다. 이때 지훈은 선영이가 거짓말만 한다고 하였으므로 반대가 된다. 그리고 동현의 말에 정은이가 부정했기 때문에 둘 다 진실일 수 없다. 하지만 정은이가 둘 다 좋아한다는 경우의 수가 있으므로 둘 모두 거짓일 수 있다. 또한 마지막 선영이의 말로 선영이가 진실일 경우에는 동현과 정은은 모두 거짓만을 말하게 된다. 이를 표로 정리하면 다음과 같다.

구분	경우 1	경우 2	경우 3
동현	거짓	거짓	진실
정은	거짓	진실	거짓
선영	진실	거짓	거짓
지훈	거짓	진실	진실
영석	진실	거짓	거짓

문제에서는 지훈이 거짓을 말할 때, 진실만을 말하는 사람을 찾고 있으므로 선영, 영석이 된다.

20 정답 ②

먼저 A사원의 말이 거짓이라면 A사원과 D사원 두 명이 3층에서 근무하게 되고, 반대로 D사원의 말이 거짓이라면 3층에는 아무도 근무하지 않게 되므로 조건에 어긋난다. 결국 A사원과 D사원은 진실을 말하고 있음을 알 수 있다. 또한 C사원의 말이 거짓이라면 아무도 홍보팀에 속하지 않으므로 C사원도 진실을 말하고 있음을 알 수 있다. 따라서 거짓말을 하고 있는 사람은 B사원이며, 이때 B사원은 총무팀 소속으로 6층에서 근무하고 있다.

21 정답 ⑤

A~E의 진술에 따르면 B와 D의 진술은 반드시 동시에 참이나 거짓이 되어야 하며, A와 B의 진술 역시 동시에 참이나 거짓이 되어야 한다. B의 진술이 거짓일 경우, A와 D의 진술 모두 거짓이 되므로 2명이 거짓을 말한다는 조건에 어긋난다.
따라서 진실을 말하고 있는 심리상담사는 A, B, D이며, 거짓을 말하고 있는 심리상담사는 C와 E가 된다. 진실을 말하고 있는 B와 D의 진술에 따라 근무시간에 자리를 비운 사람은 C가 된다.

22 정답 ②

먼저 B의 진술이 거짓일 경우 A와 C는 모두 프로젝트에 참여하지 않으며, C의 진술이 거짓일 경우 B와 C는 모두 프로젝트에 참여한다. 따라서 B와 C의 진술은 동시에 거짓이 될 수 없으므로 둘 중 1명의 진술은 반드시 참이 된다.

i) B의 진술이 참인 경우
A는 프로젝트에 참여하지 않으며, B와 C는 모두 프로젝트에 참여한다. B와 C 모두 프로젝트에 참여하므로 D는 프로젝트에 참여하지 않는다.

ii) C의 진술이 참인 경우
A의 진술은 거짓이므로 A는 프로젝트에 참여하지 않으며, B는 프로젝트에 참여한다. C는 프로젝트에 참여하지 않으나, B가 프로젝트에 참여하므로 D는 프로젝트에 참여하지 않는다.

따라서 반드시 프로젝트에 참여하는 사람은 B이다.

23 정답 ②

재은이가 요일별로 달린 거리를 정리하면 다음과 같다.

월	화	수	목
200−50=150m	200m	200−30=170m	170+10=180m

따라서 재은이가 목요일에 화요일보다 20m 적게 달린 것을 알 수 있다.

24 정답 ④

• 이번 주 – 워크숍 : 지훈
• 다음 주 – 체육대회 : 지훈, 영훈 / 창립기념일 행사 : 영훈

따라서 다음 주 체육대회에 지훈이와 영훈이가 참가하는 것을 알 수 있으며, 제시된 사실만으로는 다음 주 진행되는 체육대회와 창립기념일 행사의 순서를 알 수 없다.

25 정답 ③

세 번째 조건에 따라 세탁의 가장 마지막 과정은 A과정이다. 또한 다섯 번째 조건에 따라 D과정과 Y과정 사이에 2개의 과정이 있으므로 건조 과정의 순서에 따라 경우가 달라진다.

i) X과정을 Y과정보다 먼저 진행할 경우
Y과정은 건조의 마지막 과정이며, Y과정 앞에 A과정과 X과정이 있으므로 A과정 직전에는 D과정을 진행하게 된다. 그러나 이 경우 세탁의 마무리 과정인 A과정 직전에 D과정을 진행하므로 여섯 번째 조건에 부합하지 않는다.

ii) Y과정을 X과정보다 먼저 진행할 경우
Y과정은 건조의 첫 번째 과정이며, D과정은 세탁의 두 번째 과정이 된다. 이 경우 네 번째 조건에 따라 B과정이 C과정보다 더 먼저 시작되므로 세탁 과정은 B – D – C – A이다.

따라서 올바른 세탁 및 건조 과정은 B – D – C – A – Y – X이다.

26 정답 ④

네 번째와 다섯 번째 결과를 통해 실용성 영역과 효율성 영역에서는 모든 제품이 같은 등급을 받지 않았음을 알 수 있으므로 두 번째 결과에 나타난 영역은 내구성 영역이다.

구분	A	B	C	D	E
내구성	3	3	3	3	3
효율성			2	2	
실용성		3			

내구성과 효율성 영역에서 서로 다른 등급을 받은 C, D제품과 내구성 영역에서만 3등급을 받은 A제품, 1개의 영역에서만 2등급을 받은 E제품은 첫 번째 결과에 나타난 제품에 해당하지 않으므로 결국 모든 영역에서 3등급을 받은 제품은 B제품임을 알 수 있다. 다섯 번째 결과에 따르면 효율성 영역에서 2등급을 받은 제품은 C, D제품뿐이므로 E제품은 실용성 영역에서 2등급을 받았음을 알 수 있다. 또한 A제품은 효율성 영역에서 2등급과 3등급을 받을 수 없으므로 1등급을 받았음을 알 수 있다.

구분	A	B	C	D	E
내구성	3	3	3	3	3
효율성	1	3	2	2	
실용성		3			2

이때, A와 C제품이 받은 등급의 총합은 서로 같으므로 결국 A와 C제품은 실용성 영역에서 각각 2등급과 1등급을 받았음을 알 수 있다.

구분	A	B	C	D	E
내구성	3	3	3	3	3
효율성	1	3	2	2	1 또는 3
실용성	2	3	1	1 또는 2	2
총합	6	9	6	6 또는 7	6 또는 8

D제품은 실용성 영역에서 1등급 또는 2등급을 받을 수 있으므로 반드시 참이 되지 않는 것은 ④이다.

27 정답 ③

제시된 조건을 정리하면 다음과 같다.

- 첫 번째 조건 : 삼선짬뽕
- 마지막 조건의 대우 : 삼선짬뽕 → 팔보채
- 다섯 번째 조건의 대우 : 팔보채 → 양장피

세 번째, 네 번째 조건의 경우 자장면에 대한 단서가 없으므로 전건 및 후건의 참과 거짓을 판단할 수 없다. 그러므로 탕수육과 만두도 주문 여부를 알 수 없다. 따라서 반드시 주문할 메뉴는 삼선짬뽕, 팔보채, 양장피이다.

28 정답 ②

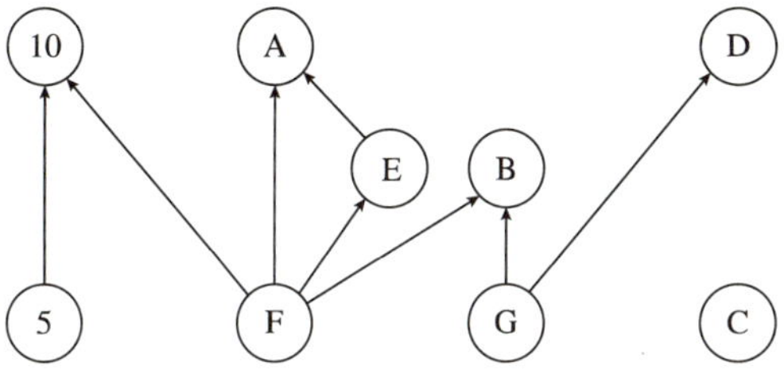

A, B, C를 제외한 빈칸에 적힌 수를 각각 D, E, F, G라고 하자.
F는 10의 약수이고 원 안에는 2에서 10까지의 자연수가 적혀있으므로 F는 2이다.
10을 제외한 2의 배수는 4, 6, 8이고, A는 E와 F의 공배수이다. 즉, A는 8, E는 4이고, B는 6이다.
6의 약수는 1, 2, 3, 6이므로 G는 3이고 D는 3의 배수이므로 9이며, 남은 7은 C이다.
따라서 A, B, C에 해당하는 수의 합은 8+6+7=21이다.

29 정답 ⑤

원형 테이블은 회전시켜도 좌석 배치가 동일하다. 이를 고려하여 좌석에 인원수만큼의 번호 1～6번을 임의로 붙인 다음, A가 1번 좌석에 앉았다고 가정하여 배치하면 다음과 같다.

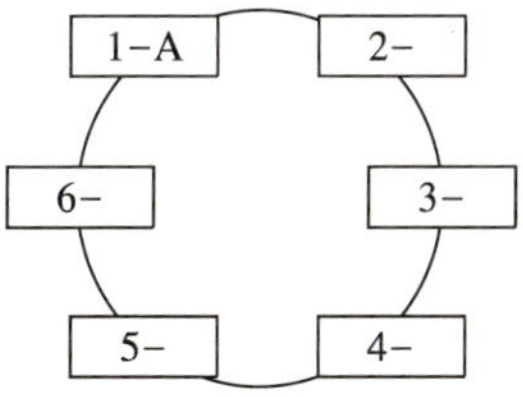

- 두 번째 조건 : E는 A와 마주보는 4번 자리에 앉게 된다.
- 세 번째 조건 : C는 E 기준으로 왼쪽인 5번 자리에 앉는다.
- 첫 번째 조건 : B는 C와 이웃한 자리 중 비어있는 6번 자리에 앉는다.
- 마지막 조건 : F는 A와 이웃한 2번이 아닌, 나머지 자리인 3번 자리에 앉는다.

그러므로 D는 남은 좌석인 2번 자리에 앉게 된다.
위의 내용을 정리하면 다음과 같다.

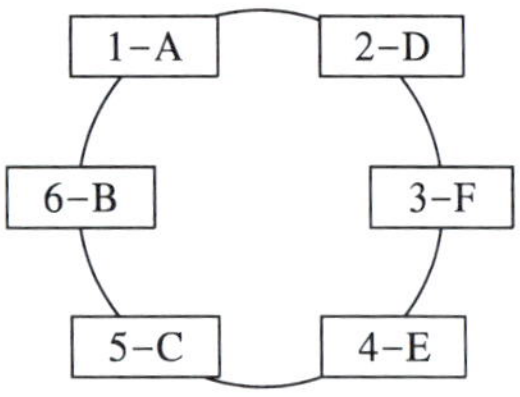

따라서 F와 이웃하여 앉는 사람은 D와 E이다.

30 정답 ②

조건에 따라 A ~ D의 사무실 위치를 정리하면 다음과 같다.

구분	2층	3층	4층	5층
경우 1	부장	B과장	대리	A부장
경우 2	B과장	대리	부장	A부장
경우 3	B과장	부장	대리	A부장

따라서 B가 과장이므로 대리가 아닌 A는 부장이다.

오답분석

① A부장 외의 또 다른 부장은 2층, 3층 또는 4층에 근무한다.
③ 대리는 3층 또는 4층에 근무한다.
④ B는 2층 또는 3층에 근무한다.
⑤ C의 직위는 알 수 없다.

[31~34]

- ◎ : 각 자릿수 +2, −2, +2, −2
- ♡ : 1234 → 2143
- ♠ : 각 자릿수 −1
- ◇ : 1234 → 3412

31 정답 ④

STOP → URQN → RUNQ
　　　◎　　　　♡

32 정답 ⑤

18AB → 81BA → 70AZ
　　　♡　　　　♠

33 정답 ③

E5D8 → D4C7 → C7D4
　　　♠　　　◇

34 정답 ①

H476 → 76H4 → 65G3 → 83I1
　　　◇　　　♠　　　◎

[35~36]

- ▲ : 1234 → 4321
- ◇ : 각 자릿수 +1, +2, +1, +2
- ■ : 1234 → 3412
- ○ : 각 자릿수 −2, +1, −2, +1

35 정답 ⑤

OAIS → MBGT → GTMB
　　　○　　　■

36 정답 ④

14KV → VK41 → WM53
　　　▲　　　◇

[37~40]

- ☆ : 각 자릿수 +4, +3, +2, +1
- ♡ : 1234 → 4321
- □ : 1234 → 4231
- △ : 각 자릿수 +1, −1, +1, −1

37 정답 ④

US24 → 4S2U → 8V4V
　　　□　　　☆

38 정답 ②

KB52 → OE73 → 37EO
　　　☆　　　♡

39 정답 ①

1839	→	2748	→	8472	→	9381
	△		♡		△	

40 정답 ⑤

J7H8	→	87HJ	→	96II
	□		△	

M E M O

시대에듀 기출이 답이다 롯데그룹 온라인 L-TAB

개정15판1쇄 발행	2025년 08월 20일 (인쇄 2025년 07월 17일)
초 판 발 행	2017년 10월 10일 (인쇄 2017년 09월 07일)
발 행 인	박영일
책 임 편 집	이해욱
편 저	SDC(Sidae Data Center)
편 집 진 행	안희선 · 정수현
표지디자인	김도연
편집디자인	최미림 · 양혜련 · 장성복
발 행 처	(주)시대고시기획
출 판 등 록	제10-1521호
주 소	서울시 마포구 큰우물로 75 [도화동 538 성지 B/D] 9F
전 화	1600-3600
팩 스	02-701-8823
홈 페 이 지	www.sdedu.co.kr
I S B N	979-11-383-9641-7 (13320)
정 가	23,000원

L-TAB

롯데그룹 온라인 직무적합진단

기출이 답이다

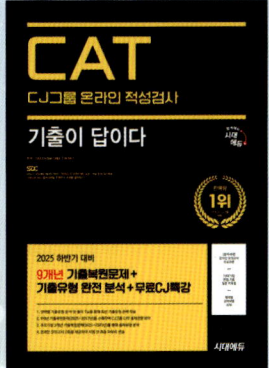

NEXT STEP
시대에듀가 합격을 준비하는
당신에게 제안합니다.
성공의 기회
시대에듀를 잡으십시오.
시대에듀
기회란 포착되어 활용되기 전에는 기회인지조차 알 수 없는 것이다.
- 마크 트웨인 -